A CRIAÇÃO DO BRASIL

1600–1700

THALES GUARACY

A CRIAÇÃO DO BRASIL

1600–1700

COMO UMA GERAÇÃO DE DESBRAVADORES DESAFIOU COROAS, RELIGIÕES E FRONTEIRAS, DANDO AO PAÍS 5 DOS SEUS 8,5 MILHÕES DE KM² E ILIMITADAS AMBIÇÕES DE GRANDEZA

Planeta

Preparação: Sandra Espilotro
Revisão técnica: Tiago Ferro
Revisão: Andressa Veronesi, Clara Diament, Cida Medeiros e Ana Grillo
Diagramação: Abreu's System
Capa: Bloco Gráfico
Imagens de capa: Museu Nacional da Dinamarca (Copenhague), Museu Nacional de Arte (Cidade do México) e Mauritshuis (Haia)

Dados Internacionais de Catalogação na Publicação (CIP)
Angélica Ilacqua CRB-8/7057

Guaracy, Thales
A criação do Brasil 1600 - 1700 : como uma geração de desbravadores desafiou coroas, religiões e fronteiras, dando ao país 5 dos seus 8,5 milhões de km² e ilimitadas ambições de grandeza / Thales Guaracy. - São Paulo : Planeta do Brasil, 2018.
384 p. 23 cm.

ISBN: 978-85-422-1404-8

1. Brasil - História - 1600-1700 I. Título

18-0692 CDD 981

Índices para catálogo sistemático:
1. Brasil - História

2018

EDITORA PLANETA DO BRASIL LTDA.
Rua Padre João Manuel, 100 – 21º andar
Ed. Horsa II – Cerqueira César
01411-000 – São Paulo-SP
www.planetadelivros.com.br
atendimento@editoraplaneta.com.br

Para aqueles que acreditam no Brasil.
E, sobretudo, para os que não acreditam.

Sumário

INTRODUÇÃO: NASCE O GIGANTE 9

1. O BRASIL PORTUGUÊS 25

2. O BRASIL ESPANHOL 78

3. O BRASIL HOLANDÊS 170

4. O BRASIL PORTUGUÊS 243

5. O BRASIL BRASILEIRO 324

REFERÊNCIAS BIBLIOGRÁFICAS 371

INTRODUÇÃO

Nasce o gigante

No final do século XVI, Portugal terminou a consolidação da colônia na América, muito graças à ação do seu terceiro governador-geral, Mem de Sá. Com o apoio da Coroa portuguesa e sob influência dos jesuítas, que coordenaram as ações das forças enviadas pelos portugueses com tropas paulistas e de Salvador, a então capital colonial, Mem de Sá havia dizimado os índios tupinambás da costa, na administração que só acabou com sua própria morte, em 2 de março de 1572. Como uma versão tropical da *Pax romana*, se estabeleceu a *Pax* portuguesa. Pelo genocídio dos tamoios – tribos confederadas que montaram a resistência organizada, cujo último reduto foi a baía de Guanabara –, o Brasil foi pacificado.

Pacificado?

Como relatado em *A conquista do Brasil (1500-1600)*, na década de 1570 a colônia portuguesa deixada como herança pelo governo Mem de Sá ainda se restringia a uma dezena de cidades no litoral, distribuídas em oito capitanias. Tinha pouco mais de 17 mil habitantes brancos europeus, de acordo com o empresário, economista e historiador Roberto Simonsen.[1]

Segundo o geólogo e político Pandiá Calógeras, em seu *Formação histórica do Brasil*, havia em 1583 aproximadamente 18 mil índios pacificados e 14 mil escravos negros, sobretudo nas capitanias da

Bahia e de Pernambuco. Com eles, a população colonizadora alcançava cerca de 50 mil pessoas. A economia vivia em função de 60 engenhos de açúcar, com produção estimada de 3 mil arrobas anuais, além das culturas de cana e algodão e da extração de pau-brasil.

Moradores de vilas esparsas no extenso litoral brasileiro e suas cercanias, os colonos exerciam pouca ou nenhuma influência no interior do continente. Para lá, dentro e além da área que pertencia a Portugal pelo Tratado de Tordesilhas, firmado com a Espanha ainda em 1494, o território era povoado exclusivamente por índios belicosos que jamais se submeteram aos portugueses, ou que abandonavam as escolas e aldeias sob influência dos jesuítas no litoral.

A maior parte dos índios que conheceu a escravização ou o extermínio das tribos litorâneas nas "guerras justas" – figura jurídica que ainda permitia cativá-los legalmente – procurou se afastar o máximo possível dos "peros" – como eram conhecidos os colonizadores portugueses, numa generalização do seu nome de batismo mais comum. A população indígena internada nas matas era estimada em 1639 pelo padre jesuíta espanhol Alonso de Rojas em 1 milhão de nativos, contados somente os "reduzidos nas terras que os portugueses possuem, e podem, convertidos, receber a fé católica".

Em toda a América do Sul, incluindo os territórios sob domínio espanhol, calculava-se haver no início dos anos 1600 aproximadamente 4 milhões de índios. Ainda segundo Rojas, além de suas línguas próprias, falavam a chamada "língua geral", derivação do tupi, incluindo "muitas nações de índios do rio das Amazonas, subindo pelo rio mais de 400 léguas",* nas palavras dele.[2]

A colônia litorânea dividia-se, na prática, em duas: abaixo e acima de Salvador. No Brasil da costa nordeste, que se desenvolvia com engenhos de açúcar, a grande riqueza emergente, consolidava-se uma aristocracia latifundiária, que pagava à Coroa 20% de seus ganhos em impostos (o chamado "quinto"). O sistema produtivo baseava-se na mão de obra escrava, sobretudo dos negros africanos, que eram caros e

---

* Légua era uma medida adotada pelos portugueses e colonos do Brasil, sobretudo em São Paulo, que representava a distância percorrida em uma hora de caminhada, cuja equivalência variava de 4,8 a 6 quilômetros.

davam trabalho. Demoravam a adequar-se aos costumes portugueses, de forma que passaram a ser distinguidos pelo seu estágio de adaptação. Os recém-chegados eram os "boçais", o que significava estarem ligados ainda à sua cultura original. Os que se acostumavam eram os negros "ladinos". Mais tarde, o termo "ladino" passou a ser aplicado genericamente com o sentido de "esperto", ou mesmo "malandro", enquanto "boçal" passou a ser o sujeito sem educação.

"Esse negro boçal, que não falava o português ou falava um português muito trôpego, era, entretanto, perfeitamente capaz de desempenhar as tarefas mais pesadas e ordinárias na divisão do trabalho do engenho ou da mina", afirma o antropólogo Darcy Ribeiro.[3]

Os negros eram difíceis, caros, e escapavam, refugiando-se nas montanhas do sertão nordestino, onde formavam os redutos conhecidos como quilombos. A mão de obra mais farta, barata e disponível ainda era o índio. Embora na tradição historiográfica brasileira se atravesse apressadamente o capítulo da escravização indígena, aceitando a premissa de que este não se aprestava ao trabalho, sobretudo no engenho, ele continuava sendo caçado nos sertões. E foi a principal fonte de trabalho escravo – e alvo de um novo e violento período de extermínio – em todo o século XVII.

Enquanto os negros eram enviados para o trabalho produtivo nos engenhos, os índios tapuias eram utilizados como escravos nas lavouras de milho e fumo de São Paulo e, no Nordeste mais rico e bem servido de negros, em funções domésticas, como faxineiros, cozinheiros e carregadores. Eram empregados ainda como caçadores na captura de outros índios e dos negros "quilombolas".

Alguns eram legalmente livres, mas mantinham-se em condição servil para não viver na pobreza. Muitos trabalhavam nas missões dos jesuítas, que usavam a ameaça dos caçadores de escravos brancos para trazer sob sua influência os que ainda viviam em aldeias. Era um regime de semiescravidão, uma vez que acabavam aceitando a vida nos aldeamentos missioneiros, sobretudo pelo medo. Assim, os jesuítas, que detinham a hegemonia dos registros da época, não tinham grande interesse em esclarecer a natureza do que acontecia na colônia.

Muito do que aconteceu no século XVII permaneceu um lapso nos livros escolares, que promove um verdadeiro salto na história, na presunção de que esse período não teve grande importância na formação brasileira. Escamoteia-se o período em que Portugal foi dominado pelos reis Habsburgo da Espanha, fala-se do ciclo do açúcar e da invasão holandesa como episódios isolados do resto da colônia e passa-se à fase do bandeirantismo e à da mineração, evitando-se o longo, sangrento e belicoso período da caçada aos índios escravos e da verdadeira guerra contra os jesuítas pela "posse" dos nativos no território das Missões.

Pouco se ensina nas escolas também a respeito do confronto entre espanhóis e portugueses que migraram para as vilas de colonização espanhola, onde foram perseguidos, expropriados e levados à fogueira como judeus, pela Inquisição. Espanhóis também sofreram preconceito e pressão após a Restauração da Coroa portuguesa.

Alguns historiadores se aprofundaram em estudos de cada um desses temas, sem, no entanto, examinar melhor a relação entre eles, excluindo com isso o entendimento das guerras religiosas, econômicas e políticas do século e sua influência decisiva na história do Brasil, de Portugal, da Espanha e do mundo.

Em boa parte, a pouca ênfase que se deu à história do Brasil no século XVII se deve ao fato de que a historiografia brasileira, baseada na tradição acadêmica portuguesa, preferiu varrer para debaixo do tapete o fato de que durante seis décadas Portugal e o Brasil pertenceram à Espanha. Um capítulo que todos preferiram esquecer – em Portugal, por ter sido sujeitado pela Espanha, e na Espanha, por ter perdido Portugal.

"Poucas épocas na história do império colonial português receberam menos atenção dos historiadores que os sessenta anos entre 1580 e 1640, quando Portugal e Espanha foram governados em conjunto pelos Habsburgo espanhóis Filipe II, Filipe III e Filipe IV (ou I, II, III pela contagem portuguesa)", já escrevia em 1968 o historiador britânico Stuart Schwartz, da Universidade de Minnesota.[4] "A união das Coroas em 1580 juntou os dois maiores impérios marítimos do século XVI, mas, curiosamente, esse fenômeno permaneceu relativamente não estudado. Acima de tudo, está o fato embaraçoso de que os portugueses tiveram de lutar por sua independência do comando espanhol."

Como britânico, Schwartz não sofria a influência portuguesa ou espanhola. Na tradição luso-brasileira, o século XVII permaneceu obscurecido, como uma forma não apenas de escamotear a dominação espanhola, como também de apagar a verdadeira natureza do avanço sobre a América, marcada pela exploração comercial selvagem e que produziu a morte em massa dos indígenas, continuação do genocídio iniciado no século anterior.

Porém, foi nesse período, no qual tanto portugueses quanto espanhóis influíram decisivamente para um gigantesco avanço da civilização ocidental, que se deu a verdadeira criação do Brasil, como território, identidade e sociedade, principais elementos de uma nação, unida pelo conflito.

Depois da tomada de Portugal pela Espanha, reunidos sob a mesma Coroa na chamada União Ibérica, da invasão holandesa e da Restauração da Coroa portuguesa, a identidade do Brasil ou sua ligação de fidelidade a uma potência europeia já não era tão clara. Dava saída a uma visão própria do mundo e do Brasil, que mesclava interesses políticos, comerciais e religiosos autóctones, sem submeter-se plenamente aos interesses dos dominadores externos.

As disputas pelos territórios além da linha de Tordesilhas, assim como a retomada do Nordeste aos holandeses, tiveram proporções de uma verdadeira guerra, com a participação de índios, jesuítas, colonos espanhóis e *criollos*, de um lado, portugueses e luso-brasileiros de outro, todos pelejando, mais que pela Coroa, em causa própria. Se no século XVII a colônia não conseguiu alcançar a independência política em relação aos dominadores europeus, fosse de Portugal, da Espanha ou mesmo da Holanda, já surgia a sociedade brasileira, sua natureza e sua vocação, com traços que deixaram sua influência no Brasil até o mundo contemporâneo.

A União Ibérica abriu uma janela inédita para a civilização brasileira ainda em formação. Descolou o Brasil de uma ligação exclusiva com o império português e lhe deu uma repentina possibilidade de expansão – não só geográfica, com a transgressão de fronteiras, mas também pela miscigenação racial, cultural e econômica. Como no primeiro século de colonização, marcado pela dominação da costa litorânea, essa expansão avançou a ferro e fogo, dessa vez sobre o interior, passando por cima das restrições políticas e administrativas mantidas pelo império filipino. Forjava-se uma gente que se acostumou a seguir em frente, ora em associação com os poderosos da vez, conforme mudava o jogo político na Europa, ora contra eles, ou ainda apesar deles.

O mais ousado movimento desses desbravadores que arrostaram inimigos, Coroas e fronteiras se deu no Sudeste – em Santos, São Vicente e nas vilas pioneiras no planalto de Piratininga, onde os senhores de terra ainda dependiam exclusivamente da mão de obra do índio e a disputavam mesmo à revelia da influência dos jesuítas, que reclamavam para si o controle do "gentio", e da Coroa espanhola, que os apoiava.

O tráfico de escravos indígenas, iniciado por João Ramalho, o degredado pioneiro que por múltiplos casamentos criou um exército mestiço com seus filhos e alianças, tornou-se um importante negócio e abriu caminho para o interior do continente. Contra os interesses espanhóis, cujo imperador preferia manter a separação administrativa e o controle pela Espanha das terras à esquerda de Tordesilhas.

Como uma espécie de Adão brasileiro, Ramalho deu à luz a primeira geração de mamelucos – termo empregado originalmente pelos portugueses para referir-se aos guerreiros mouros, de origem escrava, conhecidos por sua ferocidade em combate. No Brasil, designava os descendentes de índios com portugueses, que usavam o tupi como língua, lutavam com flechas, muito mais do que com o mosquetão, possuíam conhecimento da mata e temeridade comparável à dos lendários oponentes muçulmanos.

Depois da ocupação do litoral, esses implacáveis caçadores de escravos se sentiam em casa dentro da floresta e, como seus ancestrais antropófagos, lutavam sem medo de morrer. Com eles, nasceu o bandeirantismo, a incursão pelo imenso território sul-americano, da bacia do Prata até a cabeceira do Amazonas, do sertão paulista até os Andes.

Com a extinção dos tupinambás da costa, os capitães do mato paulistas se voltaram para as tribos tapuias, nômades que viviam da caça e da pesca e haviam se refugiado no sertão. Havia ainda no oeste de São Paulo os guaranis, sedentários como os tupinambás, por causa da agricultura, sobretudo o cultivo da mandioca. Ocupavam da planície do Chaco até a bacia do Prata, onde os jesuítas treinados na escola de José de Anchieta em São Paulo os reuniam em missões, criadas em áreas de fazenda geralmente doadas por particulares.

Os bandeirantes paulistas confrontavam os missionários da Companhia de Jesus, nos quais viam apenas um esforço de monopolizar para si o trabalho escravo do índio. Sendo eles também descendentes dos índios, desdenhavam dos efeitos da catequização. Em carta ao rei Pedro II, em 1694, o mameluco Domingos Jorge Velho, nascido em Santana de Parnaíba, em 13 de março de 1641, descendente de portugueses com tupiniquins e tapuias, dizia ser impossível civilizar aqueles selvagens, ou "adquirir o tapuia gentio-brabo e comedor de carne humana, para reduzi-lo ao conhecimento da urbana humanidade e humana sociedade".

E completava: "Em vão trabalha quem os quer fazer anjos, antes de os fazer homens".[5]

Ainda antes de 1580, ano em que Filipe II de Espanha se tornou também rei de Portugal e a unificação das Coroas portuguesa e espanhola tirou do Tratado de Tordesilhas o sentido de fronteira, os paulistas já gozavam de certa liberdade. O primeiro donatário da capitania, Martim Afonso de Sousa, senhor de Alcoentre e Tagarro, governava a distância, primeiro de Damão, para onde foi enviado para guerrear por dom João III. Depois se tornou vice-rei em Goa, sem jamais retornar pessoalmente às suas posses nas chamadas Índias Ocidentais.

Na prática, a administração da capitania ficou a cargo de sua mulher, Ana Pimentel, que vivia em Lisboa e passou a incumbência a prepostos, assim como fariam seus sucessores na posse da capitania. Com isso, os paulistas se sentiam distantes o suficiente da corte para interpretar as leis conforme melhor lhes convinha. Da mesma forma, os donatários usavam essa mesma distância para culpá-los e desculparem-se quando necessário.

Assim como os jesuítas, cujo projeto era transformar o Novo Mundo num celeiro do catolicismo, os paulistas não viam limites políticos ou geográficos para suas ambições por todo o continente. O primeiro a audaciosamente desafiar jesuítas, a Coroa espanhola e suas imposições foi Manuel Prieto, nome que aparece nas cartas dos jesuítas espanhóis, ou Manuel Preto, em português: implacável caçador de homens, primeiro a buscar entre os índios civilizados pelas missões das províncias de origem e administração hispânicas a mão de obra de que os paulistas necessitavam para suas fazendas e os mercados humanos do Rio de Janeiro e de Salvador.

No Grão-Pará, capitania que sozinha era maior que "toda a Espanha junta", conforme observou o jesuíta espanhol Cristóbal de Acuña em 1639, Pedro Teixeira promoveu à revelia da Coroa ibérica uma ligação inédita com a próspera América espanhola, ao subir o atual rio Amazonas até o Marañón e depois os Andes, a grande cordilheira de montanhas nevadas que os incas chamavam de "punas", onde alcançou Quito, hoje capital do Equador.

Em seus raides, os bandeirantes arrostaram jesuítas e administradores espanhóis, deixando atrás de si terra arrasada. Em 1632, o vice-rei do Peru, Luis Jerónimo Fernández de Cabrera Bobadilla Cerda y Mendoza, conde de Chinchón, calculava que as incursões dos bandeirantes haviam feito mais de 200 mil índios escravos em território antes considerado espanhol. Desses, menos de 20 mil chegaram a São Paulo com vida. Somente num assalto em 1629, foram aprisionados 50 mil tupis-guaranis.

Nessa guerra, destacaram-se figuras que o tempo tornou quase lendárias. Entre os bandeirantes, colaboradores e depois sucedâneos de Manuel Preto, encontram-se André Fernandes, descendente direto de João Ramalho e da índia Bartira, que os jesuítas Justo Mancilla e Simón Masceta resumiam como "grande matador e desolador de índios"; Raposo Tavares, que o padre Antonio Ruiz de Montoya comparava ao próprio "diabo"; Sebastião Preto, defensor da Vila de Santos das incursões dos holandeses, morto no sertão, vitimado por uma flecha, quando caçava índios abeueus; Fernão Camargo, o "Tigre", que liderou uma bandeira por mar de São Vicente até a lagoa dos Patos; e Fernão Dias Paes Leme, que antes de se tornar o "Caçador de Esmeraldas" já era o homem mais rico e influente de São Paulo, com uma fazenda na região de Marueri, hoje Barueri, onde trabalhavam 5 mil índios escravos.

No lado da Igreja, ergueram-se também homens extraordinários, como os padres Diogo de Alfaro, Juan Cárdenas e Antônio Bernal, que se levantaram em armas para confrontar os *maloqueros* – forma pela qual os jesuítas se referiam aos caçadores de escravos paulistas, por aprisionarem os índios invadindo e incendiando malocas, as cabanas indígenas. Mais tarde, a palavra "maloqueiro" ganhou no Brasil a conotação genérica de "bárbaro".

No início, sem a ajuda das autoridades castelhanas, os religiosos criaram verdadeiros exércitos de índios missioneiros para defender vilas e aldeias e desmantelar os campos de prisioneiros criados pelos bandeirantes. Não menos admiráveis foram os personagens que não estavam ao lado dos portugueses nem dos espanhóis, como o tuxaua Nheçu, cacique-pajé que dominava e inspirava terror na região onde hoje está a fronteira do Rio Grande do Sul com a Argentina.

Na Bahia, havia o padre Antônio Vieira, filósofo, orador, escritor e intelectual de ação, num tempo em que política e religião eram uma coisa só. Nascido em Portugal e criado no Brasil, Vieira foi um iluminista um século antes do Iluminismo. Seus sermões, com os quais se celebrizou como requintado pregador, além das mais de 700 cartas e tratados filosóficos, são uma obra-prima da literatura brasileira e portuguesa do período barroco e uma fonte luminosa de ideias em um período de obscurantismo.

Em sua pregação, na sua obra e na vida, o "imperador da língua portuguesa", como o chamou o poeta Fernando Pessoa,[6] opunha-se ao sistema econômico vigente, desde sua essência: o sistema escravagista. Combateu a opressão exercida pelos próprios jesuítas nas missões (pelos índios, era chamado de Paiaçu – em tupi, "o grande pai"). Numa época em que a Igreja Católica aceitava a escravatura do negro, ele defendia sua liberdade.

"Em um engenho sois imitadores de Cristo crucificado", pregou aos escravos de um engenho pernambucano em 1633, ainda antes de tomar os votos oficiais do sacerdócio. "E que coisa há na confusão deste mundo mais semelhante ao inferno que qualquer destes vossos engenhos, e tanto mais quanto de maior fábrica?"[7]

Em 1654, Vieira denunciava as "barretadas" – como chamava a compra do silêncio da corte diante dos desmandos dos paulistas, que assim passavam por cima da lei sem punição. "São concedidos aos sertanistas de São Paulo estes privilégios, declaram eles mesmos com muita galanteria, não sei se com igual verdade, que o ouro que se tira das minas de São Paulo se põe todos em barretas em que se vai cunhar, e dizem eles que, em fazendo barretadas a esses ministros com estas barretas, logo ficam tanto em suas graças que dos seus pecados lhes fazem virtudes."[8]

Questionador da impunidade e de todo o sistema, Vieira com seu talento tornou-se pregador nas missas reais, falando diretamente a dom João IV. Sua proximidade com o rei foi tão grande que, em suas cartas, o tratava por vezes como um simples amigo. "Ainda que se aumenta a distância, e a ausência, posso afirmar com toda a verdade a Vossa Majestade que não se diminuem, ao contrário, aumentam as saudades", escreveu ele ao monarca em Haia, na Holanda, em 30 de dezembro de 1647.[9]

Com sua influência, reaproximou os judeus de Portugal, defendeu o fim do preconceito contra os cristãos-novos, tornou-se embaixador junto aos protestantes e criou um plano militar e econômico para a Restauração da Coroa portuguesa. Sua mensagem revolucionária o fez confrontar capitães da terra, seus superiores de ordem, o próprio rei, o papa e a Inquisição, derrubada em Portugal graças à sua influência. "Quem me dera asas como de pomba para voar e descansar", dizia ele.

No Rio de Janeiro, Salvador Correia de Sá e Benevides, caçador de índios, conquistador de Angola para Portugal, capitão e governador da capitania do Rio de Janeiro, mesmo com diferentes interesses, somou-se a Vieira como peça-chave da Coroa portuguesa na retomada do Brasil dos espanhóis e holandeses e seu avanço sobre o sertão, conjunto de ações que deu forma ao Brasil colonial – maior parte do país contemporâneo.

Praticamente esquecido pelos livros escolares de história, Correia de Sá foi, no Brasil, o integrador da colônia, utilizando os ferozes paulistas para reincorporar o Nordeste, onde os senhores de engenho, que tinham convivido com a dominação holandesa, decidiram também rebelar-se. Retomou dos holandeses ainda os domínios na costa ocidental da África, devolvendo ao império português toda a cadeia produtiva do açúcar – do engenho ao seu principal fornecedor de mão de obra.

Articulou o avanço dos bandeirantes muito além das fronteiras. Com isso, em meados do século XVII os paulistas já haviam ocupado grande extensão do continente, que ia da capitania de São Vicente, sua origem, até o rio Taquari, no Rio Grande do Sul; a leste, além do rio Paraná, onde se encontravam as missões espanholas. E chegou à Amazônia mais remota com a expedição de Antônio Raposo Tavares, em meados do século, até retornar pela foz do Amazonas, depois o Maranhão e daí a São Paulo, num périplo equivalente a meia volta ao mundo. Dessa forma, 80% da área que hoje compreende o território brasileiro encontrava-se no século XVII sob a influência direta dos paulistas.

Bandeiras partiam pelo Amazonas em busca não só do comércio de escravos, como também das chamadas "drogas do sertão" – sobretudo cravo, canela, salsaparrilha e cacau, estabelecendo povoamentos de apoio por onde passavam, explorando e mapeando terras.

Embora em polos opostos, entre os anos de 1600 e 1700 bandeirantes avançaram pela região Norte, ocupando a área que daria 8,5 milhões de quilômetros quadrados ao atual território brasileiro, o quinto maior país do mundo. Com seu espírito indômito, avessos às imposições do poder da metrópole, fosse portuguesa ou hispânica, tornaram-se os precursores modelares do empreendedor brasileiro, acostumado a passar por cima de leis e sem limites para suas ambições, legitimadas pela ganância – ou a simples necessidade.

Ao mesmo tempo que os bandeirantes avançavam pelo sertão, os jesuítas portugueses estendiam sua influência nas aldeias indígenas ao longo do Amazonas e seus afluentes, formadores da maior bacia hidrográfica do mundo, num esforço monumental de catequização. E comerciantes originários da colônia brasileira povoavam as principais cidades espanholas na América do Sul. Isso fazia o governador de Buenos Aires, Diego de Góngora, queixar-se ao rei, por carta, que lá habitavam em 1621 muito mais "portugueses e seus descendentes que castelhanos". A rejeição aos portugueses passou a acirrar-se ainda mais nas décadas seguintes.

Como apontou o historiador clássico Afonso d'Escragnolle Taunay, uma denúncia encaminhada em 1632 pelo provincial da Companhia de Jesus, padre Francisco Vásquez Trujillo, alertava Filipe IV para o risco da "perda completa do Paraguai, até a do território do além-Paraná, a que ficara reduzido com a perda do Guaíra [para os paulistas]".[10] Como remédio, os colonizadores espanhóis utilizaram contra os portugueses os dois principais recursos em voga naquele século: as armas e a Inquisição.

A riqueza dos portugueses nas cidades de colonização espanhola, onde havia tribunais locais, os colocava na linha de frente das perseguições, com acusações nas quais se misturava a suspeita religiosa com interesses protecionistas. "As disputas não eram só econômicas", afirma o historiador John Monteiro. "Passavam por alianças de famílias e pela identidade religiosa."[11]

No início, a Inquisição nas colônias de origem espanhola era exercida informalmente pelos bispos, mas se instituiu mais formalmente em 1569, com a criação, por cédula real de Filipe II, do Tribunal do Santo Ofício nas principais cidades da Nova Espanha: Lima, capital do vice-reino do Peru, e a Cidade do México, capital do vice-reino do México. Ambas eram centros de territórios prioritários, onde estavam as minas de ouro e prata, fonte de um novo grande impulso no gigantesco império espanhol.

Os castelhanos de origem não queriam dividir essa riqueza com os migrantes portugueses e se reservavam esse direito pela divisão administrativa criada por Filipe II entre a colônia de língua portuguesa e a castelhana, ainda em vigor. Seus instrumentos práticos para garantir essa separação e deter a invasão portuguesa eram a luta, nas províncias atacadas pelos bandeirantes, e, nas cidades, a perseguição religiosa, com apoio explícito da Coroa espanhola. "Executaremos as penas impostas por direito contra os condenados, relapsos e convencidos de heresia e apostasia [...] e poremos a eles e seus familiares com todos seus bens e fazendas ao nosso amparo, salvaguarda e defendimento real", escreveu Filipe II.[12]

Com isso, o imperador queria evitar expressamente que se estabelecessem, no coração da América meridional, "judeus encapotados, homens muito danosos ao bem espiritual e temporal e à segurança destes reinos".

O primeiro inquisidor na Cidade do México, dom Pedro Moya de Contreras, mais tarde arcebispo e homem influente no vice-reinado, assumiu o posto em 1571. "Este santo tribunal foi de grande proveito para a Nova Espanha e limpou a terra, que estava contaminadíssima de judeus e hereges, em especial de gente portuguesa, ou pelo menos de judeus cruzados com eles desde o tempo em que foram admitidos no reino de Portugal", escreveu em Sevilha, em 1615, frei Juan de Torquemada, missionário franciscano radicado na Cidade do México.[13]

Levantavam-se tablados em praça pública para a leitura das sentenças, os castigos corporais e a execução dos condenados. Ao redor, ficavam as tribunas para o vice-rei, os membros da Audiência (órgãos judiciários), os cabildos (câmaras de vereadores) seculares e eclesiásticos e outras autoridades, instalados "com uma incrível suntuosidade", de acordo com o historiador José Toribio Medina, em *História do tribunal da Inquisição no México*.[14] Somente os índios estavam fora da jurisdição do Santo Ofício, submetidos exclusivamente às regras criadas pelos jesuítas dentro das missões.

A resistência dos colonos de origem espanhola contra os portugueses tomou as proporções de uma guerra a partir de 1630, quando governantes locais e jesuítas se uniram para combater os *maloqueros* paulistas. Na vila de São Paulo, os fazendeiros que se uniam para formar as bandeiras e dividir o resultado dos raides pelo sertão tinham imposto a hegemonia do poder laico sobre o religioso. Porém, durante a União Ibérica, eram confrontados com as autoridades da Inquisição espanhola na América, originadas na Espanha, ainda mais duras que em Portugal.

Para os espanhóis, sobretudo os jesuítas castelhanos, os grandes colonizadores da América hispânica, bandeirantes como Antônio Raposo Tavares não eram apenas portugueses perigosos e cruéis. Eram judeus interessados em fazer ruir a fé que eles estavam implantando entre as almas incultas e vulneráveis do Novo Mundo.

Aos "hereges portugueses", no início do século XVII, se juntou a ameaça dos corsários, como os franceses, que ainda se recusavam a reconhecer o direito "natural" dos espanhóis (e seus vassalos portugueses) às terras do Novo Mundo. E os invasores dos Países Baixos, coligação de pequenas mas ambiciosas nações, que enriqueciam com seus negócios marítimos a partir de seus portos no mar do Norte, de religião, sobretudo, protestante – outro inimigo no qual se via um perigo tanto econômico quanto religioso.

Os sete membros dessa coligação – Zelândia, Utrecht, Frísia, Gronginga, Gueldres, Orevyssel e Holanda – foram dominados pela Espanha entre 1548 e 1571. A partir de sua independência, passaram a chamar-se Estados Gerais das Províncias Unidas, ou República Neerlandesa. Como retaliação à Espanha, afirmação de independência, ou simplesmente para abocanhar a riqueza brasileira, cujas portas foram fechadas para eles desde a incorporação de Portugal ao império hispânico, os neerlandeses invadiram a colônia e chegaram a ocupar toda a faixa litorânea que vai do Maranhão ao Espírito Santo a partir de duas investidas, em 1624 e 1628.

Tomaram a fonte emergente de lucros da época – os engenhos de açúcar de Pernambuco – e as colônias africanas que forneciam mão de obra escrava não apenas para o Brasil, mas também para as províncias espanholas. Foram expulsos somente em 1654, catorze anos depois da separação da Coroa portuguesa da Espanha.

A expulsão dos holandeses e o avanço bandeirante pelo interior asseguraram o domínio sobre um vasto território, consolidado após a guerra da "Restauração" ("*Alzamiento*", para os espanhóis), iniciada em 1º de dezembro de 1640, quando Portugal e Espanha se separaram e cada qual voltou a ter sua respectiva Coroa. Desse esforço foi criada uma nova divisão oficial do território sul-americano, firmada oficialmente por fim no Tratado de Madri, em 1750, pelos reis João V de Portugal e Fernando VI da Espanha.

Mais que recuperar, garantir e expandir o território brasileiro, o século XVII mudou todo o contexto geopolítico e social do Brasil. Com a expulsão dos neerlandeses do Nordeste, quase sem ajuda de Portugal, e a ocupação de terras antes espanholas, surgiu uma personalidade local, formada na adversidade e na diversidade, sob as influências de origem de todos aqueles dominadores, mas com uma identificação própria.

Os desbravadores que resistiram a todas as mudanças do século XVII – combatendo jesuítas, espanhóis cristãos, holandeses protestantes, índios antropófagos e negros reunidos no Quilombo dos Palmares, um Estado paralelo constituído por escravos foragidos em Alagoas e Pernambuco – foram decisivos para a consolidação do Brasil e da mentalidade que germinou uma nação independente.

Descobriram ouro no Mato Grosso e em Minas Gerais, criando uma atividade econômica paralela, que fez com que o Brasil não se tornasse uma colônia reduzida ao Nordeste, rico em açúcar, e um mero entreposto litorâneo, a sudeste e ao sul. Ocuparam as terras da bacia do São Francisco. Desbravaram e ocuparam do interior do Nordeste até o Piauí.

Mais ligada aos primeiros colonizadores do século anterior, bravos e sanguinários, do que à sociedade mais impregnada do verniz europeu, que só se instalaria na colônia com a chegada de dom João VI ao Brasil em 1808, a geração que desbravou e expandiu o Brasil representou uma segunda etapa no processo de conquista do território e da formação da sociedade brasileira.

Como na ocupação da costa, a expansão do Brasil para o limite próximo do país que conhecemos hoje foi sangrenta, turbulenta e arriscada. Envolveu disputas políticas na corte europeia, a ação de aventureiros implacáveis, conflitos com a Igreja e seus heróis santos e a participação de ferozes guerreiros tribais. Saíram do século XVII não mais na antiga colônia costeira, e sim em algo muito maior. Junto à disputa fratricida entre espanhóis e portugueses e suas rivalidades na Europa, avançaram a sangue e fogo para estabelecer no Brasil uma nação que já não era Espanha, Holanda ou Portugal, formada por negros, índios e luso-brasileiros, unidos simplesmente em defesa de sua vida na própria terra.

Foi o período delineador não somente de um grande território, com uma das maiores florestas do mundo, a maior concentração de rios de água doce para o consumo humano e uma das mais vastas áreas de terras agricultáveis no globo – o gigante que acostumou os brasileiros a pensar em si mesmos como "país do futuro", com ambições do mesmo tamanho que a sua riqueza. Foi um período essencial para o surgimento da ideia de uma nação brasileira, da sua personalidade e do país de hoje, fonte dos nossos mais monstruosos males, como das nossas incomparáveis virtudes – e espantosa força.

CAPÍTULO 1

O Brasil português

Poder unificado

Em 1578, uma tragédia teve grande influência no destino de Portugal e Espanha, as duas grandes potências emergentes da Europa, bem como no de suas colônias na América – mudaria o mapa político e religioso do planeta e, em particular, determinaria o futuro do Brasil. Aos 24 anos, o rei de Portugal, dom Sebastião I, já lendário por ter sido aguardado dos 3 aos 19 anos para sua coroação, o que lhe rendeu o epíteto de "O Desejado", desapareceu em meio à Batalha de Alcácer-Quibir contra os mouros, no Marrocos.

Para lá, levou seu exército e a fina flor dos nobres cavaleiros portugueses, bem como mercenários flamengos, alemães, italianos e espanhóis, com a intenção de desalojar os "infiéis" do Norte da África e de compensar, com terras férteis, o declínio progressivo dos negócios de Portugal com as Índias Orientais.

Desde o início do século, os portugueses enfrentavam sérias perdas para os mouros na África, com a ascensão da dinastia Saadi, que retomou de Portugal a cidadela de Marrakech, em 1528, e em 1541 a fortaleza de Santa Cruz do Cabo Guer, em Agadir. Com isso, os portugueses foram obrigados a abandonar também Safim e Azamor. Sob o domínio português, restaram Ceuta, Tânger e Mazagão, importantes entrepostos para a navegação, mas isolados em território inimigo e dispendiosos para a Coroa.

Um oportunista histórico, Abu Marwan Abd al-Malik I, com apoio do sultão turco-otomano Murad III, que lhe deu 10 mil soldados, avançou sobre as terras dos Saadi e completou a conquista do Marrocos ao tomar Fez, Marrakech e Rabat do mulei Abu Abdallah Mohammed Saadi II. Destituído de seu reino, este pediu apoio ao monarca português, oferecendo-lhe em troca terras e a própria Coroa do Marrocos. Sequioso por estar à altura das lendas que o cercavam, dom Sebastião não precisava de outro pretexto para entrar em guerra.

Mesmo com a recusa de ajuda pelo tio, o rei Filipe II, da Espanha, a quem de nada servia o Norte africano, ou por interesse no fracasso do sobrinho, o rei partiu. Levou consigo o maior exército já enviado à África até então: 24 mil soldados portugueses, além de 5 mil mercenários e aliados, em cerca de mil navios. Depois de reforçar seu contingente com 7 mil soldados do sultão deposto, dom Sebastião fez suas tropas percorrerem a pé o trajeto de 35 quilômetros entre Arzila e Larache, em vez de se manter próximo à costa, onde podia contar com o apoio da artilharia naval portuguesa. Deteve-se 15 quilômetros depois de Larache, na aldeia de Douar Skouna, em 3 de agosto, a caminho de Alcácer-Quibir ("grande fortaleza", em árabe).

Ladeado por dois rios, o exército português ficou encurralado quando surgiram adiante e na retaguarda os 61 mil homens do exército de Abd al-Malik, conhecido como o Mulei Moluco: 41 mil cavaleiros e 20 mil soldados de infantaria e arcabuzeiros mouros, andaluzes e turcos. Possuía ainda 26 peças de artilharia, entre elas um célebre canhão de bronze, o Sidi Mimoun, com quase 5 metros de comprimento e 12 toneladas – hoje a maior atração entre as 1.100 peças do Bjorn Nord Army Museum, museu militar da cidade marroquina de Fez.

Os acontecimentos da batalha, no dia 4 de agosto de 1578, foram cantados em prosa e verso. O exército marroquino se dispôs em meia-lua. O português formou um quadrado, que visava menos a estratégia militar do que proteger mulheres e crianças, abrigadas no centro da formação. Dom Sebastião comandou pessoalmente a ala de cavalaria pesada.

Na primeira carga da sua própria cavalaria, após a fuzilaria inicial, os muçulmanos desbarataram o exército português. A infantaria portuguesa avançou, e parecia furar as hostes muçulmanas pelo meio, mas distanciou-se do restante das tropas, teve de recuar e acabou cercada. A meia-lua então se fechou sobre os portugueses e seus aliados.

Sem dom Sebastião, que caiu no início dos combates, o comando ficou com o mulei Mohammed. Em quatro horas, 8 mil integrantes da coalisão de portugueses e soldados do sultão morreram e 16 mil foram feitos prisioneiros – somente uma centena conseguiu escapar. Nenhum dos três reis envolvidos saiu vivo do embate. Dom Sebastião jamais teve seu corpo encontrado. Na tentativa de escapar ao massacre, Mohammed morreu afogado no rio Oued El-Makhzen. Malik também foi vencedor morto: encontrava-se doente, e teria sucumbido à enfermidade, durante o esforço de incentivar os homens na investida.

Alcácer-Quibir, conhecida como "a batalha dos três reis", acabou tragicamente para todos, vencidos e vencedores.

O trono de Portugal ficou sem herdeiro. O desaparecimento do corpo de dom Sebastião alimentou diversas lendas de que ele estaria vivo e ressurgiria. Surgiu o "sebastianismo", expressão da esperança popular pela volta de um líder salvador. Na "alucinada aventura de Alcácer-Quibir", como a definiu Afonso Taunay, desaparecia não somente o rei, com também a dinastia de Avis, iniciada em 1385 com a assunção de dom João I, e boa parte da nobreza de Portugal. Um golpe duro para o país, que perdeu um rei sem descendentes e teve toda a sua elite dirigente subitamente destroçada.[1]

Sem dom Sebastião, os membros do Conselho de Governadores do Reino de Portugal optaram por repetir uma escolha testada e segura: alçaram novamente ao trono o cardeal infante dom Henrique, que já havia governado o país como regente, durante a maior parte da infância de dom Sebastião, de quem era tio-avô. Quinto filho do segundo casamento de dom Manuel I, dom Henrique assumira o trono com a retirada de dona Catarina, viúva de seu sobrinho João III, que perdera não somente o marido, como também nove filhos e herdeiros, numa verdadeira maldição familiar, deixando apenas o neto como sucessor ao trono.

Durante seu primeiro governo, o cardeal-regente empregara no poder secular a mão de ferro da Inquisição portuguesa, de influência decisiva na colonização do Brasil. Investira de grande poder os jesuítas, que no Brasil por vezes falavam acima do governador-geral, inclusive na gestão de Mem de Sá. Autorizara o massacre dos hereges canibais, os índios tupinambás, e dos hereges protestantes, que ameaçavam a hegemonia portuguesa, consolidando a colônia na costa brasileira. Dado o declínio do comércio com as Índias Orientais, incentivara no Nordeste brasileiro a indústria açucareira, nova riqueza mundial, e passara praticamente a dominar o mercado de escravos, não apenas indígenas caçados na floresta tropical brasileira como negros da costa africana.

Quando retornou ao trono, dom Henrique já tinha 70 anos – idade extraordinariamente avançada para a época, em que a maioria das pessoas não ultrapassava a marca dos cinquenta. Morreu dois anos depois, em 31 de janeiro de 1580. Como cardeal, preso ao voto de castidade, não deixou herdeiros nem sucessores. Mais uma vez, o trono português estava vago. Antes de morrer, dom Henrique formou uma junta com cinco membros para decidir quem seria o novo rei de Portugal após sua morte. Ficou com eles a decisão.

De acordo com o direito natural, que conferia o poder aos descendentes ou, na sua falta, ao parente mais próximo do rei – nem sempre o melhor método, porém o mais prático e teoricamente menos sujeito a disputas –, a Coroa pendia igualmente sobre a cabeça de três netos de dom Manuel I, seus principais postulantes. Os dois primeiros eram Catarina, infanta de Portugal e duquesa de Bragança, e dom Antônio, prior do Crato.

O terceiro era o rei Filipe II, da Espanha.

Homem de testa ampla, retratado sempre austeramente em trajes pretos de gola rendada, como costume entre os nobres da época, Filipe II, alcunhado "O Sábio", já era quase uma lenda em seu próprio tempo. Nascido em Valladolid, em 21 de maio de 1527, filho de Carlos V de Habsburgo com a filha de dom Manuel I, dona Isabel de Portugal, teve preceptores portugueses desde a infância – além de latim, falava o português perfeitamente.

Em 25 de julho de 1554, aos 27 anos, tornou-se rei da Inglaterra, por seu casamento com a rainha Maria, de 37 anos. Apenas na véspera do casamento encontrou pessoalmente a esposa, que aceitou o matrimônio depois que seu pai, Carlos V, abriu mão da Coroa de Nápoles e da reivindicação do reino de Jerusalém em favor de sua futura esposa. Ficou conhecida entre os ingleses como "Maria, a Sanguinária", pela forma impiedosa com que restabeleceu o catolicismo como religião oficial em seu país e perseguiu os protestantes. Foi ironicamente celebrizada pelo Bloody Mary, clássico drinque associado à rainha pela cor vermelha e os ingredientes fortes: vodca com suco de tomate, temperado com uma carga de pimenta.

Na Inglaterra, Filipe II era considerado um rei consorte, embora tivesse os mesmos títulos que a mulher, recebesse por contrato as mesmas honras e sua efígie fosse cunhada com a dela nas moedas da época. Em outubro de 1555, tornou-se regente dos reinos da Espanha, enquanto Carlos V administrava o Sacro Império Romano-Germânico. Em janeiro de 1556, recebeu do pai em definitivo as coroas de Aragão e Castela, o que fez dele rei da Espanha, da Sicília e dos Países Baixos.

Logo em seguida, em junho, o pai transmitiu-lhe também o condado da Borgonha. Seu poder se estendia às ilhas Canárias e Maiorca, a Córsega, Milão e Nápoles. Na África, possuía diversos domínios ao longo da costa, como Túnis e Orão. E havia ainda a colônia ultramarina do Novo Mundo, do qual os espanhóis tinham ficado com a parte oriental – maior, mais rica e promissora.

Junto com esse vasto império, Filipe herdou problemas de larga escala. Era preciso grande esforço financeiro para manter tal poder e fortalecê-lo. E ele tinha grandes inimigos políticos, como a França de Enrique II, que, ao assumir o trono, rompeu a Trégua de Vaucelles, acordo de paz assinado em 5 de fevereiro de 1556 pelos respectivos pais, Carlos V e Francisco I da França.

Com o fim do tratado, que cessara as disputas entre os países na Itália por nove anos, a contenda se reabria. Nos Países Baixos, uma revolta de nobres buscava forçar sua independência do império espanhol. Voltava-se contra Filipe II também a Inglaterra, país cujo projeto de união com a Espanha morrera junto com a rainha Maria, de frágil constituição, vitimada por uma gripe epidêmica em 1558, antes que eles tivessem um herdeiro.

Como seus antecessores, Fernando e Isabel de Castela, unificadores da Espanha, Filipe II assumiu a tarefa de fazer prevalecer o catolicismo, não somente pela histórica ameaça muçulmana mas também pelo protestantismo emergente na Europa. No entanto, para afirmar seu poder imperial – da mesma forma que seu pai, Carlos V –, ele confrontou o próprio papa, que reinava como um governante secular a partir de Roma e era aliado dos franceses.

Em 1556, as tropas espanholas sob o comando de Fernando Álvarez de Toledo y Pimentel, o duque de Alba, vice-rei de Nápoles, célebre militar, conhecido como o "Duque de Ferro", derrotaram as forças de Paulo IV. Subjugado, o sumo pontífice foi obrigado a pedir a paz, que Filipe II concedeu. Diplomaticamente, o duque de Alba pediu perdão em nome de Filipe II pela invasão dos domínios papais, que lhe foram restituídos depois da submissão. O imperador espanhol mostrara sua força.

Filipe II foi implacável com os hereges e os rebeldes mouros que deflagraram uma rebelião em Granada, entre 1557 e 1570. Para combatê-los, colocou à frente das tropas João de Áustria, também filho de Carlos V, seu irmão bastardo. Vencidos, os rebeldes foram presos e deportados. Contra os franceses, lutou pelo controle de Nápoles e Milão, vencendo as batalhas de Saint-Quentin, em 1557, e Gravelines, em 1558. Como pagamento de uma promessa pela vitória em San Quentin, fez construir o célebre mosteiro El Escorial, onde passou a residir durante parte do tempo.

Em 1571, participou da chamada Liga Santa, convocada pelo papa Pio V, integrada também pela República de Veneza e os Cavaleiros de Malta, além dos Estados Papais. Com 208 galés e 6 galeaças, supernavios de guerra com 44 canhões, sob o comando de João de Áustria, a liga venceu em 7 de outubro o combate naval contra 230 galés turcas na costa da Grécia, na Batalha de Lepanto – da qual participou Miguel de Cervantes, autor de *Dom Quixote*. Com a derrota, os turcos tiveram de abandonar Chipre, conquistada pelos venezianos. O Mediterrâneo era então hegemonia cristã.

Com a morte de dom Henrique, em 1580, imediatamente os membros do Conselho de Governadores do Reino de Portugal apoiaram majoritariamente Filipe, que os alimentava com dinheiro desde a morte de dom Sebastião I, antevendo aquela oportunidade. Um grupo de emissários partiu para a Espanha, com a finalidade de declará-lo sucessor legal de dom Henrique. Os outros postulantes ao trono se revoltaram. O prior do Crato repudiou a escolha de um monarca estrangeiro e se fez aclamar rei de Portugal em 24 de julho, em Santarém. Outras cidades aderiram, e ele, mesmo contra o Conselho, alojou-se na capital.

Diante daquela manobra, Filipe II invadiu Portugal. Aquartelado em Badajoz, enviou adiante suas tropas, sob o comando do duque de Alba. Este marchou sobre Setúbal. Dominado o Alentejo, seguiu para Cascais, na esquadra do marquês de Santa Cruz. Entrou em Lisboa com um terço, unidade militar utilizada tanto no exército espanhol quanto no português, inspirada nas legiões romanas, com cerca de 3 mil homens de infantaria munidos de lanças compridas, ao modo das antigas falanges, além de arcabuzeiros e besteiros. Em 25 de agosto, o duque derrotou na Batalha de Alcântara as forças do prior do Crato, sob o comando de dom Diogo Meneses, e perseguiu-o até o Minho.

Não obstante o propósito de governar o país, o exército espanhol saqueou Lisboa e seus arredores. Entre contentes e descontentes, não restava dúvida aos portugueses sobre quem era o novo rei.

Em 1581, depois de uma entrada gradual, na qual foi recebendo pelo caminho sinais de vassalagem em troca de favores, Filipe II criou as chamadas Cortes de Tomar, com o objetivo de arrefecer os ânimos dos opositores da unificação das Coroas. Iniciadas em 16 de abril no convento de Cristo, na cidade de Tomar, essas comissões para a discussão da unificação reuniam representantes da nobreza, do clero e do povo – o "terceiro Estado".

Na realidade, não passava de um jogo de cena para legitimar o rei, que comprava a boa vontade dos políticos portugueses em moeda sonante – as então chamadas "mercês", que tinham o sentido de "graça", "benefício" ou "favor", origem da tradicional prática de corrupção da política brasileira como mera parte do sistema. Para mostrar indulgência, Filipe II baixou um édito de perdão para os partidários de dom Antônio, com a exceção dos que se mantinham na clandestinidade.

Em Tomar, foi redigida uma carta-juramento de 25 normas com as quais o rei se comprometia para ter os portugueses como súditos. Entre elas, manter os costumes, a lei, a moeda e o governo próprios, assim como o uso da língua portuguesa nos documentos oficiais. Filipe II aceitava que o príncipe herdeiro do trono fosse educado em Lisboa, com preceptores portugueses, como ele próprio fora. Manteve ainda privilégios e primazias da elite portuguesa, como o controle por navios portugueses do comércio com o Brasil.

Dessa forma, a Espanha conservava para Portugal certa autonomia, como já havia feito em outros reinos. Seu império era na prática uma confederação, ou "uma entidade política plural, um conglomerado de reinos em torno de suas respectivas casas reais (Aragão, Navarra, Castela, Borgonha, Nápoles, Sicília e, finalmente, Portugal), sem mais identidade que a de ter um mesmo soberano e professar a mesma confissão", de acordo com o historiador Manuel Rivero Rodríguez.[2] Com isso, conservava a fidelidade da elite local, embora subordinada localmente a um vice-rei, nomeado por Filipe II, e aos conselhos administrativos, que levavam ao rei em Madri as decisões mais importantes.

Sacramentado pelas Cortes de Tomar, Filipe II de Espanha foi coroado Filipe I de Portugal. Terminou de pacificar o reino ao submeter a ilha Terceira, no arquipélago dos Açores, último reduto de dom Antônio, onde a efígie do concorrente chegou a ser cunhada nas moedas. Na resistência, dom Antônio recebeu o apoio da França. Diante das naus espanholas, sob o comando do marquês de Santa Cruz, a esquadra francesa sucumbiu na Batalha Naval de Vila Franca, em 26 de julho de 1582. A ilha rendeu-se a Filipe II no ano seguinte.

Em 1583, Filipe II voltou à Espanha. Deixou no governo em Lisboa, no posto de vice-rei, um sobrinho, o cardeal-arquiduque

Alberto Ernesto de Habsburgo, ou Alberto VII de Áustria. E, por via das dúvidas, seu homem de guerra, o duque de Alba. Também como garantia, renomeou todos os membros do Conselho de Portugal.

Ao encampar o mundo português, o reinado filipino englobava na Europa toda a Península Ibérica, os reinos de Nápoles, da Sicília, da Bélgica, dos Países Baixos, de Luxemburgo e de uma parte da França. Nos territórios ultramarinos, incluía todo o continente americano, com exceção de algumas ilhas antilhanas e partes dos Estados Unidos e do Canadá. Da Terra do Fogo ao futuro Alasca, nascia uma cordilheira de cidades fundadas com a bandeira da Espanha.

O mundo de Filipe II abarcava ainda as ilhas do extremo leste das Américas, chamadas de Filipeias, as ilhas ao sul do Pacífico (hoje Filipinas) e possessões espanholas e portuguesas na África: Ceuta, Melilha, Mazalquivir, Orão, Angola, Moçambique e as ilhas da Madeira, Cabo Verde, São Tomé e Príncipe e Canárias. Estava encravado na Índia, Pérsia, Indochina e Arábia. Na Oceania, eram espanholas as Molucas e a Ilha de Páscoa, no meio do oceano Pacífico, assim como as ilhas Marianas e Carolinas.

Era simplesmente o mais vasto império já visto na história, geopoliticamente poderoso e influente como o romano e maior em extensão que o de Gengis Khan: o "reino onde o sol jamais se põe", como se tornaria conhecido. Além de impressionante pela vastidão, nele se encontravam os negócios mais prósperos da época, das minas de prata em Potosí, na Bolívia, ao comércio de escravos índios e negros na África. O que faria o padre Antônio Vieira referir-se ao soberano da Espanha como "o rei Planeta", ao redor do qual gravitavam, como satélites, legiões de aduladores.

No caso do Novo Mundo, a conquista espanhola não havia sido menos épica que a empreendida pelos portugueses para consolidar a colônia do Brasil. Depois do achado de Cristóvão Colombo, os espanhóis primeiro chegaram à costa do Pacífico cruzando o istmo do Panamá, com Vasco Núñez de Balboa, um ex-tratador de porcos endividado em Hispaniola, que buscava ouro e pérolas e cometia atrocidades como atirar aos cães como repasto os habitantes de uma aldeia onde se horrorizou com a homossexualidade

– Leoncico, seu cão favorito, tornou-se tão célebre pela crueldade quanto seu dono.

A improvável conquista do México se deu por um golpe de malícia. Em 1519, Hernán Cortés arrostou tropas astecas contadas aos milhares com apenas 508 soldados espanhóis, 100 marinheiros e 16 cavalos, animal desconhecido dos pré-colombianos, que lhes despertava terror de bestas mitológicas. Assim chegou às portas da capital: Tenochtitlán, cidade insular com 60 mil habitantes, palácios luxuosos e templos piramidais, origem da atual Cidade do México.

Aproveitou uma audiência com o rei Moctezuma para tomá-lo como refém e obrigá-lo a declarar subordinação à Coroa espanhola. Assim, com um punhado de homens, e a ajuda de uma amante índia, doña Marina, que lhe servia também de intérprete, Cortés subjugou uma nação inteira e inundou a Espanha com o ouro mexicano.

A partir das riquezas do México, a chamada Nova Espanha cresceu. Seguiu-se a tomada do império incaico, no Peru, por Francisco Pizarro, trujillano que se aproveitou da momentânea divisão do reino entre dois irmãos, Atahualpa e Huáscar, após a morte de seu pai, Huayna Capac. Ex-integrante da expedição de Balboa, Pizarro empreendeu duas expedições, a segunda das quais com três caravelas que zarparam do Panamá. Por terem chegado do oceano, os incas chamavam os espanhóis de *viracochas*, "filhos da espuma do mar".

O exército de Pizarro consistia em 180 homens e 27 cavalos, mas isso bastou para inspirar o terror nos adversários. "O que mais os atemorizou foi vê-los [aos espanhóis] disparar os arcabuzes, porque entendiam que eram relâmpagos e trovões, e, vendo coisas para eles nunca imaginadas, foi fácil vencê-los, e acreditavam que homem e cavalo eram tudo uma mesma peça", relata-se na *Descrição geral do reino do Peru.**

Em 1532, assim como Cortés, Pizarro tomou como refém o rei Atahualpa, na cidade de Cajamarca, onde o filho do Rei-Sol tomava banho nas suas célebres águas medicinais. Recebeu pesadas compensações para libertá-lo, assim como a seu irmão, também aprisionado.

---

* BRANCO, Isabel Araújo Branco. GARCÍA, Margarita Eva Rodriguez (eds.) *Descrição geral do reino do Peru, em particular de Lima*, obra atribuída a Pedro de León Portocarrero. Lisboa: Centro de História de Além Mar (CHAM), 2013.

Atahualpa lhe ofereceu um "tambo" (uma casa) cheio de ouro pelo seu próprio resgate, mas, em vez de liberá-lo, o comandante espanhol executou os dois irmãos em praça pública com o garrote.

Com o assassinato dos reis, Pizarro abafou a resistência inca e apoderou-se de um império com 985 mil quilômetros quadrados e 16 milhões de habitantes, segundo o sofisticado recenseamento criado pelo Rei-Sol. Um reino "rico e poderoso, onde se encontram ricas minas de prata, ouro, mercúrio, chumbo, estanho e cobre, abastecida de todo gênero de sustento", como o definiu a *Descrição geral do reino do Peru.*

De acordo com o mesmo documento, suas cidades eram ligadas por estradas pavimentadas de pedra polida, irradiadas a partir de Cusco, sua capital, nas faldas dos Andes peruanos, às portas da selva amazônica. Pizarro levou ainda o império espanhol por mais 3.200 quilômetros de costa abaixo, com as expedições de um de seus homens, Pedro de Valdivia, que enfrentou os índios araucanos para ocupar o que se tornou o vice-reino do Chile.

Em 1540, Francisco Vázquez de Coronado, oficial do vice-rei do México, dom Antonio de Mendoza, à frente de 336 soldados, 1.300 voluntários índios, cinco sacerdotes e 59 cavalos, fez a Nova Espanha ganhar a América do Norte. Subiu pela costa ocidental do Novo México, em busca das lendárias Sete Cidades de Cíbola, um reino com urbes supostamente maiores que as espanholas, descrito por frei Marcos de Niza, enviado previamente por Mendoza à região.

Depois de 2.500 quilômetros em 135 dias de jornada, Coronado achou apenas Háwikuh, *pueblo* indígena da tribo zuni no Novo México. Lançou seus homens pelas Montanhas Rochosas e o deserto do Arizona, até alcançar o atual estado do Kansas e, a norte, o Grand Canyon, no rio Colorado, na Baixa Califórnia. Não encontrou ouro nem cidades encantadas, o que levaria Niza à desgraça, mas explorou metade do que são hoje os Estados Unidos.

As conquistas do México e do Peru impulsionaram o império espanhol ao seu esplendor máximo. Os desafios da costa do Pacífico, com suas riquezas, pareciam tão maiores e lucrativos que o Brasil se encontrava em último lugar na lista dos esforços de colonização. Mesmo os portugueses, uma vez unidas as Coroas de Portugal e Espanha, trataram de rumar para as ascendentes colônias espanholas. Bandeirantes caçadores de escravos avançaram pelo sertão rumo a Assunção e Tucumán. Negociantes portugueses se instalavam em prósperas cidades como Lima, Quito e Cartagena das Índias, na atual costa da Colômbia.

Como fonte de escravos negros para o trabalho na nova colônia, em especial as minas de prata, Filipe II via em Angola muito mais importância estratégica do que no Brasil. Para ele, a antiga colônia portuguesa era ainda menor do que alegavam os portugueses. De acordo com o geógrafo português João de Barros e seu consultor Giovanni Battista Gesio, a linha de Tordesilhas, para os portugueses então uma linha entre Cananeia e Belém, devia passar na realidade na altura de Cabo Frio. "*Todo lo más es de Castilla*", afirmava, em 1579, em uma sentença que se tornaria célebre. Maior ou menor, o Brasil não importava muito.

"Se em 1580 as colônias portuguesas influenciavam as ações espanholas, eram as especiarias das Índias e os escravos da África Ocidental que mais atraíam Filipe II", afirma o historiador Stuart Schwartz.[3] "Embora mostrasse sinais de crescimento depois de 1570, o Brasil nos anos 1580 ainda era o rabo final do império. Sua população europeia vivia precariamente sob a ameaça dos ataques de indígenas e rivais europeus [...]. Ao contrário da América espanhola, ao Brasil faltava imprensa, universidade; possuía poucos edifícios nobres e aparentemente lhe faltavam riquezas minerais."

Com o conjunto das posses portuguesas, onde o Brasil só mais tarde se destacaria, com a indústria açucareira, Filipe II tinha o que precisava para mais que rivalizar com as potências marítimas emergentes, em especial os Países Baixos e a Inglaterra. Criou sua "Idade de Ouro" – expressão cunhada originalmente pelo historiador George Ticknor em 1849 para designar justamente esse período histórico do império espanhol, assentado sobre o ouro e a prata das possessões no Peru e no México. O El Escorial, cuja arquitetura visava simbolizar em Madri a grandeza do império, se tornou um dos mais ricos museus do mundo.

O ouro também financiava as artes. Revelou na Espanha uma geração fulgurante de pintores, entre eles El Greco, Juan de Ribera e Diego Velázquez. Floresceram as letras. Na poesia, a era de Filipe II gerou Calderón de la Barca, Garcilaso de la Vega, Luis de Gôngora, Francisco de Quevedo. Na comédia, Lope de Vega. Surgida em panfletos difundidos nos anos 1550 com o romance anônimo intitulado *Lazarillo de Tormes*, a novela picaresca ganhou no reinado de Filipe II sua obra-prima: *Dom Quixote de la Mancha*, de Miguel de Cervantes, publicada em 1605 – não somente retrato da transição da era medieval para a moderna, como também obra clássica basilar de toda a literatura contemporânea.

Desenvolveu-se a própria civilização ocidental. De 50 milhões de habitantes no início do século XVI, durante o império filipino a Europa triplicaria sua população em dois séculos. Começava um novo ciclo de consumo e de produção. Faziam-se roupas de algodão e de linho, mais baratas, e açúcar – cuja indústria em série começava a impulsionar os engenhos do Novo Mundo, assim como a exploração da prata. "O padrão de vida dos povos foi se alterando rapidamente", assinala Roberto Simonsen.[4]

Havia uma competição por terras, mercados e religiões, que completava o final do ciclo da Idade Média, em transição para o surgimento do capitalismo industrial. "Para que tal sistema econômico pudesse prosseguir na sua fase evolutiva, tornou-se necessária a mais ampla liberdade individual, quanto à locomoção, política e aquisição da propriedade", afirma Simonsen. "Dessa liberdade, resultaram a emulação e o espírito de competição que alcançaram, já em nossos tempos, tão grande acuidade."

Os interesses de Filipe II coincidiam com os da Igreja Católica, que não via limites territoriais para a fé e estendia seus tentáculos no Novo Mundo, numa época em que o islã era a religião predominante do Oriente Médio até o Norte da África e a Europa encontrava-se sob a influência crescente do protestantismo. Não bastava ter expulsado os conquistadores muçulmanos da Europa, a guerra na qual portugueses e espanhóis tinham forjado seu caráter indômito e sua identidade nacional. Era preciso garantir a qualquer custo que o futuro do mundo fosse cristão – tarefa que faria do catolicismo a religião mais difundida do globo e transformaria o Brasil no maior país católico do mundo.

Signo da guerra

Com ajuda do destino e da espada, Filipe II concretizou o grande sonho de seus antepassados. A União Ibérica não foi importante somente para que ele reabastecesse seus cofres, exauridos em campanhas militares. Consolidou um projeto político, econômico e religioso alimentado por séculos, tanto por portugueses quanto por espanhóis, dada sua proximidade geográfica, idiomática, cultural e histórica.

Portugal e Espanha sempre nutriram uma relação de irmãos em conflito, com interesses divergentes, tanto quanto semelhanças e afinidades que não os deixavam se afastar. Estavam próximos, a começar pela origem: designação da província romana que unira os povos locais, "Hispânia" (aportuguesada como "Espanha") era a palavra latina que, em qualquer das línguas ibéricas, nomeava toda a península.

Ao justificar sua iniciativa de invadir o Norte africano, dom Sebastião I referia-se por essa denominação a Portugal e os reinos de Aragão e Castela. "Assim, pela natureza da mesma terra, como por seu grande poder, que quando assim acontecesse, o que Deus não permita, visto é quantos males sem remédio poderiam recrescer a toda Espanha [...]", escreveu o rei, em 1576, ainda na esperança de contar com o apoio de seu tio Filipe II em uma ação conjunta.*

Nos anos 1620, o bispo Lourenço de Mendonça, natural de Sesimbra, ao sul de Lisboa, comissário do Santo Ofício em Potosí, defendia junto a Filipe IV iguais direitos aos portugueses em relação aos espanhóis nas colônias do Novo Mundo, alegando que eram "puros e legítimos espanhóis, e tão próximos de Castela".**

---

* "Carta a João de Mendonça sobre a jornada da África", 1576.

** *Suplicación a su Magestad Católica del Rey nuestro señor, que Dios guarde. Ante sus Reales Consejos de Portugal y de las Indias, en defensa de los Portugueses*, Madri, 1630. In: CARDIM, Pedro. "El Estatuto de Portugal en la monarquia española en el tiempo de Olivares". *Pedralbes*, n. 28, 2, 2008, pp. 521-552.

A ideia da necessidade da unificação ibérica existiu desde o ano 711, quando as primeiras tropas do general Tárique chegaram da África, cruzando o estreito de Gibraltar, e venceram Rodrigo, último rei visigodo da Hispânia, dando início a oito séculos de dominação moura no sul da península. A essa região os árabes denominaram Al-Andalus – nome de origem controvertida, provavelmente derivada do *tamazight*, língua dos berberes do Norte da África, que chamavam o antigo território visigodo de *tamort u-andalus*, ou "terra dos vândalos". O nome passou a ser Al-Andalus, com o artigo árabe, e, mais tarde, Andaluzia.

A resistência visigótica formou-se ao norte, nas Astúrias, sob o comando de dom Pelágio, nobre de origem obscura e biografia épica, que adquiriu contornos mitológicos. Refugiado nas montanhas das Cangas de Onís, depois de escapar da prisão do governador muçulmano Munuza, Pelágio reinou em uma caverna que funcionava de forma improvisada como igreja e palácio real – a simbiose que seria a marca de seus sucessores.

Dali, partia com seus homens em raides contra cidades islâmicas e aldeias antes habitadas por cristãos. Da guerrilha, passou para a guerra. A Batalha de Covadonga, em 722, contra forças muçulmanas muito superiores, que teria vencido restando-lhe apenas uma dezena de homens, se tornou o marco inicial da retomada das terras da península aos "infiéis": a chamada "Reconquista".

A partir das Astúrias, os hispano-godos e lusitano-suevos começaram a descer as serras ao norte, em combates que aos poucos foram desenhando os reinos feudais sob a égide do cristianismo. Surgiram os reinos de Castela, Pamplona, Aragão e Leão. Para muitos castelhanos, assim entendidos como os nativos do reino original de Castela, sediado em Madri, os portugueses não eram menos hispânicos (ou espanhóis) que os aragoneses ou bascos.

O avanço do Império Otomano sobre a Península Ibérica dava aos reinos que compunham Portugal e Espanha um sentido e uma força missionária à defesa da terra: a luta contra os muçulmanos. Isso fazia ambas as nações, nascidas sob o signo da guerra contra os "infiéis", se irmanarem como cavaleiros cruzados. "A Península Ibérica formou, plasmou e constituiu a sociedade sob o império da guerra", afirmou o sociólogo Raymundo Faoro.[5] E era uma guerra de orgulho religioso. Na sua carta sobre a jornada da África, dom Sebastião I afirmava que a "Espanha" (Portugal, Leão e Castela) era "da cristandade o que se pode dizer que é hoje a melhor e maior parte".

Separados politicamente, espanhóis e portugueses estavam ligados por essa ancestralidade, a herança romana do catolicismo, o sentido missionário da cruzada e também a língua, então muito mais próxima do que se tornou na era contemporânea. Poema considerado por filólogos o primeiro texto em português, divergindo do tronco comum latino que daria de um lado o espanhol e de outro a "última flor do Lácio, inculta e bela", como a definiu o poeta Luís Vaz de Camões, a "Cantiga da Ribeirinha" é datada de 1198.

Afonso VII, filho de Raimundo de Borgonha e Urraca I de Leão e Castela, primeiro rei da Casa de Borgonha, foi também o primeiro a tentar unificar a península como um reino católico. Rei da Galícia em 1111, de Leão a partir de 1126, com a morte da mãe, rei de Castela por um acordo de paz com Afonso I de Aragão, e rei de Toledo a partir de 1127, depois da guerra que patrocinou após a morte do antigo rival, autoproclamou-se imperador da Hispânia em 1135. Foi coroado na catedral de Leão, com a presença de todos os reis peninsulares, menos um: dom Afonso Henriques, de Portugal.

Suas ambições minguaram com o tempo. Em 1143, teve de reconhecer a independência de Portugal, a coroa de dom Afonso Henriques e a união de Raimundo Berengário IV e Petronila de Aragão, que criou a Coroa de Aragão. Enfrentou ainda a resistência dos mouros almorávidas, que mantinham a Andaluzia à força da cimitarra. Avançou até Córdoba, em 1144, mas foi obrigado a fazer um pacto de defesa com seus antigos oponentes, para defender-se de um perigo ainda maior: a invasão do território pelos almóadas. O projeto da Hispânia ainda levaria muito tempo para se consolidar.

A segunda cruzada, convocada em 1145 pelo papa Eugênio III, fez Afonso VII tomar o porto de Almería, aliado ao reino de Aragão e

Navarra, e o condado de Barcelona, que perdeu novamente em 1157. Rei guerreiro, morreu na volta de uma expedição contra os almóadas. Por ironia, o homem que queria unificar a Península Ibérica foi quem mais a dividiu, deixando o reino de Castela ao seu primogênito, Sancho, e o reino de Leão a Fernando.

A Espanha começou a formar-se como Estado somente a partir do casamento de Isabel de Castela e Fernando de Aragão, em 1479, que reuniu as duas casas dinásticas, sem, no entanto, transformá-las em uma só – a fusão política dos dois reinos somente seria oficializada bem mais tarde, em 1516. A união com a Coroa portuguesa poderia ter acontecido antes, pelo casamento de dom Manuel I de Portugal com a infanta espanhola Isabel de Aragão, filha de Fernando e Isabel. A união das Casas de Aragão e Castela com Portugal completaria a unificação, coroamento da Reconquista, depois da expulsão definitiva dos mouros, em 1492, por Fernando e Isabel, conhecidos como os "Reis Católicos".

Com a resistência da Casa de Aragão, ficou estabelecido que a Coroa seria unificada com a ascensão ao trono do futuro filho de dom Manuel I e Isabel de Aragão. O futuro rei de Portugal e Espanha, cujo nascimento custou a vida da mãe, falecida no parto em 1497, foi chamado de "Miguel da Paz" para celebrar a unificação das Coroas. Intitulado "príncipe de Portugal e das Astúrias", foi criado pelos avós. Porém, morreu aos 3 anos, quando dom Manuel I ainda mandava as primeiras caravelas para explorar a costa sul-americana.

A morte era um fator político frequente nas cortes daquele tempo. Com a morte de Isabel no parto de Miguel da Paz, e do próprio Miguel ainda criança, assumiu as Coroas de Castela e Aragão a irmã de Isabel, Joana, que, por seu casamento com Filipe, duque da Borgonha, levaria a corte espanhola para a casa dos Habsburgo. Em Portugal, dom Manuel I, que também casara sua filha Isabel com Carlos V da Áustria, imperador Habsburgo, de quem era prima, viu seus sonhos de grandeza brilharem primeiro por conta própria. Portugal ganhou impulso com as navegações para as Índias Orientais e levou Portugal à sua era de ouro, o que daria ao monarca o epíteto de "O Venturoso".

O que unia portugueses e espanhóis era também o que os separava. Com os mesmos desafios comerciais, cada qual do seu lado, criaram uma feroz rivalidade na disputa pelas rotas do Oriente, acelerada desde a segunda metade do século XIV, sobretudo depois de 1453, com a tomada pelos turcos otomanos de Constantinopla – a cidade que ocupava os dois lados do istmo por onde se fazia a transição continental da Europa para a Ásia.

"Para os europeus ocidentais era crucial o intercâmbio mercantil com o Oriente, já que dali provinham as especiarias e diversos produtos de luxo", afirma o historiador José de la Puente Brunke. "Finalmente, por seus empenhos em chegar ao Oriente, os castelhanos encontraram um Novo Mundo, e os portugueses, por sua parte, chegaram ao Levante por meio da circum-navegação da África."[6]

Mesmo com a fragmentação da península após a invasão dos visigodos e a vocação para o expansionismo marítimo, que frequentemente alimentava disputas e rivalidades, ambas as nações mantinham o inimigo em comum, que desde o início os colocava do mesmo lado. Dom Manuel I fez seu sucessor com outra irmã mais nova de Isabel, Maria de Aragão: o futuro rei João III. E Portugal e Espanha alimentavam o projeto de dividir entre si um futuro planeta com predomínio católico.

Embora parecesse o caminho mais improvável, a morte dos filhos de dom João III, sua própria morte, a do neto dom Sebastião I e por fim a de dom Henrique, foi o que afinal encerrou a dinastia de Avis e permitiu, com a assunção de Filipe II, nomeado também Filipe I de Portugal, a consolidação do império hispânico.

Cuidadoso com os portugueses, Filipe II procurou ferir o mínimo possível de suscetibilidades e garantir certa estabilidade, o que prevaleceu em seu reinado e no de seu sucessor, seu filho Filipe II de Portugal e III de Espanha. De maneira a restabelecer a elite portuguesa, o monarca pagou pesado resgate para trazer de volta das prisões mouras os nobres aprisionados em Alcácer-Quibir. Distribuiu títulos e levou muitos deles para a corte espanhola.

Sua preocupação com a autonomia e a preservação do orgulho português foi tamanha que chegou a causar ciúme – ou interesses prejudicados – na corte espanhola, conforme registrou o prelado Pedro Valenzuela: "Com tantas prerrogativas estava unido Portugal, que em certo modo ficou superior a Castela, pois sua nobreza ocupava os maiores postos da monarquia, sem que os castelhanos pudessem ocupar os seus, desigualdade que ainda era de ponderar em reinos iguais, ainda mais sendo Castela um reino muito mais poderoso".*

Talvez para evitar uma rebelião de sua própria nobreza, após cogitar transferir a sede da corte e a administração do reino para Lisboa, em 1562, Filipe II decidiu manter-se em Madri. O reino implicava um grande esforço de gerência, em face da sua dimensão planetária. Para a gestão de tudo aquilo, Filipe II consagrou o sistema dos *Consejos*, que representavam e discutiam no palácio real as demandas de reinos e domínios, apresentando seu parecer ao rei, que ouvia e dava a decisão final. Havia conselhos territoriais, como os de Castela, de Aragão, de Navarra, da Itália, das Índias, de Flandres e o conselho de Portugal. E também um conselho de guerra, com poderes sobre todos os reinos e territórios ultramarinos, incluindo o Brasil.

Personificação do monarquismo absolutista na Europa, Filipe II centralizava a administração e a fiscalização do reino e dava a palavra final. Profissionalizou os gabinetes, delegados a secretários oriundos da classe média. Com isso, afastou dos assuntos de Estado os nobres, que nem sempre eram os administradores mais competentes, e frequentemente se envolviam em disputas. Reformou a legislação, fez o recenseamento da população e protegeu as prerrogativas da Igreja, fortalecida pela Inquisição, como forma de neutralizar o protestantismo em todo o reino.

Portugal passou a ser uma peça dentro do grande mecanismo filipino. Criado em 1582, o conselho de Portugal tinha um presidente e um grupo de quatro a seis conselheiros. Levava ao rei e a tribunais as decisões locais que dependiam de referendo de Filipe II ou da Justiça e depois encaminhavam a decisão de volta à chancelaria em Lisboa. As leis portuguesas

* CARDIM, Pedro. "Portugal unido y separado. Propaganda y discurso identitario entre Austrias y Braganzas". *Espacio, Tiempo y Forma*, n. 25, 2012.

foram reformadas segundo as chamadas Ordenações Filipinas, código civil que permaneceu como base da jurisprudência no Brasil até o século XIX.

Apesar disso, graças às decisões em Tomar, os portugueses mantinham relativa autonomia. Foi preservado o Desembargo do Paço, ou Conselho de Justiça, em Lisboa – o tribunal de recursos, última instância do sistema judiciário português. Independentemente de qualquer organismo espanhol, controlava a nomeação dos magistrados e juízes e supervisionava a Casa de Suplicação, o tribunal de apelações, outro dos três principais tribunais seculares do reino. O terceiro era a Mesa da Consciência e Ordens, tribunal e conselho para assuntos religiosos e das ordens militares no país e suas colônias. Com três tribunais – em Lisboa, Coimbra e Évora –, a Mesa funcionava como um foro laico paralelo à Inquisição portuguesa.

O vice-rei de Portugal, membro da família real, assessorava-se com o Conselho de Estado de Lisboa, organismo sem função executiva, com quem discutia as questões de Estado, em especial as que envolviam a Coroa espanhola e a política exterior. Havia dois secretários de Estado, um para o reino e outro para a "Índia" – as colônias –, até a criação do Conselho da Índia, em 1604, que duraria até 1614. Foram unificadas as "vedorias" da Fazenda, que passaram a formar um único conselho, administrador do tribunal de contas, das alfândegas e dos negócios ultramarinos.

Filipe II também manteve a subordinação do Brasil à administração portuguesa, assim como a fronteira de Tordesilhas. Com isso, procurava evitar conflitos no Novo Mundo. Ainda assim, a união das Coroas portuguesa e espanhola sob um único cetro criou uma janela rara no tempo, que estimulou o avanço tanto de portugueses quanto de espanhóis na América nos antigos territórios de um e de outro.

Não havia uma moeda única na colônia: tanto a portuguesa quanto a espanhola passaram a circular, conforme observaram de passagem por Salvador em 1598 o governador do Rio da Prata, Diogo Rodrigues de Valdés, e o viajante francês Pyrard de Laval, em 1612. Nos inventários e testamentos dos cartórios em São Paulo, registravam-se dívidas igualmente em *reales* e *pesos*, de acordo com levantamento do historiador Rodrigo Ceballos, da Universidade Federal Fluminense.[7]

"Pode-se dizer que a Espanha também viveu sob o signo português", afirma Ceballos. "Famílias lusitanas, fiéis aos Habsburgo, mantiveram forte influência na corte madrilenha, servindo como conselheiros. Tratavam muitas vezes de assuntos que iam além das questões do reino português." Negociantes portugueses se estabeleceram em cidades espanholas como Sevilha, que se tornou "refúgio de judeus conversos, geralmente comerciantes lusitanos detentores do tráfico ultramarino e conhecedores das Índias castelhanas", completa Ceballos.

A presença de espanhóis na colônia portuguesa da América já existia. "Sempre houve espanhóis no empreendimento brasileiro", afirma Stuart Schwartz.[8] A única condição para a distribuição de sesmarias a novos proprietários nas capitanias brasileiras era a de que fossem católicos. Entre 1591 e 1593, já no período filipino, de acordo com registros da Inquisição hispânica, cujo objetivo principal era identificar a presença de judeus convertidos como cristãos-novos (cerca de 10% da população), o pesquisador Tarcízio Rego Quirino verificou que os espanhóis eram 38,7% dos habitantes de origem não portuguesa no Brasil. "Justifica-se sua presença na colônia, visto que Portugal e Espanha estavam na época sob uma Coroa única", escreveu.[9]

Como a maioria dos imigrantes, os espanhóis davam preferência à Bahia, sede do governo-geral. Porém, tinham forte presença em São Paulo, que sempre rondara o separatismo. "Os espanhóis eram membros ativos das expedições paulistas", afirma Schwartz.[10] "Tinham por certo que a capitania de São Vicente e quase todo o sertão brasílico antes de muitos anos tornariam a unir-se às Índias de Espanha, ou pela força das armas, ou pela indústria, se os paulistas caíssem no desacordo de se desmembrarem de Portugal", afirma Afonso Taunay.[11]

A aceitação do domínio espanhol na colônia não foi unânime. Havia disputas e rivalidades: espanhóis eram vistos como usurpadores de negócios no Brasil, tanto quanto os portugueses causavam desconforto nas cidades de origem colonial espanhola. Nas querelas, os portugueses os chamavam de "galegos sujos", o que podia resultar em brigas mortais. "A maior parte das reclamações, porém, era de abusos cometidos por grupos de espanhóis, mais do que contra o colono, individualmente", afirma Schwartz.

A presença dos soldados espanhóis em Salvador era vista pelos portugueses como um sinal de ocupação, além de uma despesa irritante, já que o pagamento do seu soldo vinha dos impostos. Os portugueses consideravam a União Ibérica mais um acidente passageiro do que um destino histórico. De acordo com os arquivos da Torre do Tombo, o governo colonial em Salvador reconheceu o domínio espanhol formalmente por ordem da Coroa somente dois anos depois da União Ibérica, em 19 de maio de 1582.*

Apesar das rivalidades, os portugueses notavam as vantagens da união. Ainda que administrativamente as colônias de Portugal e Espanha no Novo Mundo continuassem separadas, com restrições administrativas para se passar de um lado ao outro, uma geração de aventureiros portugueses sentia-se mais livre para avançar sobre o território espanhol, onde se encontravam as maiores riquezas do continente, e os índios remanescentes.

Assim, dariam início a um período de aventuras e lutas que, ao cabo, gestaria o maior país da América Latina – e quarto maior do mundo. Levariam abaixo uma divisão criada para fender o mundo e espalhariam as raízes do catolicismo numa escala que o consolidaria, mudaria a configuração das religiões e a própria face da Terra.

Linhas imaginárias

Bem antes da assunção de Filipe II às duas Coroas, tanto portugueses quanto espanhóis navegavam uns em terras e águas dos outros e transgrediam acordos mútuos, criando cizânias pelo mundo. "Há muito que os marinheiros e mercadores portugueses entravam clandestinamente em território espanhol", escreveu o historiador Fernand Braudel. "De cada um que vislumbramos, cem nos escapam."[12]

A primeira barreira oficial para evitar maiores conflitos entre portugueses e espanhóis foi criada pelo Tratado de Alcáçovas, de 1479, que visava acomodar interesses na África, com a descoberta da Costa da Mina, ou São Jorge da Mina, impulsionadora do comércio de marfim

* In: *As gavetas da Torre do Tombo*, Gaveta XVII, fls. 7-8.

e negros escravos. O tratado estipulava um paralelo na altura das Ilhas Canárias, que dividia o mundo em 2 hemisférios, ao norte para Espanha, ao sul para Portugal, que tinha assim protegidos seus direitos sobre a principal fornecedora de mão de obra escrava do continente africano.

Mais tarde, por conta desse tratado, os espanhóis recorreram ao papa Alexandre VI, aragonês de Valência, para evitar a reivindicação portuguesa de direito também às terras descobertas por Cristóvão Colombo na América Central, em 1492. Estava na tradição tanto de portugueses quanto de espanhóis reconhecer a autoridade de Roma na solução de impasses de natureza temporal. Esse suposto poder baseava-se num antigo édito do imperador Constantino, que atribuíra ao papa Silvestre a soberania sobre as ilhas de todo o planeta. Por conveniência, estendiam esse atributo a todas as terras descobertas, o que transformava o sumo pontífice numa espécie de arbitrador imobiliário.

Para acomodar a descoberta do Novo Mundo, em 3 de maio de 1493, por meio da Bula *Inter Coetera*, o papa estabeleceu uma nova linha, 100 léguas a oeste das ilhas de Cabo Verde, além das quais as terras seriam espanholas. As terras a leste pertenceriam a Portugal. Pela bula, ficavam preservados os direitos anteriores nas terras conhecidas sob o controle de "Estados cristãos".

Os termos da bula não agradaram a João II de Portugal. Além de ver em xeque direitos que julgava adquiridos, o rei previa confusão, já que na decisão papal um meridiano anulava o que havia sido estabelecido por um paralelo, criado no tratado anterior. E nem existiam instrumentos necessários para medir com precisão onde essa linha se encontrava. Ele então sugeriu diretamente aos reis da Espanha, Fernando e Isabel, mover a linha mais para oeste, atendendo ao seu próprio interesse de ficar com um pedaço do Novo Mundo, munido do argumento de que, como ela contornava o globo, eles seriam favorecidos na Ásia.

Os reis espanhóis a princípio recusaram a ideia, mas aceitaram discuti-la por meio de diplomatas na cidade de Tordesilhas. Firmado em 1494, o tratado abolia acordos anteriores e estabelecia para Portugal as terras "descobertas e por descobrir" antes da linha imaginária que passava a 370 léguas a oeste das ilhas de Cabo Verde. Para a Espanha, ficava tudo além dessa linha, o que incluía as terras encontradas por Colombo no ano anterior.

Assinado pela Coroa da Espanha em 2 de julho e pela de Portugal em 5 de setembro, o acordo mantinha os direitos portugueses sobre as ilhas do Atlântico, que serviam de passagem e suporte às expedições ao Oriente. E lhe deixava um trecho da costa brasileira, que os portugueses usariam como entreposto para cruzar o Atlântico mais ao sul e contornar a África em direção às Índias Orientais. Em 1506, seis anos após a viagem de Pedro Álvares Cabral que inaugurou essa rota, o tratado foi ratificado pelo papa Júlio II.

Mais que uma regra de boa convivência, as duas potências ultramarinas emergentes reafirmaram mutuamente por Alcáçovas e depois Tordesilhas a prevalência de seus direitos diante de outros potenciais reclamantes – em especial a França, os Países Baixos e a Inglaterra. Ao repartirem entre si os mundos "descobertos e a descobrir", Portugal e Espanha, na prática, estabeleciam também uma aliança para proteger mutuamente seus interesses diante de outras nações.

Para estabelecer onde passava Tordesilhas, dom João III enviou em fins de 1501 uma expedição sob o comando de Gonçalo Coelho com o cartógrafo italiano Américo Vespúcio. Este estimou que Tordesilhas passava na região da ilha de Cananeia, a *marataiama* ("lugar onde a terra encontra o mar", em tupi), povoada pelos índios carijós, do tronco guarani. Foi Gonçalo Coelho quem provavelmente deixou ali um degredado, Cosme Fernandes, bacharel português, cristão-novo, e um marco na ponta da ilha do Cardoso, que provavelmente acreditavam pertencer ao continente.

Os portugueses foram bem recebidos pelos carijós, que chamaram a chegada das caravelas de *mutupapaba* ("coisa maravilhosa"), e o marco de Itacoatiara ("risco na pedra") ou Itacuruçá ("cruz de pedra"), que ficou sendo seu nome. Como aconteceu com João Ramalho, Fernandes também se casou com a filha de um cacique, Ariró, que assim buscava os favores divinos com aqueles homens que inicialmente os indígenas chamavam de "caraíbas", como seus grandes pajés, pelos estranhos poderes que os tinham trazido desde o outro lado do mar. Em 15 de janeiro de 1528, Diego Garcia, passando por lá, relatou ter encontrado o "Bacharel de Cananeia", um "rei branco" entre os índios, com seis mulheres, mais de duzentos escravos e mil guerreiros dispostos a lutar por ele, "que vive ali faz bem trinta anos e tem muitos genros".

Apesar dessa definição, Tordesilhas não resolveu tudo. Se já era uma linha imprecisa, deixava margem ainda maior a interpretações do outro lado do planeta. Quando o governador português no Oriente, Afonso de Albuquerque, conquistou Malaca, em 1511, portugueses e espanhóis descobriram que vinham desse arquipélago, hoje as Filipinas, a noz-moscada e o cravo – as especiarias mais valiosas. Para assegurar seus direitos de comércio ali, Portugal construiu em Ambão o Forte de São João Baptista de Ternate, erguido por Francisco Serrão, que funcionava também como feitoria.

"Nos primeiros tempos do século XVI, não convinha a Portugal que o limite ocidental da Terra de Santa Cruz se aprofundasse pelo continente", afirmou o economista Roberto Simonsen.[13] "Se o meridiano divisor entrasse em demasia pelo continente americano, as Molucas passariam a fazer parte do hemisfério espanhol [...]. Daí a estranha atitude dos delegados portugueses, procurando, nesse tempo, fazer com que as 370 léguas, que marcariam a locação do meridiano, não fossem contadas a partir da parte mais ocidental das ilhas de Cabo Verde como desejavam os espanhóis."

Os espanhóis não ficaram contentes. Imaginaram que poderiam reivindicar a posse de Malaca se encontrassem um caminho para as ilhas das especiarias pelo seu lado da linha demarcatória. E passaram a empreender viagens exploratórias com o objetivo de encontrar uma passagem para o Pacífico, fosse atravessando por terra o Novo Mundo – o que causaria por acidente a descoberta de indícios de ouro e prata no Peru –, fosse por mar.

O primeiro explorador importante a tentar encontrar o caminho ocidental para o Pacífico por via marítima foi Juan Díaz de Solís, ou João Pedro Dias de Solis, aventureiro de nacionalidade incerta, que começou a carreira como navegador na armada da Índia, mas teria fugido de Portugal por um crime passional: assassinara sua mulher. Transformou-se em corsário a serviço da França e depois da Espanha.

Membro da expedição de Vicente Yáñez Pinzón em 1508, Solís foi sucessor de Américo Vespúcio como piloto-mor na Casa da Contratação de Sevilha, responsável pelo recrutamento das tripulações da armada espanhola. Em 1512, recebeu do rei Fernando II de Aragão a missão de demarcar a fronteira entre Portugal e Espanha e encontrar a passagem ocidental para Malaca. Sua frota, com três caravelas, estava lotada de portugueses, como Henrique Montes, o lisboeta Diogo Garcia, o piloto Aleixo Garcia e Francisco Chaves.

Ao explorar o estuário do rio da Prata, em 1516, Solís encontrou indígenas que lhe falaram de ricas minas de ouro e prata rio acima. Desejou logo explorá-las, mas a frota foi atacada na ilha Martín García por índios charruas ou, mais provavelmente, guaranis – segundo se dizia, Solís foi despedaçado e devorado conforme o ritual canibal das tribos do tronco tupi.

Na volta, uma das três naus onde estavam os sobreviventes, sob o comando do piloto real Francisco Torres, cunhado de Solís, separou-se das demais e naufragou na costa da ilha de Santa Catarina. Entre os 18 sobreviventes estava o português Aleixo Garcia, que sonhava com as riquezas incas, de cuja existência teve confirmação pelo relato dos índios com os quais conviveu.

De volta à Espanha, Aleixo Garcia armou sua própria expedição de retorno. Desembarcou no porto de Patos, na ilha de Santa Catarina, e no verão de 1524 fez a travessia continente adentro, até o alto Paraguai. Teve ajuda de índios avás, do tronco tupi-guarani, que conheciam bem o Peabiru – rede de caminhos que os indígenas utilizavam para avançar pelo sertão até o alto rio da Prata, com ramificações ao sul e ao norte, até alcançar os Andes. Pelo Peabiru, Aleixo Garcia levou quatro meses de porto dos Patos ao rio Paraguai – ou *payaguá-i*, em tupi, "água dos paiaguás", tribo que dominava a região.

Atravessou a região da atual cidade de Cochabamba, na Bolívia, e subiu os Andes na altura do lago Titicaca, no altiplano andino, até alcançar o Tawantinsuyu – o império inca, na língua quíchua. Com seus homens, atacou os postos de fronteira, perto de onde é hoje a cidade de Sucre. Em 1526, chegou a cerca de 150 quilômetros das minas de Potosí ("montanha que troveja", em quíchua), nas terras de

Huayna Capac – o "rei branco", como o chamavam os guaranis –, então monarca de Cusco, capital de pedra engastada em ouro.

Garcia encontrou e saqueou o mitológico Eldorado, mas os índios paiaguás mataram a maioria dos expedicionários no seu retorno, na localidade de San Pedro de Ycuamandiyú – incluindo o próprio Garcia. O destino da expedição foi trágico, mas estava provada a viabilidade de alcançar o Peru pelo sul, em vez de pelas rotas que seriam empreendidas pelos espanhóis a partir da América Central – somente mais tarde, em novembro de 1532, Francisco Pizarro iniciaria a conquista do Peru por ali.

Apesar do que aconteceu com Solís, desviado de seu propósito original, os espanhóis não desistiram da ideia de alcançar Malaca pelo seu lado da Terra. Usaram, para isso, uma contribuição de Francisco Serrão, da fortaleza portuguesa de Ternate. Aliado do sultão Bayan Sirrullah, governador de Ternate, de quem se tornou conselheiro, Serrão era também muito próximo do navegador Fernão de Magalhães. Suas cartas a Magalhães, português de Sabrosa, no Douro, contribuíram para que este convencesse a Coroa espanhola a financiar nova viagem por mares "não portugueses" até Malaca. Em 1519, a esquadra contornou o sul do continente americano, passando pelo estreito que ganhou o seu nome.

Celebrizada como a primeira circum-navegação da Terra, a expedição de Magalhães alcançou o seu verdadeiro objetivo, que era chegar até Malaca, mas o reencontro de Serrão e Magalhães jamais aconteceu: o primeiro morreu na ilha de Tidor, perto de Ternate, em circunstâncias nunca esclarecidas, enquanto quase ao mesmo tempo Magalhães perecia com uma flechada no rosto em combate na ilha de Mactán, em Cebu. Apesar da ausência de seu comandante, o sucesso da expedição de Magalhães em seguir rumo ao oeste até alcançar Malaca, retornando à Espanha pelo Atlântico, permitiu aos espanhóis questionarem se pelo Tratado de Tordesilhas as ilhas não estariam do seu lado, o que reabriu a disputa.

João III de Portugal e o imperador Carlos I de Espanha decidiram então não enviar mais ninguém a Malaca enquanto não se esclarecesse de que lado de Tordesilhas – português ou espanhol – o arquipélago se encontrava. Em 22 de abril de 1529, chegaram a um acordo, assinado por ambos os imperadores na cidade aragonesa de Saragoça. Os portugueses ficavam com Malaca, pagando aos espanhóis 350 mil ducados de ouro – dinheiro que à Espanha interessava, por conta das despesas da guerra contra Francisco I da França e a Liga de Cognac, primeira reunião da Liga Santa. O dinheiro deveria ser devolvido, caso se verificasse, mais tarde, que as ilhas Molucas se encontravam em território português.

Com a revisão do tratado, o rei dom João III viu o direito de empurrar a linha mais para oeste também no Brasil. Nesse avanço, a fronteira chegava à bacia do Prata, o que era conveniente ao projeto de alcançar as riquezas incas. Para desenvolvê-lo, dom João III enviou ao Brasil em 1530 a expedição de Martim Afonso de Sousa, que, além de estabelecer novos marcos de fronteira, deveria começar o processo de colonização para a ocupação da terra. Pensava o rei em implantar no Brasil a produção do açúcar de cana, uma riqueza crescente, que já vinha sendo bem-sucedida nos Açores e na Madeira. E ter uma base para explorar as lendárias riquezas peruanas.

Ex-combatente ao lado das tropas espanholas de Carlos V contra os franceses, Martim Afonso recebeu a denominação de "capitão-mor da armada, da terra do Brasil e de todas as terras que ele achar e descobrir".* Não por coincidência, as mesmas palavras do texto de Tordesilhas. A carta de nomeação assinada pelo rei lhe dava também o direito de explorar e reconhecer territórios e distribuir terras em nome de Portugal.

A expedição zarpou de Portugal a 3 de dezembro de 1530 em duas caravelas e um galeão – grande embarcação de guerra, com capacidade para 400 a 800 tripulantes, pranchas de mais de 5 palmos no costado, feitas para resistir a tiros de canhão de grosso calibre. Levava consigo nobres da Casa Real portuguesa e suas famílias, sinal do primeiro esforço real de ocupação da costa brasileira para a colonização.

A esquadra desceu de Pernambuco até muito além de Cananeia, aceita como o limite anterior de Tordesilhas. Martim Afonso alcançou o Prata, mas não foi muito além de sua foz, onde quase uma dezena de marujos morreu num naufrágio durante uma tempestade – ele

* Arquivo real de dom João III, livro 41, fl. 103.

mesmo se salvou por pouco, a nado. Enquanto a esquadra se refazia dos danos, enviou seu irmão Pero Lopes, numa embarcação menor, para explorar a foz e fixar um novo marco para a divisa entre as posses de Portugal e da Espanha.

Em 12 de dezembro de 1531, Pero Lopes delimitou a posse portuguesa com duas pedras padrão, inscritas com a Ordem Militar de Cristo, em Ibicuí, no rio Paraná. Não foi mais longe por receber notícia da proximidade dos índios charruas, que receava serem os mesmos que tinham atacado e dizimado a tripulação da esquadra espanhola de Juan Díaz de Solís, em 1515.

O relato de Pero Lopes, ao voltar, fez seu irmão concluir que entrar pelo rio, como faziam os espanhóis, seria contraproducente. Mas eles não desistiram: apenas mudaram de estratégia. Ao retornar, fizeram uma parada mais demorada em São Vicente, ilha colada ao continente, que já funcionava como escala para as naus que percorriam a rota das Índias Orientais pela corrente do Atlântico.

Ali os portugueses se abasteciam com o degredado João Ramalho, casado com Bartira – filha do cacique Tibiriçá, chefe dos guaianases –, e com outras índias, o que incluía uma irmã da própria Bartira. Sua influência se estendia da faixa litorânea ao vasto planalto alcançado pela penosa subida da serra do Mar, de onde partia um importante ramo do Peabiru sertão adentro.

Com seus muitos casamentos e filhos, que selaram alianças familiares e de guerra com os índios carijós e guaianases, num verdadeiro exército particular, Ramalho era o aliado ideal na montagem de um entreposto para o comércio de pau-brasil e a captura de índios para trabalho escravo, base da futura colonização do interior. Com os homens de Ramalho, Martim Afonso poderia partir para o território dos espanhóis. Aparelhou uma primeira expedição, liderada por seu capitão Pero Lobo Pinheiro, para testar o trajeto de "200 léguas de sesmaria", aproximadamente 1.400 quilômetros, até Assunção, no Paraguai.

Servia como guia o português Francisco Chaves, sobrevivente da fracassada expedição de Juan Díaz de Solís, que, ao lado de Gonçalo da Costa, deixara o grupo de náufragos de Francisco Torres e Aleixo Garcia em porto dos Patos, em Santa Catarina, e subira por 300 quilômetros até Cananeia, na esperança de ser resgatado por caravelas europeias. Recolhido por Pedro Annes, piloto da flotilha de Martim Afonso, numa viagem de reconhecimento ao sul, era considerado um conhecedor da terra e também já ouvira falar do "rei branco", assim como Aleixo Garcia.

A expedição, de noventa homens, com quarenta besteiros e outros quarenta espingardeiros, além de índios, saiu de Cananeia em 1º de setembro de 1531. Porém, foi dizimada pelos guaranis quando atravessava o rio Iguaçu, no Paraná, perto das suas célebres cataratas. Martim Afonso recebeu a notícia do final trágico da expedição ainda antes de voltar a Portugal. Em vez de mudar de ideia, convenceu-se de que devia fortalecer aquela posição. Embora tivesse deixado bois e colonos em Pernambuco e na baía de Todos os Santos, estabeleceu ali o principal núcleo colonial português no Brasil. Fundou a vila de São Vicente, em 22 de janeiro de 1532.

Foi a primeira das sete povoações que consolidaram a presença portuguesa na costa brasileira durante o reinado de dom João III, seguida por Porto Seguro, na Bahia, a vila do Espírito Santo, Olinda, Santos e Salvador. A 2 léguas, Sousa fundou a Vila do Porto de Santos, na qual deixou Brás Cubas, seu imediato, como alcaide-mor. Serviria ao mesmo tempo de porto para o tráfico de madeira e escravos e ponto de partida para futuras incursões pelo Peabiru rumo ao interior do continente.

Em São Vicente, cuja administração deu a Francisco Pinto, Martim Afonso fez o primeiro engenho de açúcar, batizado de São Jorge, e manteve ali os mais importantes colonos portugueses de sua comitiva, com sementes e cabeças de gado. Em 1553, São Vicente foi oficializada como vila, com a presença de Antônio de Oliveira, capitão-mor, e Brás Cubas, nomeado provedor da Real Fazenda, de acordo com as atas da Câmara Municipal. João Ramalho ficou em Santo André, no alto da serra do Mar, entrada para o planalto, por isso chamada Santo André da Borda do Campo.*

Martim Afonso entregou o comando militar a Ruy Pinto e Pedro de Goes, com a instrução de combater os índios, auxiliados

---

* Arquivos da Câmara de São Paulo, caderno 1 da vila de Santo André, tit. 1553, pp. 1-11.

por Ramalho, responsável pela guarda do recém-construído forte de São João de Bertioga. Trincheiras foram cavadas ao redor de Santo André, contra os ataques dos tamoios que vinham da serra de Paranapiacaba e também do litoral acima de Bertioga até Cabo Frio. "Sustentou por espaço de três anos contínuas guerras com os bárbaros índios das nações carijós, guaianases e tamoios", escreveu o historiador Pedro Taques de Almeida Paes Leme.[14] "Na posse da liberdade natural, reputavam em menos as vidas que a sujeição do poder estranho."

Já prevendo dividir em capitanias as terras da futura colônia, dom João III dissera a Martim Afonso, antes da partida, que escolhesse as que desejava. Das 15 capitanias hereditárias, formadas em 1534 por linhas paralelas entre a foz do Amazonas, no extremo norte, e o sul de São Vicente, os irmãos Martim Afonso e Pero Lopes ficaram com quatro. Conforme resolveu, Martim Afonso recebeu São Vicente: uma extensão para o interior de 100 léguas de costa entre Cananeia, ao sul, e Bertioga, ao norte – que, no futuro próximo, com o extermínio dos tupinambás, se estenderia até a baía de Guanabara.

Pero Lopes recebeu da Coroa duas capitanias: a de Itamaracá, ao norte da baía de Todos os Santos, incluindo a ilha onde ficava sua principal povoação, a Vila da Conceição; Santo Amaro, na faixa entre as atuais cidades de Caraguatatuba e Bertioga; e Santana, de Cananeia a Laguna, hoje estado de Santa Catarina.

A ideia de Martim Afonso de alcançar o interior pelo Peabiru precedeu até mesmo os povoamentos espanhóis. Somente em 1535, dom Pedro de Mendoza y Luján, primeiro governador da província do Prata, fundou na margem sul do estuário do Prata o porto defendido por duas fortalezas que se chamou Santa Maria del Buen Ayre, madrinha dos navegantes sevilhanos, depois Buenos Aires. Luján montou sua expedição com dinheiro próprio, 3 mil ducados. Era composta por 3 mil homens, de 11 a 14 navios, e levava a obrigação de transportar colonos, construir estradas desde o rio da Prata até o oceano Pacífico e fundar 3 fortes.

Dali, Luján enviou rio acima Juan de Ayolas, e, no ano seguinte, Juan de Salazar y Espinosa, que levantou outro forte no rio Paraguai, como apoio aos comboios que subiam o rio em direção às minas de ouro e prata no Peru. Habitada por duas aldeias de índios guaicurus, Assunção se tornou um importante entreposto, sobretudo depois da destruição de Buenos Aires pelos índios *querandíes*, em dezembro de 1536.

Derrotado, Luján foi obrigado a escapar no meio da noite e refugiar-se no forte Sancti Spiritus, levantado dez anos antes por Sebastião Caboto no rio Carcarañá, onde é hoje a cidade argentina de Santa Fé. Isso não significava vida mais fácil: os guaicurus eram índios ferozes, que andavam nus, cavalgavam e disparavam o arco com destreza e degolavam os inimigos.

Para consolidar a colônia no Novo Mundo, o rei decidiu então enviar para lá um homem extraordinário: dom Álvar Núñez Cabeza de Vaca, fidalgo espanhol nascido em Jerez de la Frontera. Seu sobrenome incomum se devia a um antepassado do século XIII: Martín Alhaja, pastor espanhol que participou ao lado do rei castelhano Afonso VIII da Batalha das Navas de Tolosa contra os mouros, em 1212. Ao pastorear suas ovelhas, Alhaja colocou um crânio de vaca para marcar o caminho até o acampamento dos mouros. Assim, o rei cristão surpreendeu e derrotou o exército inimigo, na primeira vitória expressiva da reconquista do território espanhol. Afonso VIII transformou a "*cabeza de vaca*" em título nobiliárquico, que passou a ilustrar o brasão de armas da família.

Quando desembarcou na costa brasileira, Cabeza de Vaca já era um aventureiro lendário. Herói militar, condecorado por bravura na luta contra os rebeldes *comuneros* e na reconquista do Alcázar de Sevilha, na Espanha, entrou para a expedição de Pánfilo de Narváez ao Novo Mundo, em 1527. Desembarcou na Flórida com 600 homens, dos quais foi um dos 22 sobreviventes de uma jornada inglória em busca de ouro. Comeu a carne dos cavalos que montavam, último recurso de sobrevivência, e explorou a costa do México com embarcações improvisadas. Desbravou o golfo do rio Mississippi, onde um tornado fez sucumbir uma parte da flotilha com seus homens e o próprio Narváez.

Os que sobreviveram à intempérie foram capturados e mortos pelos índios americanos – Cabeza de Vaca foi um dos quatro sobreviventes, ao lado de Andrés Dorantes de Carranza, Alonso del Castillo Maldonado e o marroquino Estebanico. Viveu como escravo entre várias tribos, como os charrucos e os avavares, onde se tornou conhecido como curandeiro, até escapar. Refugiado na Cidade do México, já sob domínio espanhol, retornou à Espanha em 1537. Aquele intrépido périplo lhe rendeu a nomeação de governador da província do Prata, com a missão de restabelecer o povoamento em Buenos Aires, já duas vezes fracassado.

Em vez de seguir por mar até o Prata, o futuro governador desembarcou em 1540 na ilha de Santa Catarina com 250 homens e 26 cavalos para transportar a carga. Percorreu o Peabiru e explorou a região do Guayrá (em espanhol) ou Guaíra (em português). Hoje estado do Paraná, era uma região de planalto com cadeias de montanhas que iam desde onde passava a linha de Tordesilhas até o rio Iguaçu, ao sul, o rio Paraná a oeste e, ao norte, o prolongamento do rio Tietê ("rio grande", em tupi), que no maior trecho era também chamado de Anhembi – o "rio dos nhambus", ave semelhante à galinha, abundante na região.

O nome Guaíra era atribuído ao cacique Guairacá, chefe guarani que combateu sucessivos *adelantados* (governadores) espanhóis. Circulava entre os espanhóis a frase de Guairacá que simbolizava a resistência: "*Co ivi oguerocó yara*" ("esta terra tem dono", em guarani). Cabeza de Vaca explorou o Guaíra até alcançar o Paraguai, do outro lado do Paraná, antes de descer o rio para tomar posse no governo que durou cinco anos, até 1546, quando foi preso, por má administração.

Morreu na miséria, em Sevilha, entre 1558 e 1560. Porém, foi o primeiro europeu a ver e descrever as Cataratas do Iguaçu – que conheceu ao explorar o rio Paraguai –, no livro *La Relación*, mais tarde intitulado *Naufrágios*, dirigido ao rei espanhol. E consagrou a rota por terra para as riquezas andinas. "A expedição de Cabeza de Vaca provou a facilidade do trânsito da costa atlântica às margens do Paraguai", afirma Afonso Taunay.[15]

Na sequência da expedição de reconhecimento do governador-geral, os espanhóis colonizaram o Guaíra, inicialmente administrado pelo governo do Paraguai e Rio da Prata, até 1617, quando passou a ter gestão própria. Sob estado de guerra, os espanhóis ali plantaram os primeiros povoados.

Em 1554, Domingos Martínez Irala, ex-lugar-tenente de Juan de Ayolas, então governador interino, enviou Garcia Rodrigues de Vergara com 60 homens e fundaram Ontiveros – homenagem à cidade natal de Irala, na Espanha. Ficava 1 légua acima dos saltos de Sete Quedas, na margem esquerda do rio Paraná, entre a foz do rio Iguaçu e o rio Piquiri, a sudoeste do atual estado do Paraná. Com isso, os espanhóis criavam entrepostos na via fluvial que ligava o sul ao norte da colônia.

Cerca de 50 quilômetros rio acima, na foz do Piquiri sobre o Paraná, dois anos depois o capitão Ruy Diaz Melgarejo fundou a Ciudad Real del Guayrá. Ali, antes da sequência de cachoeiras conhecidas como as Sete Quedas, hoje submersas no lago da usina hidrelétrica de Itaipu, nos antigos domínios do cacique Canendiyú, os espanhóis acreditavam que teriam um melhor entreposto não apenas para viajar ao norte da colônia, como também para negociar com os paulistas que vinham pelo Peabiru. Para lá seguiu uma centena de pessoas, oriundas de Assunção e Ontiveros, que, assim, acabou sendo abandonada.

Em 1546, Irala despachou outro espanhol, Ñuflo de Chaves, ao porto de San Fernando, nas nascentes do rio Paraguai, com o objetivo de "reduzir [catequizar] os naturais daquela terra e remediar a desordem dos portugueses do Brasil".[16] Chaves tinha a missão de instalar um povoamento à esquerda do Paraná, mas seguiu ao norte, até o Peru.

Expulsos por aquele avanço para a floresta quente e úmida, os guaranis não aceitariam a entrada de portugueses e espanhóis pacificamente. Ao contrário do que dizia Guairacá, rapidamente o Guaíra se transformaria em terra sem dono. Em pouco tempo, seria palco de uma guerra entre espanhóis, portugueses, índios, jesuítas e paulistas caçadores de escravos, num dos mais sangrentos capítulos da colonização da América.

A rebeldia consentida

Apesar do avanço espanhol pelo corredor do Paraná, e da disposição de romper quaisquer linhas imaginárias, os portugueses demoravam a levar adiante o plano de alcançar a região das minas do baixo Peru, quer pelo Prata, quer mesmo por terra.

Martim Afonso não voltou à sua capitania no Brasil para realizar a empresa de alcançar aquelas paragens, cortando caminho pelo Peabiru a partir de São Vicente. Nomeado em 1534 capitão-mor do mar das Índias, passou cinco anos no Oriente, combatendo mouros, hindus e saqueadores das naus mercantes portuguesas. Seu irmão Pero Lopes, morto em combate no Índico, deixou suas terras a sucessores que viveriam em conflitos de herança.

Das Índias, Martim Afonso foi repatriado pelo rei a Portugal em 1539 e, dois anos depois, nomeado vice-rei das Índias portuguesas, posto que ocupou até 1544, quando foi guindado a uma cadeira no Conselho Real, em Lisboa. Durante todo esse período, deixou a capitania aos cuidados de sua mulher, dona Ana Pimentel, que vivia em Lisboa, e um preposto no Brasil, o capitão-mor, governador e ouvidor Antônio de Oliveira.

A distância, a família distribuía terras a jesuítas e fidalgos portugueses – como Antônio Rodrigues de Almeida, com quem Martim Afonso associou-se num engenho em Cubatão, ao pé da serra do Mar –, e lhes delegava poder.

Numa época em que uma simples notícia levava três meses para chegar e outro tanto para voltar a Lisboa, os capitães de São Vicente adquiriram relativa autonomia. A vila de São Paulo, cujo edifício principal era um colégio jesuíta, aumentado com "um corredor e oito cubículos ao lado da igreja", de acordo com Taunay, se organizou.[17]

Em 1575, tinha o Paço Municipal, sede do poder civil, onde ficava a Câmara dos Vereadores. Não havia ainda cadeia – os condenados eram recolhidos às casas de moradores. No ano seguinte, em 1576, foi levantada a primeira forca, que, pela presença sinistra, mudou várias vezes de lugar, do outeiro da Tabatinguera, próximo ao convento das carmelitas, até o largo do Polé, atual praça XV de Novembro, onde se fixou em 1587 – polé era a roldana do mastro que servia para a estrapada, a suspensão dos supliciados pelos braços amarrados para trás. Ali ficou também o pelourinho, onde escravos e ladrões eram punidos até a pena de morte.

Similar era a vida nas povoações de Santo André da Borda do Campo, onde os moradores aos poucos migraram para São Paulo, e em Santos e São Vicente, no litoral. A maior parte dos colonos vivia em casas de fazenda ao redor das vilas. A administração estava de acordo com as ordenações do reino – primeiro as alfonsinas, depois as manuelinas, que em 1514 reformaram as primeiras, e por fim as filipinas, a partir de 1603.

Cada vila possuía uma Câmara de Vereadores, centro da gestão pública, que nomeava juízes, vereadores, procuradores, escrivães, almotacés (fiscais de pesos e medidas, que aplicavam impostos sobre os alimentos) e tesoureiros, que recebiam taxas como a *sisa*, imposto de transmissão de bens. Os juízes fiscalizavam o cumprimento das leis, davam punição aos infratores e arbitravam as *coimas* – multas para os donos de gado que pastasse em propriedade alheia. Numa época em que se morria cedo, nas vilas com mais de 400 pessoas havia juízes de órfãos, que cadastravam seus bens móveis e imóveis, administravam inventários e zelavam por sua educação até a maioridade.

Os membros da Câmara eram eleitos a cada três anos pelo mais antigo sistema eleitoral da história, criado por dom João I em 1391: a Ordenação dos Pelouros. Deviam ser escolhidos entre os "homens bons", "nobres naturais da terra e descendentes dos conquistadores e povoadores", indicados em cartas régias, expedidas entre 1643 e 1747.

Não podiam ser eleitos os "mecânicos" (artesãos), nem mercadores (os mascates), "gente da nação" (judeus), soldados e degredados. A eleição ocorria nas oitavas de Natal – entre 25 de dezembro e 1º de janeiro. Todos podiam votar, mas somente em um dos "grandes eleitores", escolhidos pelos homens bons entre eles mesmos. Colocavam os nomes selecionados para um sorteio em "pelouros" – bolas de cera que lembravam peças de artilharia. Dessa forma, embora houvesse certo grau aleatório, a roda da fortuna girava apontando sempre os mesmos integrantes do pequeno grupo de detentores do poder.

A força da elite local era tal que se excluíam do pleito também os "reinóis", isto é, naturais de Portugal. Tinham para isso a anuência do rei, que dessa maneira fortalecia e ao mesmo tempo mantinha a fidelidade de uma aristocracia nascida na colônia, com direito hereditário e ambição de perpetuação no poder. Os oficiais da Câmara tinham privilégios como "não poderem ser presos, processados ou suspensos, a não ser por ordem régia ou pelo tribunal que as confirmava" – cláusula precursora da atual imunidade parlamentar.*

As sessões para o sorteio dos pelouros eram fechadas – alcaides-mores, pessoas influentes e proprietários de terra não podiam assistir a elas sem autorização. A legislação proibia "suborno, cabalas, sob pena de degredo, por dois anos, para um lugar da África, e não poder servir no triênio, ainda que fosse eleito". Qualquer cidadão que suspeitasse da lisura do processo podia impugnar a eleição, por meio de "embargo ou agravo, sem efeito suspensivo, salvo sendo o vício da eleição, ou defeito do eleito, provado *incontinenti* por documentos", de acordo com o historiador e advogado Rodolfo Garcia.[18]

A Câmara resolvia desde conflitos diários entre vizinhos às decisões econômicas e políticas mais importantes. Em 1585, por exemplo, a Câmara de São Paulo estipulou o preço do tecido. "Por haver pouco pano de algodão, vale de hoje em diante o pano grosso duzentos réis a vara e o pano delgado 240 réis a vara, e que um e outro pano tenham três palmos e meio de largura", dizia o decreto.**

Instituía-se um prêmio em dinheiro aos delatores de comerciantes que burlassem preços tabelados. Legislava-se também sobre a limpeza do mato nas ruas, animais desgarrados, ou desacato verbal contra o rei e outras autoridades. Os culpados recebiam punição proporcional ao delito, que podiam ser cumulativas, como o açoite e o degredo.

Os homens bons reuniam-se na Câmara em São Vicente, Santos ou São Paulo, para discutir os assuntos em comum, em especial os de segurança. Recorriam à Coroa quando precisavam. Como pelo sistema dos pelouros eram escolhidos sempre entre eles mesmos, tornavam-se próximos. Isso permitiu a união de forças entre os fazendeiros para organizar as primeiras entradas, precursoras das bandeiras, armadas por participantes que financiavam as expedições para dividir os lucros mais tarde.

---

* "Ordenações Filipinas", 1603, In: PREZIA, Benedito. A Câmara da Vila de São Paulo como manifestação da sociedade civil nos séculos XVI e XVII. *Revista Eletrônica do Arquivo Público do Estado de São Paulo*, n. 29, 2008.

** Atas da Câmara de São Paulo, v. 1, 14 abr. 1585.

Por meio das câmaras de São Paulo e São Vicente, os procuradores do engenho de São Jorge dos Erasmos, de Santos, solicitaram, em 10 de abril de 1585, ao capitão da vila de São Paulo, Jerônimo Leitão, autorização para fazer guerra e colocar cativos os índios carijós, na costa do Paraná. Em junho, com a participação do vigário de São Vicente, do próprio capitão-geral e de representantes das duas câmaras, a incursão foi autorizada.

Português de nascimento, Jerônimo teria sido pajem de dona Maria, filha do rei dom Manuel I, em Portugal, e participado de expedições à Índia, antes de desembarcar no Brasil com Martim Afonso, em 1530, de acordo com o genealogista português Manuel José da Costa Felgueiras Gayo.* Segundo Gayo, assim como Domingos Leitão, Jerônimo seria irmão do segundo bispo do Brasil, dom Pedro Leitão, o que explicava sua proximidade com os jesuítas, em especial Anchieta, de quem era amigo.

Estabelecido em São Vicente, onde se casou com Inês Castelo e montou um engenho de açúcar próprio, tinha sido defensor da vila contra os ataques indígenas e participado da expedição ao Rio de Janeiro para auxiliar o governador da capitania Antônio Salema a exterminar os tamoios de Cabo Frio. Já subira o Tietê com seus homens para explorar e demarcar terras em seu nome na rota do Peabiru.

Apontado governador da capitania de São Vicente e São Paulo ainda por Martim Afonso, era o homem forte da família na colônia: foi mantido como preposto também pelos herdeiros do donatário, o filho de Martim Afonso, Pedro Lopes de Sousa, e o neto, Lopo de Sousa, que herdou a capitania com a morte do pai, em 1574. Com ele, a influência da casta local se fortaleceu. Para os espartanos bandeirantes paulistas, acostumados à vida na terra violenta e agreste onde abriam caminho correndo risco de vida, a elite que sentava nas poltronas de veludo em Lisboa não entendia o que se passava ali e devia contentar-se em receber as rendas a que tinham direito por outorga real.

---

* GAIO, Manuel José da Costa Felgueiras. Nobiliário de famílias de Portugal. Leilões, 5 N11, 1938-1941

Com sua relativa liberdade, a elite paulista unia o poder público aos interesses privados, utilizando-o sem limite ou regra para suas ações. Por vezes, isso a levaria a confrontar-se com o clero, o dono da capitania, o governador-geral e até a Coroa. Com as câmaras, os homens bons legitimavam seu próprio poder político, dando legalidade à defesa de seus interesses de classe, alinhados ou não aos da metrópole ou do donatário. Essa insubordinação era de certa forma tolerada, porque interessava: quando os paulistas burlavam a lei, os donatários, chamados a responder perante a Coroa, culpavam a rebeldia dos colonos, embora se beneficiassem dela.

Era o caso da caça aos índios. Como já rareassem os nativos da costa, os paulistas passaram a perseguir os do sertão, ainda que os donatários, em Lisboa, estivessem sob a égide legal da administração filipina, cujo preceito em todo o Novo Mundo era o de coibir a escravização indígena, fomentar o domínio jesuíta sobre a população nativa e, além disso, proibir o ingresso dos portugueses no território da antiga colônia espanhola. Os paulistas justificavam as incursões pelo território espanhol para escravização indígena com uma simples declaração de sobrevivência. Em requerimento a Jerônimo Leitão, de setembro de 1585, afirmavam a necessidade de trazer mais escravos a São Paulo pelo risco de colapso da economia local:

> Esta terra perece e está em risco de se despovoar mais do que nunca esteve [...] por causa dos moradores e povoadores deles não terem escravaria do gentio dessa terra, como tiveram e com que sempre se servirão [...] Trazendo-os e repartindo-os pelos moradores como dito, será muito serviço de Deus e de sua majestade, e bem desta terra, porquanto o dito gentio vive em sua gentilidade, em suas terras comendo carne humana e estando cá se farão cristãos e viverão em serviço de Deus.*

Dessa forma, nas pegadas de João Ramalho e seus filhos, São Paulo se tornou um grande entreposto de escravos. "O tráfico de indígenas foi tal que em 1604 não havia na vila mais que seis homens, pois os

---

* Atas da Câmara de São Paulo, sessão de 1º de setembro de 1585.

demais haviam partido para o sertão", registrou o historiador, antropólogo e linguista Benedito Prezia, da PUC de São Paulo.[19]

A independência do poder central aumentou, por conta das disputas pela posse da capitania. Em janeiro de 1610, a capitania de São Paulo e São Vicente havia sido tomada por dom Luís Álvaro Pires de Castro e Sousa, segundo marquês de Cascais e sétimo conde de Monsanto, herdeiro da capitania de Santo Amaro, de Pero Lopes de Sousa. Como neto de Pero Lopes de Sousa, Monsanto alegava que Lopo de Sousa, descendente de Martim Afonso, tinha somente um filho bastardo – e, sem uma linha direta de descendência, a capitania de São Vicente agora também lhe pertencia, por ser o remanescente da mesma linhagem de Martim Afonso, seu tio-avô.

Lopo de Sousa cedeu seu direito à capitania a uma tia, dona Mariana de Sousa Guerra, esposa de Francisco de Faro, conde de Vimieiro, antes de falecer, em outubro de 1610. Em 20 de maio de 1615, dona Mariana conseguiu parecer favorável da Casa de Suplicação, em Lisboa, confirmada em 10 de abril em carta de Filipe II. A disputa prosseguiu pelos anos seguintes até que ela apelou diretamente ao rei Filipe II em carta de 22 de outubro de 1621 e, graças a isso, retomou a posse – e as rendas – da capitania em nome do seu lado da família. A destituição de Monsanto só aconteceu em dezembro de 1623, quando seu procurador, João de Moura Fogaça, tomou posse de São Vicente e São Paulo, de acordo com o arquivo da Câmara de São Paulo.*

Monsanto, por sua vez, apelou da apelação. Nos arquivos da Câmara de São Paulo de 1623, foi registrada a decisão final, comunicada pelo governador-geral Diogo de Mendonça Furtado, segundo a qual se devia dar a ele, Monsanto, a "posse [...] desta vila de São Vicente, da de Santos, dessa de São Paulo, e da vila de Santana de Mogi, da ilha de Santo Amaro e da ilha de São Sebastião e povoação de terra firme que está diante dessa dita ilha [...]".

Salomonicamente, a condessa de Vimieiro ficou com outra parte das antigas terras de Pero Lopes: sua capitania ia da vila de Itanhaém até Cabo Frio, no atual estado do Rio de Janeiro, o que incluía as vilas

---

* Livro 1620.

de Ubatuba, Parati, Angra dos Reis, Ilha Grande e do Rio de Janeiro. Com sua morte, em 1645, as terras passaram a seu filho primogênito, dom Sancho de Faro, que se encontrava em Flandres, e por meio de seu irmão, dom Afonso de Faro, constituiu Valério Carvalho, da Ilha Grande, seu representante, dando a ele plenos poderes para agir em seu nome.

Essa nova configuração, que encerrava disputas por três gerações, perdurou por todo o final do século XVII, durante o qual os descendentes dos irmãos Martim e Pero Lopes de Sousa continuaram sendo beneficiados pelos rendimentos da capitania, com a doação renovada a cada geração pelos reis hispânicos, e depois novamente pelos portugueses, até 29 de março de 1720.

A divisão das posses dividiu também forças e criou a rivalidade entre São Paulo e Rio de Janeiro. Perdurou mesmo quando a Coroa decidiu criar um segundo governo-geral na repartição do sul, colocando um segundo governador acima dos dois donatários. Acirraram-se as disputas entre paulistas e fluminenses e aumentou a distância de ambas as capitanias do poder central, com tendência a soluções unilaterais e até ao separatismo, que encontraria sua oportunidade mais tarde, com a Restauração do trono português.

Com liberdade, e o incentivo velado dos donos que assistiam a tudo a distância, os paulistas viram o caminho aberto para levar as capitanias sertão adentro, o imenso território onde, do outro lado, esperavam as riquezas espanholas.

Entradas no sertão

Os paulistas olhavam para dentro e para o outro lado do continente muito mais que os capitães da Bahia e do Nordeste, por uma simples razão: lá, as vilas na costa encontravam sua riqueza no próprio lugar onde estavam.

Em 1550, Salvador tinha um ano de vida, depois de sua mudança da antiga Vila Velha, nas margens do rio Vermelho, quando chegou o primeiro governador-geral, Tomé de Sousa. Este mudou a capital para um morro quase vertical sobre o mar, a "Cidade Alta", que funcionava como fortaleza natural. Atrás, ergueu muros de taipa, entre a atual praça Castro Alves e o Paço Municipal. Trazia um milhar de colonos, os primeiros jesuítas e escravos negros da Nigéria, Angola, Senegal, Congo, Benin, Etiópia e Moçambique. Salvador prosperava com a atividade do porto, os engenhos de açúcar, o algodão, o fumo e o gado nas fazendas que se estendiam pelo Recôncavo.

A capitania de Pernambuco ia ainda melhor. A prosperidade se devia, em parte, à natureza, que lhes dera o massapé, solo de rocha decomposta pela umidade, negro e argiloso, de grande produtividade para a cana. E também ao primeiro donatário da capitania, Duarte Coelho Pereira, que para lá levara a família, colonos e artífices que, com engenhos de açúcar, a tornaram a mais próspera da colônia. A partir da capital, Olinda, fundada em 1535 no alto de um morro de frente para o mar, ao lado da aldeia Marim dos caetés, tribo hegemônica da região que se tornou sua aliada, Duarte Coelho instalou a indústria açucareira, plantou tabaco e algodão. Trouxe os primeiros escravos negros com dinheiro de banqueiros judeus e neerlandeses, cujos investimentos na capitania mais tarde os atrairiam para a invasão do Nordeste.

Saiu-se tão bem que, em 24 de novembro de 1550, Pernambuco se tornou isenta de prestar contas a Tomé de Sousa, em Salvador. Como se fosse outra colônia, pagava 20% da riqueza produzida à Companhia das Índias Ocidentais e respondia direto à corte portuguesa, o que mais tarde geraria rancor por parte dos demais donatários e do próprio poder central. Por essa razão, tempos depois, quando o Nordeste se viu sob a dominação holandesa, o restante da colônia não sentia para com a capitania grandes obrigações nem tanta vontade de repatriá-la.

Com a riqueza, o esforço de colonização na Bahia e em Pernambuco concentrou-se na costa. Os avanços ao sertão foram esporádicos, na esteira do boticário espanhol, Filipe Guillén, cristão-novo desterrado de Sevilha, chegado na caravela do donatário Pero de Campos Tourinho à capitania de Porto Seguro. Em 1536, Guillén estudara a mineralogia local, e por interesse próprio saíra em busca de ouro e diamantes. Não obteve resultados concretos, exceto entrar em conflito com os jesuítas, e foi denunciado à Inquisição por "blasfêmia e judaísmo".

Apesar disso, Guillén ganhou notoriedade por ser considerado responsável pela difusão do mito da Itaverava-uçu ou Sabaraboçu

– a "Serra Resplandecente", hoje Serra Negra, onde nasce o rio das Velhas –, um eldorado na selva tropical cuja suposta existência estimularia muitos aventureiros no futuro. Suas espertezas se tornaram lendárias, a ponto de merecer uma elegia em poema de Gil Vicente: "Trovas a Filipe Guillén".

Em 1550, por ordem direta de dom João III, que recebera notícias da descoberta de ouro no interior do continente pelos espanhóis, Tomé de Sousa enviou uma expedição ao rio São Francisco, mas a caravela que levava o comandante Miguel Henrique e seus homens naufragou a caminho de Porto Seguro. Sousa armou outra entrada, em 1553, comandada por um espanhol, Francisco Bruza Espinosa, acompanhado do padre jesuíta João de Azpilcueta Navarro, que seria levada a cabo por seu sucessor no cargo, o novo governador-geral Duarte da Costa. Depois de alcançar Porto Seguro, em novembro de 1553, Navarro iniciou uma jornada de 355 léguas (2.130 quilômetros), pelos vales do rio Pardo e Jequitinhonha até a nascente do São Francisco. Tudo o que descobriu, no entanto, foram jazidas de sal, que deram à região o nome de Salinas e, no século seguinte, atrairiam os primeiros pecuaristas.

Para o sudeste foi Manuel da Nóbrega, chefe dos primeiros jesuítas, trazidos pela esquadra de Tomé de Sousa, utilizados como vanguarda civilizadora do sertão. Nóbrega estabeleceu o colégio de São Paulo como marco inicial da futura vila, inaugurada na missa de 25 de janeiro de 1554, a 9 quilômetros da vila de João Ramalho, cuja mimetização com os índios lhe causava horror. Porém, reconhecia a importância e a posição estratégica do velho degredado, que fizera de Piratininga a "terra mais aparelhada para a conversão do gentio que nenhuma das outras, porque nunca tiveram guerra com os cristãos, e é por aqui a porta e o caminho mais certo e seguro para entrar nas gerações do sertão de que temos boas informações".*

Os jesuítas criticavam os mamelucos, cujo comportamento estava mais para os índios canibais que para os cristãos, porém tinham com eles algo em comum: não viam limites territoriais para sua ação. Desde

* NÓBREGA, Manuel da. "Carta a El-Rei dom João III", 1554.

o início, o propósito da Companhia de Jesus era criar em São Paulo um núcleo para estender a catequização sertão adentro, implantando o catolicismo no Novo Mundo a partir das terras que el-rei desejava ocupar.

Ainda antes da união de Portugal com a Espanha, de São Paulo começaram a partir missionários castelhanos para criar missões no Guaíra e em toda a Nova Espanha, depois de aprender o tupi na gramática da língua elaborada pelo padre José de Anchieta, auxiliar direto de Nóbrega no colégio de São Paulo. Os capitães de mato paulistas, que desde 1550 mantinham frequente contato com Assunção, passaram a realizar as primeiras expedições pelo sertão, a princípio como missões pacíficas. Manuel da Nóbrega chegou a comunicar ao seu provincial, chefe da ordem em Portugal, um princípio de despovoamento da capitania, com a migração de portugueses para o Paraguai.

Como nas esquadras marítimas, os portugueses chamavam o promotor das "entradas" sertanistas de "armador". A primeira dessas "protobandeiras", como as chamaram os historiadores, foi comandada por Brás Cubas e Luís Martins. Percorreu "300 léguas" pelo sertão em busca de ouro, de acordo com Taunay.[20] O único lugar onde acharam vestígios do metal teria sido o pico do Jaraguá, a 6 léguas da vila de São Paulo. Em 1560, Brás Cubas deixou suas fazendas em Santos e seguiu o vale do rio Paraíba do Sul até o vale do rio das Velhas, depois de atravessar a serra da Mantiqueira. Daí teria subido o rio São Francisco até a barra do rio Paranamirim e voltado pelo mesmo percurso, também em busca de ouro.

Outras entradas se deram fora de São Vicente. De Ilhéus partiu Luís Álvares Espinha, em direção ao oeste. De Pernambuco, saíram Francisco de Caldas, Gaspar Dias de Ataíde e Francisco Barbosa rumo ao sertão do rio São Francisco. Vasco Rodrigues Caldas, em 1561, andou no sertão do Paraguaçu; Martim Carvalho, em 1567, ao norte de Minas Gerais; e Sebastião Fernandes Tourinho, em 1572, pelos rios Doce e Jequitinhonha. Na mesma região, em 1574, entrou Antônio Dias Adorno. João Coelho de Sousa morreu na selva, na cabeceira do Paraguaçu. E Belchior Dias Moreia atingiu a Chapada Diamantina.

Eram expedições exploratórias, ainda sem o caráter predatório e violento dos caçadores de escravos que marcaria as bandeiras a partir do final do século. Na capitania de São Vicente, os caçadores de escravos ainda se voltavam para os tupinambás da costa, unidos sob a Confederação dos Tamoios. Os paulistas também colaboravam com os jesuítas, por verem no tupinambá, considerado não catequizável, um inimigo em comum – assim como os franceses protestantes trazidos para a baía de Guanabara por Nicolas Durand de Villegagnon em 1555, com quem os tamoios se aliaram.

Os índios caçados pelos paulistas no litoral, capturados em expedições por mar, trabalhavam nos engenhos da capitania de São Vicente ou eram vendidos ou trocados por terra e mercadorias com negociantes que os levavam ao mercado promissor de Pernambuco e mesmo a Lisboa. Os sesmeiros que Martim Afonso deixou com gado e sementes tinham suas frustrações: os paulistas não conseguiram produzir trigo, uvas para o vinho, e lutavam para produzir açúcar de cana, que não se dava tão bem na terra do litoral paulista como no Nordeste.

Isolada, São Paulo mantinha uma economia autóctone, produzindo praticamente tudo de que necessitava – faziam farinha de milho com peneiras de fundo metálico, amassavam o milho no pilão, plantavam fumo e um pouco de algodão. Seu melhor negócio eram os escravos.

Em Santo André, Ramalho canalizava o espírito bélico dos seus descendentes, que tinham sangue e costumes meio índios: andavam quase nus como seus ancestrais e, também como eles, eram educados na cultura indígena da guerra, segundo a qual o único sentido da vida era o combate com o inimigo. Como seus aliados guaianases e carijós, estavam habituados a um mundo sem perdão, onde só havia a hipótese de vencer, devorar o adversário e vingar-se – na derrota, restava-lhes ser honrosamente devorados. Mesclavam a ferocidade temerária do índio com a crença cristã da vida eterna; a ambição do português com o conhecimento do mato dos selvagens.

Com o massacre dos tamoios na Guanabara e as demais expedições litorâneas, porém, os escravos da costa passaram a rarear. Em 1553, o espanhol João Sanches, de Biscaia, em viagem na armada do tesoureiro real João de Salazar, registrava que os paulistas haviam arrasado as aldeias ao sul. Em carta ao rei da Espanha, Carlos V, afirmou que Jurumirim, atual ilha de Santa Catarina, onde está a cidade de Florianópolis, "estava despovoada por causa dos portugueses e seus amigos (selvagens) terem feito muitos saltos aos índios naturais da dita ilha, e aniquilado todos os silvícolas do litoral que eram amigos dos vassalos de sua majestade [sobretudo carijós]". Segundo ele, não apenas a ilha de Santa Catarina como toda a costa "desde São Francisco até esta Laguna está despovoada [...]".

Ramalho e os paulistas começaram a voltar-se então para os índios do sertão. E por via do Peabiru, para os primos-irmãos dos tupinambás: os guaranis, aglutinados desde o alto Paraguai até quase a foz do Prata. Para eles, também passaram a olhar os missionários, com a esperança de começar a construir algo mais positivo na sua tarefa catequizadora. Era preciso coragem aos catequistas para penetrar no sertão, onde se requeriam qualidades que só os paulistas tinham. Seria uma extraordinária aventura de resistência e de fé, acirrada por uma disputa direta entre eles e que terminaria numa luta fratricida.

O Novo Mundo será católico

Em sua primeira missa, realizada em Salvador, em 1550, o padre Manuel da Nóbrega disse aos primeiros jesuítas que com ele chegaram ao Brasil, enviados por dom João III na comitiva de Tomé de Sousa: "Esta terra é a nossa empresa". "A principal causa que me levou a povoar o Brasil foi que a gente do Brasil se convertesse à nossa santa fé católica", relembrou mais tarde o rei dom João III a Mem de Sá, sucessor, pela ordem, de Tomé de Sousa e Duarte da Costa.

Mem de Sá cumpriu à risca a missão. Ao debelar os focos de resistência à colonização na costa, implantou também o modelo mais tarde adotado pelos jesuítas nas missões. A Tomé de Sousa, dom João III já ordenara que os índios fossem agrupados nas proximidades das vilas para entrar em contato aos poucos com os cristãos. E assim Mem de Sá o fez – só que a ferro e fogo.

Em Ilhéus, onde durante um mês varreu os campos, incendiando malocas, matando índios e submetendo os sobreviventes; e depois em

Itaparica, onde, segundo Anchieta, foram dizimados os índios de 160 aldeias, Mem de Sá confinou os restantes em um povoamento a "uma légua" de Salvador, conforme registrou o jesuíta Antônio Blasquez, em suas cartas avulsas. "Eu lhas dei [as pazes], com se fazerem cristãos, e os ajuntei em grandes aldeias e mandei fazer igrejas onde os padres da companhia dizem a missa", afirmou Mem de Sá em sua prestação de contas a dom João III.

Em São Paulo, Nóbrega adotou o modelo do que se chamaram primeiro "reduções", por concentrar os índios de toda a região em um só lugar. O trabalho no colégio jesuíta se mostrou pouco produtivo, uma vez que a maioria dos índios, incluindo as crianças, logo voltava aos seus hábitos nativos. Ainda assim, contra outras opiniões, Nóbrega mantinha esperanças. No "Diálogo da conversão do gentio" (1556-1557), afirmava que os índios possuíam práticas religiosas "abomináveis", mas não eram essencialmente "maus".

Apontava a superstição, presente em qualquer população ignorante, como a fonte das dificuldades de catequização. Quase ao mesmo tempo, o jesuíta espanhol José de Acosta, nomeado provincial da ordem no Peru em 1576, promoveu uma assembleia na qual considerou o trabalho de catequização insatisfatório e chegava às mesmas conclusões.

Na escola de São Paulo, o projeto dos jesuítas ia além de educar os indígenas das doze tribos locais. Com José de Anchieta, que ali instaurou uma escola de tupi, o nheengatu ("língua boa" ou "língua geral"), os jesuítas procuravam unificar a língua entre os índios, para facilitar a catequese. Ensinado em casa e nas escolas, o nheengatu passou a ser falado de forma corrente de São Paulo, onde era a primeira língua dos bandeirantes, até o Maranhão. Muitas de suas palavras foram apropriadas também pelo português (como jabuti, "aquele que come pouco", jararaca, "que tem bote venenoso", e jacaré, "o que olha torto").

A gramática do tupi feita por Anchieta tinha a intenção de colaborar na formação de novos missionários para as futuras comunidades catequizadoras, não apenas a da costa que abrangia a colônia portuguesa, mas a costa de toda a América, do rio da Prata ao Peru, de São Paulo ao Mato Grosso – todos, na prática, lugares teoricamente na jurisdição espanhola. Ele mesmo, Anchieta, chegou a avançar pelo rio

Tietê numa expedição de reconhecimento, em 1561, para averiguar a possibilidade de criar aldeamentos jesuítas no sertão espanhol. Inspirava-se no sucesso da missão de São Lourenço. Os primeiros jesuítas que chegaram ao Paraguai, em 1588, treinados na escola de São Paulo, eram seus discípulos: João Saloni, Manuel Ortega e Thomas Fields.

Nem tudo dava certo com as missões portuguesas, o que atrasou a implantação. Em 1562, Mem de Sá resolveu permitir a escravização de caetés, sob o pretexto de que tinham assassinado e devorado o bispo dom Pero Fernandes Sardinha, entre outros portugueses vítimas do naufrágio na costa quando estavam a caminho de Lisboa, em 1556. Para Anchieta, era apenas uma concessão do governador-geral ao "desejo que os portugueses tinham de haver escravos" e abriu as portas para a escravização de qualquer índio. Com isso, 11 missões onde se tinham agrupado 34 mil indígenas entre os anos de 1563 e 1565 esvaziaram-se praticamente da noite para o dia.

A epidemia de varíola na capitania da Baía de Todos os Santos – que matou cerca de 30 mil índios e negros em três meses em 1563 – também ajudou a esvaziar o projeto missionário. Nessa capitania, da população indígena de 80 mil pessoas, 10% sobreviveram. "Parece cousa que se não pode crer; porque nunca ninguém cuidou que tanta gente se gastasse, quanto mais em tão pouco tempo", afirmou Anchieta.*

De acordo com Gabriel Soares de Sousa, a população da capitania da Baía de Todos os Santos ao final do século XVI era de aproximadamente 38 mil habitantes, dos quais 24 mil luso-brasileiros, 10 mil indígenas e 4 mil negros escravos africanos. Apenas 20% deles estavam em Salvador. O restante vivia em fazendas, na zona rural ao redor do Recôncavo Baiano.[21] A epidemia desestruturou a colônia e reforçou em Nóbrega a convicção da necessidade das missões, com o isolamento dos indígenas.

Além da suscetibilidade para doenças trazidas pelos europeus, os índios sofriam com a dificuldade de assimilação do seu modo de vida: eram refratários a horários de trabalho, à leitura, à reza e ao controle dos hábitos sexuais. Com um aculturamento gradual, eles poderiam

* "Informação dos primeiros aldeamentos", 1585.

ser protegidos, não apenas dos ataques dos caçadores de escravos como de todos os vícios e maldades do mundo exterior.

Era uma visão utópica, que a princípio servia para educar e integrar a população autóctone, mas com o tempo acabaria sendo sua única proteção e fator de preservação da extinção absoluta. Para convencer a Coroa, o projeto previa que os índios seriam assalariados, o que os diferenciaria do escravagismo, e as missões pagariam impostos, forma de contribuir e incorporar os índios ao reino como súditos de el-rei.

Para Nóbrega, aquele projeto incluía conquistar a "cidade do Paraguai" – algo que Tomé de Sousa, mesmo certo de que o Prata pertencia a Portugal, havia proibido em 1550. Em 1555, enviou uma carta ao padre Inácio de Loyola, fundador e principal da ordem dos jesuítas, pedindo mais gente para a Companhia de Jesus. "Eu sou importunado cada dia assim dos espanhóis por cartas que me mandam, como dos mesmos índios, que vêm de muito longe com grandes perigos, buscar-nos", afirmou. Escreveu ainda só não ter enviado gente ao Paraguai por esperar o padre Luiz da Grã, que iria pessoalmente para lá. Pretendia criar um núcleo no Prata, sobretudo porque São Vicente, com o fracasso dos canaviais plantados no litoral, se despovoava.

Em 1557, percebeu que Luiz da Grã, o segundo na hierarquia da Companhia de Jesus no Brasil, não o apoiava nessa tarefa. Dois anos depois, em 1559, Nóbrega foi demitido do cargo de provincial do Brasil pelo provincial em Portugal, padre Miguel de Torres, que colocou Grã em seu lugar. Argumentou que Nóbrega estava doente e, com sua política, criava muitos conflitos. Grã sucedeu Nóbrega, mas os esforços por uma política jesuíta sem fronteiras continuaram, especialmente por meio de José de Anchieta. Se havia algo em que espanhóis e portugueses concordavam era que o Novo Mundo tinha de ser católico.

O alvo fundamental dos jesuítas passou a ser a região do Guaíra, principal reduto dos índios guaranis, que tinham parentesco de língua e costumes com os tupis. Para lá também seguiam os indígenas que fugiam tanto dos caçadores de escravos portugueses do litoral como dos *encomenderos*, os caçadores de escravos espanhóis, vindos, sobretudo, de Assunção, no Paraguai. Mergulhavam na mata densa e úmida, onde acreditavam estar relativamente protegidos, em meio a uma região ainda distante tanto de portugueses quanto espanhóis.

Para chegar até lá, a via mais rápida era o rio Tietê, que nascia a apenas 22 quilômetros da costa, nos contrafortes da serra do Mar, corria continente adentro por mais de mil quilômetros, até desaguar no Paraná, quase na altura de Assunção. O único obstáculo para a navegação se encontrava a cerca de 30 quilômetros de São Paulo, onde o rio de águas escuras e tranquilas era interrompido abruptamente pela chamada Cachoeira do Inferno – queda de 12 metros que dava início a um trecho pedregoso de navegação impossível.

Dali, seguia-se pelo Peabiru por 50 quilômetros em terra, a pé, em trilha na mata, até o final das corredeiras, em Utu-Guaçu ("Salto Grande"). Ali o rio se tornava novamente navegável sertão adentro – como se fosse outro rio, tanto que era conhecido entre os índios por outro nome, Anhembi. Nesse lugar, a jornada pelo rio recomeçava a partir de uma barranca, conhecida como porto de Pirapitingui (em tupi, "a ação de pescar o peixe com veneno").

Os jesuítas viram na região da Inferno um ponto estratégico, não apenas para reunir as tribos locais, como também para fazer a passagem em terra até mais acima do rio. Em agosto de 1560, Anchieta conseguiu de Jerônimo Leitão a doação de uma fazenda na margem direita do Tietê, conhecida como Marueri (do tupi *mbarueri*, "rio encachoeirado"), hoje Barueri. Ali, mandou levantar uma capela, dedicada a Nossa Senhora da Escada, cuja imagem de cerâmica havia sido trazida de Portugal. Com uma missa rezada em 11 de novembro de 1560, sacramentou a criação do aldeamento de Barueri, na prática a primeira grande missão dentro da capitania de São Vicente, com o objetivo de organizar o trabalho dos índios, promover sua catequização e protegê-los dos caçadores de escravos.

Em Barueri, os jesuítas reuniram guaianases, oriundos do litoral, e guaicurus, do planalto. Seria a missão mais importante da colônia portuguesa, não apenas por concentrar o maior número de índios, mas também por ser o posto de vanguarda para os missionários encarregados de avançar pelo sertão no trabalho de criação de outras missões. Logo, os fazendeiros das vilas de São Paulo, da Borda do Campo,

São Vicente e Santos, que tinham já loteado entre si aquelas terras ao redor de Barueri, perceberiam o que estava acontecendo. E também eles entrariam na corrida pela mão de obra indígena do Guaíra, a exemplo do que já estavam fazendo os espanhóis.

Em fevereiro de 1570, o capitão Rui Díaz de Melgarejo, com 40 homens e 53 cavalos, fundou Villa Rica del Espíritu Santo, 60 léguas a leste da Ciudad Real del Guaíra, no atual município de Nova Cantu, onde acreditava haver ouro. Achou somente minério de ferro. Mudou-se mais para adiante, entrando nas terras do belicoso cacique Coraciberá, razão pela qual Melgarejo construiu uma fortaleza com 70 metros de comprimento por 10 de largura, além de uma igreja em uma praça onde ergueu-se a cruz. Distribuiu terras aos colonos, mas em 1592 ordens superiores o fizeram mudar a vila novamente, para ainda mais adiante, na margem direita do rio Ivaí, onde este recebe as águas do Corumbataí.

De lá, de onde se podia prosseguir tanto no Ivaí quanto tomar o Corumbataí, cujas águas correm sertão adentro até desaguar no Paraná, partiam os *encomenderos* com o objetivo de trazer índios escravos do coração do Guaíra para as fazendas paraguaias. Tanto os colonos portugueses quanto os espanhóis criticavam os jesuítas, dizendo que tinham se assenhoreado da mão de obra escrava, monopolizando-a nas propriedades da Igreja. "Eram verdadeiros servos [...] não só nos colégios, como nas terras chamadas 'dos índios', que acabavam por ser fazendas e engenhos dos padres jesuítas", afirmou o historiador Francisco Adolfo de Varnhagen, visconde de Porto Seguro.[22]

Os colonos tinham razão, embora não por amor à liberdade dos índios, e sim por interesse próprio na sua escravização. "A própria redução jesuítica só pode ser tida como uma forma de cativeiro", afirma Darcy Ribeiro.[23] "O índio, aqui, não tem o estatuto de escravo nem de servo. É um catecúmeno, quer dizer, um herege que está sendo cristianizado e assim recuperado para si mesmo, em benefício da sua salvação eterna. No plano jurídico, seria um homem livre, posto sob tutela em condições semelhantes às de um órfão entregue aos cuidados de um tutor."

O fato de as missões e os colégios jesuíticos serem sustentados com a ajuda dos dízimos pagos à Coroa pelos fazendeiros aumentava a insatisfação dos colonos. Subsidiar os padres da Companhia de Jesus para que ficassem com seus escravos era um ardil, para eles, demoníaco. Os jesuítas responsabilizavam os fazendeiros pela resistência dos indígenas, mas os colonos se queixavam do preço que pagavam para que eles pudessem ter mão de obra barata, transformando as missões em grandes fazendas produtivas. E alegavam que, se os jesuítas podiam sair de São Paulo para criar suas fazendas missioneiras no Paraguai, eles também podiam entrar em território espanhol.

Já em 1576, ainda antes da União Ibérica, como apontou Taunay, "Hernando de Montalvo, tesoureiro régio, denunciava a Filipe II as tropelias dos '*portugueses de San Pablo*' por seus '*malos tratamientos y de sus tupies*' na região do Viaza, atual Santa Catarina, onde a sua presença causava pânico".[24] Em 1590, após a união, o governador da província de Tucumán, Juan Ramírez de Velasco, advertia Filipe II dos problemas advindos do avanço dos portugueses. "Não convém que entre no Peru gente ruim e que tenha sido desterrada de Portugal", escreveu o governador. "Suplico a vossa majestade que seja servido mandar o que fazer deles e dos que vierem mais adiante, porque de outra maneira o Peru se encherá de gente portuguesa."[25]

Como bandeirante da primeira leva de colonizadores, chegados ao Brasil com Martim Afonso, Jerônimo Leitão procurava manter-se fiel aos dois princípios que nortearam os desígnios dos primeiros colonos portugueses estabelecidos em São Vicente e São Paulo: criar riqueza e expandir a fé cristã com a ajuda dos jesuítas, embora, por vezes, as duas coisas parecessem conflitantes. Em 1579, Leitão atacou as aldeias das margens do Anhembi (Tietê). "Sob a pressão das lamúrias, de miséria por falta de escravo, porque o português e seus descendentes já tinham se desabituado definitivamente ao trabalho, foi organizada a expedição de Jerônimo Leitão, que trouxe muitos escravos", afirma Eudoro Lincoln Berlinck, engenheiro e historiador paulista. "Foi seguida de outras."[26]

A sanha dos paulistas ganhou o impulso que faltava. Em 1580, com a morte de dom Henrique em Portugal, acabou a era de ouro de proteção aos jesuítas na colônia, onde o cardeal-rei fizera a Companhia de Jesus praticamente governar. Com a unificação das Coroas por Filipe II de Espanha, surgia a desculpa para quebrar os limites territoriais, inclusive fundar novos povoamentos ao longo do Peabiru, em direção às terras dos índios e, mais ao longe, às riquezas do Peru. Para os indígenas, não haveria mais lugar seguro, em parte alguma.

Quando as notícias da corte deram conta de que Portugal e Espanha passavam a ser uma coisa só, não havia mais obstáculo prático para avançar. E foi o que ambos os lados fizeram: os missionários, por um, e os paulistas, pelo outro. O que poderia ser uma oportunidade de avanço civilizatório para os dois acabou sendo o contrário: uma guerra fratricida que contaria milhares de mortos e se arrastaria por quase um século.

CAPÍTULO 2

O Brasil espanhol

Saídos da Inferno

Em 1580, ano em que o Brasil virou Espanha, uma canoa escavada na madeira deslizou nas águas tranquilas e escuras do Tietê, que formavam múltiplos braços entre ilhas cobertas de mata, a 8 léguas da vila de São Paulo. Encalhada na barranca pouco acima de onde a cachoeira do Inferno interrompia abruptamente a navegação, dela desceu o português Manoel Fernandes, natural de Moura, vereador de São Paulo. Construíra na fazenda da qual tomara posse, no alto de um morro à beira do rio, uma capela em louvor a Santo Antônio, na margem esquerda, pouco adiante do aldeamento de Barueri. Daquela vez, porém, Manoel vinha para ficar.

Com ele, trazia sua mulher, Susana Dias, e o primeiro filho, André Fernandes, com apenas 2 anos. Personificação da nova elite emergente no planalto do Piratininga, Susana descendia diretamente de João Ramalho; sua mãe, Beatriz, casada com o português Lopo Dias, era filha dele com Bartira, filha do cacique Tibiriçá, lendário chefe dos guaianases, que dezoito anos antes havia defendido a vila de São Paulo das tribos de sua própria raça, batizado com o nome cristão de Martim Afonso, português que mais admirava.

Aquele era o primeiro esforço sério de ocupação pelos colonos da saída para o sertão. Depois do massacre dos tupinambás da costa, o

Tietê seria, nas palavras do historiador Sérgio Buarque de Holanda, a "porta para o generoso viveiro de índios mansos existente em terras da Coroa de Castela".[1] A União Ibérica estimulava a fundação de vilas ao longo do Peabiru, com a criação de bases sólidas para avançar por via fluvial, alcançar as terras do Guaíra e, mais além, os antigos caminhos incas que levavam a Cusco, na Amazônia peruana, e as faldas dos Andes até as minas de Potosí.

Daquele mesmo ponto estratégico do Tietê, escolhido também pelos jesuítas para semear o catolicismo no sertão, eles pretendiam, enfim, realizar o projeto entregue por dom João III a Martim Afonso. O maior sonho era alcançar Potosí, que se revelara o Eldorado. Localizada no altiplano andino, deserto entre 3 e 4 mil metros de altura, era uma terra árida, sem recursos e quase desabitada, até a descoberta em 1545 de seus filões argentíferos, os maiores do mundo. "Houve um afluxo vertiginoso para esse local; uma cidade cogumelo surgiu nessas paragens desoladas, a 3.960 metros de altitude", afirma a historiadora Marie Helmer, pesquisadora do Centre National de la Recherche Scientifique, de Paris.[2]

No início do século XVII, contava com uma população de cerca de 120 mil pessoas, das quais 50 mil homens – sendo aproximadamente 4 a 5 mil espanhóis e o restante índios que trabalhavam nas minas, segundo a *Descrição geral do reino do Peru*. Era a maior e mais rica população da América do Sul. "Nada falta a esta vila, porque, graças à abundância de prata, sobram-lhe todas as coisas", afirma o documento. "É grande o trato de mercadores nela, e tem grandes e ricas lojas, com toda a sorte de mercadorias. Tem grande correspondência com Lima, e vão daqui muitos mercadores empregar em Lima, no México e em Sevilha, e muitos homens riquíssimos vão daqui, viver para Espanha."[3]

Antes proibido, entrar pelo sertão passou a ser estimulado. Porém, entre o litoral brasileiro e as minas distantes, havia muito caminho a percorrer. Ao lado da cachoeira do Inferno, no "porto da ilha do rio Anhembi, vulgarmente chamado Tietê, vizinho a esta vila, estabelecida aquém do mesmo rio, no próximo monte de sua margem", segundo o Livro de Tombo, Manoel Fernandes e Susana Dias levantaram nova capela e a dedicaram a Santa Ana, batizando a fazenda e futura povoação de Santana de Parnaíba – em tupi, "rio não navegável", ou "lugar de muitas ilhas". No aclive que margeava as águas do Tietê, os homens de Manoel Fernandes ergueram as primeiras casas.

A aldeia cresceu nos anos seguintes com o bandeirantismo. Como nas demais fazendas coloniais paulistas, os colonos levantavam casas com paredes de taipa: barro com cascalho, aplicadas com a mão ou em fôrmas de madeira, a chamada "taipa de pilão". O trabalho era feito com a ajuda de cabodás, buracos nas paredes que sustentavam vigas temporárias, como andaimes. Reforçavam a estrutura com as vigas de cumeeira, pilastras de madeira pesada inclinadas em V, apoiadas sobre a massa de taipa, também sustentação para o piso superior.

Ligado ao térreo por uma escada e um alçapão, o segundo andar, o "sobrado", parte que mais tarde daria nome ao todo, era usado para guardar mantimentos. Na parte de cima, pequenas janelas defendidas por treliças permitiam a iluminação e ventilação do ambiente. Com o segundo andar adaptado também para a habitação, o "sobrado" ganharia ainda a conotação de "casa confortável" e se tornaria a construção típica da classe média urbana no século XX, em São Paulo e em todo o país.

A vida nas vilas paulistas era rústica. Os instrumentos eram rudimentares. Medidores de metal enfiados no saco de farinha serviam como tabela de preços. Para a mandioca, que os índios ralavam à mão para fazer o beiju (pão), utilizavam a "roda de farinha": raladores de metal, como uma roda de bicicleta, movida a manivela sobre uma casca longa de madeira como recipiente. Assim como os indígenas, faziam a fritada de içá, inseto semelhante a uma formiga com asas. À noite, as casas eram iluminadas por candeeiros de metal pendurados nas paredes.

Santana de Parnaíba era o posto mais avançado dos portugueses no sertão de todo o Brasil. "A mais profunda penetração pelo interior brasileiro acusava uma centena de quilômetros, a partir do oceano, em Parnaíba, a seis léguas de São Paulo", afirma Taunay.[4] "E constituía fato virgem em todo território da colônia." Logo outros fazendeiros também viriam para plantar, instalar engenhos e buscar no sertão índios que trabalhassem em suas propriedades. Com isso, a vila de Parnaíba se transformou no núcleo colonial de onde partiria o maior e mais violento esforço de expansão territorial europeu, que ia da bacia do Prata ao atual sertão mineiro e goiano e, depois, à Amazônia e ao Nordeste ocidental.

Naquele mesmo ano de 1580, o capitão Jerônimo Leitão trouxe de Guaíra um grande contingente de índios escravizados. Os jesuítas se apressaram. Anchieta percebeu a necessidade de multiplicar aldeamentos como Barueri, que pudessem não apenas tirar os índios catequizáveis da sua vida primitiva como também protegê-los dos capitães do mato. Com isso, além de reforçar as defesas da missão de Barueri, em 1580, abriu mais doze aldeamentos indígenas, como o de Carapicuíba, vizinho de Barueri, Guarulhos e, mais próximos da vila de São Paulo, São Miguel Paulista, Pinheiros, Penha e Santo Amaro.

Começava uma corrida pela posse dos índios entre colonos paulistas e jesuítas, administrada politicamente por Jerônimo Leitão. Enquanto durou o seu governo, era atacado de um lado pelos jesuítas, que o consideravam um cruel caçador de escravos, e de outro pelos colonos, que o acusavam de favorecer a criação de aldeamentos e proteger o monopólio jesuíta dos escravos indígenas, o que mantinha o homem da capitania em estado permanente de tensão.

No regime de produção colonial, os centros urbanos começavam a funcionar como distribuidores da produção nas fazendas, unidades de negócio familiares, baseadas no trabalho escravo. Os colonos produziam fumo, algodão e cana para os engenhos de açúcar – o "ouro branco". A safra era vendida antes da produção. Empregavam-se os recursos na compra e manutenção dos escravos, no plantio e em investimento em terras ou instalações. Os senhores de engenho lidavam com a maioria das questões da economia contemporânea: variação do preço do produto exportado, a taxação (o quinto), a negociação de dívidas junto à Coroa, que detinha o controle do escoamento da produção para a metrópole.

A isso se somavam outros fatores instáveis, como o clima quente e chuvoso do trópico e a dependência ainda grande da mão de obra escrava indígena, que tornavam aquele negócio bastante arriscado. Na historiografia brasileira, muito se escreveu sobre a dificuldade de escravizar o índio, mas se subestimou sua importância no século XVII, sobretudo na capitania de São Vicente e São Paulo, onde ainda era largamente utilizado em todo tipo de ofício.

"Nenhum colono jamais pôs em dúvida a utilidade da mão de obra indígena, embora preferisse a escravatura negra para a produção mercantil de exportação [de açúcar]", afirma Darcy Ribeiro. "O índio era tido, ao contrário, como um trabalhador ideal para transportar cargas ou pessoas por terras e por águas, para o cultivo e o preparo de alimento, a caça e a pesca. Seu papel também foi preponderante nas guerras aos outros índios e aos negros quilombolas."[5] Nas missões jesuíticas, longe de serem tratados como crianças, os índios faziam tanto o trabalho do campo como o especializado: eram carpinteiros, lavradores, serralheiros, oleiros e artesãos.

Embora os fazendeiros preferissem escravos africanos para os engenhos, um trabalho repetitivo ao qual os índios tinham dificuldade de se adequar, estes custavam quatro vezes mais caro, o que, sobretudo em São Paulo, onde a cana não ia tão bem quanto no Nordeste e não havia a riqueza abundante do açúcar, os obrigava a desafiar o monopólio jesuíta sobre os indígenas. "Impedidos de comprar escravos negros, porque eram caros demais, os colonos de São Paulo e outras regiões se viram na contingência de se servir dos silvícolas, ou de ter como seu principal negócio a preia e a venda de índios para quem requeresse seu trabalho nas tarefas de subsistência, que por longo tempo estiveram a cargo deles", afirma Darcy Ribeiro.

Para os fazendeiros, o trabalho dos índios nas missões como a de Barueri era análogo à escravidão – e os padres da Companhia de Jesus se convertiam em concorrência desleal. Forçados a trabalhar nas fazendas dos religiosos, para não cair em destino pior, estavam sujeitos à dura disciplina dos padres. "Era corrente o uso do açoite, aplicado com uma crueldade bárbara", afirma o historiador paraguaio Blas de Garay.[6] "Eram desnudados para receber o castigo, tanto o homem quanto a mulher, sem que lhes valesse até mesmo a mais avançada gravidez. Muitas abortavam ou pereciam em tão brutal castigo."

Em relação aos pajés, que desafiavam sua autoridade espiritual, os padres não eram menos duros. O padre Francisco Taño relata em carta de 6 de setembro de 1635 o linchamento público de um feiticeiro que se dizia "filho do sol, que o recebia por Deus e o constituía como filho". "Foi forçoso lhe dar um tapa-boca para fazê-lo calar", afirmou o padre, que, no entanto, evitou o pior. "Levaram-no arrastado e o picavam com flechas, que se não vou correndo acudi-lo, o matam."[7]

Para os paulistas, quebrar o monopólio do trabalho indígena previsto em lei para os jesuítas era uma questão vital. Além de um negócio, a caça aos índios, para eles, era um substituto do antigo modo de vida de seus ancestrais, para os quais a guerra estava no centro da sua formação social. Por prazer, tanto quanto necessidade, os mamelucos viviam mais tempo em campanhas bélicas do que na administração das vilas ou fazendas, cuidadas, sobretudo, pelas mulheres. Habituados à floresta quente e úmida, alimentando-se de caça, frutos e raízes, estavam ambientados num lugar onde outros poderiam facilmente perecer.

Herança de sua porção indígena, mantinham com os tapuias antigas rivalidades tribais. Voltados para a guerra como seus ancestrais, para quem o sentido da vida era lutar e morrer com glória, não tinham medo de morrer – o que, com os arcabuzes e a disciplina militar que vinham de Portugal, os transformava num exército implacável. Para o historiador e romancista britânico Robert Southey, os mamelucos formavam uma "feroz e intratável estirpe". Para o escritor e jornalista Eduardo Prado, eram uma elite "em que a inteligência do branco altera o nível da mentalidade do vermelho, enquanto deste proviera o reforço da robustez muscular". Ruy Barbosa afirmava que sintetizavam o gênio europeu e a energia do Novo Mundo, com "uma constituição à prova do medo e uma atividade inacessível ao cansaço".

O botânico e naturalista francês Auguste de Saint-Hilaire, em 1822, descrevia com espanto os mamelucos paulistas, depois da viagem que lhe rendera observações não apenas sobre a flora, mas sobre todo o Brasil – e aquela "raça de gigantes". "Nada os assustava, nem as flechas dos selvagens, nem a ferocidade dos jaguarés nem o veneno mortal dos répteis", afirmou. "Pela força ou pela astúcia, aprisionavam os indígenas, algemavam-nos e os conduziam, por centenas, ao mercado de São Paulo. Desgraçados os infelizes que resistissem! Eram barbaramente exterminados. [...] Nessas expedições, os mamelucos se distinguiam, sobretudo, pela crueldade; procuravam, sem dúvida, assim agindo, fazer esquecer que, pelo lado materno, provinham da raça proscrita."[8]

O padre Antonio Ruiz de Montoya, que fez contra eles uma guerra santa no território das Missões, os descreveu como gente "hostil", "forjada do gentio", capaz de queimar igrejas, atacar sacerdotes, profanar igrejas e "apresar seus ornamentos". "Seu instituto é destruir o gênero humano, matando homens, se procuram fugir à miserável escravidão", afirmou.[9]

O mameluco era o guerreiro perfeito, graças à reunião da ferocidade ancestral dos índios com o sangue português, que lhes permitiu incutir a disciplina militar. O próprio nome "bandeira", que para alguns historiadores e filólogos veio da identificação das expedições pelos seus estandartes, mais provavelmente tem origem marcial.

Para os portugueses, "bandeira" era o conjunto de 5 ou 6 lanças nos torneios – cada lança era formada por 1 cavaleiro, o homem de armas, mais seu escudeiro, o pajem, 2 arqueiros ou besteiros e 1 cutileiro. Durante o período filipino, o termo passou a ser utilizado como sinônimo de companhia militar, uma unidade de defesa e ataque que contava com 36 homens. Dessa forma, a "bandeira" teria surgido quando os capitães das entradas passaram a servir como capitães das expedições empreendidas pelos fazendeiros.

Sendo a caça ao índio proibida, os documentos oficiais da Câmara de São Paulo disfarçavam a partida das bandeiras, registrando-as como busca pelos "remédios do sertão". Além dos homens de armas, cada bandeira levava um padre, em geral um franciscano, cuja vinda à colônia passou a ser estimulada durante a União Ibérica, muito devido às queixas dos paulistas de que os jesuítas cuidavam apenas das almas dos indígenas – sem apiedar-se de seus próprios conterrâneos.

Até 1580, os jesuítas tinham sido os missionários oficiais da Coroa portuguesa. Os senhores de engenho, porém, precisavam de religiosos diferentes dos jesuítas, que aceitassem a escravização dos nativos, da mesma forma que a Igreja Católica aceitava a servidão dos negros. Com a anexação de Portugal à Espanha, Filipe II passou a permitir o envio de outras ordens religiosas ao Brasil. Os beneditinos se estabeleceram em Salvador, em 1581. O governador da capitania de Pernambuco,

Jorge de Albuquerque Coelho, pediu a instalação em Olinda de um convento carmelita (1583) e outro franciscano (1585).

Os franciscanos passaram a atuar em todo o litoral nordestino, de Alagoas ao Rio Grande do Norte. Trabalhavam na capela dos engenhos, rezavam missas, realizavam batismos e casamentos. Nas expedições oficiais para a conquista da Paraíba, contra tabajaras e potiguares, estavam ao lado dos senhores de engenho e capitães do mato. Os beneditinos e carmelitas se colocaram também no Sudeste ao lado dos bandeirantes na caçada aos índios. Além do padre, os paulistas carregavam uma imagem de santo, padroeiro da expedição. Como a de Nossa Senhora Aparecida, caída de uma canoa bandeirante e resgatada por pescadores em 1717 no fundo do rio Paraíba. Supersticiosos, os paulistas punham ainda carrancas na proa da canoa, para espantar espíritos do mal.

Os bandeirantes eram bem diferentes das suas imagens românticas, como as esculturas de Raposo Tavares e Fernão Dias Paes Leme, feitas em 1923 pelo genovês Luigi Brizzolara, em exposição no Museu Paulista. São monumentos marmóreos de 3,5 metros de altura, que europeizaram o ícone do bandeirantismo, com chapelão, botas até os joelhos e capa. A imagem clássica do bandeirante escamoteia o fato de que eles estavam muito mais para o índio que para o europeu. "A presença do índio ficou muito diluída na historiografia", afirma Agacyr Eleutério, consultora técnica da Secretaria de Cultura e Turismo de Santana de Parnaíba.

Na realidade, os bandeirantes caminhavam descalços, porque as botinas molhavam na mata e demoravam a secar. Quando andavam a cavalo, usavam as esporas nos pés nus. Os chapéus contra o sol tinham aba larga. Na bagagem, carregavam cabaças de sal, pratos de estanho, cuias, guampas, bruacas e redes indígenas para dormir. Como índios, catavam frutos silvestres, pinhão, palmito, colhiam mel, caçavam e pescavam pelo caminho. Comiam carne de cobra, lagartos e sapos. Na falta de ribeirões, bebiam água das plantas, mascavam folhas, roíam raízes e, eventualmente, matavam a sede com o sangue das presas de caça.

Conforme relatou Gaspar Barléu, que desembarcou com os holandeses em 1637, os índios naquele tempo ainda andavam nus, mesmo nas grandes vilas, como Pernambuco e Salvador. Exceto "os moradores da capitania de São Vicente, que, mais civilizados, se cobrem com peles de animais".[10] Para vencer a mata fechada, usavam perneiras de pele curtida de veado ou capivara. Em combate, vestiam o gibão de armas e um colete de couro cru forrado de algodão, chamado de "escupil", que amortecia as flechadas dos índios.

No armamento, levavam pouca vantagem sobre seus oponentes. Usavam o clavinote, uma carabina curta, mosquetões e arcabuzes com cano de metal cônico, que espalhava os projéteis a distância, de forma a aumentar seu raio de alcance. Essas armas de fogo, no entanto, precisavam ser sustentadas por uma forquilha e municiadas de chumbo e pólvora pela boca, operação que tomava um minuto. Depois de um disparo, não havia tempo de recarregá-las no meio de um combate e eram abandonadas após a primeira descarga. Por isso, e porque a pólvora era finita, preferiam o arco e a flecha, que usavam com a destreza dos próprios índios. Nos combates em mata fechada, não havia como fazer disparos mesmo de perto. Na luta corpo a corpo, empregavam o punhal.

Para transportar os índios capturados, utilizavam correntes de 8 metros, que uniam dez gargalheiras – argolas de ferro que mantinham os escravos presos pelo pescoço. Era uma viagem penosa, a que não resistiam muitos dos prisioneiros tapuias – "brava e carniceira nação, cujas queixadas ainda estão cheias de carne dos portugueses", conforme definiu o padre José de Anchieta.

O transporte dos cativos era uma jornada de morte. Estimava-se que menos de 20% dos índios aprisionados chegavam com vida ao porto de São Vicente. Diferentemente dos negros africanos, como eles, também bravos guerreiros, os índios eram criados para morrer lutando com glória. Muitas vezes não suportavam a condição de escravos, resistiam, procuravam fugir ou simplesmente definhavam até morrer. Com isso, a volta da bandeira para casa deixava um rastro macabro pelo caminho.

Para os bandeirantes, a jornada não era muito menos penosa. Além de vigiar e prover os cativos, muitos voltavam da empreitada feridos. Se persistiam, era por ter juntado ao costume atávico da guerra naqueles moldes a sanha de riqueza dos portugueses, que sonhavam com grandes fazendas repletas de escravos e lugares no sertão lotados de tesouros, como a da "Serra Resplandecente" e da "Lagoa Dourada".

Não se importavam com a condição dos cativos, considerados por eles não apenas não civilizados, como sub-humanos, ou mesmo inumanos. Como seus ancestrais índios, os mamelucos chamavam os índios do sertão de tapuias ("escravos", em tupi), como se tivessem sobre eles um direito natural. Para os portugueses, muitos dos quais tinham vindo dos Açores, de expedições e combates na África, os índios eram apenas os "negros da terra". "Em si mesmo, o termo negro implicava a condição servil", afirma o historiador Stuart Schwartz.[11] "Era comum – embora isso não se observasse sempre – usá-lo como sinônimo de escravo. Já no século XVI, classificavam-se 'negros da terra' os indígenas, o que revela uma percepção do seu status servil, mais ou menos equivalente ao dos negros da Guiné."

A riqueza se media pela propriedade de terras, pelo número de escravos e também de filhos. Como estes descendiam em geral de imigrantes portugueses com índias, era ainda mais importante dizer o nome do pai, que, pela tradição portuguesa, ao inverso da espanhola, dava ao filho o sobrenome de família. "Quem nasce é filho do pai, não da mãe, assim visto pelos índios", observa Darcy Ribeiro.[12] "O português, por mais que se identificasse com a terra nova, gostava de se ter como parte da gente metropolitana, era um reinol, e esta era sua única superioridade inegável. Seu filho, também, certamente preferia ser português."

Apesar do sistema patriarcal, a vida matrimonial era arranjada em função das necessidades, que davam à mulher grande poder. Com a urgência de procriar, para gerar sucessores que garantissem a família, além da possibilidade sempre real da morte do marido, elas assumiam um papel central na sociedade colonial do século XVII. Susana Dias, por exemplo, perdeu em 1598 o marido Manoel Fernandes, com quem teve 11 filhos, e teve outros 6 filhos com seu segundo marido, Belchior da Costa. Cuidava das terras e dos escravos durante as bandeiras do marido, dos filhos, e tinha participação política ativa, conforme registram os anais da Câmara de São Paulo.

Segundo as Ordenações Filipinas, o marido não podia vender, penhorar ou alienar qualquer bem sem consentimento da esposa.

Noivas recebiam dotes em terras e escravos índios, meios de produção essenciais à família, num tempo em que a subsistência dependia da lavoura e da criação de gado. Os paulistas desciam a serra do Mar com carregadores indígenas para vender o excedente, além de vinho, linguiça, toucinho, marmelada e farinha, beneficiados em seus engenhos.

Com os maridos e filhos sempre viajando, as mulheres controlavam as propriedades, os escravos e os negócios. Analfabetas em sua maioria, assim como os homens, não podiam ocupar cargos públicos, mas, conforme as ordenações, podiam representar os maridos em pendências judiciais, casar filhos e determinar dotes. Firmavam matrimônios tendo em vista o dote da noiva ou alianças políticas. "As mulheres são formosas e varonis", escreveu sobre elas o governador-geral da colônia, António Pais de Sande, em viagem por São Paulo, em 1698. "É costume ali deixarem seus maridos à sua disposição o governo das casas e das fazendas, para o que são industriosas."

À mulher, cabia primeiro gerar muitos filhos, garantia de força e riqueza para o clã no futuro, e gerenciar as propriedades do casal, como uma verdadeira empresa familiar. Quando enviuvavam, o que era frequente, assumiam todas as responsabilidades, até se casarem novamente. Nada tinham de submissas ou recatadas. Numa sociedade voltada para a guerra, estavam acostumadas a disputas familiares e à violência. Comandavam e castigavam escravos e muitas investiam nas bandeiras, como armadoras associadas. Equipavam os filhos e os treinavam para as expedições ao sertão. Quando os bandeirantes retornavam, elas recebiam o pagamento pelo seu investimento, que consistia em metade dos índios cativos, que podiam ficar na sua propriedade ou ser revendidos.

A partir de 1580, Jerônimo Leitão permitiu o avanço das bandeiras, algumas das quais sob seu comando pessoal. "Operou então enorme razia", afirma Afonso Taunay.[13] Com base nos relatos jesuítas, em seis anos os homens de São Vicente e São Paulo destruíram 300 aldeias ao longo do Anhembi, com cerca de 30 mil habitantes. "[Leitão] pôs assim em segurança as duas principais vias de penetração paulista no século XVII: os rios Tietê, rumo ao Guaíra, e o Paraíba, visando as nascentes do rio São Francisco", afirma a historiadora Edith Porchat.[14]

Em 1585, por ordens da Câmara, o governador armou uma bandeira contra os carijós do Paranapanema e chegou a Paranaguá. Em sua gestão, os índios do Tietê ainda não recolhidos às missões de Anchieta em Barueri e nas cercanias de São Paulo eram escravos nos engenhos de Santana de Parnaíba, na própria vila de São Paulo, Santos e São Vicente – ou estavam mortos. Até onde se supunha passar a linha de Tordesilhas, o sertão português ao longo do Tietê-Anhembi era um caminho livre para o interior, rumo ao Guaíra.

Com salário de 50 mil cruzados anuais, no cargo de "capitão--mor-loco-tenente", mais 40 mil cruzados para acumular o posto de ouvidor, Jorge Correia foi escolhido por Lopes de Sousa, herdeiro de Martim Afonso, em 22 de junho de 1590, para governar a capitania. Jerônimo Leitão transmitiu o cargo em 1592. As atas da Câmara Municipal refletiam o debate na época. Os oficiais da Câmara exigiam a declaração de "guerra justa" contra os índios no sertão. Porém, o jovem recém-chegado de Portugal, supostamente conforme instruções do proprietário da capitania, tomou o partido dos jesuítas.

Em 20 de setembro, Jorge Correia mandou o vigário da paróquia, padre Lourenço Dias Machado, reunir os homens bons que já haviam administrado a vila desde o tempo em que a sede estava em Santo André, para ouvirem o decreto segundo o qual as aldeias dos índios pertenciam aos padres da Companhia de Jesus. O protesto foi geral.

Correia foi acusado de legislar sobre uma situação que, como recém-chegado e estranho à terra, não conhecia. "Foi resolvido não se obedecer à provisão e a ela pôr embargos, sendo, entretanto, conservado aos padres da Companhia o direito de doutrinar e ensinar os índios sem impedimento algum, como sempre o fizeram", afirmou Washington Luís, presidente da República, que escreveu *Na capitania de São Vicente*, publicado em 1918. "Tal provisão abalou profundamente a Câmara e o povo e deu sério alarma aos moradores da vila."

Esse foi o primeiro confronto público entre colonos e jesuítas de que se tem registro. Deflagrava a cizânia, que levaria os bandeirantes a agir à margem do comando do próprio governador e à revelia da Companhia de Jesus. Diante da resistência dos colonos, Jorge Correia teve de ceder. Distribuiu sesmarias na região de Santana do Parnaíba, onde ainda havia terra virgem. Entre os beneficiários estavam Susana Dias e seu segundo marido, Belchior da Costa. Para lá ainda se mudariam outros fazendeiros que se tornariam bandeirantes célebres, como Belchior Dias Carneiro, filho de Beatriz Ramalho e de Lopo Dias, neto de João Ramalho e irmão de Susana Dias, e Fernão Dias Paes Leme, cuja fazenda nas proximidades chegaria a ter 5 mil índios escravos.

Em 1590, Antônio de Macedo e Domingos Luis Grou, o Moço, partiram à frente de uma bandeira contra os índios tupiáes, de Mogi, levando Belchior Dias Carneiro. Buscaram ouro a partir de Parnaíba e chegaram a Voturuna, atual São Roque.

Também no Nordeste partiram algumas expedições ao interior: em 1590, Belchior Dias Moreia e Robério Dias, filho e neto de Caramuru, entraram pela serra de Itabaiana, em Sergipe, onde teriam descoberto minas de ouro e prata – fato jamais confirmado, mas celebrizado na ficção pelo romance de José de Alencar, *As minas de prata*.

Diante dos sinais de insubordinação emitidos da colônia, Filipe II designou Francisco de Sousa como novo governador-geral do Brasil – o sétimo desde Tomé de Sousa. Empossado na Bahia em 9 de junho de 1591, era um fidalgo português, almirante da armada que levou dom Sebastião I à África, filho de dom Pedro de Sousa, conde do Prado e Beringel, alcaide-mor de Beja. Filipe II gostava dele – tinha se alistado de primeira hora como defensor de Lisboa em favor do rei espanhol, contra o pretendente português ao trono, dom Antônio, na sucessão do cardeal rei dom Henrique.

Em Madri, o novo governador conhecera Gabriel Soares de Sousa, senhor de um engenho na Bahia, situado entres os rios Jaguaribe e Jequiriçá, que o influenciou. Sousa passara sete anos na corte e escrevera ao rei espanhol uma catilinária contra os jesuítas* e um livro sobre a colônia – o *Tratado descritivo do Brasil*, de 1587. No livro, que discorria sobre tudo, da história à fauna, flora e os hábitos indígenas brasileiros, o fazendeiro mostrava entusiasmo com o potencial mineral da colônia. "Esta terra da Bahia tem de [minério de ouro e prata] tanta parte quanto se pode imaginar; do que podem vir à Espanha maiores carregações do que nunca vieram das Índias Ocidentais", afirmava.[15]

Dom Francisco viajou para a colônia na mesma armada de Sousa, com a incumbência de pacificar a colônia e desbravar o sertão. Mais: tinha que mudar no Brasil a mentalidade dos portugueses, que, segundo frei Vicente do Salvador, "sendo grandes conquistadores de terras, não se aproveitavam delas, contentando-se de andar arranhando ao longo do mar como caranguejos", enquanto os espanhóis se lançavam para o interior do continente em busca de metais preciosos.[16]

Para mudar isso, Filipe II prometeu riquezas e um título nobiliárquico ("Marquês das Minas") a quem encontrasse ouro e prata no sertão – e o novo governador era o candidato número 1 ao título. Ao chegar a Salvador, porém, dom Francisco deparou-se mais com problemas do que com as riquezas prometidas no *Tratado descritivo*. Os colonos acusavam os índios de serem uma ameaça latente; mais que segurança, ambicionavam mão de obra para a lavoura. "Esses homens sabiam muito bem manipular as leis coloniais a seu favor, já que o motivo para saírem às matas capturando índios era justificado por atacar os contrários que os ameaçavam", afirma a historiadora Fernanda Sposito.[17]

Em 30 de setembro de 1592, o próprio Jorge Correia enviou uma entrada, comandada por Afonso Sardinha, cognominado "o Moço", para explorar em seu nome o sertão paulista. Sardinha estava acompanhado de João do Prado, português de Olivença, província do Alentejo, um dos primeiros povoadores vindos com Martim Afonso, que servia como juiz em São Paulo, era sócio no engenho de açúcar de São Jorge dos Erasmos e desejava aumentar lá o número de escravos. Sardinha avançou até o rio Jeticaí, como era chamado então o atual rio Grande, que na junção com o Parnaíba forma o rio Paraná.

---

* "Capítulos contra os padres da Companhia de Jesus".

Também em 1592, Gabriel Soares de Sousa enviou uma expedição ao interior, seguido de outra com Sardinha à frente, além de uma entrada no Ceará, de Pero Coelho de Sousa. Os missionários que se opunham aos desmandos das bandeiras eram simplesmente eliminados do caminho. Com a expulsão dos jesuítas da Paraíba em 1593 por Feliciano Coelho, que os substituiu nos aldeamentos indígenas por franciscanos (mais tarde também expulsos, em 1596), a ordem procurou sensibilizar Filipe II, na Espanha.

Em 1595, uma carta régia proibiu mais uma vez a escravização dos indígenas em toda a colônia espanhola. A medida causou ainda mais revolta em São Paulo. Porém, era mais uma lei sobre o mesmo tema, que nunca pegava, sobretudo por permitir ainda a figura jurídica da "guerra justa", com a qual se justificava a escravidão dos índios resistentes à catequização e que ameaçavam a segurança dos colonos.

Nem mesmo o novo governador-geral prestou muita atenção ao documento. Ao chegar ao Brasil, dom Francisco acatou as acusações dos colonos de São Paulo: suspendeu Jorge Correia do cargo de capitão-mor da capitania de São Vicente e o intimou a defender-se na capital. Em seu lugar, nomeou um capitão interino, João Pereira de Sousa, o Botafogo, assim chamado por ter sido artilheiro do galeão *São João Batista*, construído por dom João II em 1519, com 200 bocas de fogo, utilizado na tomada na baía de Guanabara aos tamoios por Mem de Sá.

Como ajudante do governador do Rio, Antônio Salema, Botafogo recebeu o direito de explorar duas sesmarias, uma em Inhaúmas e outra na enseada que levaria seu nome e tinha pertencido a Francisco Velho – colono que ocupara a terra quando a presença portuguesa na baía de Guanabara, infestada de tamoios, ainda era apenas a fortaleza de Estácio de Sá, no morro Cara de Cão. Botafogo partiu para São Paulo levando na algibeira sua carta de nomeação, que apresentou à Câmara paulista em 8 de abril de 1595. Com essa intervenção, dom Francisco assumia o controle direto da capitania de São Vicente, esvaziando o poder de Lopo de Sousa.

Botafogo tomou diversas medidas, da fortificação de Salvador à consolidação da colônia até o Rio Grande do Norte. Porém, dedicava-se a cumprir sua missão principal: a busca por pedras e metais preciosos. Examinava todas as possibilidades de encontrar ouro pela colônia, como a de Diogo Martins Cão, em 1596. No mesmo ano, Marcos de Azeredo Coutinho entrou pelo sertão de Minas Gerais, onde teria descoberto o primeiro diamante no Brasil, em Paulistas, no rio Suaçuí. Azeredo explorou também a nascente do rio das Velhas, chamada pelos índios em tupi de Sabará-mirim (filho do rio Sabará, pela crença de que os rios menores eram filhos dos maiores).

Mais adiante, o rio se tornava Sabará (de "çubará", "pai partido"), rebatizado pelos bandeirantes de rio das Velhas. Seu vale e a serra próxima eram conhecidos como o sertão do Sabaraboçu, hoje Serra Negra. Ali, na lagoa do Vupabuçu, ou Lago Grande, ele teria descoberto uma grota com pedras verdes que seriam esmeraldas. Porém, naquela região pantanosa, contraiu malária e jamais retornou, envolvendo sua jornada nas brumas da lenda.

Na capitania de São Vicente, os paulistas escavavam a encosta pedregosa do pico do Jaraguá, já explorada no passado por Brás Cubas. Procuravam minas também em outras localidades próximas à vila de São Paulo, como Bituruna e Araçoiaba, sem sucesso. Dom Francisco disse-lhes que poderiam ir adiante.

Em 1596, o próprio dom Francisco enviou ao interior 3 grandes entradas. Diogo Martins Cão partiu da serra dos Aimorés. Em 1597, o governador da capitania do Rio de Janeiro, Martim Correia de Sá, filho do ex-governador-geral Salvador Correia de Sá, partiu da vila do Rio de Janeiro e alcançou o rio Sapucaí, ou Verde. Da vila de São Paulo, saiu João Pereira de Sousa, o Botafogo.

Porém, não terminou a empreitada. Preso no meio da bandeira, por motivos desconhecidos* deixou o comando ao seu imediato, Francisco Pereira. Um dos capitães da bandeira, Domingos Rodrigues, fundidor de ferro trazido de Portugal por dom Francisco, separou-se da coluna principal, internando-se além da bacia do São Francisco – alcançou o sertão de Goiás até a região de Paraupava. Ouro mesmo, nada.

* * *

* Cf. Edith Porchat, *Informações históricas sobre São Paulo no primeiro século de sua fundação.* São Paulo: Livraria Martins Editora, 1956.

Em 1599, o governador-geral foi pessoalmente a São Paulo, com uma grande comitiva, depois de comandar ele mesmo explorações no Espírito Santo. "Causou [...] a mais profunda impressão na pequenina vila, verdadeira revolução de costumes entre seus governados", afirma Taunay.[18] A vila de São Paulo se encantou por ter ali o governador, fidalgo do convívio do rei, que influenciou os modos locais. "Até então os homens e mulheres se vestiam de algodão tinto e, se havia alguma capa de baeta e manto de sarja, se emprestavam aos noivos e noivas para irem à porta da igreja", afirmou frei Vicente do Salvador.[19]

Além da convivência com um nobre de verdade, os paulistas se deslumbraram com o fato de que agora as entradas pelo sertão eram apoiadas oficialmente, com respaldo da Coroa, o que soava como música, afinal. Dom Francisco nomeou Diogo Gonçalves Laço capitão das minas de ouro e prata do Ibiraçoiaba, descobertas por Afonso Sardinha, o Moço, e Clemente Álvares. Enviou ao sertão a primeira grande bandeira paulista, comandada por André de Leão e Olimer, colono da vila do Rio de Janeiro. Tendo como prático o neerlandês Wilhelm Jost ten Glimmer, morador da vila de Santos, que mais tarde relataria a viagem a seu compatriota João de Laet, autor da *Descrição das Índias Ocidentais*, em 1625, André de Leão atravessou a serra da Mantiqueira até a bacia do São Francisco e retornou no ano seguinte.

Os santistas tinham sido os primeiros a penetrar no sertão do rio Parnaíba, ao longo do vale do rio Quilombo, onde estabeleceram uma povoação em Mogi das Cruzes, antiga sesmaria de Brás Cubas, o primeiro a buscar o caminho para o sertão mineiro. Dom Francisco mandou abrir uma trilha entre Mogi e o rio Anhembi, para ligar Mogi a São Paulo. Ordenou aos dois Afonso Sardinha, pai e filho, que prospectassem terreno para uma nova expedição, empreendida por Nicolau Barreto em agosto de 1602. Com 200 homens, Barreto explorou o rio das Velhas e possivelmente o sertão de Paracatu, ou o Periqui, a oeste do Paraná, em busca de ouro e prata. Sardinha, o Moço, morreu na expedição, que retornou em 1604 com dezenas de baixas e sem resultados.

Sob os auspícios de dom Francisco, partiu uma segunda bandeira, dessa vez para o Guaíra, com 207 homens, sob o comando de Nicolau Barreto. Levava com ele jovens que mais tarde se tornariam bandeirantes célebres: Domingos Fernandes, filho de Susana Dias e irmão de André Fernandes; e Manuel Preto, filho de Antônio Preto, colono vindo na armada espanhola de Diogo Flores de Valdés, em 1582. Barreto percorreu os sertões do Paraná, do Paraguai e da Bolívia, até as nascentes do rio Pilcomayu. Foram bem-sucedidos, embora não no garimpo do ouro. Para si, Manuel Preto ficou com 155 escravos índios, que levou pelo Tamanduateí e depois pelo Tietê até as terras que herdou de seus pais, a noroeste do centro da vila de São Paulo, origem do atual bairro da Freguesia do Ó.

Ao voltar para a corte em 1602, a fim de prestar contas do seu trabalho, dom Francisco deixou estabelecidas as prioridades da colônia: avançar para o centro de Minas e para o Paraguai. Em seu lugar no governo-geral assumiu Diogo Botelho, que procurou apelar à corte espanhola contra a formação dos aldeamentos indígenas: defendeu que seria mais acertado trazer os índios às vilas portuguesas, "ainda que coagidos", segundo o historiador Agostinho Marques Perdigão Malheiro.[20] Sua apelação, porém, foi indeferida.

Com o protesto jesuíta sobre o avanço dos bandeirantes, os fazendeiros passaram a usar em seu favor o direito de isonomia em relação aos índios como força de trabalho na América de origem espanhola. Em 1605, reivindicaram a aplicação no Brasil das mesmas leis que regiam as chamadas *encomiendas*. Mais tarde, também os bandeirantes do Norte, por meio de Bento Maciel Parente, capitão-mor do Maranhão e Grão-Pará, renomado caçador de índios, sugeriam ao rei em 1622 a implantação das *encomiendas* em sua capitania, "como feito nas terras de Castela".*

Encomiendas eram fazendas com povoações de índios escravos, capturados e sob a vigilância dos *encomenderos*, sob concessão da Coroa ou do vice-rei para o emprego de trabalho indígena, livre da proteção dos jesuítas. O título de *encomendero* era renovado a cada três ou seis anos, ou, em alguns casos, transmitido hereditariamente. Nas colônias da América espanhola, em troca do direito de ter trabalhadores

* "Petição dirigida pelo capitão-mor Bento Maciel Parente ao rei de Portugal, dom Filipe III". In: ALMEIDA, Cândido Mendes de. *Memórias para a história do extinto estado do Maranhão.* Rio de Janeiro: Typ. do Commercio, de Brito & Braga, 1860-1874.

índios (os "índios repartidos"), os fazendeiros deviam catequizá-los, ensinar-lhes castelhano, protegê-los, pagar-lhes salário e recolher os impostos devidos por eles à Coroa.

Aos colonos castelhanos era proibido o uso de índios até mesmo em serviços domésticos, como mostra um acordo assinado em Tucumán, firmado em Santiago del Estero, a 12 de dezembro de 1611, pelo escrivão Juan de Vergara, na presença do provincial da Companhia de Jesus, Diego de Torres, e do ouvidor real dom Francisco de Alfaro. Oficialmente, somente os negros deviam ser escravos – em Lima, por volta de 1620, encontravam-se cerca de 40 mil negros escravos na cidade, de acordo com a *Descrição geral do reino do Peru*. Alguns eram alugados por seus senhores a outras pessoas pelo valor de "4 reais" (moeda local na época) ao dia.

Não havia disposição por parte da Coroa espanhola de incentivar a escravidão indígena. Sem que sua reivindicação tivesse sido aprovada, os colonos paulistas passavam por cima das proibições. A simples recusa em estender o sistema de *encomiendas* não apenas justificou como liberou a caçada indiscriminada de índios pelo sertão para a escravização, que, no final, lhes custava menos. Por vezes, a pretexto de encontrar ouro, mas na prática atendendo a suas necessidades de mão de obra escrava, os paulistas avançavam rumo ao sertão na caçada ao índio.

Em 1606, Manuel Preto organizou sua própria bandeira. Primeiro a entender que os jesuítas não deixariam índio vivo fora das reduções, e que esses nos aldeamentos já se encontravam pacificados e acostumados ao trabalho na lavoura, decidiu desafiar a Companhia de Jesus e capturá-los nas aldeias sob domínio dos jesuítas espanhóis. O fato de os índios terem sido catequizados não significava que escravizá-los era fácil. Em primeiro lugar, para chegar lá era preciso atravessar uma vasta região ainda repleta de índios belicosos. Em segundo, com o tempo, haveria resistência crescente.

Com seu irmão, Sebastião, Manuel Preto subiu o Peabiru até a cabeceira do rio Paranapanema, e por este alcançou o Piquiri e o Paraná, no chamado Guaíra. Capturou índios para trabalhar na lavoura e fortaleceu seu exército particular. Em sua fazenda, onde em 1610 ergueu a capela de Nossa Senhora da Expectação do Ó, Preto registrou possuir 999 índios "de arco e flecha" – como os portugueses se referiam às suas milícias.

No ano seguinte, 1607, uma expedição chefiada por Belchior Dias Carneiro partiu com 150 brancos e "muitos índios" do porto de Pirapitingui, no Tietê, em caçada aos índios caiapós – tribo nômade tapuia, que os portugueses chamavam de "bilreiros", por usarem tacape com um nó grosso na ponta, formato semelhante ao dos "bilros", pinos de madeira do tear. Em 1608, Martim Rodrigues Tenório de Aguiar desceu o Anhembi. Em 1610 e 1616, Clemente Álvares e Cristóvão de Aguiar também, na caça aos índios biobebas.

Por conta do ataque de Manuel Preto às aldeias jesuítas, em 1607 foi publicada uma série de decretos que protegiam as missões, dando-lhes autonomia, desde que houvesse nelas a presença de um representante da Coroa. Ao mesmo tempo, ficou estabelecido que as missões teriam índios somente – excetuavam-se mestiços e negros. Os índios das missões, oficialmente, estavam protegidos dos *encomenderos*. Por essa razão, tribos inteiras passaram a buscar refúgio nas missões. Isso, porém, só aumentaria o interesse dos bandeirantes em atacá-las.

Em 1608, dom Francisco de Sousa obteve de Filipe II a divisão do Brasil em duas "repartições", cada uma com o seu governador-geral. Era a segunda vez que se dividia a colônia, desde Antônio Salema, em 1573. Para comandar o norte, as "capitanias de cima", foi designado o governador dom Diogo de Menezes e Siqueira, futuro conde da Ericeira, que chegou à Bahia no final de 1608, em substituição a Diogo Botelho, retirado por causa de seu desgaste com os jesuítas e o bispo. Dom Francisco retornou para governar o sul, as "capitanias de baixo": Espírito Santo, Rio de Janeiro e São Vicente.

Retornou a São Paulo, onde visitou garimpos de aluvião nos vales do rio Tamanduateí e Tietê, nos morros do Jaraguá de Japi, na serra de Paranapiacaba, em Paranaguá e Curitiba. Com Diogo Quadros e Francisco Lopes Pinto, dom Francisco abriu um "engenho de ferro", para transformação do mineral em ferro fundido. O engenho de Ibirapuera, em São Paulo, produziu ferro por vinte anos, sob a administração de Francisco Lopes e depois de um filho do governador-geral, dom Antônio de Sousa. Outro engenho foi criado em Araçoiaba, batizado de Nossa Senhora do Monte Serrate, onde dom Francisco de Sousa morreu, em 10 de junho de 1611, vitimado "por uma enfermidade grande [...] estando tão pobre que me afirmou um padre da Companhia, que se achava com ele à sua morte, que nem uma vela tinha para lhe meterem na mão, se a não mandara levar do seu convento", segundo frei Vicente do Salvador.[21]

Um filho de dom Francisco, dom Antônio de Sousa, foi para Lisboa levando ouro maciço como presente para o rei – e dele recebeu uma quinta no Azeitão. Outro, dom Luís de Sousa, "ainda que de pouca idade, ficou governando por eleição do povo até que se embarcou para o reino", ainda segundo frei Vicente do Salvador.[22] Ocupou o posto enquanto não chegava o titular seguinte, o jovem Salvador Correia de Sá e Benevides.

Despachado de Lisboa em 4 de novembro de 1611 para substituir dom Luís, Correia de Sá era membro de uma família cuja história se misturava à da própria conquista do território brasileiro. Seu pai era o bandeirante Martim Correia de Sá, que governou a capitania do Rio de Janeiro pela primeira vez até junho de 1608, quando passou o cargo a Afonso de Albuquerque. Seu avô, Salvador Correia de Sá, tinha sido governador-geral do Brasil, sucedendo seu tio-bisavô, Mem de Sá, consolidador da colônia.

O prestígio dos Correia de Sá os mantinha próximos da corte. Ocupando cargos administrativos, sem serem proprietários de capitanias, acumularam força. "Essa família gozava de mais poder e influência no Rio de Janeiro do que os donatários das capitanias, que não estavam inteiramente controladas pela Coroa", afirmou o historiador britânico Charles Ralph Boxer.[23] Correia de Sá foi nomeado governador-geral das capitanias de baixo com um salário de 600 mil cruzados ao ano – e teve papel central no futuro do Brasil.

O período de dom Francisco trouxe uma série de mudanças. Os índios carijós e guaianases, antes abundantes ao longo do Tietê, rareavam. Os que tinham escapado à escravização ou à morte durante o período de colonização da costa e os recentes avanços dos paulistas passavam a buscar abrigo nos aldeamentos jesuítas. O mesmo acontecia entre os guaranis do Paraguai. Em 1610, jesuítas espanhóis fundaram os povoados de Santo Inácio e Loreto, na margem esquerda do rio Paranapanema, que recebiam tribos inteiras.

Com isso, em reunião na Câmara, os paulistas decidiram aumentar os ataques às reduções jesuíticas no Guaíra, sob a alegação, conveniente naquelas circunstâncias, de que a região estava dentro da jurisdição de Portugal desde a revisão do Tratado de Tordesilhas, ainda antes da União Ibérica. E que os índios ali não pertenciam aos espanhóis nem podiam ser monopolizados pela Companhia de Jesus.

Em 2 de fevereiro de 1610, na sesmaria do Pirapitingui, que lhe tinha sido conferida seis anos antes, Domingos Fernandes, irmão de André Fernandes, inaugurou com seu genro Cristovão Diniz uma capela devotada a Nossa Senhora da Candelária, em Utu-Guaçu. Ali, onde o Tietê se tornava novamente navegável rumo ao sertão, as bandeiras que vinham a pé de Parnaíba embarcavam em canoas rio abaixo, em especial até o Guaíra.

Na volta, desembarcavam os índios escravos para percorrer a trilha até as fazendas de Parnaíba e depois São Paulo. Por sua posição estratégica, Utu-Guaçu logo se tornou a mais rica povoação da capitania de São Vicente e São Paulo. Seria elevada a vila em 1654 pelo capitão-mor da capitania de São Vicente, Gonçalo Couraça de Mesquita, com nome de Outu, ou Ytu, atual cidade de Itu.

Em agosto de 1611, Pedro Vaz de Barros, português do Algarve, promoveu uma grande bandeira ao Guaíra. Patrono de extensa família dos "mais opulentos vassalos que os reis bragantinos contaram no Brasil", nas palavras de Taunay,[24] mostrava bem a transformação dos portugueses enraizados no Brasil. Em sua primeira passagem pela colônia, viera como capitão-mor governador da capitania de São Vicente, provavelmente em 1601, de acordo com uma carta da provedoria da Real Fazenda. Aparece nos registros da Câmara, esse ano, recebendo 4 soldados espanhóis de Villa Rica del Espíritu Santo da província do Paraguai.*

* Arquivo da Câmara de São Paulo, Caderno de Vereanças, tit. 1601.

Depois de um período em Portugal, retornou como ouvidor de seu irmão, Antônio Pedroso de Barros, nomeado capitão-mor e governador da capitania de São Vicente e São Paulo em 18 de agosto de 1603 – um favor de família, uma vez que por princípio seria incompatível o ouvidor fiscalizar o próprio irmão. Nobres que traziam de Portugal criados brancos, Pedro e Antônio adaptaram-se à vida na colônia. Pedro possuía uma fazenda em Pinheiros, perto da vila de São Paulo, além das terras de Itacoatiara, onde trabalhavam seus escravos índios. Antônio se casou com uma filha de Jerônimo Leitão e morava na vila do antigo governador. No Brasil, aqueles antigos fidalgos viravam senhores de latifúndio e, sobretudo, implacáveis caçadores de escravos.

Com Utu-Açu, tornou-se mais comum o trânsito entre Santana de Parnaíba e Assunção, no Paraguai. Os jesuítas começavam a ver sua posição no Guaíra seriamente ameaçada. "Hoje em dia se comunicam por este rio os portugueses da costa com os castelhanos da província do Guaíra", dizia em 1612 Ruy Díaz de Guzmán, burocrata e primeiro historiador mestiço da província do Prata.[25]

Os fazendeiros paulistas se reuniam para tomar decisões na Câmara de São Paulo e organizavam bandeiras para unir forças na caçada aos índios do sertão. Em 1613, com autorização do governador-geral da repartição sul, dom Luís de Sousa, Pedro Vaz de Barros seguiu os caminhos já trilhados por Manuel e Sebastião Preto: assolou a redução jesuítica de Paranambaré, também chamada de Paranambu. Aprisionou 500 índios, que, no entanto, escaparam durante um ataque de resgate realizado por dom Antonio de Añasco, tenente-geral da província do Paraguai e Rio da Prata, que lhe retomou a presa.

Em carta ao governador da província do Guaíra, Diego Marín Negrón, Añasco pedia ao governador que fizesse "oportunas gestões junto ao provincial da Companhia para que aquilo não se repetisse", de acordo com o historiador José Luis Mora Mérida.[26]

Em 1613, o procurador da Câmara de São Paulo, Rafael de Louveira, denunciou o governador dom Luís de Sousa ao Conselho das Índias por estimular as entradas predatórias e a exportação de escravos. Os bandeirantes, porém, apenas começavam a se fortalecer. Em Santana de Parnaíba, os filhos de Susana Dias davam continuidade aos ambiciosos projetos de expansão da família. Com a morte do pai, em 1598, André Fernandes se tornara o chefe da então próspera vila de Parnaíba. Com a mãe, substituiu a antiga capela de Santo Antônio, então em ruínas, por uma nova, dedicada a Santa Ana. Dali ele partia em busca do ouro e escravos. "Era o capitão que, com seus índios e escravos, mantinha a ordem na linha divisória da vila de São Paulo com o sertão", afirma Taunay.[27]

Com autorização do provedor das Minas Diogo de Quadros, em novembro de 1613, André Fernandes comandou uma bandeira a partir da vila de Parnaíba. Durante dois anos, entre 1613 e 1615, com outros dois irmãos, Domingos Fernandes e Baltasar Fernandes – o mais novo, alistado como alferes –, circulou pelo sertão do atual estado de Goiás. Às margens do rio Paraupava, ou Araguaia, os irmãos Fernandes fundaram a cidade do Araguaia. Teriam encontrado indícios de ouro. E seu conhecimento da região seria útil, mais tarde, na orientação da grande "Bandeira dos Limites", encetada por Raposo Tavares, da qual André Fernandes fez parte.

Pedro Vaz de Barros voltou ao rio Paraná e ao Guaíra em 1615. "Por volta de 1615 era grande a saída de cativos das terras vicentinas, sobretudo dos carijós do sul do Brasil", afirmou Taunay.[28] As bandeiras começaram a seguir mais celeremente para o sul. Os paulistas usavam a rota antes explorada por Afonso Sardinha, depois por dom Francisco de Sousa, pelo braço do Peabiru rumo sul, na serra de Araçoiaba, meio esquecida depois da morte do governador. Para eles, porém, aquele era o caminho para o novo refúgio das missões.

O avanço dos jesuítas rumo ao sul tornou-se interesse dos bandeirantes paulistas não somente por escravos. Buscavam ocupar as terras prometidas até o Prata pela nova linha de Tordesilhas. O conde de Monsanto possuía terras no sul, que estendiam o domínio de sua capitania do Tape, atual Rio Grande do Sul, até o rio da Prata. E precisava de escravos para suas propriedades. Havia cerca de 200 mil índios no Tape. Porém, estavam concentrados nas reduções sob a administração dos padres Simão Maceta, Pedro Mola, Cristóvão de Mendonça, José Domenech e Luiz Ernot – os mesmos que haviam fundado as missões do Guaíra.

Esse era o próximo alvo, que transformaria a ocupação do vasto território central numa disputa religiosa, ideológica e, por fim, militar.

Bandeirantes do comércio

A expansão portuguesa no Novo Mundo não se dava apenas pela ousadia dos bandeirantes, que entravam cada vez mais nas áreas antes exclusivas dos índios e castelhanos. Como bandeirantes do comércio, negociantes portugueses instalavam-se nas principais cidades de colonização espanhola, de longe as mais ricas e atraentes do continente – e, naquela época, do mundo.

Com seu rápido crescimento, as cidades coloniais hispânicas substituíam fisicamente as das antigas civilizações asteca, no México, e inca, no Peru. Com edificações coloniais europeias plantadas sobre os muros de pedra da antiga cidade inca, Cusco era o símbolo da dominação imperialista, com uma cultura erguida literalmente por cima da outra. Até o antigo Templo do Sol, com suas pedras perfeitamente engastadas, erguido para antigos rituais incaicos, foi transformado em igreja dominicana, da mesma forma que o palácio do rei nativo serviu de fundação para a catedral cusquenha, na Plaza Mayor.

No século XVII, a cidade de Lima, fundada por Pizarro na costa peruana em 1535, chamada de a "Cidade dos Reis" por sua fundação no dia de Reis, era uma metrópole cosmopolita. "Em Lima e por todo o Peru vivem e andam gentes de todos os melhores lugares, cidades e vilas de Espanha, havendo gentes da nação portuguesa, galegos, asturianos, biscaios, navarros, aragoneses, valencianos de Múrcia, franceses, italianos, alemães, flamengos, gregos, ragusanos, corsos, genoveses, maiorquinos, canários, ingleses, mouriscos, gentes da Índia e da China, e outras muitas mesclas e misturas", retrata a *Descrição geral do reino do Peru.*

Dada a separação administrativa dos reinos, cidadãos de diferentes nacionalidades sob o império espanhol, como aragoneses, catalães, flamengos e, por último, portugueses, eram juridicamente estrangeiros como todos os outros. As regras de exclusão se suavizaram ao longo do reinado de Filipe II, o que se conclui pela ausência de pedidos de naturalização em Castela. Com os portugueses, porém, era diferente.

Diante da sua afluência repentina nas cidades espanholas, a resistência era maior.

Para a Espanha de Filipe II, o bloqueio do comércio das colônias com os portugueses era uma questão de política comercial, e, com os demais estrangeiros, em especial os inimigos, como os neerlandeses e ingleses, parte também de sua guerra santa contra o anglicanismo e o protestantismo. Ainda assim, mais próximos que quaisquer outros, e motivados pela União Ibérica, os portugueses avançavam. A partir de Buenos Aires, chegavam pelo rio da Prata. Caravelas portuguesas saíam de São Luís, no Maranhão, costeavam as Guianas e a Venezuela e ofereciam suas cargas de escravos a Cartagena, sob pretexto de paradas forçadas por acidentes no mar ou pela corrente do golfo do México.

A partir de Cartagena, assim como os espanhóis, os negociantes portugueses alcançavam o Peru pelas velhas estradas incas. Os que saíam de São Paulo seguiam o Peabiru e navegavam em canoas pelos rios da bacia do Paraná-Paraguai até o sertão do atual Mato Grosso e dali às faldas dos Andes. Outros radicaram-se na província do Paraguai, em povoações como Villa Rica e Assunção. E foram ainda além, até Santa Fé, Córdoba, Santiago, Potosí, Cusco, Lima e São Francisco de Quito.

Os portugueses se tornaram importantes colonizadores das vilas espanholas, assim como espanhóis se instalaram no Brasil. Formaram "redes de poder que extrapolaram a região rio-platense e o Alto Peru, atingindo cidades no Brasil Colônia, como o Rio de Janeiro, e centros europeus como Lisboa e Madri", de acordo com o historiador Rodrigo Ceballos.[29] Bahia, Rio de Janeiro e Pernambuco vendiam escravos africanos e produtos manufaturados aos espanhóis. Em troca, compravam farinha, couro, sebo e gado de raças europeias.

"Muitos comerciantes portugueses proviam de escravos a América espanhola, onde os preços eram bem mais altos que no Brasil", afirma o historiador José de la Puente Brunke.[30] "Seu acesso ao ferro produzido no norte da Espanha lhes dava vantagens mercantis nas costas africanas; desse modo, gerou-se um comércio muito ativo – geralmente ilegal – entre o Brasil e Buenos Aires. Nesse sentido, muitos portugueses se transladaram por essa rota a Potosí e Lima; a prata peruana se tornou habitual no Brasil."

Em Assunção e Lima, os portugueses passavam a dominar os negócios, o que gerava uma reação protecionista dos comerciantes locais. "Os portugueses eram vistos como inimigos e um perigo para a segurança do Estado", afirma a filósofa Anita Novinsky, do Laboratório de Estudos sobre a Intolerância da USP. Em sua mensagem por volta de 1620, o comissário do Santo Ofício de Potosí, Lourenço de Mendonça, denunciava a Filipe IV a discriminação aos portugueses na colônia castelhana. Reclamava que, embora fossem súditos do mesmo reino, estavam sujeitos à *composición* – o registro dos estrangeiros para residir nas "Índias de Castela", mediante o pagamento de uma taxa calculada de acordo com o seu patrimônio. "Todos os que não são de Castela são iguais", escreveu ele ao rei em sua petição, redigida em espanhol. "[Os portugueses são] tão estrangeiros, e tão suspeitos, que não parecem espanhóis vassalos de sua majestade, e sim de outro reino estranho, ou inimigo."

As autoridades dos vice-reinos da Nova Espanha endureceram com os portugueses, em boa parte, pelo motivo de que eles se dedicavam ao contrabando. "Mas a tensão derivava, igualmente, do fato de que muitos deles eram aventureiros oriundos de São Paulo, com fama de delinquentes e práticos da captura de índios", afirma o historiador português Pedro Cardim, da Universidade Nova de Lisboa.[31]

Em 1621, Filipe II assinou uma cédula real, por meio da qual denominava o pedaço da antiga colônia portuguesa como o "Estado do Brasil" – nome que vigorou até 1815. Tinha o objetivo de reafirmar uma demarcação política onde não parecia haver mais nenhuma. Para a administração filipina, o Estado do Brasil compreendia de Santa Catarina a Pernambuco. O estado do Maranhão, autônomo, era uma área do atual Ceará ao Amazonas, com capital em São Luís. Ambos ficavam sob a administração do reino de Portugal, submetidos às mesmas leis portuguesas, uma compilação das Ordenações Manuelinas e das Ordenações Filipinas. E o reino de Portugal se reportava a Madri.

Mesmo assim, era difícil deter o avanço dos portugueses num mercado cada vez mais comum. A moeda circulava sem fronteiras, como mostram os documentos de 2 comerciantes, Maria Descovar e João Monteiro, que no Rio de Janeiro de 1612 computavam dívidas de 1.586 pesos de prata com o comerciante Pallos Rodrigues pela compra de farinha vinda de Córdoba e Buenos Aires, conforme apurou o historiador Ceballos. O espanhol Rodrigues era proprietário de terras no Rio de Janeiro, de onde fazia negócios com Angola. Associado ao ouvidor-geral do Rio, Sebastião Parvi de Brito, enviou duas vezes em 1586 farinha e fumo para um cliente em Luanda: o escrivão da Real Fazenda angolana, João Soares Jaques.

Portugueses estendiam suas conexões comerciais nas principais cidades de origem espanhola por laços familiares e de compadrio. De Buenos Aires a Cartagena, na costa da Colômbia, saída no Caribe para a Espanha, havia "uma rede de conversos, com base em conexões por vezes frágeis, mas que alimentavam um tipo bem-sucedido de *modus operandi*", escreve o historiador João Figueirôa-Rêgo, do Centro de História de Além-Mar.[32] Por meio dessa rede comercial, negociavam pelas rotas tradicionais, como a de Cartagena das Índias, tanto quanto nas rotas de contrabando, por Buenos Aires.

Em Cartagena das Índias, sabe-se que a família dos Fernandes Gramaxo, cristãos-novos portugueses, se estabeleceu em negócios fundamentados em "práticas fraudulentas para introduzir negros sem registro, assim como operações com outros Gramaxos de Caracas ou de Trujillo", de acordo com Antonino Vidal Ortega.[33]

Os portugueses não apenas instituíam o contrabando de negros escravos, alimentos e manufaturados, como se instalavam no poder. "São regentes e vizinhos de assento, em particular em Cartagena", afirma o historiador Antonio Dominguez Ortiz.[34] "São alcaides ordinários, alguaciles maiores e menores e depositários" – isto é, figuras enfronhadas na administração das vilas de língua espanhola. Com isso, aos olhos dos comerciantes e burocratas locais, assim como aos da Coroa, se tornavam uma ameaça para a economia espanhola, cada vez mais apoiada na riqueza dos centros emergentes da Nova Espanha. Era preciso dificultar o acesso ao interior do continente e bloquear os caminhos para a costa ocidental – tarefa que caberia principalmente à fortaleza de Buenos Aires.

De modo a proteger as prósperas cidades coloniais da América, em 1580, mesmo ano em que Filipe da Espanha se tornou também rei de Portugal, o capitão Juan de Garay refundou Buenos Aires em torno da

Plaza Mayor, atual Plaza de Mayo, com o nome de Santísima Trinidad. A leste da praça, local onde hoje se encontra a Casa Rosada, sede do governo argentino, limpou a área para um novo forte às margens do rio da Prata, de modo fechar militarmente a entrada do estuário, além de servir como residência ao governador da província. Sua missão era, sobretudo, proteger o monopólio espanhol: era proibido fazer comércio com outras nações – ingleses, franceses, neerlandeses. E com os portugueses também.

A rota oficial do comércio monopolista espanhol seguia o trajeto original de Pizarro. As riquezas do antigo império inca seguiam até o porto de Callao, em Lima, capital do vice-reino do Peru, e seguiam por mar ao porto de Perico, na embocadura do rio de mesmo nome, na cidade do Panamá – uma viagem de catorze a vinte dias pela costa do Pacífico nas caravelas castelhanas, com passagem pelas ilhas de Rey e Taboga, de acordo com a *Descrição geral do reino do Peru*.

Ali, os espanhóis desembarcavam as mercadorias e a prata peruana, depois de perfazer as "18 léguas" de travessia do istmo do Panamá – conhecido então como "Tierra Firme", ou "Caminho Real" – até Portobelo, na costa pelo lado do Caribe. Dali eram reembarcadas rumo à Espanha, com escala em Havana, na ilha de Cuba. Em sentido inverso, no Panamá carregavam-se mercadorias vindas do México e da Espanha para serem levadas ao Peru.

Apesar do esforço para concentrar o comércio com a metrópole pela via obrigatória, a rota pelo sul não deixou de ser uma possibilidade. O padre Francisco de Salcedo, preposto do bispo de Tucumán, Francisco de Vitória, que era português, juntou-se à missão de um comerciante cordobês, Diego Palma Carrillo, na exploração da bacia do Prata como saída para o Atlântico. Assim, se poderia fazer ali a catequese dos índios no interior do continente, tanto quanto um teste da exportação da prata e importação de produtos manufaturados da Europa, de forma mais barata que no trajeto pelo Panamá.

Em 1585, o padre e Carrillo partiram de Buenos Aires com uma carga de 30 mil pesos em prata, proveniente do Peru, numa embarcação capitaneada por outro português, Lope Vazquez Pestaña, e por Alonso de Vera y Aragón, sobrinho do *adelantado* da província do Prata, Juan

Torres de Vera y Aragón. Foram a São Vicente, depois a Salvador. No caminho, o bispo de Tucumán trocou presentes: com Miguel Vasco Fernandes Coutinho, governador do Espírito Santo, onde ficou 22 dias, e no Rio de Janeiro, onde recebeu de Salvador Correia de Sá e Benevides barris de gengibre como agrado.

Retornaram em outra nau, *Nuestra Señora de Gracia*, menor que a anterior, com 40 toneladas de sinos, ferro, caldeiras de bronze, tecidos, máquinas para engenhos de açúcar, entre outros produtos manufaturados. Traziam ainda 80 negros escravos: 45 homens e 35 mulheres. A viagem terminou mal – foram abordados por corsários ingleses na reentrada da bacia do Prata, que tomaram a carga, jogaram na água as relíquias e os abandonaram ao sul da foz do rio, sem velas para navegar, nem provisões a bordo.

Chegaram a Buenos Aires dezoito dias depois, "todos desnudos", de acordo com o historiador Raul Molina.[35] Da expedição, segundo Molina, os espanhóis ficaram somente com 45 escravos, que não couberam na nau pirata, cujo capitão, Robert Withington, afirmava agir legalizado por supostos documentos do prior do Crato, que ainda reivindicava a Coroa portuguesa, tomada por Filipe II.

A expedição tinha sido um fracasso comercial, mas mostrou a viabilidade da rota do Alto Peru ao Prata, que faria crescer todas as vilas ao longo do percurso e multiplicaria as missões, que, numa região rica, fértil e plena de mão de obra indígena, serviria para abastecer tanto as minas ao norte quanto as províncias do sul – incluindo o comércio ilegal com o Brasil. O bispo enviou novas expedições, incluindo em 1587 um carregamento de *frutos de la tierra* de Tucumán (tecidos, roupas, chapéus, farinha), no valor de 9.671 pesos, e 17 mil pesos em prata. A carga, no entanto, afundou em meio a uma borrasca dois dias depois de partir de Buenos Aires, junto com o navio *Santo Antônio*.

"Parece serviço de vossa majestade correr o comércio que ora se começou com a cidade de Buenos Aires no rio da Prata, que se enviem àquelas partes os padres da Companhia de Jesus que [pede] dom Francisco de Vitória, bispo d'El Tucumán", escreveu a Filipe II em 1586 o vice-rei de Portugal, Alberto de Áustria. "E que vossa majestade mande agradecer a Salvador Correia, capitão do Rio de Janeiro, por ser o primeiro que abriu este caminho e que da prata que este bispo mandou ao governador lhe deve vossa majestade fazer mercê."*

Assim como dom Henrique, Alberto de Áustria era cardeal-infante, o que lhe valeu o epíteto de "O Pio". Sua dupla investidura religiosa e laica fortalecia na colônia a junção da administração filipina com os interesses religiosos, que era propósito do rei disseminar pelo Novo Mundo. O próprio Francisco de Vitória era um ex-comerciante português que entrou para a ordem dos dominicanos, em Lima. Como procurador da ordem, aproximara-se do papa Pio V e do próprio Filipe II, que o nomeara bispo de Tucumán.

Apesar de visto com simpatia pelo vice-rei de Portugal, e do apoio dos jesuítas, que ofereciam as missões como potenciais centros de abastecimento do Alto Peru, Vitória encontrou a resistência das autoridades espanholas na América. Foi denunciado ao Conselho das Índias como "bispo negreiro que transformava seu bispado em feitoria", nas palavras de Marie Helmer.[36] Segundo reclamou ao rei, o governador de Tucumán, dom Gerónimo de Bustamante, Vitória era um padre pouco apegado ao voto de pobreza. "Vida e exemplo não são de prelado, e sim de mercador", disse.

Vitória acabou por exonerar-se, com seus negócios investigados, em conflito com o arcebispo, são Toríbio de Mongrovejo, e os funcionários da Audiência e Chancelaria Real da Prata dos Charcas – supremo tribunal, encabeçado pelo governador, das 3 províncias espanholas na América do Sul (Alto Peru, Tucumán e Rio da Prata).

A reação contra a abertura da rota pelo sul cresceu. Em 1588, dom Juan Ramirez de Velasco, governador de Tucumán, pediu a Filipe II medidas contra os portugueses, em especial Salvador Correia de Sá, que tinha visto na expedição do bispo Vitória a possibilidade de negócios antes impensáveis. "Não convém que entre no Peru gente ruim e que tenha sido desterrada de Portugal", pediu o governador. "Suplico a vossa majestade que seja servido mandar o que fazer deles e dos que vierem mais adiante, porque de outra maneira o Peru se encherá de gente portuguesa."[37]

---

* HELMER, Marie. "Archivo General de Simancas: Secretarias Provinciales, libro 1550, f. 0320". "Comércio e Contrabando entre a Bahia e Potosi no Século XVI". *Revista de História*. v. 7, n. 15. 1953. pp. 195-216.

No mesmo ano, o presidente da Audiência de Charcas, Juan López de Cepeda, também chamou a atenção do rei, em carta, explicando a interdição do comércio entre o rio da Prata e o Paraguai de um lado e o Brasil do outro. "O bispo de Tucumán [dom Francisco de Vitória] vangloriava-se de ter aberto a via, o caminho, o tráfico de sua diocese com o rio da Prata", afirmou. "A meus olhos, ao contrário, ele se desmereceu por fazê-lo sem ter obtido licença de vossa majestade e por ter mostrado esta entrada para o reino (o Peru) àqueles que não a conheciam; isto será (ou com o tempo poderá vir a ser) uma causa de que o trajeto de Tierra Firme não seja mais frequentado."*

Na prática, as barreiras que favoreciam a rota de Tierra Firme não impediam a ação dos portugueses e o tráfico, com o desvio dos recursos que deviam seguir para Lima e depois para o Panamá, rumo à Europa. "O itinerário [por Buenos Aires] devia ligar o Peru à Espanha por uma via menos longa, menos custosa, menos perigosa que a do Panamá", escreve Marie Helmer.[38] "Mas o objetivo visado foi ultrapassado: as circunstâncias e a iniciativa relegadas aos interesses de um particular faziam lucrar com elas o país vizinho, Portugal e seu império colonial, tanto quanto o vice-reino; a brecha era muito larga, escapando ao controle da metrópole; por ela penetravam mercadorias portuguesas, brasileiras e africanas."

Em 10 de abril de 1590, o governador de Tucumán sugeria que não deixassem desembarcar portugueses em Buenos Aires e se castigassem os capitães dos navios que os trouxessem a bordo. Além de portugueses, acusou a entrada ilegal de mercadorias provenientes do Brasil. Em 1594, o então governador de Buenos Aires, Fernando de Zárate, informava ao rei Filipe II a presença de 4 navios ingleses que tinham passado diante da foz do Prata em direção ao estreito de Magalhães. E afirmou que o governador das capitanias de baixo, Salvador Correia de Sá e Benevides, lhe havia passado a informação de que os ingleses sabiam da viabilidade de subir continente adentro pela bacia do Prata.

Pedia autorização para construir em Buenos Aires uma nova fortaleza, com a ajuda dos "vizinhos de Tucumán, porque os desta terra

---

* PASTELLS, R. P. Pablo. Historia de La Compañía de Jesús em la Provincia del Paraguay. Madrid, 1754, I, p. 48, n. 41

são muito pobres e carentes de índios de serviço". Faleceu antes da conclusão do forte, um quadrado com "150 varas de lado", edificado com terra batida de pilão, cercado por um fosso que chegava à Plaza Mayor por uma ponte levadiça, com 6 peças de artilharia, onde se abrigavam a casa do governador e o depósito de armas.

No mesmo ano de 1594, para acabar com as dúvidas, a Coroa espanhola afinal proibiu oficialmente o livre-comércio no porto de Buenos Aires, não apenas com estrangeiros e portugueses como também com a própria Espanha. A importação do ferro pela bacia do Prata foi expressamente vetada, assim como quaisquer produtos do Brasil, de Portugal, de Angola e das Índias Orientais. Somente eram autorizadas a atracar em Buenos Aires embarcações vindas de Sevilha, enviadas oficialmente pela Casa de la Contratación. Tudo para proteger Lima, centro administrativo e religioso do império, e seu coração monopolista.

Como toda lei difícil de pegar, ela foi reeditada várias vezes, por meio das chamadas "cédulas reais". Em 1614, o sucessor de Filipe II, seu filho Filipe III, proibiu o comércio com estrangeiros em todos os portos das Índias, Ocidentais e Orientais; em 1618, vetou o embarque de portugueses em caravelas espanholas; em 1621, Filipe IV vetou o ingresso de "portugueses e estrangeiros" nos portos em que faziam escala. "A prioridade comercial repousava na manutenção da rota das frotas e galeões, contribuindo para o desenvolvimento do monopólio comercial de Lima, capital do vice-reino do Peru", afirma Rodrigo Ceballos.[39]

Para bloquear os negócios pelo sul, em 1618 a Coroa espanhola criou ainda uma alfândega seca em Córdoba, na província de Tucumán, passagem forçosa entre Buenos Aires e o vice-reino do Peru, com o objetivo de dificultar o comércio por ali. Para passar em Córdoba, as mercadorias eram taxadas em exorbitantes 50%. Com isso, o comércio por aquele corredor, sobretudo de prata, quase cessou. "Embora a alfândega não tenha eliminado o contrabando, impediu seriamente o fluxo de prata para o Brasil", afirma o historiador Stuart Schwartz.[40]

Prejudicada pelos éditos reais, Buenos Aires foi abandonada. Sua fortaleza, que em 1599 o novo governador Diego Rodríguez Valdez y de la Banda encontrou em ruínas, teve de ser reconstruída. O sucessor de Valdez, Hernando Arias de Saavedra, chamado de

Hernandarias, primeiro governador *criollo* do Rio da Prata, considerado o "civilizador" da região, em 1618 terminaria a fortaleza, com muralhas e baluartes, feitos com pedras da ilha de Martín García e madeira das Missões.

Um tanto à revelia do poder central espanhol, Buenos Aires começou a voltar à vida graças ao contrabando, única saída para contornar as proibições. Em 1615, Diogo de Vega, de uma família de banqueiros cristãos-novos madrilenhos, mantinha registro de seus negócios com portos do circuito do tráfico de escravos, entre os portos do Rio de Janeiro, de Lisboa e de Luanda, em Angola. No interior, comerciava com vilas do Peru, de Tucumán, do Chile e de Nova Granada. Foi procurador no Rio da Prata do contratador de Angola, Duarte Dias Henriques, também descendente de cristãos-novos e, no final da década de 1620, banqueiro da Coroa espanhola.

Era parente do tenente-governador, notário do Santo Ofício e regidor perpétuo do Cabildo, equivalente nas colônias de origem espanhola à Câmara dos Homens de Bem das vilas portuguesas, Juan de Vergara, que, com apoio do então governador, dom Francés de Beaumont y Navarra, anulou a cláusula anexada à cédula real de 1602, que estabelecia obstáculos para o comércio no porto. Vega e Vergara defenderam os portugueses em Buenos Aires. Diogo de Vega trabalhou para manter portugueses em cargos régios, como parte de sua rede de poder para garantir a continuidade do contrabando. "Chegou a comprar os seis cargos de regidor do Cabildo, distribuindo-os segundo seu interesse", afirma o historiador Rodrigo Ceballos.

Em 1619, Vergara defendeu o português acusado de judaísmo João Cardoso, ocupante do cargo de defensor da Real Hacienda. Anos depois, Cardoso retribuiu com uma alta soma para a Coroa espanhola. Em 1621, quando um português, Manuel Cabral, protestou pela recusa de sua candidatura a membro do Cabildo, Vergara provou que seu pai contribuíra em dinheiro com o império, o que lhe dava direito ou merecimento ao cargo.

Ainda em defesa dos portugueses, em 1624 Vergara obteve do Cabildo uma indenização de mil pesos pela destruição da plantação de um português, Simon Madera, ocasionada pelo ódio aos portugueses, de acordo com o historiador argentino Eduardo Saguier, da Washington University.[41]

Os negócios se consolidavam por meio de relações familiares. Maria de Vega, filha de Diogo de Vega, casou-se com o tenente-governador e governador provisório de Buenos Aires, Pedro de Roxas y Acevedo, com quem teve 4 filhos. Mais tarde, eles se tornaram comerciantes, capitães, funcionários régios, latifundiários com numerosos escravos e membros do Cabildo. "Um espaço de estratégias políticas e de corrupção na cidade", de acordo com Ceballos.[42]

O comércio no eixo Buenos Aires-Rio-Luanda continuou pelos anos seguintes. Por meio dos portugueses, os espanhóis alcançavam Angola para obter escravos negros em troca de prata. Dom João de Bracamonte recebeu, em 1612, procurações no Rio de Janeiro para tratar de negócios em Buenos Aires com o capitão Juan de Vergara. Em 1621, clérigos de Buenos Aires diziam que, apesar de "não desejado" e "não permitido", o comércio ilegal de prata era necessário para a existência da cidade. "*Por ahora podremo disimular*", diziam.[43]

Nenhuma barreira se mostrava duradoura, ou capaz de deter definitivamente os portugueses. Ignorando fronteiras e a lei, as primeiras com a simples indiferença e a segunda com a contravenção, só havia uma forma de pará-los, especialmente nas cidades onde estabeleciam seus tentáculos. Para isso, os colonos espanhóis invocariam contra eles, então, uma força implacável, conhecida, sobretudo, pelos cristãos-novos portugueses refugiados da Europa: a Inquisição.

Sem poder bloquear os portugueses na geografia, os colonos espanhóis apelaram para outro tipo de resistência – o preconceito. "A palavra português [nas vilas das colônias espanholas] se transformou quase em sinônimo de judeu", afirma a historiadora Martha Delfin Guillaumin, pesquisadora da Universidade Autônoma do México Xochimilco (UAM-X).[44] "Se a um indivíduo se chamava dessa forma, é que na realidade se inferia que era judeu, descendente de judeu, cristão-novo ou praticante de ritual judeu."

A história da perseguição a judeus e cristãos-novos na Península Ibérica vinha de longe. Surgida na França e Itália no início dos anos 1200, e oficializada e organizada como tribunal após a assunção do papa Gregório IX em 1227, a Inquisição foi instalada na Espanha em 29 de outubro de 1484, com a nomeação do dominicano Tomás de Torquemada como primeiro inquisidor geral por Fernando II de Aragão e Isabel I de Castela. Os Reis Católicos, que expeliram os mouros da Península Ibérica com a tomada de Granada, levaram a Inquisição ao seu extremo mais cruel e estenderam sua cruzada com um édito de expulsão dos judeus em 1492, seis meses antes da descoberta do Novo Mundo.

Utilizaram também a perseguição religiosa para promover ou mascarar taxações e confiscos, de forma a financiar suas guerras e o império em expansão. Instaurador dos processos inquisitoriais e difusor dos chamados autos de fé, Torquemada passou seu sobrenome, que na realidade é a indicação de sua cidade de origem, para a história como sinônimo de crueldade.

Com o Santo Ofício em seus calcanhares, saíram da Espanha cerca de 200 mil judeus sefarditas (do "país de Sefar", a Península Ibérica na tradição judaica), chamados pelos espanhóis de "marranos" (porcos). Por decreto, deixaram para trás suas casas e todos os seus bens. Espalharam-se pelo Norte da África, pelos Países Baixos e pelas colônias na América. Portugal recebeu cerca de 200 famílias. Lá, dom Manuel I permitia aos judeus que permanecessem mediante uma contribuição anual em dinheiro. Isso perdurou até que se instalou a Inquisição portuguesa, por meio da bula de Paulo III, *Cum ad nihil magis*, em 22 de outubro de 1536, em uma cerimônia em Évora, com a presença de seu filho e sucessor, dom João III.

A Inquisição portuguesa tinha o propósito expresso de combater os crimes de judaísmo (atribuídos aos cristãos-novos), luteranismo, islamismo, feitiçaria e "afirmativas heréticas". No início, dirigida por 4 inquisidores-chefes, 3 escolhidos pelo papa e 1 pelo monarca, diante das ameaças de cisma, passou a ser controlada pelo rei, assim como na Espanha, a partir de 1542, quando o cardeal-infante dom Henrique tornou-se regente.

A Espanha era mais dura na imposição do monopólio católico, tanto quanto o comercial, ao qual ele se associava. Somente em Toledo, na Espanha, o historiador Jean-Pierre Dedieu encontrou 3.196 processos nos 19 tribunais da Inquisição espanhola entre 1540 e 1700. Deles, resultaram 283 execuções. Do total, 87% das acusações eram por "judaísmo"; o restante se dividia entre islamismo e protestantismo.[45]

Cidade fundamental na história da Inquisição ibérica, Toledo foi a origem em 1449 dos "Estatutos da pureza de sangue", prova negativa para o judaísmo e outras conspurcações na genealogia dos postulantes a cargos na estrutura da Inquisição: inquisidores, deputados, notários, solicitadores, meirinhos, promotores, procuradores, alcaide dos cárceres, qualificadores, comissários, capelães, revedores e visitadores, entre outros. Criou também parâmetros para definir o que era o cristão-novo: por essa regra, bastava ter até um oitavo de sangue judeu.

Atribuindo-se aos impuros a decadência econômica na época, uma corte de emergência, o "Ajuntamento de Toledo", proibiu cristãos-novos de ocupar cargos públicos e testemunhar contra cristãos, práticas que logo se estenderam a todo o império filipino. "Esses estatutos, com o tempo, foram adotados pelas diversas ordens militares, pela Coroa e pela Igreja", afirma a historiadora Maria Luiza Tucci Carneiro.[46]

"Os procedimentos da Inquisição eram tais que um cristão-novo falsamente acusado de reversão ao judaísmo dificilmente conseguiria provar sua inocência", afirma o historiador Robert Rowland. Os investigados preferiam fazer falsas confissões, denunciando outras pessoas, para obter atenuantes. "Podiam, assim, ter alguma esperança de se livrarem do cárcere apenas com o confisco dos seus bens e outras penas relativamente menores, em vez de serem condenados à morte", acrescenta.[47]

Sob o controle do soberano, a Inquisição era um instrumento de governo, que protegia o comércio para os cristãos e conferia, por seus critérios de julgamento arbitrários, um poder de coerção ilimitado ao rei e seus prepostos. "O papel do rei foi central no estabelecimento do Santo Ofício português", afirma a historiadora Leticia Detoni da Costa. "O monarca assumiu as responsabilidades de criação dessa instituição [...]."[48]

Sete tribunais dividiam os processos em território português, da sede do império ao oceano Índico: Évora, Lisboa (a quem cabia cuidar do Brasil), Coimbra, Porto, Lamego, Tomar e Goa, criado em 1560. Na União Ibérica, a Inquisição seguiu colada ao poder secular, tanto em Portugal como na Espanha, exercendo o medo. Aqueles cujas denúncias passavam ao estágio da investigação sabiam dos métodos cruéis dos inquisidores. Apesar da organização dos tribunais, que lhe dava aparente imparcialidade processo judicial, com estágios de depoimento e apelações, a Inquisição era um tribunal arbitrário, em que sentenças religiosas podiam ser ditadas por falsas acusações ou interesses econômicos e políticos.

Prova dessa simbiose entre religião e poder secular, inquisidores eram por vezes indicados a cargos do reino e vice-versa. O sobrinho de Filipe II de Espanha, o cardeal-arquiduque Alberto de Áustria, vice-rei de Portugal entre 1583 e 1593, foi nomeado também inquisidor geral dos reinos e senhorios de Portugal pelo papa em 1586. Dom Pedro de Castilho, duas vezes vice-rei de Portugal, no reinado de Filipe III de Espanha, foi inquisidor geral. Dom Miguel de Castro, arcebispo de Lisboa, duas vezes presidente da junta governativa, instituição que substituiu temporariamente o vice-reino, encerrou a carreira como deputado do Conselho Geral do Santo Ofício – órgão máximo da Inquisição portuguesa.

Com a União Ibérica, a Inquisição nas colônias portuguesas seguiu sob o controle do Conselho Geral do Santo Ofício em Lisboa. Este respondia ao vice-rei de Portugal, que por sua vez devia vassalagem a Filipe II. Seguia as normas portuguesas, e os réus eram processados e remetidos a Lisboa para julgamento. Dispunha de uma rede de observadores que se espalhava por toda a colônia, do Brasil às Índias, passando pela África e os Açores. Suas denúncias serviam como base para o trabalho do visitador, um ouvidor eclesiástico encarregado de apurar o que devia se transformar ou não em processo inquisitorial.

No Brasil, não funcionou muito bem. No final do reinado de Filipe II, em 1591, o cardeal Alberto de Áustria enviou ao Brasil o primeiro visitador, Heitor Furtado de Mendonça. De "pureza de sangue" provada em 16 testemunhos, antigo desembargador real, capelão fidalgo do rei e deputado do Santo Ofício, Mendonça desembarcou em Salvador com o governador-geral, dom Francisco de Sousa. A princípio, deveria seguir para as capitanias de São Vicente e Rio de Janeiro e, em seguida, Cabo Verde e São Tomé. Porém, encontrou tanto trabalho nas capitanias de cima que de lá não saiu.

Mendonça não contara com a inclinação do brasileiro para a fofoca e a delação. A Inquisição estimulou as querelas locais, em que cidadãos denunciavam uns aos outros por qualquer motivo, especialmente no chamado "período de graça", sessenta dias desde a chegada do visitador em cada cidade, durante os quais as pessoas podiam comparecer espontaneamente para se confessar, com a promessa de leniência para seus próprios pecados.

"Algumas denúncias eram feitas contra pessoas já mortas, outras de que não se tinha notícia sobre o paradeiro e ainda outras muito inconsistentes", afirma a historiadora Helen Ulhôa Pimentel, do Centro Universitário de Brasília, UniCEUB. Segundo ela, os delatores revelavam "ora a vontade de servir à Igreja, tentando atender a seu chamado, mesmo sem deter dados mais significativos; ora a busca de se livrar de alguma pessoa que incomodava e causava medo".[49]

Era impossível apurar todas as denúncias, cuja maioria nem era investigada, sendo que, mesmo entre as verificadas, nem todas seguiam adiante. Nos 6 livros de denúncias e confissões guardados no Arquivo Nacional da Torre do Tombo, em Lisboa (2 foram dados como perdidos), encontram-se mais de 40 mil nomes denunciados e somente 235 processos formais de desvios da doutrina católica pela Inquisição, desde a primeira visitação, entre 1546 e 1821, quando o Santo Ofício foi extinto.

Com parcos recursos para lidar com tal volume de trabalho, o resultado da primeira visitação, sob o dístico do Santo Ofício – "Justiça e Misericórdia" –, acabou na paralisia. Heitor Furtado de Mendonça foi chamado de volta a Portugal, sob a alegação de "excesso de zelo e de despesas".

Como resultado, no século XVI somente uma pessoa foi condenada à pena capital pela Inquisição no Brasil: Ana Rodrigues, presa na Bahia em 1593, sob a acusação de "judaísmo". Cristã-nova portuguesa, chegada à Bahia em 1557 com o marido, Heitor Antunes, falecido antes da visitação do Santo Ofício, foi acusada com suas filhas de praticar ritos judaicos em seu engenho, em Matoim, no Recôncavo Baiano, como guardar o sábado, fazer orações judaicas e seguir restrições alimentares e ritos funerários dos judeus.

No inquérito, admitiu ter praticado tais atos, embora de boa-fé. Enviada a Lisboa para julgamento, já octogenária, morreu na cadeia naquele mesmo ano. O processo foi concluído uma década mais tarde, em 1604, e, na falta da vítima, incineraram-se em seu lugar os seus ossos, que foram exumados para irem à fogueira. Seu retrato foi enviado a Matoim e pendurado na igreja local, para lembrar sua infâmia e anunciar que sua memória estava amaldiçoada.

A volta para casa do visitador e a transferência do cardeal Alberto do vice-reino de Portugal para o governo dos domínios espanhóis nos Países Baixos – onde abandonou o celibato, casou-se para ter descendência e participou da Guerra dos Oitenta Anos contra os Países Baixos protestantes – deram uma trégua a judeus e cristãos-novos no Brasil. A segunda visitação inquisitorial no Brasil ocorreu somente entre 1618 e 1620 – o inquisidor, Marcos Teixeira, restringiu-se à capitania de Todos os Santos e dela não ficaram documentos conhecidos. Há meramente indícios de uma terceira visitação, entre 1627 e 1628, pelo padre Pires da Veiga.

Na colônia de origem espanhola, porém, era diferente. A Inquisição respondia aos tribunais locais, em Lima, sede do vice-reino do Peru, e no México. Sob o pretexto de que seriam cristãos-novos, os portugueses das cidades espanholas foram perseguidos. Administradores espanhóis tomaram os seus bens e condenaram muitos à fogueira, com a complacência da Coroa. Quando se nomeou um português para a comissão da Inquisição em Potosí, o clérigo Lorenzo de Mendoza, nascido em Coimbra, o tribunal de Lima protestou. "Consideravam essa nomeação inconveniente, tendo em conta que na zona de Potosí viviam numerosos portugueses, judeus em sua maioria, que podiam se ver beneficiados com a designação de um comissário que, por simpatia, podia estar tentado a não aplicar com eles o rigor inquisitorial", afirma José de la Puente Brunke.[50]

Entre 1570 e 1635, a Inquisição de Lima puniu oficialmente pelo menos 84 condenados por ações "judaizantes". Entre eles, de acordo com o levantamento dos historiadores Paulino Castañeda Delgado e Pilar Hernandez Aparicio, 62 eram portugueses, com vínculos mercantis e de parentesco entre si.[51] Pelo tribunal do México, entre 1571 e 1610, 90% dos processos eram contra "judeus" portugueses. "Ao longo do século XVII, e até o período de decadência da Inquisição, as acusações de judaísmo tornaram-se novamente mais frequentes", afirma Robert Rowland.[52] "Mas, desta vez, as vítimas eram, na sua maioria, cristãos-novos de origem portuguesa que tinham se transferido para a Espanha e para o império espanhol, por motivos econômicos ou para fugir da maior severidade da Inquisição portuguesa."

Em 1627, Filipe II decretou um édito para atrair negociantes ao mundo espanhol, pelo qual portugueses se tornavam livres de culpa quando confessassem seus delitos em um prazo de três meses. De acordo com Manuel Ricardo Palma y Carrillo, político e escritor peruano, os portugueses em Lima chegaram a 6 mil, na década de 1640.[53] E dominavam o comércio no coração político do vice-reino. "Esse foi motivo suficiente para propiciar o tremendo ódio que se chegou a lhes professar", afirma Martha Delfin Guillaumin.

Assim como aconteceu na Espanha, a população de Lima via cada vez mais os portugueses como responsáveis diretos pelos seus problemas. "O judaísmo dos cristãos-novos portugueses não era apenas uma tradição transmitida de geração em geração no espaço fechado das suas casas", afirma o historiador Robert Rowland.[54] "Era também uma representação cultural projetada sobre eles, como que num espelho deformado, pela Inquisição e pelo resto da sociedade."

A perseguição era sistemática, com a presença de inquisidores que circulavam por cidades e vilas, "executando severidades nos pérfidos hebreus que viviam ocupados em tratos e comércio, mandando-os aos cárceres secretos", segundo o historiador chileno José Toribio Medina Zavala.[55]

A partir da década de 1630, o cerco da Inquisição culminava em espetáculos de morte, medo e intimidação: os autos de fé, nos quais os métodos de interrogatório do Santo Ofício saíam dos porões inquisitoriais para a praça pública, nos moldes do que já ocorria na Europa. Vestidos com roupas brancas e longas, marcadas com uma cruz vermelha e chapéus cônicos, portugueses eram submetidos a humilhações e castigos corporais. Os condenados à morte eram executados na fogueira ou com o garrote.

O medo se espalhava por toda a sociedade, porque a definição do que era ser judeu se tornou muito ampla. Um auto de fé em 3 de agosto de 1636 condenou por judaísmo 96 pessoas em Lima. De acordo com Rowland, apenas 21% delas eram "cristãos-novos por inteiro": uma tinha um oitavo de sangue cristão-novo (um bisavô judeu, portanto), e as demais 75 eram netos ou filhos de cristãos-novos. Em todo o século XVII, boa parte dos casamentos de cristãos-novos era mista.

A Inquisição visava, sobretudo, a população mais abastada, de quem se podia confiscar bens. "Ao português pobre não lhe era lícito nem ser judeu, porque a Inquisição não dava importância a pés-rapados", escreveu Ricardo Palma.[56] "O verdadeiro crime dos portugueses era terem se tornado grandes capitalistas trabalhando honradamente."

A perseguição chegou ao auge em 23 de janeiro de 1639, quando Lima patrocinou um grande auto de fé. Presos foram soltos para esvaziar os cárceres, de forma que a Inquisição limenha pudesse "prestar o necessário esmero à tramitação das causas dos portugueses", de acordo com Medina Zavala.[57] O principal alvo foi Manuel Baptista Pires, rico negociante português, de 54 anos, um dos comerciantes que mantinham sua rede de conexões com judeus e cristãos-novos pelo mundo, especialmente nos Países Baixos.

Natural de Vila-Nova dos Ancos, bispado de Coimbra, proprietário de minas de prata em Huarochiri e de fazendas em La Oroya, com uma fortuna estimada em mais de meio milhão de piastras, Pires foi considerado "grão-rabino", líder dos judeus, no Peru, e condenado à fogueira com uma dezena de outros portugueses, entre eles o cirurgião Francisco Maldonado, que era *criollo*, nascido em Tucumán, mas filho de portugueses.

Foram arroladas 8 dezenas de acusados. Sete admitiram observar as "leis de Moisés", mas o abjuraram por escrito, escapando à morte. Outros 42 foram liberados com pena leve, como Antônio Cordeiro, por terem cooperado com os interrogatórios; 12 foram à fogueira, sob a acusação de judaísmo e por prestarem falso testemunho; 7 foram condenados por bruxaria, entre eles um taberneiro vindo do Brasil, conhecido como "Ibirujuitanga"; 7 "saíram com palmas", isto é, foram declarados inocentes. A residência de Pires passou a ser conhecida como a "Casa de Pilatos", como o negociante português era chamado. Os colonos espanhóis viam inimigos em toda parte e misturavam divergências políticas com disputas econômicas em uma nova cruzada.

Padres e pajés

O avanço dos portugueses "judeus" nas cidades e no sertão, tanto quanto a sombra dos invasores protestantes, mostrou aos jesuítas espanhóis do Novo Mundo a necessidade de também avançar num projeto mais amplo de catequização, por meio de aldeamentos como o de Barueri. Na América espanhola, para onde os bandeirantes se dirigiam na captura dos índios, os jesuítas estavam instalados desde 1572, quando chegaram a Lima, no Peru. Dali, estenderam seu trabalho a uma ampla região, que descia até a "Mesopotâmia argentina", assim designada por estar entre os rios Paraná e Paraguai, como no mítico país de Nabucodonosor.

No Concílio de Lima, entre 1582 e 1583, o provincial José de Acosta expôs seu projeto de catequese na colônia hispânica, expresso na obra *De procuranda indorum salute*, publicada em 1588, um ano após a exoneração do bispo de Tucumán, Francisco de Vitória, que abrira aqueles caminhos pensando na conversão dos índios tanto para melhor posse das terras como para explorar a saída da prata pelo sul. Semelhante às teses de Manuel da Nóbrega, o projeto de Acosta tinha como base a independência das comunidades indígenas do Estado opressor e sanguinário, onde se poderia, pelo isolamento, fazer prosperar a fé cristã com respeito à cultura local.

Como tinham feito os jesuítas portugueses em São Paulo, isso significava uma adaptação teológica, baseada na identificação dos pontos em comum das crenças indígenas com o catolicismo – em especial a crença na vida após a morte e na existência de um Deus supremo. Na mitologia dos tupis, esse deus era Tupã – um ser todo-poderoso que dera início à vida na Terra, por coincidência, após produzir um dilúvio, como no Gênesis.

Assim como nos primeiros tempos missionários de José de Anchieta, mesclar a mitologia indígena por associação a santos e práticas católicas era um meio de preservar a cultura indígena até onde não entrasse em conflito com a fé católica. Esse modelo, do qual Nóbrega e Anchieta foram os primeiros ideólogos, recebeu oposição dentro de outras ordens da Igreja Católica, como a dos franciscanos e a dos beneditinos. E, sobretudo, dos colonizadores paulistas, que viam naquela iniciativa um grande e esperto pretexto para o monopólio da escravização dos indígenas, destinados a trabalhar somente para os jesuítas.

A partir dessa ideia, os jesuítas iniciaram um vasto trabalho civilizatório, tão mais difícil quanto a variedade dos lugares onde o empregaram – do altiplano andino, um deserto frio e árido, às terras pantanosas do Chaco paraguaio e a abafada selva tropical da Amazônia. Lidaram com culturas tão diferentes quanto os sofisticados incas e populações em estágio de desenvolvimento muito próximo da Idade da Pedra. Com exceção de alguns índios refratários, como os mapuches, no Chile, não houve tribo indígena da América do Sul sobre a qual não exerceram sua influência.

No início, foi apenas o esforço heroico de missionários que se tornaram lendários, como o jesuíta Manuel Ortega, pioneiro da evangelização do Guaíra e do Tape. Durante uma década e meia, acompanhado de Thomas Fields, jesuíta irlandês versado como ele na língua guarani, Ortega atuou entre a Ciudad Real del Guaíra, Villa Rica e na região ao longo do rio Ivaí. Ao norte, chegou a Santiago del Xerez, no Itatim, local onde hoje se encontra Corumbá. De acordo com o padre Diogo de Torres, provincial da Companhia de Jesus no Paraguai, Ortega teria batizado nesse tempo aproximadamente 22 mil índios.*

Em fins de 1603, em virtude de uma intriga, Ortega foi chamado a Lima, onde funcionava o ofício da Inquisição, para julgamento. A acusação, feita em Villa Rica por *encomenderos* que desejavam livrar-se dele, era a de violar o sacramento da confissão. Foi libertado três anos depois,

* TORRES, Diogo de. Carta Ânua. 17 maio 1609.

quando o delator confessou ter mentido. Foi enviado para catequizar os chiriguanos, no distrito de Tajira, no Peru – combatentes ferozes dos espanhóis, até então insensíveis a qualquer aproximação catequética.

Nessa época começou a ingerência jesuíta mais coordenada, que multiplicou a presença da ordem na colônia da União Ibérica. Um decreto real de 16 de março de 1608 ordenou que o governador do Paraguai, Hernandarias, direcionasse os jesuítas de Assunção para o Paraná, Guaíra e a região dos guaicurus, onde poderiam fundar uma série de missões, ou *pueblos*, a relativa distância das vilas coloniais de Ciudad Real del Guaíra e Villa Rica del Espíritu Santo, na confluência do Corumbataí com o Ivaí. Recomendava ao tenente dom Antonio de Añasco que "fizesse cessar o intercâmbio paulista-guairenho e protegesse os jesuítas com toda força", como afirma Taunay.[58]

Dois jesuítas italianos, José Cataldi e Simón Maceta, saíram de Assunção em 8 de dezembro de 1609, enviados pelo bispo Reinaldo de Lizárraga e pelo governador Hernandarias, sob as ordens do jesuíta Diego de Torres Bollo, primeiro superior provincial do Paraguai, para missionar no Guaíra. Trilharam o mesmo caminho dos *encomenderos*, numa região onde não havia mais que 3 dezenas de colonos espanhóis, incluindo as vilas de Ciudad Real e Villa Rica. Chegaram à vila do Guaíra, a 160 léguas de Assunção, à qual se subordinava, e fundaram a redução de Nossa Senhora de Loreto do Pirapó, onde o rio Pirapó deságua no Paranapanema, hoje o município paranaense de Itaguajé.

Ao se depararem com mais índios 11 quilômetros rio acima no Paranapanema, no encontro com o rio Santo Inácio, levantaram em 1610 a redução de San Ignacio Miní I e, em 1611, San Ignacio Miní II, no lugar onde se encontrava a aldeia de Ipaucumbu. Ali, nove anos mais tarde, com a aglutinação de outros indígenas da região, a missão seria a maior de todas, com 8 mil habitantes. Viviam ali "pobríssimos, mas ricos de contentamento", segundo descreveu mais tarde o padre Antonio Ruiz de Montoya. Segundo ele, vestiam-se com "tantos remendos que não davam distinção de sua matéria principal"; habitavam choças e comiam "como anacoretas".

Nascido em Lima em 13 de junho de 1585, estudante de teologia em Córdoba, Montoya entrou tarde para a Companhia de Jesus, aos 24 anos, tornando-se noviço no Colégio Máximo de San Pablo de Lima. Começou a trabalhar nas reduções do Paraguai com os índios guaranis, em defesa dos quais viveria por 25 anos. Chegou à região do Guaíra em 1612, com o padre Antônio de Moranta, que adoeceu e retornou a Assunção. Foi o maior expoente no grande esforço de catequização na região: entre 1585 e 1650, 552 jesuítas de diferentes nacionalidades trabalharam nas terras paraguaias, de acordo com o levantamento do padre, teólogo e historiador Jurandir Coronado Aguilar.[59]

Nessa época, Assunção era a vila mais importante do império ao sul de Lima, no Peru. A população de origem europeia era escassa e a influência espanhola crescia principalmente em função da organização das missões pelos jesuítas. Em sua última administração, o governador Hernandarias alegava que Assunção estava muito longe de Buenos Aires e solicitou ao imperador Filipe III uma nova divisão do império platino. Além disso, pediu permissão para estabelecer o comércio direto entre Buenos Aires e Sevilha, então dominado pelos contrabandistas portugueses.

O rei acedeu. Com a cédula real de 16 de dezembro de 1617, a província do Paraguai e Rio da Prata foi dividida em duas, com governos independentes entre si: a Gobernación del Río de la Plata e a Gobernación del Guaíra, ou província do Paraguai. Ambas respondiam diretamente ao vice-reino do Peru, assim como as demais províncias platinas: Santa Fé, Corrientes, Concepción del Bermejo e a própria Buenos Aires. Em 1622, Montoya foi nomeado superior da missão de Guaíra como sucessor de José Cataldi.

Com ele no comando, acompanhado pelo próprio Cataldi, e por Simón Maceta, Juan Vaseo, Diego Salazar, Francisco de Ortega, Francisco Díaz Taño e Cristóbal de Mendoza, as missões ganharam impulso extraordinário.

Em seis anos, foram fundados pelo menos mais 13 aldeamentos missionários no Guaíra. Montoya narra que em San Francisco Javier, criado em 1622, os padres reuniram 1.500 índios, onde "recolheram aquelas bestas-feras, e se domesticaram [...] fazendo esta mudança a divina palavra [...]".[60] Em Encarnación (1625), no rio Tibagi, na aldeia Ibatingui (ou Nhutingui), os jesuítas do padre Montoya converteram os índios chamados de cabeludos, camperos ou coroados. San Jose, que serviu como ponto de apoio para passagem a San Ignacio e San Francisco Javier, foi criado também em 1625 na aldeia Tucuti, dos índios camperos. San Miguel, no monte Ybytyrú, na margem do Tibagi, estava nas terras de Pataguirusú Oybytycoi. San Tome, a leste do Corumbataí, foi feito com os índios guaianases do cacique Pindobá.

No médio Piquiri, ergueram o santuário de Nossa Senhora de Copacabana. Existem ainda registros do cartógrafo espanhol Juan de la Cruz Cano y Olmedilla, em mapa de 1775, que apontam também a existência de outras reduções temporárias ou menos documentadas, como Tambo, no rio Piquiri; Asiento de la Iglesia e São Roque Evangelista, ambas no rio Ivaí.

Baseado em Villa Rica, Montoya pacificou os índios antropófagos da tribo do cacique Taiaoba, que combatiam ferozmente os espanhóis. Incitavam-nos os pajés, para quem os espanhóis eram "diferentes dos homens, monstros, com cornos na cabeça". Durante a implantação da missão, em uma das aldeias da região, chegou a fugir à noite, sem roupa, depois de colocar seu hábito em um índio. Na fuga, Montoya viu caírem a seu lado 7 índios, atingidos por "flechaços"; o que se passava por ele, porém, saiu incólume, o que o padre constatou com "maravilha".

Custou dois anos a negociação com Taiaoba, cuja aldeia se encontrava num lugar de difícil acesso, na margem esquerda do Corumbataí. Ali se implantou, afinal, a missão de Los Angeles del Rey e Jesús María. "Tinha esta província infinita gente, com costumes gentios em muita observância, muita guerra, e comer carne humana", narrou Montoya.[61] A defesa dos índios contra os *encomenderos* acabou aproximando-os dos jesuítas. A não mais que quatro dias de viagem de Villa Rica, próxima também das reduções de Encarnación e San Francisco Javier – onde Montoya e Maceta converteram os índios iguacuras, do cacique Güyrebera – Jesús María foi uma das primeiras a ter uma paliçada de defesa contra os ataques dos caçadores de índios espanhóis.

A organização das comunidades, chamadas nas colônias portuguesas de aldeamentos, ou reduções e missões, nomes mais comuns no

Guaíra e no restante da área colonial espanhola, decorreu do aprendizado dos jesuítas no Brasil, no Prata e no Paraguai. Procurava-se respeitar a chefia e os costumes locais. Cada missão era autônoma e autossuficiente, com administração e economia em regime comunitário, adequado ao universo dos índios, desacostumados à acumulação e ao poder do Estado. "[A missão] estrutura-se na tradição solidária dos grupos indígenas e consolida-se com os experimentos missionários de organização comunitária, de caráter protossocialista", afirma Darcy Ribeiro.[62]

As povoações se erguiam em torno da praça central, dominada pela igreja. Os padres cuidavam dos doentes, muitas vezes em conflito com os rezadores indígenas, os médicos indígenas tradicionais. Dirigiam a agricultura, que garantia o sustento da missão. Assim como acontecia com o chefe indígena, do sucesso econômico da missão, encarada como um empreendimento agrícola, dependia também sua autoridade moral. A prosperidade fazia parte do processo para convencer os índios a ficarem.

Nas maiores missões, como as do Paraguai-Paraná, havia grandes edifícios comunitários, onde moravam famílias inteiras. As moradias, distribuídas em séries regulares, eram inicialmente de barro e cobertas de palha, mas em algumas reduções passaram a ser feitas de pedra, com vários cômodos, chaminés e telhas de barro. O conjunto ficava diante de uma praça quadrangular, onde se erguiam uma cruz e uma imagem do santo protetor. No lado oposto do quadrilátero estava a igreja, único edifício luxuoso do conjunto, com castiçais e imagens de madeira pintadas em ouro, símbolo visível do poder divino. Anexos à igreja ficavam o claustro, as casas para órfãos e viúvas, a escola, o cemitério e as oficinas, e, atrás, a horta e o pomar. Nos demais lados, instalavam-se o conselho da missão, uma portaria, uma hospedaria, um relógio de sol e a prisão.

Para uma simbiose com a vida tradicional dos índios, criou-se um modelo de autogestão, por meio de um conselho que respeitava a hierarquia tribal: o cacique, posição transmitida hereditariamente, presidia um cabildo, espécie de conselho administrativo, renovado anualmente, com administradores, fiscais de justiça e representantes dos bairros. Seus membros eram eleitos pela comunidade. Dependendo do tamanho do povoado, aumentava a complexidade. Nos maiores havia um corregedor (presidente do tribunal de justiça), um tenente-corregedor, 2 alcaides (juízes), regedores (delegados dos bairros), alferes (chefe militar), secretário e policiais.

Os jesuítas se reservavam o comando da justiça, sem, no entanto, deixar de consultar o cacique. A pena para os crimes variava da prisão à expulsão da comunidade. O cacique usava um cetro e tinha um lugar privilegiado na missa. Os demais recebiam tratamento igual. As principais decisões eram levadas a Assunção, sede também do governo provincial dos missionários jesuítas, instalado no colégio da vila, e referendadas pelo governador. Assim, os religiosos e líderes tradicionais indígenas colaboravam. O modelo completamente secular de gestão só se deu no final do século XVIII, com a expulsão dos jesuítas.

Cada família possuía uma gleba de terra para o cultivo de subsistência. Ali plantavam batata, milho, algodão, feijão e frutas. Havia também o trabalho comunitário em áreas de "propriedade de Deus", onde se devia trabalhar seis horas, dois dias por semana. Alguns trabalhos comunitários eram a construção de pontes, canais de irrigação, fontes para água e moinhos. Os instrumentos de trabalho eram coletivos.

Não se usava dinheiro. Fumo, mel e milho serviam para a troca, mas os centros de abastecimento da comuna proviam o que faltasse a uma ou outra família. A criação de gado e a venda dos produtos locais serviam para comprar bens como tecidos, ferramentas de metal e sal. O ideal era que as missões fossem autossuficientes, mas muitas delas subsistiam somente ao dízimo imposto pelos jesuítas aos colonos, por meio da Coroa, o que disseminava o ressentimento contra os padres missionários.

Nas fazendas, os índios eram remunerados e recebiam melhor atendimento do que os escravos negros dos engenhos. O morticínio nas missões da costa pela epidemia de varíola fez da saúde dos índios a principal preocupação dos jesuítas. Mais suscetíveis que os europeus a doenças trazidas do Velho Continente, como a gripe, eles eram vigiados diariamente por grupos de enfermeiras que faziam a ronda e produziam relatórios diários sobre os habitantes. Mesmo quando uma doença era conhecida dos europeus, permitia-se o acompanhamento do pajé, o curandeiro tribal.

A vida na comunidade seguia uma rotina monástica. Antes do amanhecer, tocava-se o sino para despertar. Seguiam-se as orações. As crianças eram acordadas, assistia-se à missa e, às 7 horas, distribuía-se o trabalho. Às 8 horas, os jesuítas visitavam os doentes e enterravam os mortos. Depois, vinham o desjejum e o trabalho para os adultos ou a escola para as crianças, com um intervalo para o almoço entre as 11 horas e o meio-dia.

A partir das 16 horas, seguiam-se o catecismo, novas orações, lanche, a segunda missa do dia e o jantar. Entre as 20 e 21 horas, apagavam-se os lampiões para dormir. Não se trabalhava em dias santos nem aos domingos, reservados para uma missa solene e festividades – teatro, dança, procissões. Entre os espetáculos públicos, havia combates simulados, concertos musicais e, em função daqueles que desejavam se penitenciar publicamente, a autoflagelação.

A educação nas escolas permitia o desenvolvimento não apenas do conhecimento, como das artes. Os filhos dos caciques e dos oficiais eram alfabetizados em tupi, castelhano e latim. Muitos jesuítas utilizavam o teatro e as artes plásticas para ilustrar ensinamentos religiosos. Encenavam-se dramas sacros, com a vida de santos e passagens das Escrituras, além de peças teatrais clássicas. Alguns índios se tornaram artistas notáveis, como Kabiyú, que pintou uma celebrada Virgem das Dores, e o índio zapoteca Miguel Cabrera, fundador da segunda academia de pintura do México. Foi criada a Escola de Cusco, fundada pelos jesuítas Juan Íñigo de Loyola e Bernardo Bitti, com a participação e influência dos incas, da qual surgiu um estilo sincrético originário da arte peruana.

Apesar de as regras serem as mesmas para todas as missões, as particularidades eram muitas – assim como os resultados. Em alguns casos, houve a conversão completa dos índios, como nas missões de Juli, no Peru, e Tepotzotlán, no México. Essas, porém, foram exceções. "Na maior parte das vezes, os nativos jamais aderiram integralmente ao novo credo, e continuaram mantendo muitas de suas práticas religiosas tradicionais", afirmam os historiadores Neimar Machado de Sousa, Amarilio Ferreira Junior e Antônio Jacó Brand.[63] "Não foram raros os pajés e xamãs que permaneceram como focos de resistência, por vezes dissimulando uma aceitação dos ritos católicos, mas, na verdade, se apropriando de suas formas externas para continuarem em segredo o culto aos seus próprios deuses."

O sincretismo foi adotado também pelo outro lado. Os pajés imitavam os gestos da bênção, usavam cruzes em suas cerimônias e davam hóstias feitas de mandioca e bebidas com ervas supostamente mágicas. "Os piores e mais perniciosos são os enterradores", afirmou o padre Montoya.[64] "Seu ofício é matar [...] Às vezes enterram sapos atravessados com alguma espinha de pescado, com que se vai enfraquecendo quem desejam matar, e sem outro acidente, morrem."

Se por um lado os jesuítas conseguiam diminuir o alcoolismo, a poligamia, o infanticídio, o assassinato por vingança e os ritos de canibalismo, que tanto tinham horrorizado os primeiros europeus a desembarcar no continente, os índios eram refratários a outros ensinamentos. Resguardavam-se na hora da confissão, um sacramento visto mais como uma forma de os padres saberem o que se passava em suas vidas para controlá-los do que para obter o perdão divino. Muitos continuavam a acreditar em espíritos malignos e na predição segundo o comportamento dos animais. Os índios guaranis, em especial, tinham dificuldade de aceitar a noção de pecado e a necessidade do padre como um intermediário entre eles e a divindade.

A multiplicação das missões e sua transformação em fazendas produtivas ampliaram a influência dos jesuítas. Seu poder nessa época era tamanho que o prepósito geral em Roma – superior máximo da ordem – era conhecido como o "Papa Negro", pela cor da batina, sugestão também de certa natureza diabólica, em contraponto ao do papa, que usava o branco. Com missionários que pareciam verdadeiros guerreiros da selva, a Companhia de Jesus se espalhava por toda a América e se consolidava como a ordem religiosa mais poderosa e abastada da Igreja Católica.

O sucesso econômico das missões atraiu a atenção de *maloqueros* e *encomenderos,* que utilizavam a zona cinzenta das leis filipinas para avançar. "A motivação de maior importância foi a cobiça despertada nos colonos com o enriquecimento extraordinário de algumas das missões", aponta Darcy Ribeiro.[65] "Explorando as terras indígenas e sua força de trabalho, os jesuítas começaram a funcionar como províncias prósperas que se proviam de quase tudo, graças ao grande número de artesãos com que contavam, e ainda produziam excedentes, explorando drogas da mata que, juntamente com o produto de suas lavouras e outras produções mercantis, faziam deles uma das forças econômicas principais do incipiente mercado colonial."

Os índios missioneiros apareciam, então, como um atraente alvo para os caçadores de escravos, com a facilidade de que, por ordem da Coroa, não podiam ser armados pelos espanhóis – medida de segurança que assim procurava evitar rebeliões. A escravidão seguia proibida, mas, assim como acontecia antes da União Ibérica, permanecia como uma daquelas leis que nem a força do todo-poderoso monarca fazia pegar. Depois da carta régia de dom Sebastião I, de 1570, que garantia a liberdade dos índios, e da lei filipina de 1595 que proibia sua escravização, em 1601 seguiu-se outra lei que abolia a escravidão indígena. Em 1605, uma provisão real estabelecia ampla liberdade aos índios.

Em 30 de julho de 1609, por pressão dos jesuítas, foi promulgada uma lei de emancipação dos índios, por meio da qual Filipe II declarava amplamente livres, por direito e nascimento natural, todos os índios da colônia. E instituía o trabalho assalariado: "As pessoas que deles [índios] se servirem nas suas fazendas lhes pagarão seu trabalho, assim e da maneira que são obrigados a pagar a todas as mais pessoas livres, de que se servem", sentenciou, "podendo, outrossim, os ditos gentios com liberdade e segurança possuir sua fazenda e propriedade, morar e comerciar com os moradores das capitanias."

Na segunda parte do documento, o rei estabelecia que a catequese dos índios cabia aos jesuítas, "pelos muitos conhecimentos e exercício que desta matéria têm, e pelo crédito e confiança que os gentios deles fazem". Confiou à Companhia de Jesus a proteção dos índios e determinou que os governadores entrassem em acordo com eles sobre a criação de aldeamentos e distribuição de terras. Estavam proibidos os colonos de buscar índios no sertão ou transferi-los de capitania, lugar ou povoação.

Os índios ficavam ainda isentos de tributação e da sujeição às leis civis. Onde não houvesse ouvidor, o governador deveria nomear um juiz e um "curador" para defender as suas causas. Para completar, a lei reconhecia abusos no cativeiro dos índios e restabelecia a liberdade a todos os que tinham sido escravizados fora das chamadas "guerras justas"; anulava títulos de venda e sentenças judiciais em contrário.

O documento incluía não somente os índios cristianizados como também o chamado "gentio" – nativos considerados ainda em estado selvagem. Permitia ainda o cativeiro dos índios da declarada "guerra justa", ou seja, aqueles que se opunham diretamente à ocupação portuguesa, porém com o limite de dez anos para sua escravidão. Embora pudesse abrir uma brecha para a escravização dos índios pelos bandeirantes, servia mais ao interesse dos próprios jesuítas. Significava na prática que, se quisessem escapar à morte ou à escravização, os índios não tinham outra saída a não ser recolher-se às reduções.

Aquela peça de jurisprudência real caiu como um raio na gestão de dom Diogo de Meneses, ao norte, e Francisco de Sousa, ao sul. Nem mesmo os jesuítas a aceitaram completamente de bom grado. O pagamento de salário aos índios desestruturava o sistema de aldeamentos, que funcionavam como engenhos e indústrias agrícolas: aquele custo os tornaria inviáveis. Ao mesmo tempo, não restava aos bandeirantes outra saída senão buscar os índios dentro das missões. "Já em 1610 escrevia o padre Diogo Gonzalez ao provincial padre Diego de Torres pedindo-lhe que alertasse o geral da Companhia de Jesus sobre o perigo das incursões dos paulistas", relata Taunay.[66]

O cronista Ruy Díaz de Guzmán calculava que no Guaíra, entre os rios Tibaxiva e Paraná, os missionários tinham conseguido concentrar em seus aldeamentos cerca de 300 mil índios. O historiador jesuíta Pedro Lozano (1697-1752), na sua *Historia de la conquista del Paraguay, Río de la Plata y Tucumán*, estimou a população na região em 5 mil famílias, ao redor das vilas de Loreto e Santo Inácio Mirim. Era habitada desde o Holoceno por pescadores e caçadores primitivos, que se mesclaram aos guaranis no início dos anos 1000, quando estes desceram do norte na mesma corrente migratória que os tupinambás, conquistadores da costa brasileira.

Nos arredores da povoação espanhola de Xerez, havia ao menos 4 mil índios reduzidos, que atraíram primeiro os *encomenderos* de Assunção. Além deles, havia os *palomeros* – os pombeiros, nome que em Angola também se dava aos traficantes de escravos, ou ainda *mù*, em tupi, que significava "contratantes". De acordo com o padre Montoya, eram traficantes de escravos, que trocavam gente por mercadoria em "mesas de câmbio". Ofereciam homens, mulheres e crianças para "moradores das vilas da costa do Brasil", e compravam "achas, machetes, facas e todo gênero de ferramentas, vestidos velhos, chapéus e mil bijuterias para a compra de almas".

Para os jesuítas, os pombeiros eram um perigo equivalente ao dos próprios bandeirantes. "Estes pombeiros, se bem professam ser cristãos, são mesmo os demônios do inferno, oficina de todo gênero de maldades e pecados, aduana de embriaguez e de torpíssimos pecados", escreveu Montoya.[67] "Têm as casas cheias de mulheres do gentio, compradas para suas torpezas: incitam os gentis para que façam a guerra e se cativem, e prendam e tragam [os prisioneiros] para o contrato e venda."

Com os pombeiros, os paulistas conseguiam burlar a proibição de caçá-los diretamente. Porém, não era o suficiente. O capitão-mor da Paraíba, Feliciano Coelho, à frente dos membros da Câmara, enviou ao rei uma representação, com data de 19 de abril de 1610, sobre a situação. Receava uma guerra civil, com índios e colonos degolando-se uns aos outros. Em carta de 8 de maio, o governador-geral do norte, dom Diogo de Meneses, fez o mesmo. Em outra carta, de 7 de fevereiro de 1611, Meneses apelou para que o rei tirasse dos padres a direção temporal das aldeias, ficando apenas com a tarefa da catequese, ou acabasse com elas. "Eles e o Estado maiores vantagens ganhariam, introduzindo-se os gentios nas grandes povoações, onde somente, que não isolados delas em aldeias, poderiam ganhar os hábitos civilizados", afirmou.

Diante do descontentamento geral, em 10 de setembro de 1611, Filipe II assinou outra lei que teoricamente reduzia o poder dos jesuítas. Reconhecia o cativeiro dos índios já aprisionados e estabelecia os demais como livres. Era considerado legítimo o cativeiro não só dos prisioneiros de "guerras justas" como daqueles que tinham sido resgatados do cativeiro imposto por outros índios, já se encontrando, portanto, na condição de escravos para serem devorados. Instituía o princípio da não agressão, isto é, não se podia fazer guerra a nenhuma tribo sem que esta tivesse atacado ou se rebelado primeiro. A decisão de atacar uma aldeia indígena teria de ser tomada em conjunto pelo governador, o bispo, onde houvesse, um chanceler e desembargadores, além dos prelados das ordens, e depois submetida ao próprio rei.

O decreto estabelecia ainda que os índios serviriam como cativos por no máximo dez anos, quando comprados por preço não excedente ao taxado pela junta; acima disso, seriam escravos perpétuos. Filipe II estabeleceu limite de 300 casais índios por aldeamento jesuíta, com uma distância mínima para engenhos e vilas, de forma a mantê-los longe da tentação dos escravizadores. E mandou que lhes distribuíssem terras. Criou ainda uma escala hierárquica para seus cuidados espirituais que tirava a tutela dos nativos dos jesuítas. Os índios deveriam primeiro ser atendidos pelo vigário da aldeia local, se conhecedor da língua dos índios; na sua falta, pelos jesuítas; por fim, padres de qualquer outra ordem, indicados pelo rei ou pelo governador, confirmados pelos bispos.

A medida mais importante do ponto de vista dos paulistas, entretanto, foi a que determinava a chefia civil das povoações – o que incluía os aldeamentos jesuítas. Dizia o novo decreto que os povoamentos deviam ter um capitão civil, com mandato de três anos, que devia residir na comunidade com a família e um vigário. Haveria um ouvidor para averiguar queixas e um desembargador seria enviado todos os anos pelo governador para conferir o cumprimento da lei. Nos casos em que ela não estivesse sendo respeitada, o desembargador tinha poderes para restabelecer a ordem em processo sumário.

Era do que eles precisavam para encarar as hostes do "Papa Negro".

Guerra santa

Relegados a segundo plano pela nova ordem filipina de 1611, os jesuítas viram seu poder esvaziar repentinamente. Os "homens bons" de São Paulo começaram a se organizar para fazer valer a lei. Em 12 de junho de 1612, a Câmara convocou a população da vila de São Paulo para impedir que os jesuítas continuassem a instalar nas cercanias de seu colégio as grandes aldeias indígenas. Ao mesmo tempo, intensificava-se a caça aos índios. Aldeias indígenas inteiras eram escravizadas, o que aumentava o número de índios submetidos, a ponto de sua população dentro das vilas e fazendas paulistas ser considerada perigosa para a segurança pública. Em 1613, a Câmara chegou a temer uma revolta dos cativos, que suplantavam em número e força os cidadãos portugueses.

As bandeiras avançavam. Antônio Pedroso Alvarenga, por volta de 1615, correu o sertão do Paraupaba. Há registros ainda de entradas em 1619 de Manuel Preto e de um frade chamado Tomé em busca das "pedras de Jecohaigeibira". Sob o pretexto de explorar o garimpo, André Fernandes ampliava as sesmarias da família, como a que recebeu em 23 de setembro de 1619, e fazia a vila de Santana de Parnaíba prosperar com o tráfico indígena. A ameaça de excomunhão, empunhada pelos jesuítas como uma espada, não chegava a impedir os paulistas de prosseguir nos negócios, agora mais bem amparados pela legislação.

O sucesso da primeira onda de bandeiras estimulou em 1619 a Câmara de São Paulo a preparar uma grande expedição à região do Guaíra. Os "homens bons" paulistas incumbiram essa tarefa a Manuel Preto, nomeado seu mestre de campo. A bandeira era dividida em 4 companhias. Um dos seus capitães era Antônio Raposo Tavares, que tinha por alferes Bernardo Sanches de Souza e como sargento Manuel Morato Coelho. Encontrava-se então com apenas 21 anos, longe ainda do apelido que o consagraria: "O Velho". Os outros capitães eram Pedro Vaz de Barros, que se tornou vereador naquele ano e seria capitão da vila de São Paulo em 1624; Brás Leme e André Fernandes.

Português nascido em São Miguel do Pinheiro, no distrito de Beja, em 1598, Tavares tinha vindo ao Brasil aos 20 anos. Acompanhara o pai, Fernão Vieira Tavares, antigo partidário de dom Antônio, prior do Crato, nomeado capitão-mor da capitania de São Vicente pelo seu donatário, o conde de Monsanto, em 1620. Por conta das disputas em torno da posse da capitania, Fernão colaborou com os esforços de Monsanto para a sua demarcação. "Os portugueses figuravam o Brasil como uma ilha, limitada pelo rio da Prata e o Tocantins-Araguaia", afirma Jaime Cortesão.[68]

Esse trabalho não apenas iniciou Tavares na vida de capitão do mato como lhe deu experiência cartográfica – o que mais tarde o levaria a ser escolhido para fazer a jornada da Bandeira dos Limites, pela qual se tornou mais conhecido. "Fernão Vieira Tavares e os próceres de São Vicente e de São Paulo estiveram durante anos preocupados com problemas da geografia política brasileira: a delimitação das terras das capitanias do extremo sul, não só entre si, mas com as terras da Coroa espanhola, cujos mandatários e agentes, muito em especial os jesuítas, verdadeira guarda avançada do poder civil, buscavam reduzir ao mínimo o domínio português naquelas partes", escreveu Cortesão. "Esse problema, mais que a ninguém, devia preocupar o conde de Monsanto e aos seus representantes, aos quais a extensão espanhola, sob forma jesuítica, ameaçava arrebatar os domínios e riquezas em potência das terras mais próximas do Prata."

Certamente partiu desses estudos, iniciados por Fernão Tavares com ajuda do filho, a base para a reivindicação pelos paulistas das terras desde Buenos Aires até o Paraguai, onde os bandeirantes entravam reclamando o que achavam ser deles por direito. Quando Fernão Tavares morreu, apenas dois anos após assumir a capitania, em 1622, Raposo Tavares casou-se e se estabeleceu na vila de São Paulo, com o intuito de seguir penetrando o sertão, a partir de terras adquiridas na região de Quitaúna, a cerca de 8 léguas da vila. Reduto isolado pela mata virgem, ligada a São Paulo pelo Tietê, sua fazenda foi o primeiro povoamento do que seria no futuro a cidade de Osasco, hoje parte da região metropolitana de São Paulo.

Outras bandeiras se seguiram. Em 1622, Antônio Castanho da Silva promoveu uma bandeira sobre a qual há poucas referências além de que teria atravessado todo o atual estado de São Paulo e subido o Paraná até alcançar as faldas dos Andes peruanos, onde morreu, supostamente nas minas de Tataci, na província de Chiquitos, no Peru. Em 1623, com seu irmão Sebastião, Manuel Preto levou nova bandeira ao Guaíra. Desta vez, tinha como capitães o experimentado bandeirante Francisco de Alvarenga, participante da expedição de Nicolau Barreto, em 1602, e Pedro Vaz de Barros. Destruíram reduções jesuíticas no Ivaí, no Tibagi e no Uruguai e trouxeram mais escravos.

O governador Diogo de Mendonça Furtado decretou duas medidas que favoreciam os caçadores de escravos paulistas. Em sua primeira sentença, anulou multas e outras penas de quem tivesse tomado terras indígenas. Dava à Câmara de São Paulo a fiscalização das bandeiras. E instituía uma exportação compulsória de índios à Bahia, de forma que a sede do governo-geral fosse repovoada.

Em assembleia popular no dia 13 de abril de 1624, os habitantes de São Paulo protestaram contra a imposição de uma cota no envio de índios a Salvador. A medida nunca chegou a ser executada, por causa da nova invasão dos neerlandeses ao Brasil, num ataque direto à própria Salvador, sede do governo-geral da repartição colonial norte. Com isso, a importação de escravos negros da África sofreu seu primeiro abalo. E os paulistas passaram a investir ainda mais na captura de indígenas.

As incursões de apresamento dos índios pelo sertão se multiplicaram. Em 1623, o então procurador da Câmara da vila de São Paulo, Luís Furtado, anotou que a vila se encontrava desprotegida e por falta de segurança ficava paralisado o trânsito com as vilas de Santos e São Vicente, no litoral: "Esta vila está despejada pelos moradores serem idos ao sertão, pela qual razão se não pode fazer o caminho do mar", anota Taunay.[69]

O bandeirantismo estava apenas no começo e já se alastrava, assim como sua ferocidade. Aos poucos, as incursões pelo Guaíra forçaram os jesuítas a concentrar os índios em reduções cada vez maiores. Em 1626, surgiu a província do Paraná, com 7 reduções, entre os rios Paraná e Uruguai. A partir de 1627 começaram os ataques bandeirantes em busca de indígenas fora das reduções. Em 4 de setembro, o provincial paraguaio, padre Nicolas Mastrillo Duran, escreveu ao procurador--geral da Companhia de Jesus em Madri, Francisco Crespo, que os jesuítas de São Paulo o tinham alertado sobre o recrudescimento das bandeiras no Guaíra.

"Apercebe-se que, em São Paulo, quatro companhias de soldados, com voz pública, se iam a despovoar as reduções dos padres da companhia", escreveu o provincial. Duran pedia que Crespo levasse a denúncia ao Conselho de Portugal e ao poderoso primeiro-ministro do rei, o conde-duque de Olivares. "Esta gente não teme excomunhões, não faz caso da justiça de Deus, nem dos homens", prossegue. "Tenho por certo que não se porá termo a estas tiranias e crueldades enquanto não se arrasa esta vila de São Paulo."[70] Manuel Preto foi processado por sua violência nas entradas pelo sertão. Eleito vereador da vila de São Paulo, foi inicialmente impedido de tomar posse do cargo, que manobrou mais tarde para ocupar.

À guerra interna que se estabelecia entre bandeirantes paulistas e portugueses, de um lado, e jesuítas e castelhanos, de outro, somava-se outra: a tomada de Salvador pelos neerlandeses em 1624, que seria logo rechaçada, mas seguiu-se de outra em Pernambuco, mais organizada e feita para durar. Aumentou ainda mais a demanda por escravos índios. "Em 1628 a situação piorou, quando, frente à necessidade dos portugueses de mão de obra para seus engenhos de açúcar por terem sido cortados os escravos negros pelos holandeses na conquista da costa do Nordeste brasileiro, intensificaram-se as incursões pelo Guaíra", afirma o historiador José Luis Mora Mérida.[71]

Em 1628, uma nova grande bandeira avançou sobre o Guaíra. Sua jornada foi narrada em detalhes pelos padres Simón Maceta, espanhol, e Josse Van Suerck, belga, acastelhanado como Justo Mancilla, ou "Justo e Sem Mancha". Segundo eles, toda a vila de São Paulo foi envolvida na empreitada: nela estavam André Fernandes; os 2 juízes de São Paulo, Sebastião Fernandes Camacho e Francisco de Paiva; o procurador do conselho, Cristóvão Mendes; e o filho, o genro e irmão do ouvidor Amador Bueno. "De maneira que, fora os velhos, que por sua velhice não podiam ir, ficaram [em São Paulo] apenas 25 homens que pudessem tomar armas."[72]

A bandeira contava com uma centena de portugueses e 800 mamelucos. Seu mestre de campo, segundo os jesuítas, seria Manuel Preto, "grande fomentador, autor e cabeça de todas estas malocas". O "capitão-mor" era Raposo Tavares. O alferes, que levava a bandeira, Bernardo de Sousa. O terceiro em comando, o sargento Manuel Morato. Pedro Vaz de Barros, Brás Leme e André Fernandes comandavam três das quatro companhias. A última, da retaguarda, era chefiada por Salvador Pires de Mendonça. Em paralelo à bandeira, uma tropa comandada por Mateus Luís Grou varou os sertões de Ibiaguira nas cabeceiras do rio Ribeira. Seguiam na bandeira, entre outros, Frederico de Melo, João Pedroso de Barros, Antônio Bicudo, Simão Álvares. E o cacique Tataurana, prisioneiro de guerra.

Em setembro de 1628, os bandeirantes alcançaram o rio Tibaji, onde foram aprisionados os índios da redução de Encarnación. Para proteger-se e manobrar, Manuel Preto fez construir ali um forte, nas margens do Tibaji. "O superior do *pueblo*, padre Antonio Ruiz [de Montoya], pediu-lhe a soltura de seus catecúmenos", relata Taunay.[73] "Recusou-o o paulista, motivo pelo qual apresentaram-se em face da estacada os padres Cristóvão de Mendoza e José Domenech, à testa de 1.200 índios." Nos combates, em que o padre Domenech saiu ferido, Preto decidiu devolver os índios prisioneiros e se comprometeu a "só cativar índios bravios", de acordo com Taunay.[74]

Por quatro meses, os bandeirantes caçaram índios fora das reduções. Em 30 de janeiro de 1629, porém, Raposo Tavares atacou a missão de Santo Antônio. "Levaram tudo a sangue, ferindo, matando e roubando sem perdoar aos que se refugiavam na igreja, profanando-a sacrilegamente", protestou o padre Pedro de Mola, conforme registrado pelo padre Francisco Jarque, noviço da província do Paraguai desde 1628, e biógrafo dos padres Ruiz de Montoya e José Cataldi.[75]

Uma a uma, as aldeias foram sendo destruídas. "A página negra da história das bandeiras", definiu o historiador Paulo Prado. "Toda a vida desses salteadores não é senão ir e vir do sertão e trazer cativos com tantas crueldades, mortes e latrocínios, e logo vendê-los como se fossem porcos", escreveram os padres Maceta e Mancilla.[76] Ambos testemunharam a sucessiva tomada das missões do Guaíra, depois de Santo Antônio: Jesús María, Santo Inácio e Loreto, onde estava Montoya.

As igrejas foram saqueadas e os índios aprisionados em massa. Somente de Jesús María, a coluna sob o comando de Morato Coelho teria levado 1.500 cativos. Segundo protesto em carta de Montoya, Tavares entrou na vila de Encarnación "tirando os índios de dentro das casas dos espanhóis, porque dizem que têm licença para isto: uma licença que 'Deus lhes deu'".[77]

"Entrou esta gente pior que alarves por nossas reduções, cativando, matando, e despojando altares e alojamentos", narrou Montoya. Prenderam o padre José Domenech, "dizendo-nos palavras, saídas de suas sacrílegas bocas, que não éramos sacerdotes, e sim demônios, hereges, inimigos de Deus". Montoya narra ter sido ameaçado com uma escopeta contra o peito. "Abri a roupa, para que não houvesse nenhuma resistência para o pelotaço", afirmou.

Segundo Montoya, os bandeirantes entraram também nas reduções de Santo Antônio e São Miguel "destroçando os índios a machetaços". "Acudiram os pobres índios a defender as igrejas, onde [os paulistas] os matavam, tomando os despojos e derramando os óleos [rituais] pelo chão", narrou. Teriam também tomado as roupas dos padres para humilhá-los. "Olhem os pobretões que entram nas suas terras", teriam dito aos índios, segundo Montoya. "Por nada ter a comer, eles vêm aqui para enganá-los; assim, viemos para expulsá-los de toda esta região, porque esta terra é nossa, e não do rei da Espanha."

Ainda de acordo com Montoya, diante do apelo dos padres, os bandeirantes prometeram poupar velhos, feridos e doentes. Antes de partir, porém, atearam fogo aos aldeamentos. Seguiram em marcha para São Paulo, segundo Maceta, com cerca de 9 mil prisioneiros levados a ferro, vítimas das piores atrocidades. No seu relatório ao governador-geral, assinado com Mancilla, menciona ter ouvido falar em "até 20 mil almas", somente na companhia de Raposo Tavares.

Juntos, Maceta e Mancilla seguiram a coluna dos bandeirantes. Procuravam amparar velhos, crianças e mulheres que tentavam acompanhar os prisioneiros, mas ficavam para trás, "sozinhos por aqueles desertos, entregues à manifesta morte". Encontravam, ainda, restos dos prisioneiros mortos no trajeto – tantos, segundo Montoya, "que não era possível enterrar". Quando se tornavam um peso para os outros com quem dividiam as gargalheiras e correntes, eram sumariamente decapitados – e a coluna seguia adiante sem perder tempo. "A muitos acharam feitos em pedaços, sem braços, pés e cabeças, cortadas com o alfanje, por não poder seguir em suas argolas com seus companheiros", relata o padre Francisco Jarque.[78]

Relataram ainda os padres Mancilla e Maceta que os bandeirantes sabiam que os padres estavam em seu encalço. "Procuravam cansar-nos de todas as maneiras, e nos afligir para nos fazer voltar", afirmaram. "O capitão Raposo Tavares e seu sogro Manoel Pires com palavras claras nos disseram que não queriam [nossa presença] por bem ou por mal [...] e que, se fôssemos em sua companhia, a cada um de nossos três índios, lhes meteriam quatro pelotaços na barriga."

Ao final da jornada até São Paulo, estimada em 300 léguas, que percorreram em 47 dias, os padres Mancilla e Maceta foram recebidos pelos moradores da vila aos gritos de "cães, hereges, infames". E "ameaçados para voltar a suas terras". "Puseram mãos violentas no padre Maceta, sem respeito à sua idade e veneráveis cãs", relatou Montoya. Aos olhos dos bandeirantes, a expedição fora um triunfo. Mal voltou a São Paulo, Manuel Preto organizou nova empreitada, "sem descansar", a "povoar o porto de Santa Catarina". Segundo Mancilla e Maceta, o cérebro por trás de todas as malocas tinha dito "ultimamente que quer morrer nelas".[79]

Mancilla e Maceta foram abrigados no colégio de São Paulo, antes de serem embarcados por ordem do provincial do Brasil, padre Antônio de Matos, ao Rio de Janeiro, e depois para Salvador, de modo a denunciar o ocorrido ao governador-geral, dom Diogo Luís de Oliveira. Relataram não apenas o massacre e a escravização dos índios, como a demolição de todo o trabalho jesuítico, por ter se espalhado o terror. "Imaginam, e dizem todos esses índios, que nós os juntamos para lhes ensinar a lei de Deus, somente para entregá-los sob esta máscara aos portugueses", afirmaram. "E que os enganamos, dizendo tantas vezes que estariam seguros conosco, e que os portugueses eram espanhóis e vassalos do mesmo rei, de forma que não haviam de tocá-los nem fazer dano [...]."[80]

O governador enviou à vila de São Paulo o escrivão real da fazenda do Rio de Janeiro, Francisco de Costa Barros, para ordenar a libertação dos índios presos no Guaíra e prender os participantes da bandeira, "todos que achasse". Ordenou ao capitão-mor do Rio de Janeiro que colocasse à sua disposição 12 soldados armados, como proteção e para cumprimento das ordens.*

Em documento, dom Diogo registrou que os paulistas mereciam punição, por entrarem em "demarcações do reino de Castela [...] sabendo que lhes era proibido por provisões reais irem à dita jornada, e não só haverem ido a ela, mas com ordem militar, criando ofícios e fazendo-se capitães, como se não conhecessem rei e senhor".[81] Os presos seriam julgados em Salvador e teriam seus bens confiscados, apesar das dificuldades antevistas pelo governador, "porque os moradores da dita capitania são todos aliados, e parentes, e o que mais é, culpados no mesmo crime".

"Disse-nos [o governador] que gostaria de ir em pessoa a São Paulo para o remédio", escreveu Maceta. Ao partirem de volta para o sul, porém, ele e Mancilla testemunharam a chegada a Salvador de Manuel de Melo, irmão de Fradrique de Melo Coutinho, senhor de engenho do Espírito Santo, que trazia como presente para o governador-geral 2 índios do Guaíra recém-comprados em São Paulo. Maceta dirigiu-se ao governador, exigindo que mandasse prender Melo. Mas este se recusou a fazê-lo.

Ficaram os 2 jesuítas no Rio de Janeiro, de onde denunciaram aos seus superiores em Madri que o governador do Paraguai, dom Luis Céspedes, inadmissivelmente inoperante em toda aquela situação, mancomunava-se com os caçadores de índios, que tinham se tornado seus parentes e consorciados. E prepararam-se para ir com Francisco de Costa Barros a São Paulo, confrontar os paulistas. Em vez de prenderem os bandeirantes, acabaram presos – e escaparam por pouco do pior. "Foram os jesuítas proibidos de se avistar com seus confrades do colégio e detidos na casa de um particular", registrou

* In: *Traslado do auto que mandou fazer dom Diogo Luís de Oliveira, governador do Brasil, sobre as resoluções tomadas quanto à entrada de alguns portugueses no sertão*, Salvador, 27 set. 1629.

Taunay.[82] "Viu-se Barros ameaçado de morte diversos dias seguidos e, espavorido, partiu para o Rio de Janeiro com seu meirinho e escolta de galfarros."

O avanço sistemático dos paulistas para o leste, com a passividade das autoridades, que, a pretexto de evitar conflitos dentro da união dinástica, defendiam também os interesses dos *encomenderos*, obrigou os jesuítas espanhóis a recuar. Liberados em São Paulo, Maceta e Mancilla foram ao encontro de Montoya, em Loreto. No final de 1631, convencido de que não havia esperança de condenação dos bandeirantes nem do arrefecimento dos ataques, Montoya obteve o consentimento do padre provincial da Real Audiência de Chuquisaca, Francisco Vázquez Trujillo, para partir com os índios restantes rumo ao sul, deixando para trás "cem léguas despovoadas", segundo ele.[83]

De acordo com Montoya, *encomenderos* da Ciudad Real pretenderam aproveitar-se da situação e "sair-nos pelo caminho, e, assim como os de São Paulo, quitar-nos as ovelhas". Montoya então colocou 12 mil índios em 700 balsas, deixadas em seguida perto das Sete Quedas, e desceram por terra aquele trecho do rio Paraná. Ultrapassaram ao largo as temidas Cataratas do Iguaçu, as maiores do mundo, onde o rio Iguaçu "se despenha de um alto cerro de penhas que têm algo como doze léguas de fachada, e é tanta fúria de água que se quebra por aquela multidão de penhas, que são várias e espantosas figuras, fazendo em infinitas partes vários canais", na descrição do padre Nicolau Duran.*

Com isso, ainda segundo Montoya, o inimigo acabou "furioso, vendo-se burlado" quando chegou às missões e, para sua surpresa, após arrebentar os portões de madeira, encontrá-las despovoadas.[84]

O "êxodo guairenho", como o episódio foi chamado pelos historiadores, tornou-se uma fuga épica. Nas Sete Quedas, juntaram-se à coluna de Montoya guaranis provenientes das reduções de Taiaoba guiados pelo padre Pedro Espinosa. Os índios sofriam com a fome: "comiam os couros velhos, os laços, as rédeas dos cavalos", segundo ele.[85] Veio também "a peste", que matou cerca de 2 mil índios. "Mais

---

* Carta ânua, Córdoba, 12 nov. 1628.

vale que o corpo morra que a alma perigue na fé entre aqueles homens sem Deus, os vizinhos de São Paulo", escreveu o padre.

Divididos em grupos que avançaram 25 léguas por terra e depois pelo rio, em novas balsas improvisadas de taquaruçu, chegaram às reduções de Natividad del Acaray e Santa María del Iguazú. Ali receberam ajuda para continuar pelo rio Paraná. Em março de 1632, com Montoya à frente, chegaram ao Tape, uma viagem de mais de mil quilômetros. Ali, refundaram as reduções de San Ignacio Miní e Nossa Senhora do Loreto, nas margens do córrego Yabebyry. Dos 12 mil guaranis que iniciaram a jornada, apenas 4 mil conseguiram chegar. Para Montoya, no entanto, estavam melhor mortos que nas mãos dos paulistas. "Muitas mortes das que pudera contar, e mudanças de piores vidas, a brevidade me pede que as cale", escreveu ele. "Advirto somente um sentir comum naquelas paragens, que é muitíssima gente a que se salva."[86]

Aos que ficaram pelo caminho, somou-se a morte do padre Espinosa, trucidado por índios numa noite de inverno, já dentro da redução. Ao vê-lo fazendo suas preces, "lhe romperam a cabeça, deixaram desnudo a mãos de tigre e o comeram todo", registrou Montoya. "Só pudemos ver um braço, uma perna, a que demos sepultura."

Um sinal, para ele, de que os horrores daquela epopeia estavam longe de terminar.

Maloqueros e *encomenderos*

Pelo sucesso dos ataques ao Guaíra, que de acordo com o registro de Montoya haviam resultado em 70 mil cativos, mais o apresamento de índios na região Sul, o donatário da capitania de São Vicente e São Paulo, dom Álvaro Pires de Castro, conde de Monsanto, premiou Manuel Preto com o título de governador das ilhas de Santana e Santa Catarina. Em maio de 1629, Manuel Preto embarcou em Santos para Santa Catarina, onde tomou posse de suas terras com a fundação de um arraial.

Deixou Manuel Homem da Costa como sargento-mor das ilhas e retomou as expedições ao Guaíra. Apavorados, os moradores das vilas abandonaram suas casas. Porém, conforme notícia que chegou a São Paulo no dia 22 de julho de 1630, uma flecha guarani, disparada em uma emboscada, derrubou o homem mais terrível que já se vira até então na colônia brasileira. Incontinente, o padre Maceta escreveu ao procurador da província de Portugal, regozijando-se pela morte do bandeirante. "Praga não deixa de ir povoar o inferno", escreveu.

Apesar dessa satisfação, as forças contra os jesuítas e as antigas proibições se aliavam. O canal entre São Paulo e Assunção se estreitava, por via de Parnaíba, e os *encomenderos* do Paraguai e os *maloqueros* paulistas se uniam, num pacto que seria garantido por laço de sangue.

Nomeado governador do Paraguai, dom Luis de Céspedes García Xería era militar de carreira, que servira no vice-reino do Peru, fora promovido a capitão-geral do Chile e, em dezembro de 1624, tivera seu nome lançado pelo Conselho das Índias a Filipe IV para governar o Paraguai. Foi nomeado em 6 de fevereiro de 1625 por sua capacidade de combate. Empossado na Espanha, sua viagem ao Paraguai foi uma aventura. Ficou retido seis meses em Sevilha e um ano em Lisboa, à espera de recursos e transporte. Desembarcou em Salvador depois de quarenta dias no mar que lhe pareceram "40 mil". Lá ficou mais vinte meses.

Em janeiro de 1628, conseguiu uma pequena caravela para chegar ao Rio, onde foi recebido com surpreendente gentileza pelo responsável de toda a capitania, Martim Correia de Sá, e o da cidade do Rio, seu filho Salvador Correia de Sá e Benevides. "Quando o navio que devia conduzi-lo ao rio da Prata foi embargado pelo fiscal, mandaram aprontar canoas para levá-lo a São Vicente, de onde ele pôde seguir por terra, via São Paulo, para Assunção", relata Charles Boxer.[87] Mais surpreso ainda ficou dom Luis quando, nas vésperas de sua partida, os Correia de Sá propuseram que se casasse com dona Vitória de Sá, filha de Gonçalo Correia de Sá, capitão-mor da capitania de São Vicente entre 1616 e 1620, e prima de Salvador.

"O arruinado fidalgo só podia aceitar contente essa oferta de casamento com uma herdeira bela e rica, que, além de sua alta hierarquia e nascimento, recomendava-se por um dote de 40 mil ducados em caixa, além de grandes plantações de cana-de-açúcar e extensas propriedades territoriais", registra Boxer.[88] Pelo lado dos Correia de Sá, era também do mais alto interesse fortalecer laços com o governador do Paraguai, que podia lhes dar apoio, ainda que velado, para a caçada aos índios na região de Guaíra e mesmo abrir passagem para as minas de Potosí, tanto pela via do Prata, que já havia sido testada, quanto pela do Peabiru.

Se saiu do Rio maravilhado, dom Luis passou ao horror na capitania de São Vicente. Embora reconhecesse a boa acolhida, teve de exibir na Câmara de São Paulo em 8 de julho sua ordem para "passar por este caminho, sendo proibido", conforme a ata daquele dia, e em carta a Filipe IV manifestou seu espanto com aquela gente bárbara. "Vêm à cidade nos dias de festa armados com escopetas, rodelas e pistolas, publicamente, com o consentimento da justiça", observou.

Segundo ele, as festas paulistas terminavam em "facadas e outras insolências, matando-se e espreitando-se pelos caminhos todos os dias, sem que tenha sido castigado homem nenhum até hoje". Acrescentou que em sua visita lhe contaram, sem receio nem cerimônia, estarem preparando naquele momento uma expedição com 900 brancos e 3 mil tupis para arrasar as missões ao sul do Paranapanema.

Da vila de São Paulo, dom Luis Céspedes foi ao Paraguai, onde tomou posse do governo em Ciudad Real, em 18 de setembro de 1628. Em 23 de outubro, foi recebido no Cabildo de Villa Rica del Espíritu Santo. Depois seguiu para Assunção, onde seria realizado seu casamento. Entre suas primeiras ações no governo, ao chegar enfim a Assunção, advertiu os jesuítas de que deveriam abandonar as disputas em torno das missões e reiterou a proibição de uso de armas de fogo por eles e pelos índios.

Estava desenhado o contencioso, que de um lado reunia jesuítas e administradores do reino e, de outro, uma associação entre *maloqueros* e *encomenderos*. "Os jesuítas não só se recusaram a remover suas missões, como ainda o padre Montoya, infatigável como sempre, fundou novas estações nos anos de 1628 e 1629, com o aparente objetivo de estender a linha de reduções até a costa brasileira, nas imediações da baía de Paranaguá, de maneira a impedir futuros avanços dos paulistas no território espanhol", afirma Boxer.[89]

A guerra se desenhava.

* * *

Numa monção, bandeira pacífica que desceu de barco o Tietê, Salvador Correia de Sá e Benevides assumiu pessoalmente a tarefa de levar sua prima Vitória para o casamento com dom Luis, em Assunção, em meio à selva infestada de índios belicosos, acompanhada de sua mãe, dona Esperança. Como proteção da noiva, arregimentou 420 índios e 31 portugueses e paulistas. Saíram em abril ou maio, para chegar em junho. De acordo com o certificado assinado no Rio de Janeiro em 9 de abril, o pretexto arranjado para aquela viagem foi levar os índios para "a defesa da praça" de Assunção contra os holandeses, que, na realidade, se encontravam a 10 mil quilômetros de distância.[90]

A expedição foi seguida de perto pela bandeira que se encontrava em preparativos durante a passagem de dom Luis por São Paulo, capitaneada por André Fernandes, e duraria cinco anos. "É costume dizer que André Fernandes escoltou dona Vitória de Sá do Brasil ao Paraguai", afirma Boxer.[91] Porém, enquanto a monção seguiu por rio, a bandeira seguiu por terra. "É possível, senão provável, que as duas tenham se encontrado em Ciudad Real, seguindo juntas para Assunção; mas é pouco provável que Salvador, sempre ardente defensor da Companhia [de Jesus], tenha participado dos primeiros ataques de André Fernandes às missões jesuíticas."

Cada um de sua forma, André Fernandes e Salvador Correia de Sá e Benevides aproveitaram a temporada em terras paraguaias. Os bandeirantes submeteram os índios paiaguás e guaicurus, na região do Chaco paraguaio. Fernandes internou um filho, Francisco Fernandes de Oliveira, no seminário em Assunção, em preparação para a ordenação. E hasteou a bandeira com as quinas, a bandeira nacional portuguesa, na entrada de Assunção.

Levou de volta a São Paulo, além dos índios escravos, um rebanho de cabras, bois e cavalos, adquiridos com a ajuda de dom Luis. Este justificou a presença dos bandeirantes no Paraguai como um auxílio para a população local, escrevendo ao rei que os paiaguás e guaicurus eram "indomáveis rebeldes, que negam a soberania de vossa majestade e desafiam a justiça real, assassinando os espanhóis e índios domesticados".[92] Manter suas tropas defendendo a capital da província seria também sua desculpa para não socorrer as missões jesuítas.

Nomeou Correia de Sá comandante das forças de defesa de Assunção contra o levante dos índios, por decreto de 3 de janeiro de 1631, alegando seu passado militar de lutas contra os holandeses e guerreador de índios, "a exemplo de seu pai, Martim de Sá". Durante quatro anos, Correia de Sá combateu os índios entre as províncias do Paraguai e de Tucumán. A começar pelos calchaquíes, do grupo diaguita, ao qual pertenciam também os yocaviles, guilmes, tafís, chicoanas, tilcaras e purmamarcas.

Antes sob influência do império inca, os calchaquíes eram inimigos temerários, que combatiam os espanhóis por tentar escravizá-los, e ameaçavam a província de San Miguel de Tucumán, incluindo sua capital, La Rioja, hoje na Argentina. Usavam cabelos longos, protegiam-se nas montanhas e preferiam matar suas crianças com um golpe na cabeça a vê-las caindo prisioneiras dos espanhóis. Deixaram em Correia de Sá 4 ferimentos de flechas nas escaramuças das quais participou. Em 17 de janeiro de 1632, com 15 espanhóis e 60 índios aliados, emboscou-os na aldeia do cacique dom Pedro Chumai, um dos principais líderes revoltosos. Aprisionado e decapitado, a cabeça do cacique foi empalada no largo do mercado de San Miguel de Tucumán.

Em La Rioja, Correia de Sá conheceu sua futura esposa, em outro casamento de interesses, que aumentaria os laços comerciais e de sangue estabelecidos com os *encomenderos* castelhanos. O então comandante em chefe das tropas paraguaias contraiu matrimônio com a *criolla* Juana Catalina de Ugarte y Velasco, sobrinha de dom Luis de Velasco, vice-rei do México e, por duas vezes, do Peru.

Era ainda neta de dom Juan Ramirez de Velasco, ex-governador de Tucumán, e viúva de Juan Ramírez de la Piscina de Velasco y Ábalos, também ex-governador da cidade de San Miguel de Tucumán, da província do Paraguai e Rio da Prata, de quem herdara suas *encomiendas,* além de rendas e propriedades herdadas e a herdar em Castela e no Chile. Os latifúndios de Tucumán então abasteciam a rica região de minério de Potosí, na Bolívia, com escravos e insumos: algodão, trigo, carne, leite, arroz, frutas e legumes. "Dona Catalina não só descendia da nata dos conquistadores, como era a viúva mais rica, se não a pessoa, individualmente, de mais posses da província de Tucumán", afirma Boxer.[93]

Passagem entre Buenos Aires e o Alto Peru, Tucumán abrangia um território de cerca de 700 mil quilômetros quadrados, governada a partir de San Miguel, fundada em 1565. O comércio com a rica Potosí, que a não ser prata não produzia nada no solo árido do altiplano, era um grande filão para os comerciantes do Velho e do Novo Mundo. As minas formavam um formigueiro humano no chamado Cerro de Potosí, a um quarto de légua do lugar onde se desenvolveu a vila, que se tornava assim um amplo mercado.

Tudo chegava em lombo de burro ou lhama, depois de subir os paredões abruptos e inóspitos dos Andes, por caminhos em zigue-zague. "Não houve nenhum caminho carroçável na cordilheira ou nos altiplanos antes do século XX", afirma a historiadora Marie Helmer, do Centre National de la Recherche Scientifique.[94] As mulas chegavam esgotadas e mal alimentadas no ar rarefeito e glacial e logo morriam. Para fazer o transporte, eram necessários 60 mil animais por ano; sua criação tornou-se a principal fonte de renda em Tucumán, assim como a madeira para construção, maquinaria e móveis.

Tomar posse de negócios importantes em Tucumán, cujas *encomiendas* se transformavam na principal central de abastecimento do Alto Peru, era um negócio que bem valia uma dupla aliança. Correia de Sá partiu pessoalmente para Potosí, onde sua esposa tinha conexões, pelas províncias de Córdoba, Santiago del Estero, Salta e Jujuy, última cidade de Tucumán, na borda do Peru – mesma trilha percorrida 25 anos antes pelo explorador espanhol Acarete du Biscay, que a descreveu em livro.[95]

Dessa forma, Correia de Sá firmou-se no eixo de negócios que unia interesses portugueses e espanhóis na colônia expandida. "Nesse período, o futuro governador do Rio de Janeiro chegou a ser um dos mais ricos proprietários da região tucumana, além de obter o cargo de almirante da costa do sul do rio da Prata e maestro de campo general (coronel), participando de expedições contra os índios no Chaco central e Tucumán a pedido do governador", afirma o historiador Rodrigo Ceballos.[96]

* * *

Os jesuítas protestaram contra a aliança entre colonos paulistas e paraguaios, que se mostrava um claro conluio. Abriram um inquérito sobre as relações de dom Luis com os paulistas e a viagem de dona Vitória com André Fernandes, o "famoso corsário do sertão [...] um dos que mais matam os índios, [...] um dos maiores piratas que vieram ao sertão e mais cruel matador de índios".* Ressaltavam que escoltavam dona Vitória a Assunção os mesmos que abriam picadas por terras "vedadas", com o irônico requinte de deixar um filho para virar padre em Assunção.

A pressão sobre dom Luis aumentou. Os negócios com os Correia de Sá tinham lhe dado a propriedade de engenhos na região da baía de Guanabara, além de negócios com os paulistas e os chamados "peruleiros" – portugueses e brasileiros que negociavam com o Peru. Nessas fazendas, segundo o próprio dom Luis, ele chegou a ter mais de 2 mil escravos guaranis. Em 1631, foi acusado pelo governador da diocese do Paraguai, Mateus de Espiñosa, de ser o mentor intelectual dos ataques ao Guaíra, "legítimo cúmplice e instigador dos paulistas", nas palavras de Taunay.[97] Dom Francisco de Céspedes, governador de Buenos Aires, sugeriu a Filipe IV que "arrasasse São Paulo, obrigando os paulistas a se dispersar".

Sob a denúncia de cumplicidade com os portugueses, dom Luis foi destituído do governo e enviado à Audiência de Charcas, onde foi processado. Em sua defesa, alegou ter recebido autorização real para passar por São Paulo, manifestado oposição às bandeiras que estavam sendo preparadas para ir ao Guaíra e que teria armado 135 espanhóis e 500 índios para defender Villa Rica. Porém, teria sido informado de que os jesuítas armavam os índios com arcabuzes, o que poderia resultar numa revolta contra os próprios espanhóis. "Desarmavam-se os espanhóis e se armavam os índios", objetou.[98]

Apresentando-se como o defensor da colônia contra um levante indígena, ainda que os deixando à mercê dos bandeirantes, dom Luis recebeu uma pena atenuada: 4 mil pesos de multa e o afastamento de cargos públicos por seis anos. "Castigo menor que suas atrozes maldades, perpetradas em prejuízos de inúmeras almas, como traidor a

* Annaes do Museu, vol. 11, doc, hesp, p. 320.

seu rei e a sua pátria", protestou o historiador jesuíta Pedro Lozano.[99] Voltou à política como alcaide de Assunção, em 1657, antes de morrer, no Rio de Janeiro. Sem filhos, dona Vitória, ao falecer, em 1667, deixou sua vasta herança aos beneditinos.

Correia de Sá retornou bruscamente ao Rio de Janeiro, talvez por conta das preocupações com a deposição de dom Luis, porém mais pela morte de seu pai, em 10 de agosto de 1632. Dele, herdou os latifúndios da família no Rio de Janeiro, incluindo canaviais na Tijuca e em Jacarepaguá, além de trapiche autorizado pelo conselho municipal para pesar e armazenar produtos como açúcar e farinha de mandioca. Tinha, também, a ambição de governar a capitania do Rio.

Antes de morrer, Martim de Sá nomeou sucessor seu irmão, meio-tio de Correia de Sá, Duarte Correia Vasqueanes, logo substituído por Rodrigo de Miranda Henriques, em caráter provisório, até decisão do rei – o que pode ter apressado a volta de Correia de Sá para reivindicar a posição. "O tempo normal de governo durante o período colonial era de três anos", escreve Boxer. "Porém, tanto o velho Salvador, como seu filho Martim exerceram a governança do Rio de Janeiro por mais que o triplo daquele tempo. Bem podia a família supor-se com direito à posse hereditária do posto em questão."

Dom Luis foi substituído por Martín de Ledesma Valderrama, ex-governador de Tucumán e *encomendero* de Santiago del Estero. Sua principal missão era conter o avanço dos paulistas. Em 1632, o vice-rei do Peru, Luis Jerónimo de Cabrera, conde de Chinchón, escreveu a Filipe IV que estes consideravam deles toda a região do Guaíra e enviavam uma expedição à região a cada dois anos. As bandeiras, agora, levavam cerca de 400 homens, que despovoaram aproximadamente 200 léguas quadradas em terras paraguaias. O vice-rei do Peru calculava que nessas expedições os paulistas haviam já escravizado 200 mil índios. O pé fincado por Correia de Sá em Tucumán bem poderia levá-los a ocupar as terras do Paraguai e avançar sobre Potosí.

Os apelos de Chinchón foram ouvidos em Madri. Filipe IV pronunciou-se por meio de uma nova cédula real, como relatou por carta datada em 14 de abril de 1633 dom Fernando Ruiz Contreras, marquês de Lapilla, membro do Conselho de Guerra e da Câmara das Índias. O rei determinava que o sistema de pagamento de tributos praticado no vice-reino do Peru, na Nova Espanha, fosse estendido a todo o território colonial no prazo de seis meses. Quem não pagasse o salário dos índios seria confiscado em valor equivalente. "Correrão por vossa consciência os danos, agravos e menoscabos que por essa causa receberem os índios: se cobrará a satisfação dele de vossos bens e fazendas", escreveu Contreras.

A carta não parece ter surtido efeito. A ameaça da chegada dos bandeirantes a Corrientes e às reduções do sul fez os colonos espanhóis aventarem a possibilidade de transferir a capital do Paraguai, Assunção, para Villa Rica. O conde de Chinchón chegou a antever um ataque dos portugueses a Buenos Aires. Pedia que se colocassem guardas junto às Sete Quedas e que se criassem postos de guarda avançada nas missões do Uruguai. Mais que convencidos de que a Câmara de São Paulo não cumpria nem cumpriria a lei à risca, os jesuítas se preparavam para o confronto direto.

Os bandeirantes voltaram a atacar Ciudad Real del Guaíra. Uma parte dos índios tinha se refugiado ainda em Villa Rica, onde se ergueu uma paliçada. Em 1632, a vila entrincheirada foi cercada por três meses. Segundo Montoya, os 130 moradores "se defendiam, mas morriam de fome".[100] Em 26 de agosto de 1632, o prelado de Villa Rica escreveu ao governador em Assunção, protestando contra a ação dos paulistas no Guaíra, onde 4.500 espanhóis e índios "encomendados" se encontravam isolados. "Está a vila muito apertada e entrincheirada pelo cerco dos portugueses de São Paulo", afirmou.[101] De acordo com Montoya, devido ao cerco, os habitantes da vila acabaram por entregar os índios, para também não perecer.

Os espanhóis das vilas guairenhas desertaram. "Dentro em pouco não haveria um único branco mais, situado na grande área delimitada pelos Paranapanema, Tibagi, Paraná e Iguaçu", afirma Taunay.[102] "Dos espanhóis guairenhos, diversos resolveram residir entre os paulistas." Entre eles, estava o vigário de Villa Rica, Juan d'Ocampo y Medina, *criollo* beneditino, nascido em Ciudad Real, vigário da vila em 1632.

Interessado em ter padres que não fossem jesuítas, André Fernandes o levou no ano seguinte para se tornar o pároco de Santana de Parnaíba. "É fora de dúvida que rapidamente passariam a integrar-se à vida local", afirma o historiador Sérgio Buarque de Holanda.[103]

O conflito com os jesuítas se espraiava. Há registros de uma incursão liderada por Raposo Tavares à missão do Itatim, em 1632 ou princípio de 1633. Segundo o procurador-geral da Companhia de Jesus, o padre Juan Baptista Ferrufino, em documentação enviada a Filipe IV, os sertanistas destruíram "com impiedade e crueldade nunca vistas uma das mais numerosas e floridas províncias" da colônia, com mais de 10 mil indígenas, que se dividiram entre mortos, escravizados e fugitivos. Com isso, avançavam sobre o território do atual estado do Mato Grosso, "mais de duzentas léguas da Coroa de Castela, como se fosse de algum rei estranho ou inimigo".[104]

Raposo Tavares foi sorteado em pelouros para o cargo de juiz ordinário da capitania de São Vicente em janeiro de 1633. "Dispunha de extraordinário prestígio, graças às recentes campanhas vitoriosas", afirma Taunay.[105] Em 25 de julho de 1633, quase ao mesmo tempo que a cédula real sobre os índios chegava ao conhecimento da vila, os "homens bons" reunidos na Câmara de São Paulo decidiram impor ao aldeamento de Barueri o decreto real de setembro de 1611, segundo o qual as aldeias de índios deviam possuir clérigos sob a jurisdição civil.

Alegavam que Barueri funcionava como um Estado paralelo e servia como couto para os índios, sem pagar impostos, violando a lei. A ata da Câmara de São Paulo em 18 de agosto de 1633 registrou queixa daqueles "serviços forros" e requeria que "pusessem cobro nas terras da Cuty [Cotia] e Caraquabuíba [Carapicuíba], porquanto os reverendos padres da Companhia [de Jesus] queiram usurpar as terras e não consentirão que as lavrassem os moradores, de que se perdia muito e aos dízimos de sua majestade". O alvo principal, porém, era Barueri. "Tudo era pretexto para pedir a expulsão dos jesuítas da fazenda de Barueri e para o confisco de seus indígenas", afirma Benedito Prezia, da PUC de São Paulo.[106]

O procurador do conselho requereu que a Câmara enviasse homens que "botassem fora os religiosos da Companhia de Jesus por nela estarem contra a lei de sua majestade" e dela tomasse posse. A Câmara deferiu o requerimento e convocou uma reunião com os líderes da vila, em 21 de agosto de 1633. Na reunião, o voto unânime foi de que se tomasse o aldeamento da única forma possível.

À força.

Em julho de 1633, Antônio Raposo Tavares, então ouvidor da vila, seu sogro Manuel Pires, Amador Bueno, Pedro Leme, Paulo do Amaral e Sebastião de Ramos, entre 64 líderes da vila de São Paulo que assinaram na Câmara o termo de expulsão dos jesuítas como "defensores da lei e jurisdição de sua majestade", invadiram o aldeamento de Barueri.[107] Ocuparam o colégio e a igreja, expulsaram os jesuítas e pregaram suas portas, interditando-as. Na ausência do reitor, padre João de Mendonça, que se encontrava em Cananeia, o superior interino se tornava o padre espanhol Juan d'Ocampo y Medina, vigário de Santana de Parnaíba e Barueri, justamente quem André Fernandes trouxera do Guaíra e que era acusado pelos jesuítas castelhanos de colaboracionismo com os bandeirantes.

Cumprindo a liturgia do posto, Medina enviou a Tavares e aos outros bandeirantes o alerta para um processo de excomunhão. Os bandeirantes receberam o papel trazido à Câmara de São Paulo pelo padre escrivão, Antônio de Medina. Na frente do emissário, "os atingidos zombaram da condenação, rasgando a sentença".*

O bispo do Paraguai, dom Cristóvão de Aresti, apelou ao governador-geral na Bahia, Diogo Luís de Oliveira. Em dezembro de 1633, uma provisão de Oliveira restabeleceu a posse do aldeamento pelos jesuítas, sob a alegação de que os verdadeiros motivos dos líderes da colônia eram escravizar os índios. Afirmou ainda que procediam "com excesso temerário". Nomeado ouvidor para um período de dois anos, Tavares, cujas "obras" o padre Montoya equiparava em sua *Conquista espiritual* às do diabo, recorreu – teve seu mandato cassado.

---

* In: PREZIA, A. Benedito. A Câmara da vila de São Paulo como manifestação da sociedade civil nos séculos XVI e XVII, *Revista Eletrônica do Arquivo Público do Estado de São Paulo*, n. 29, 2008.

"Excomungado pelos jesuítas e deposto pelo governador, não se intimidou", afirma Jaime Cortesão.[108] Viajou ao Rio de Janeiro, sede da ouvidoria geral, e não somente recuperou o cargo em 1636 como se tornou em seguida ouvidor de toda a capitania de São Vicente por decisão do donatário, o conde de Monsanto. "Voltou triunfante a São Paulo", afirma Cortesão.[109] E virou sua mira de caçador de escravos para o sul, a região do Tape, onde os jesuítas tinham se refugiado com os índios sobreviventes do Guaíra.

A chegada dos evangelizadores ao Tape não tinha sido pacífica. Para se estabelecer ali, no início dos anos 1600, tiveram de enfrentar não apenas a resistência natural dos indígenas à catequização, como resistência de verdade, armada pelo tuxaua Nheçu. Como ocorrera com os tupinambás da costa, os jesuítas não deixaram escolha aos guaranis. Ou se incorporavam às missões, ou seriam varridos do mapa. Nesse caso, não precisaram sequer esperar pelos bandeirantes. Foram exterminados pelos próprios jesuítas comandados por Antonio Ruiz de Montoya.

Nheçu era o "maior cacique que conheceram aqueles países; faziam respeitar suas más artes e embustes e magias, tal que trazia enganada aquela bárbara gente", conforme o descreveu Montoya. Todo o entorno de sua aldeia, no cerro Inhacurutum, o mais alto da região, atual município de Roque Gonzales, era conhecido como "Ñezú Retã", ou "Terra de Nheçu", o cacique-pajé. Segundo Montoya, Nheçu significava "reverência".[110] Quando o padre paraguaio Roque Gonzáles de Santa Cruz fundou a missão pioneira de São Nicolau, em 1626, Nheçu não gostou da ideia de ter por ali aquela gente que pregava a existência de um Deus estranho com poderes maiores que os seus.

Além de reunir índios livres e nômades em sua fazenda, os padres da Companhia de Jesus exigiam o fim da poligamia, o uso de roupas para cobrir o corpo e o fim de crenças e práticas religiosas e medicinais. "Cresceu a chama de Nheçu em seus infernais sopros", anotou Montoya. Seu plano resumia-se em matar todos os padres, queimar suas igrejas e destruir cruzes e imagens. E recebeu o apoio dos demais chefes das outras tribos na margem oriental do rio Uruguai, como os gnoas, charruas, patos e minuanos, habitantes pré-colombianos do atual Rio Grande do Sul.

Em 15 de novembro de 1628, Nheçu atacou a redução do Caaró, que foi destruída. O padre Roque Gonzáles tombou com um golpe de tacape ao tentar dar o alarme. Ao vê-lo alcançar o sino, o cacique Carupé enviou um índio chamado Maranguá, ou "vil", em sua própria língua. "E bem mostrou sê-lo em tal vil ação, que com uma arma ainda que de madeira, mas com a dureza do ferro, deu no padre um furioso golpe que lhe fez em pedaços a cabeça", conta Montoya. "Com o quê, os repiques da campana foram como se lhe enviassem a alma regozijada ao céu." Mais tarde, Montoya tomou o sino "como relíquia". Em seguida, os índios mataram também o padre Afonso Rodrigues, que foi esquartejado e teve suas partes arrastadas ao redor da igreja, como "fazem os tigres".[111]

Dois dias depois, em Assunção do Ijuí, o padre João de Castilhos, conhecido por seu rigor, também foi morto durante o ataque. Os índios ainda avançaram sobre Candelária para matar o padre Pedro Romero, fundador da redução de Jesús María, catequizador que Montoya definia como "varão verdadeiramente apostólico", que escapou a cavalo. Em São Nicolau, os padres fugiram para a mata e os índios convertidos defenderam o povoamento. Recompostos, os jesuítas reagiram à guerra com a guerra. Com os índios aliados, do tuxaua Neenguiru, organizaram um exército e contra-atacaram, com métodos europeus de combate, somados à fúria guerreira que os índios catequizados não tinham ainda perdido. Maranguá foi morto com uma flechada. Os espanhóis atacaram a aldeia de Nheçu, que foi obrigado a abandoná-la.

Fugiu depois de perder a batalha no Castro, diante das forças reforçadas pelos milicianos de Corrientes, sob o comando do mestre de campo Manuel Cabral. "Não foi pouco para Nheçu ver-se obrigado a fugir pelos bosques, recolher-se a outros povoados de gentios, onde vive hoje", escreveu Montoya. Os índios prisioneiros foram transformados em "uma muito boa povoação", chamada San Xavier. Os responsáveis pela morte dos 3 padres se viram assim "bem arrependidos e envergonhados", segundo o jesuíta.

O terreno estava livre para a evangelização do Tape. Depois da fundação de São Nicolau, as reduções jesuíticas no Tape se multiplicaram, reforçadas pelo afluxo de refugiados do Guaíra: Candelária do Caaçapamini (1627), Assunção do Ijuí (1628) e Todos os Santos do Caaró (1628). Entre 1629 e 1635, fundaram-se novas reduções nos vales do Ijuí, do Ibicuí, do Jacuí, do Taquari e na serra Geral. Era para lá, agora, que os paulistas pretendiam ir.

Em dezembro de 1634, uma junta presidida pelo conde-duque de Olivares passou a governança da capitania do Rio de Janeiro para Correia de Sá, por um período de três anos, renováveis por outros três, caso "a atuação durante os primeiros fosse satisfatória", segundo Charles Boxer.[112] O decreto só foi assinado em 21 de fevereiro de 1636 por Filipe IV. Correia de Sá tomou posse oficialmente do cargo de capitão-mor e governador do Rio de Janeiro em 19 de setembro de 1637. Contavam para sua nomeação os boatos de que a Companhia das Índias Ocidentais planejava, a partir de Pernambuco, invadir também o Rio de Janeiro. Por isso, ao assumir, recebeu do governo-geral 300 soldados com artilharia e munição.

Com a mão de obra escrava índia em alta por conta da tomada pelos holandeses do Nordeste e de Angola, que bloqueara o afluxo de negros africanos, e a volta de Correia de Sá ao poder no Rio, os bandeirantes viram uma nova oportunidade de avançar. Em março de 1635, partiu de Santos uma expedição que seguiu ao sul pelo mar. Acantonou-se perto da aldeia do cacique Aracambi e teria explorado a região da lagoa dos Patos. Seus comandantes eram Luís Dias Leme e Fernão Camargo, conhecido como "O Tigre", ou "Jaguaretê" (em tupi, "onça-pintada"). Poucas informações restaram sobre essa bandeira, exceto que sua missão era fazer o reconhecimento do Tape.

Uma grande bandeira seguiu para o sul na sequência. Em 3 de janeiro de 1636, Antônio Raposo Tavares partiu de São Paulo rumo ao Rio Grande do Sul com seu irmão, Pasqual Tavares, e o sogro, Manoel Pires. Seguiu o caminho indígena por terra para o sul, que seria usado até 1773. Acompanhavam-no 1.500 tupis e 140 "castelhanos do Brasil, todos muito bem armados com escopetas e *escupiles*", de acordo com Montoya.[113] Contava ainda com a ajuda de um aliado na região, o índio pombeiro Parapopi.

Entre 1636 e 1637, o padre Antonio Ruiz de Montoya se encontrava no cargo de padre superior das 26 missões assinaladas entre os rios Paraná e Uruguai. A dura experiência com os bandeirantes tinha feito dele um homem maior. O jesuíta, que procurara transformar o projeto do padre Acosta na verdadeira "Terra Sem Mal", o mito guarani do paraíso terrestre, líder da grande jornada dos guaranis do Guaíra para o Tape, se tornara o líder da resistência, misto de missionário e guerreiro que inspiraria lendas e um filme – *A missão*, de Roland Joffé, com Jeremy Irons e Robert de Niro, vencedor da Palma de Ouro em 1986 no festival de Cannes e do Oscar de melhor fotografia em 1987.

Líder por vezes implacável da resistência armada contra os índios que se recusaram à catequização, sua ordem aos jesuítas das missões, diante da ameaça dos *maloqueros*, era pouco comum entre religiosos que pregavam a grande máxima dos evangelhos, "amai-vos uns aos outros". Informados do avanço dos paulistas, os padres Antônio Bernal e Juan Cárdenas cercaram com fossos e paliçadas a aldeia de Jesús María. Treinaram os índios no manejo de armas e fizeram com eles exercícios militares. Daquela vez, iriam reagir.

Raposo Tavares chegou ao Tape em novembro, anunciado por tambores e um mensageiro que levou aos jesuítas de Jesús María uma mensagem por escrito, em tupi: "*Coivê ore retama* [Esta terra é nossa]. É do rei de Portugal. Saiam daqui". A carta foi ignorada pelos jesuítas. Em 2 de dezembro, Raposo Tavares atacou a redução. Em seis horas de combate, colocou o povoamento abaixo e levou os índios prisioneiros, deixando a igreja calcinada. Atacou na sequência a redução de San Cristóbal, em rio Pardo, e a de Santana, no rio Jacuí. As companhias se dividiram, mas agiam de forma coordenada. Uma delas, sob o comando de Diogo de Melo Coutinho, avançou sobre o "sertão dos carijós".

De acordo com Montoya, os bandeirantes entraram na redução disparando, ao "som de caixa, bandeiras estendidas e ordem militar". Era o dia 2 de dezembro de 1636. Os índios missioneiros lutaram das

8 da manhã ao meio-dia, quando a aldeia finalmente caiu. "Contadas depois as valas, passaram de quinhentas", anotou Montoya. Ficaram feridos os padres Pedro de Mola e Antônio Bernal. Os bandeirantes queimaram a igreja, onde se encontravam fechados mulheres, velhos e crianças, que gritavam por socorro.

"Traziam rosários bem compridos, sem dúvida têm fé em Deus, mas as obras são do diabo", disse Montoya. Abriram uma porta da igreja e, "saindo da mesma forma que as ovelhas saem do cercado para o pasto", os fugitivos do fogo encontraram à sua espera coisa pior. "Endemoniados, aqueles ferozes tigres com espadas, machetes e alfanjes cortavam cabeças, destroncavam braços e pernas, atravessavam corpos, matando com a mais bárbara frieza que o mundo jamais viu", descreveu o padre. "Os gritos, o vozerio, saídos destes lobos, se confundiam com as vozes lastimosas das mães, que caíam atravessadas pelas bárbaras espadas, e viam seus filhos despedaçados."

Os feridos foram afogados em uma lagoa próxima. Os bandeirantes levaram 500 cabeças de gado e os cativos, deixando para trás um cenário de horror. Para guardar os cerca de 500 prisioneiros, número estimado por Montoya, Tavares levantou um verdadeiro campo de concentração – "um forte, ou curral de paus, duas vezes o tamanho da praça maior de Madri", segundo o jesuíta. "Ali diziam missa como num povoado, usando o privilégio concedido aos que se convertem, e reduzindo índios, julgando ser o mesmo reduzi-los que submetê-los."

Depois, Raposo Tavares atacou as reduções de São Cristóvão, a 4 léguas de Jesús María e São Joaquim. Ao saber da chegada da bandeira, o padre Juan Agustin Contreras levou os índios da redução de São Cristóvão para Santa Ana. Reuniu 1.600 homens para combater os paulistas, entre soldados e índios. Lutaram por mais de cinco horas, "e teria sido mais se a noite não tomasse o dia", relatou Montoya. Segundo ele, mesmo lutando contra os mosquetes paulistas, os índios de São Cristóvão fizeram os bandeirantes se retirarem "duas vezes a um bosque, e tiveram quase ganha sua bandeira".

Montoya chegou a Santa Ana naquele mesmo dia; encontrou a redução em uma "confusão terrível". Decidiu enviar os índios para outro povoado, o de Natividade, onde estariam mais seguros, porque para chegar até lá os paulistas deviam atravessar um rio. Protegeram a retirada com paliçadas e deixaram emboscadas pelo caminho. "Tinha já o inimigo muita gente amedrontada, que acudia a buscar comida, muitos certos da morte: valeu esta diligência para que o inimigo alcançasse seu alojamento e nos deixasse", escreveu Montoya.

Com a retirada dos bandeirantes, os jesuítas foram até o campo de concentração de prisioneiros, que tinha sido abandonado. Encontraram duas dezenas de mortos que exalavam um "odor horrível". "Uma mulher vimos salva com dois gêmeos, que tinham sido queimados, abraçados com ela", relatou Montoya. "É comum destes homicidas quando partem queimar os enfermos, os velhos e impedidos de caminhar." O objetivo dos bandeirantes com isso, segundo ele, era espalhar o terror entre os que ficavam – tanto que efetivamente "quatrocentos dos nossos nos deixaram".

A segunda grande expedição dos bandeirantes ao sul foi comandada em 1637 por Francisco Bueno, que chegou com 300 homens ao Taquari, onde atacou diversas reduções no sertão do Tape. Morto Francisco Bueno, a tropa foi dividida entre os capitães das 2 divisões, André Fernandes, que tinha seu irmão mais novo Baltasar Fernandes como imediato, e Jerônimo Bueno. Juntos, os 2 capitães investiram contra as reduções do Tape, que caíram em sequência: Ibicuí, São Cosme e São Damião, São José, São Tomé, São Miguel e Natividade.

Em 23 de dezembro de 1637, André Fernandes atacou e ocupou a redução de Santa Teresa, a noroeste do Taquari, que segundo o padre Montoya contava com mais de 5 mil habitantes. Assolou o vale do Ijuí, onde fez "milhares de prisioneiros". Obrigou os jesuítas a fugir, cruzando o rio Uruguai. Sobravam-lhes algumas aldeias sobre o rio Ibicuí, mais a sudoeste. Os bandeirantes passaram a ocupar as terras do Tape. André e Baltasar Fernandes permaneceram ali, mesmo depois do retorno de parte da bandeira, em terras onde chegaram a ter 5 mil índios prisioneiros num campo de concentração aos moldes do criado por Raposo Tavares, nas proximidades do rio Taquari.

Entre o final de 1637 e início de 1638, também Fernão Dias Paes realizou uma grande bandeira rumo ao sul. Nascido em São Paulo, no ano estimado de 1608, batizado com o nome do avô, pertencia a uma tradicional família de colonos, originária de Martim Leme, neerlandês que se mudara com a guerra espanhola para Lisboa e depois para o Brasil, na comitiva dos primeiros colonizadores, com Martim Afonso de Sousa. Com a fundação da vila de São Paulo, vieram entre os primeiros habitantes europeus do planalto de Piratininga.

Filho de Pedro Dias Paes Leme com Maria Leite da Silva, filha de Pascoal Leite Furtado, nobre português açoriano, Paes Leme assenhoreou-se da fazenda do Capão, atual bairro paulistano de Pinheiros, e recebeu sesmarias nas proximidades da Santana de Parnaíba, outorgadas por André Fernandes. Já bem-nascido, enriqueceu ainda mais com a bandeira de 1638. Atravessou os atuais estados do Paraná, Santa Catarina, Rio Grande do Sul e talvez o Uruguai. Concentrou-se em Caasapaguaçu, onde destruiu as reduções de Caaro e Caaguá.

"É possível que em 1638 [Fernão Dias] tenha conquistado as últimas reduções de Ibicuí, levando para o norte elevado número de prisioneiros", escreveu Taunay.[114] "Essa campanha tinha como objetivo escravizar mais índios que a anterior, já que o comércio de escravos africanos estava cada vez mais dificultado pela presença holandesa no Atlântico", afirmam os historiadores Marcos Pestana Ramos e Marcus Vinícius de Morais.[115] Com a escassez de negros, de acordo com os historiadores, o escravo indígena custava então "um quinto do escravo africano".

O presidente da Audiência de Charcas, dom Juan de Lizarázu, que em 1º de março de 1635 já elogiava os jesuítas junto a Filipe IV pela fundação de "26 reduções com 40.327 índios", sem contar os mortos nas reduções do Guaíra pelos "portugueses del Rio de Sant Pablo", endereçou em 10 de agosto de 1637 nova carta ao rei, esta de terror. Denunciava a ação daquela "gente ímpia e cruel" que ia "matando e cativando milhares de índios". E apontava para outro grande temor dos colonos da antiga América espanhola. "Vão abrindo passo e caminho ao Peru", advertiu. Para Lizarázu, não havia diferença entre portugueses, holandeses e marranos em geral. "Todos são um", declarou.[116]

Responsável pelo Tape, o padre Diogo de Alfaro pediu auxílio ao governador do Paraguai, Pedro Lugo y Navarra, que sucedera Martín de Ledesma Valderrama em 1636, com o compromisso de manter a ordem perante os paulistas. No final de 1638 e início de 1639, o padre Diogo de Alfaro reuniu uma grande força em Caazapamirim, perto da redução de Conceição, às margens do rio Uruguai. Atacou uma bandeira com 2 colunas de espanhóis e índios – a primeira com 1.500 e a segunda com 1.300 combatentes. Tinha a seu lado o tuxaua Neenguiru.

Na Batalha de Caasapaguaçu, em 17 de janeiro de 1639, derrotou também a bandeira de Pascoal Leite Paes Leme, um dos 14 irmãos de Fernão Dias Paes Leme. "Na manhã em que os índios acometeram e desalojaram o inimigo, um português, que ficara escondido numa choça, matou com um tiro o padre Diogo de Alfaro, que ia na retaguarda animando os índios", descreveu o padre Diogo de Boroa a Filipe IV. O autor do disparo que matou Alfaro, que tinha 44 anos, havia sido Baltasar Fernandes. "Estes mostraram tal sentimento por esta morte que se arrojaram como leões contra os inimigos, matando 9 deles, cativando 17 portugueses e 1 negro, que entregaram ao governador."*

Entre os paulistas aprisionados estava o próprio Pascoal Leite Paes Leme. Os prisioneiros paulistas foram entregues ao governador do Paraguai, dom Pedro de Lugo y Navarra. Em sua carta, Boro queixou-se ao rei que o governador paraguaio "não pelejou", nem castigou os prisioneiros. Levou-os a Assunção e, "obedecendo à corrente do povo e em especial dos soldados que o tinham acompanhado na jornada, não meteu os delinquentes na prisão, o que foi ocasião de fugirem cinco dos piores".** Lugo entregou-os ao governador de Buenos Aires, Estevan Davila, que mais tarde os libertou.

A inação do governador serviu de munição aos jesuítas, que reclamavam de Filipe IV uma autorização para o armamento dos índios. "Quando, neste ano de 1639 os portugueses mataram o padre Diogo de Alfaro, achava-se presente o governador do Paraguai com os setenta melhores soldados de Assunção bem armados e, estando à vista do inimigo cerca de um quarto de légua, nunca os padres conseguiram

* "Petição do padre Diogo de Boroa a Filipe IV sobre as invasões dos portugueses e a hostilidade dos governadores do Paraguai e de Buenos Aires". In: CORTESÃO, Jaime. *Jesuítas e bandeirantes no Tape*. Rio de Janeiro: Editora Biblioteca Nacional, 1969.

** In: CORTESÃO, Jaime, op. cit.

que os espanhóis auxiliassem os índios, nem antes, nem depois de morto o padre Alfaro: e assim, sem disparar um arcabuz, regressaram a suas terras", afirmavam em carta os padres Diogo de Boroa, Simão de Ojeda, Laureano Sobrinho, Cristóbal de la Torre, João de la Guardia, Francisco Vasquez de la Mota e Francisco Vásquez Trujillo.[117]

Pascoal voltou a São Paulo e continuou a participar de bandeiras até morrer, em 1681, em sua fazenda de Parnaíba. André Fernandes retornou à capitania de São Vicente. Dos 5 mil cativos que chegou a manter no campo de concentração no Taquari, menos de 30% chegaram vivos no retorno a Parnaíba, mortos por doenças, ferimentos ou na tentativa de fuga pelo caminho. Chegou à vila em janeiro de 1639, doente e abandonado por muitos de seus próprios índios. Restavam-lhe alguns índios fiéis e o filho, Jorge Fernandes.

As bandeiras paulistas ao Paraguai e Rio Grande do Sul foram consideradas uma tentativa de interromper a comunicação entre o Peru e a região do Rio da Prata, cindindo ao meio a colônia espanhola. Em 30 de julho de 1638, o Conselho das Índias criou uma comissão, formada por 3 portugueses e 3 espanhóis, para estudar o problema das incursões paulistas pela América espanhola, compostas de súditos da Coroa unificada. O resultado da comissão, apresentado ao rei Filipe IV com o título *"Sobre las molestias qui reciven los indios del Paraguay de los portugueses del Brasil"*, apontava sérias consequências: 3 cidades destruídas, 300 mil índios apresados em terras espanholas, dos quais somente 20 mil teriam chegado a São Paulo, para serem vendidos como escravos até em Lisboa.

"A província do Paraguai contava quatro cidades, a três assolaram os de São Paulo", afirmava o padre Montoya.[118] Segundo ele, em Assunção, com a morte da população masculina, havia menos de 400 habitantes, e 1 homem para cada 10 mulheres. A luta interna na colônia atingira a proporção de uma guerra civil.

A comissão do Conselho das Índias solicitou ao monarca que desse ao governador-geral do Brasil a ordem de prisão desses bandeirantes e de seus colaboradores espanhóis moradores de São Paulo, para serem submetidos ao processo da Inquisição, a fim de acabar com a invasão do território espanhol. Ao vice-rei do Peru, a real cédula de 16 de setembro de 1639 recomendava a aplicação de castigo aos paulistas com mão de ferro. Montoya, porém, não podia esperar pelos inquéritos do Santo Ofício. À guerra, ele responderia com guerra.

A revolta contra os padres

Depois da destruição sistemática das missões a sudeste de Mato Grosso e do Rio Grande do Sul, em 1637 e 1638, os jesuítas decidiram armar-se. Superior de todas as reduções desde 1636, o padre Montoya promoveu um encontro, a sexta Congregação Provincial, no qual ficou resolvido que ele iria a Madri falar diretamente com o rei. O padre Francisco Díaz Taño, comissário superior e procurador geral das Províncias do Paraguai, Tucumã e Rio da Prata, seguiria a Roma, para denunciar os crimes cometidos pelos bandeirantes, trazer mais missionários e obter do Conselho das Índias uma nova cédula real permitindo o armamento dos indígenas.

Montoya e Taño deixaram as reduções em 1637. Fizeram uma primeira escala em Buenos Aires, e outra no Rio de Janeiro, que durou seis meses. Montoya comparou a cidade a Túnis, da Berbéria, como "mercado de escravos". Afirma na carta, assinada em 12 de outubro de 1637, ter visto os índios aprisionados no Tape sendo vendidos no Rio de Janeiro "como se foram escravos". E que entre 1628 e 1630 tinham se negociado daquela forma "mais de 60 mil almas das reduções dos padres da Companhia".

Hospedado no Colégio Jesuíta, no morro do Castelo, não perdoou o Rio, para ele um burgo comparável a um "canto de arrabalde" de Lima, habitado na maior parte por "judeus" e insubordinados que se matavam uns aos outros "como percevejos de cama". Levou consigo à Espanha uma carta ao rei assinada pelo governador de Buenos Aires, Estevan Davila, na qual este denunciava a razia dos "vizinhos da Vila de São Paulo, da costa do Brasil" ao "distrito deste governo, no Uruguai e na Província do Tape". Ressaltava ter denunciado a ação dos bandeirantes ao governador-geral do Brasil, sem resultado, e pedia ao rei "o remédio [...] para as entradas de São Paulo neste Reino, e nestas províncias, facilitando aquela entrada, de onde se reconhece um breve caminho para o Peru". Acrescentava que o emissário, o padre Montoya, daria todos os detalhes.

Em Madri, Montoya escreveu seus livros,* o primeiro deles dirigido ao rei. "As ações [dos paulistas] me obrigaram a deixar aquele deserto e soledade e acudir à real corte, e aos pés de sua majestade, caminhando a pé por duas mil léguas, com o perigo, risco de mar, rios e inimigos, como é notório, a pedir o remédio de tantos males, que ameaçam mui grandes esforços de seu real serviço, ou melhor, danos e perigos de perder a melhor joia de sua coroa real", escreveu.

Assim como se fazia com os portugueses nas vilas coloniais espanholas, Montoya associou o avanço dos bandeirantes ao semitismo. Como André Fernandes, Brás Leme e Fernão Dias Paes Leme, Raposo Tavares tinha origens de cristão-novo. Sua mãe, Francisca Pinheiro da Costa Bravo, era cristã-nova. Sua madrasta, Maria da Costa, por quem foi criado até os 18 anos, também. Embora em sua defesa tenha alegado ter sido batizada na igreja de Santo Antão de Évora, foi presa em Portugal, em 1618, sob a acusação de judaísmo, torturada e encarcerada por seis anos.

Esse podia ser um dos motivos do ressentimento dos bandeirantes para com os jesuítas: a perseguição a parentes na Europa, onde a Inquisição tirava propriedades da família. "Há razões ideológicas na fúria dos bandeirantes contra a Igreja", afirma a historiadora Anita Novinsky.[119] "Ela representava a força que tinha destruído suas vidas e confiscado seus bens."

Os espanhóis observavam que, assim como Manuel Preto, Raposo Tavares levava nas bandeiras o brasão de armas de Portugal, não o da Espanha. Montoya afirmou ter ouvido do próprio Tavares a afirmação de que pretendia trazer dos Países Baixos, onde estava refugiado, dom Antônio, filho do prior do Crato, que postulara o trono contra Filipe II da Espanha, para restituir-lhe a coroa. Dessa forma, ele assumia sua defesa da linhagem portuguesa do trono, tanto quanto desafiava a investidura da Inquisição.

---

* RUIZ DE MONTOYA, Antonio. *Conquista Espiritual, El tesoro de la lengua guarani* e *El arte y vocabulario y el catecismo.*

Numa carta de 1631, Francisco Vásquez Trujillo relatou que perguntara com qual autoridade Tavares se achava no direito de atacar as missões jesuítas. Ele teria respondido que seria a que lhe dava "o livro de Moisés".[120]

Filipe IV reuniu uma junta de 5 conselheiros para examinar a questão: 3 portugueses e 2 espanhóis. Com as notícias dos combates e da morte do padre Alfaro, Montoya afinal obteve de Filipe IV a cédula real de 16 de setembro de 1639, que mais uma vez condenava a escravização dos índios e autorizava o vice-rei do Peru a armar os indígenas – algo que, na prática, já estava acontecendo. Os jesuítas garantiam que as armas em mãos dos índios seriam recolhidas após as batalhas.

Mais que interesses religiosos ou humanitários, Filipe IV viu na petição da Companhia de Jesus uma forma de deter o avanço dos paulistas para as ricas minas de Potosí. "O rei de Espanha sempre apoiou os jesuítas, pois via as missões como uma forma de defesa das fronteiras espanholas, impedindo o avanço dos bandeirantes", afirmam os historiadores Eduardo Hoomaert e Benedito Prezia.[121] "Assim, quando eles pediram a revogação da proibição do uso de armas pelos indígenas, o rei acedeu."

O decreto colocava sob investigação do Santo Ofício autoridades brasileiras. Citava Raposo Tavares como um perigoso *maloquero* e o enviava à prisão em Lisboa. Denunciava ainda espanhóis colaboracionistas com os portugueses, que deviam ser deportados para o Paraguai. "A inclusão dessa gente na dita cédula é explicada com a alegação de que poderiam guiar futuramente os que saíssem a prear índios", afirma Sérgio Buarque de Holanda.[122]

Segundo Taunay, entre os colaboracionistas espanhóis estava o vigário de Santana de Parnaíba, Juan d'Ocampo y Medina, "acusado de ter participado das entradas paulistas e as ter fomentado", mas que fora obrigado, por outro lado, a enviar a ameaça de excomunhão aos bandeirantes na Câmara de São Paulo. Medina teria sido "assassinado", de acordo com o historiador, em circunstâncias que podem ter chegado ao conhecimento de Taunay, mas que por ele não são esclarecidas. O certo é que Medina foi substituído como pároco de Parnaíba pelo próprio filho de André Fernandes, Francisco Fernandes de Oliveira, ordenado em Assunção. Assim, conforme planejara, o bandeirante arrumava um padre que afinal estava ao seu lado na paróquia do feudo familiar.

Pela cédula real, dali em diante ficavam estabelecidas "penas duríssimas se cominassem os apresadores, receptadores e transportadores de índios, incluindo-se aí os apresadores de navios", aponta Taunay. "E especialmente se aplicasse a pena de morte a qualquer português que ousasse atravessar a linha de demarcação das duas Coroas." O documento só não aceitava 2 sugestões dos jesuítas: o estabelecimento do Rio de Janeiro como foro da Inquisição para os julgamentos e a criação de uma diocese fluminense. O decreto real foi lido em Lisboa e nas principais cidades de Portugal, nos Açores, na Madeira e em Cabo Verde, onde se dizia haver índios apresados pelos paulistas. Foi promulgado também em San Miguel de Tucumán, na Argentina, e em Charcas, no Paraguai.

A viagem do padre Taño a Roma também surtiu efeito. Em 22 de abril de 1639, o papa Urbano VIII promulgou o breve *Comissium nobis*. Nele, retomava a bula de Paulo III, de 1537, que proclamava a liberdade dos indígenas, condenava sua escravização e ameaçava de excomunhão e desterro os que escravizavam, vendiam e exploravam os índios, assim como os clérigos e religiosos que não os denunciassem.

A cédula real e a bula papal chegaram ao Brasil no ano seguinte, levadas pelo padre Taño, que pretendia fazer escala primeiro em Buenos Aires, segundo relação escrita sob as ordens do padre visitador da província do Brasil, Pedro de Moura. Também os governadores do Paraguai, do Prata, de Tucumã e de Charcas, assim como o vice-rei do Peru, segundo a cédula, deviam "debelar e castigar rigorosa e exemplarmente portugueses e holandeses que fizessem tais entradas [pelo sertão], por serem inimigos declarados da religião e desta Coroa".

Taño, porém, foi levado a aportar primeiro no Rio de Janeiro, por conta de ventos contrários. Foi escoltado no porto pelo governador Correia de Sá, em pessoa, e seguiu com sua guarnição sob archotes, salva de mosquetes e das trombetas do colégio jesuíta. Lá apresentou os termos da bula na presença de Correia de Sá, do prelado (administrador da diocese), Pedro Homem Albernaz, e do próprio Pedro de

Moura. Resolveu-se que os breves pontifícios deviam ser executados, com o prelado por juiz.

A reação foi extrema. O vigário de Santos, padre Pedro Albernaz, resolveu ler o breve pontifício na matriz, no dia 13 de maio de 1640. A revolta foi tão grande que os moradores derrubaram a porta do convento dos jesuítas, e os teriam linchado caso o superior, padre Jacinto Carvalhais, não tivesse atirado o documento sobre a multidão furiosa, que se ocupou em destruí-lo.

Ao saber da leitura do breve no Rio de Janeiro, no dia 20 de maio, a população acorreu armada para impedir sua promulgação. "Como aqueles breves e letras apostólicas se publicassem no colégio da Companhia, os moradores da cidade acudiram às portas do colégio e, porque as portas estavam fechadas, fizeram-nas em pedaços, abriram-nas com violência, entraram e com vozes e gritos, ameaçando alguns padres de morte e a outros de os expulsar", segundo afirmou o padre Taño.[123]

Chamavam os padres de ladrões, infames e traidores. E gritavam as palavras de ordem: "Mata! Bota fora, bota fora da terra", segundo relato do padre Taño. Seria o mote do movimento.[124] Os jesuítas, então, refugiaram-se no convento do Carmo.

Avisado, o governador Correia de Sá, com febre e enfraquecido por uma série de sangrias, foi tirado da cama e levado dentro de uma rede até o colégio para controlar a situação. A população foi contida pelas tropas, que assim evitaram uma tentativa de incêndio. Ele só foi desocupado, no entanto, depois que o padre superior concordou em abdicar por escrito das decisões tanto da Coroa como do papa.

No dia seguinte, uma junta anulou os breves oficialmente. "De vários papéis autênticos consta que os amotinados estavam resolvidos a matar" o padre visitador do Brasil, Pedro de Moura, e a ele, procurador do Paraguai, "se não concordassem na cedência e não se obrigassem a que nenhum religioso da Companhia fosse à Espanha a dar conta ao rei daqueles fatos", observou Taño.

Em São Paulo, a promulgação do breve pontifício foi oficializada no dia 18 de junho de 1640. Líderes paulistas das vilas de São Paulo,

Santos, Parnaíba, Mogi das Cruzes, Iguape, Cananeia, São Sebastião e Itanhaém reuniram-se para redigir um protesto contra os jesuítas. À frente do movimento estava Fernão de Camargo, o Tigre. Entre outras coisas, os colonos revoltavam-se com a hipocrisia dos padres, que somente num colégio do Rio possuíam mais de 600 escravos – alegando que eram "quase todos negros".[125] Sugeriu-se um donativo de 200 mil cruzados em dinheiro e bens a Filipe IV, para aplacar uma possível retaliação do rei, ao saber que sua cédula real acabava de ser atirada ao lixo.

Depois de uma articulação com os moradores do Rio de Janeiro, a Câmara paulista convocou uma assembleia para o dia 2 de julho, com o fim de exigir a expulsão imediata dos jesuítas, da qual participaram 130 moradores, além dos próprios camaristas, com a presença de sertanistas como Fernão Dias Paes Leme, Domingos Jorge Velho e Pedro Vaz de Barros. Os paulistas concederam seis dias para o reitor do colégio jesuíta, Nicolau Botelho, retirar-se com os demais padres da ordem para o Rio de Janeiro, de acordo com a ata da Câmara de São Paulo daquele dia. Como os padres se mostravam irredutíveis, em nova sessão, no dia 7 de julho, deram-lhes mais três dias de prazo.

No dia 10 de julho, os jesuítas foram intimados por escrito a deixar a vila, sem lançar sobre a população a ordem de excomunhão – "*si quis suadente diabulo*", isto é, "se alguém for conduzido pelo demônio", trecho do processo de excomunhão. E nada. Na noite do dia 13, foi convocada, com o toque do sino, uma assembleia popular, à qual compareceram mais de 200 pessoas – quase toda a população paulistana –, como se vê pelas assinaturas da ata da Câmara. Às 2 horas da madrugada, na presença dos cidadãos, foi lida a sentença de expulsão dos jesuítas pela força.

A multidão invadiu o convento, prendeu os jesuítas e os enviou para Santos.[126] Lá, foram abrigados por Manuel Afonso Gaia, onde fizeram uma proposta para ficar, sem serem deportados. O conflito foi celebrizado como a "Botada para fora" dos padres. No dia seguinte, os membros da Câmara ofereceram a missão de Barueri ao padre Tomás Coutinho, do clero diocesano, que havia apoiado a expulsão dos jesuítas junto com os franciscanos, que tinham acabado de chegar à vila.

Na obrigação de manter a ordem, o governador Correia de Sá ofereceu-se como mediador. Como empreendedor colonial, estava ao lado dos que protestavam. Porém, raro na sua categoria, tinha simpatia pelos jesuítas, com quem sua família colaborava desde os tempos de Mem de Sá. Educara-se com eles e, na juventude, chegara a se mostrar "desejoso de ingressar [na ordem]", segundo Charles Boxer.[127] Assim, Correia de Sá propôs uma "escritura de composição", lavrada a 22 de julho pelo seu secretário, João Antônio Correia, em que os jesuítas renunciavam à aplicação da cédula real e do breve pontifício contra a escravização dos índios. Em contrapartida, ficavam proibidos os senhores de engenho de açoitar índios escravos recapturados.

Essa "composição", na realidade, era uma imposição. No mesmo dia 22 de julho, o padre Taño informava em carta ter sido obrigado a assinar o documento sob ameaça de morte pelos "oficiais da Câmara" e alguns moradores do Rio de Janeiro. E renegava o texto, no qual oficialmente desistia de publicar os breves pontifícios.[128]

No seu relatório a Filipe IV, o padre visitador Pedro de Moura admitia a inviabilidade da execução da lei, tal era a rede de interesses entre senhores de escravos, a população que deles dependia para o sucesso da economia local e dos próprios eclesiásticos, que viviam do dízimo daqueles súditos. Fiz "*in quantum potui*" [o quanto pude], escreveu ele. "Uns dizem que, se sua majestade mandar alguma coisa em razão de lhes proibir as compras, venda e servidão dos índios na forma em que até agora os tiveram, que se hão de lançar com os holandeses. Outros [dizem] que antes querem ir ao inferno que desistir de cativar índios. Outros dizem muitos outros disparates que nem em Holanda se dirão piores."[129]

Por fim, o padre visitador afirmou na sua relação que, no que dizia respeito aos índios, as capitanias do Rio de Janeiro e de São Paulo eram quase "siamesas" e aconselhava o rei que as mandasse "conquistar de novo".

Embora a favor da escravidão indígena, da qual dependia nas suas próprias terras, o governador Correia de Sá esperava pacificar a capitania. Para isso, agora sem o breve pontifício que acendera o estopim daquela guerra anticlerical, faltava devolver os jesuítas a São

Paulo. Correia de Sá instalou um novo vigário na vila de São Paulo, Domingos Gomes de Albernaz, para apaziguar os ânimos. Com seu empenho para permitir a volta dos jesuítas ao seu colégio, porém, Albernaz apenas aumentou a cizânia. Foi também expulso da vila, acusado na Câmara de servilismo aos jesuítas. Albernaz declarou a excomunhão dos paulistas, que assim se encontraram novamente ameaçados de serem levados a Lisboa para serem julgados pela Inquisição. Porém, estavam dispostos a confrontar não só o poder constituído, como também o fogo do inferno.

Diante daquele pavio aceso, Correia de Sá aproveitou a oportunidade de que a Coroa desejava afastar de vez os holandeses do Nordeste e propôs a entrada dos bandeirantes no combate. Os paulistas não tinham interesse nem sentiam obrigação para com a capitania de Pernambuco. Para instigá-los, Correia de Sá convenceu a Coroa a lhes oferecer em troca um indulto contra os crimes cometidos em território castelhano e as acusações que os levavam à Inquisição.

Num de seus lances de raposa política, o governador desarmava o conflito interno, dirigindo a ferocidade dos paulistas contra os holandeses. Reforçava as forças hispânicas no Nordeste, como desejava a Coroa. Os *maloqueros* não apenas seriam perdoados, mas teriam a sua redenção.

CAPÍTULO 3

O Brasil holandês

O preço da riqueza

Nas primeiras décadas da União Ibérica, o florescimento do império filipino impulsionou também a colônia brasileira. Embora a busca por ouro fosse infrutífera, e os paulistas vivessem em uma guerra por mão de obra, no Nordeste a indústria açucareira prosperou.

Com a crescente procura mundial pelo açúcar e o monopólio do tráfico negreiro, os senhores de engenho do Nordeste podiam importar o ferro oriundo de Vizcaya, seu principal insumo manufaturado – e aumentar a produção. "Apesar das perdas para os ingleses e, intermitentemente, para os neerlandeses, o comércio burguês de açúcar começou a proporcionar grande retorno", afirma o historiador Stuart Schwartz.[1]

Espanhóis e pernambucanos podiam arcar com os custos maiores dos escravos negros, deixando os índios para tarefas domésticas. Por isso, as "capitanias de cima" dominavam o tráfico negreiro, para consumo próprio e também para exportação. "O interesse dos espanhóis americanos por escravos negros de mercadores portugueses, detentores desse monopólio, com a importação de africanos em larga escala, trouxe lucros consideráveis", afirmou Schwartz.

Cada engenho necessitava de aproximadamente 150 escravos para o trabalho – nos menores, as "engenhocas", utilizavam-se pelo menos 40. Anualmente, eram vendidos 4,5 mil escravos negros por portugueses ao vice-reino do Peru. Nesse número, porém, não estavam computados os que entravam como contrabando, principalmente por Buenos Aires, onde eram trocados por alimentos e, sobretudo, pela prata vinda de Potosí.

Vendido como especiaria, assim como a pimenta, a noz-moscada e o gengibre, o açúcar de cana era utilizado em escala cada vez maior como adoçante, conservante e mesmo como remédio. Diante da demanda crescente na Europa, onde a população crescia, o Nordeste brasileiro se transformava na nova Malaca – o que atraía também a cobiça de outras nações.

O sucesso foi maior na capitania de Pernambuco, cuja produtividade permitia a venda do produto excedente. O engenho brasileiro, com mão de obra escrava, era mais competitivo no mercado internacional, onde já prevalecia o melhor e mais barato. "Para esta indústria há por toda parte as oficinas que os portugueses chamam engenhos, porque tais maquinismos e construções foram inventados por engenhos agudos e contam-se entre as novidades dos últimos séculos", escreveu Gaspar Barléu.[2] "Desses engenhos tira o mercado ativo, com o trabalho dos negros, o máximo lucro, e anualmente vendem, na Europa inteira e por muito dinheiro, o açúcar que as naus atulhadas dele transportam."

Diferentemente das especiarias, que dependiam do simples extrativismo, o açúcar consagrou um sistema de produção e comercialização que, baseado na mão de obra escrava, na produção em série e na criação de excedente, foi o embrião da Revolução Industrial e do capitalismo contemporâneo. Enquanto outros impérios consumiam tudo o que produziam em suas colônias, e só alcançariam os níveis de produtividade portugueses depois de 1650 no Caribe – em especial a Guiana Francesa e a Jamaica, ocupada pelos ingleses em 1625 –, os senhores de engenho pernambucanos podiam exportar açúcar para a Europa e a América espanhola. Além de vender açúcar, pau-brasil e traficar escravos, importavam para a colônia vinho, azeite, trigo, roupas e outros artigos manufaturados, vindos de Lisboa ou das ilhas portuguesas do Atlântico. Ao locupletar seus cargueiros na volta, reduziam custos e aumentavam os ganhos.

"Até que os franceses e ingleses começaram a plantar cana-de--açúcar nas ilhas mais pequenas, depois de 1650, a região do Caribe produziu pouco açúcar para exportação", afirma o antropólogo americano Sidney Wilfred Mintz.[3] "Nessa época a situação do mercado europeu já havia se modificado e o ímpeto da produção já estava em mãos espanholas." A partir de 1650, o açúcar, um produto nobre, se popularizaria – os preços cairiam e já não seria um negócio tão rentável.

Em 1580, os 60 engenhos de Pernambuco respondiam por metade de toda a produção de açúcar no Brasil. Em 1591, eram 78, de acordo com a estimativa do mercador português Domingos de Abreu de Brito, que nesse ano passou pela capitania em viagem a serviço da Coroa portuguesa com destino a Angola.* Em 1623, incluindo a Paraíba e a ilha de Itamaracá, os engenhos já eram 137, de acordo com o historiador Israel da Costa.[4] "Em 1625, Portugal abastecia quase toda a Europa com o açúcar do Brasil", declara Sidney Mintz.

Com uma extensão de 60 léguas de costa, entre a foz do São Francisco e a capitania de Itamaracá, a capitania de Pernambuco permanecia com a família de Duarte Coelho Pereira, por quem seria governada até a invasão neerlandesa, em 1637, durante a administração de seu neto, Matias de Albuquerque. Dentro da tradição familiar, este era um guerreiro valoroso e um administrador ético, como afirmou frei Vicente do Salvador, franciscano formado em Coimbra, colaborador na construção do convento de Santo Antônio, no Rio de Janeiro, e ex-vigário de Salvador. Frei Vicente admirava no governador, além da extraordinária coragem, o fato de ser "sempre muito limpo de mãos".[5]

Eram "onze as vilas e povoações habitadas por lusitanos" em Pernambuco, de acordo com Barléu.[6] A capital política, administrativa e comercial da capitania era a vila de Olinda, fundada em 1537. De acordo com o relato de Gabriel Soares de Sousa, Recife então era apenas o "porto de Olinda", onde ficavam somente "alguns pescadores e oficiais da ribeira, e alguns armazéns em que os mercadores agasalham os açúcares e outras mercadorias".[7]

---

* "Um inquérito à vida administrativa e economia de Angola e do Brasil em fins do século XVI", manuscrito da Biblioteca Nacional de Lisboa. Coimbra: Imprensa da Universidade, 1931.

Barléu descreveu assim a sociedade pernambucana, para ele paradoxal: "É mais para admirar que, sendo-lhe tão fecundos os campos e tão salubre o clima, tenha a sua gente caráter cruel e fero", disse sobre os nativos. Segundo ele, Olinda, como a encontrou em 1637, era uma vila com "belos edifícios e templos", em especial o convento dos jesuítas, "de construção elegante e rico de rendas, levantado por el-rei dom Sebastião", na parte alta da cidade, que se avistava desde o mar. "Calculavam-se em duzentos os moradores, fora eclesiásticos e escravos", afirmou.

Dali, ligadas pelos rios que cortavam a região, chegava-se às outras vilas, chamadas de "freguesias", cortadas pelos engenhos de açúcar, que embarcavam seu produto até o porto por via fluvial em caravelões. "Três quartos das maiores fábricas localizavam-se na 'mata úmida' de Pernambuco, isto é, na franja costeira do cabo do Uma, e depois na ribeira do Capibaribe (várzea de São Lourenço)", afirma a historiadora Janaina Guimarães, da Universidade de Pernambuco ("A capitania de Pernambuco, a união das Coroas ibéricas e as possibilidades de negócios para os cristãos-novos entre 1580 e 1620").[8]

O restante se encontrava na chamada "mata seca", ao norte, até a capitania de Itamaracá e a Paraíba. "Estas regiões mais favoráveis à plantação de açúcar foram primeiramente partilhadas pelo donatário, e depois vendidas aos recém-chegados em fins do século XVI, seja pela compra ou transmitidas nos casamentos entre homens que possuíam as terras e mulheres que, vindas da família de grandes comerciantes, dispunham do capital necessário à montagem dos engenhos", acrescenta Guimarães.

Desde que trouxeram escravos negros da África com dinheiro emprestado de banqueiros judeus, os donatários pernambucanos estabeleceram conexões comerciais que, aos poucos, transformaram sua capitania em refúgio para negociantes judeus e depois cristãos-novos, perseguidos pela Inquisição na Europa, incluindo Portugal. Com eles, Recife se tornou porto livre para cargueiros de todas as bandeiras, independentemente de religião, incluindo cristãos-novos e protestantes dos Países Baixos.

As boas relações dos colonos portugueses com os neerlandeses, potência marítima em ascensão, graças justamente à sua associação com o comércio livre de leis e de imposições religiosas, permitiram à indústria açucareira brasileira ampliar seu alcance. Porém, foram cortadas com as proibições impostas pelos espanhóis. Em fevereiro de 1591, mês anterior à nomeação do primeiro visitador da Inquisição pelo vice-rei de Portugal, Alberto de Áustria, Filipe II emitiu um alvará proibindo a entrada de navios não portugueses em Lisboa e suas possessões do Atlântico – Costa da Guiné, Ilha de Cabo Verde e São Tomé e Reino do Brasil.

Em guerra com a Inglaterra anglicana e com os protestantes dos Países Baixos, Filipe II associava a heresia às práticas econômicas lesivas aos interesses do império, como dano ao "serviço de Deus".* Também as naus que partiam do Brasil só podiam ter Portugal como destino.

Quem não possuísse licença oficial de transporte seria preso e teria o navio e sua carga confiscados. O frete de naus estrangeiras sem licença também estava proibido. Até mesmo o transporte de estrangeiros sem permissão da alfândega estava proibido. Diante dos sinais de que as irregularidades continuavam, Filipe II emitiu outro alvará, em 18 de março de 1605, no qual anulava licenças anteriores, principalmente as concedidas para naus portuguesas que ainda embarcavam estrangeiros, e dava o prazo de um ano para que todos os visitantes temporários e moradores não hispânicos saíssem do reino.

O esforço da Coroa em inibir o comércio com judeus e protestantes acentuou a insatisfação dos portugueses. O fechamento dos portos derrubou a venda de açúcar nos engenhos brasileiros, que tinham nos neerlandeses clientes importantes – tradicionais investidores na agromanufatura açucareira, foram obrigados a transferir seus negócios do Brasil para o oceano Índico. Comerciantes portugueses, que já se sentiam prejudicados pelo fato de a casa de contratação, em Sevilha, controlar o comércio de Lisboa, tiveram de mudar para lá, de forma a serem beneficiados pelos privilégios do porto espanhol – o que causava também estresse com os negociantes locais pelo aumento da competição.

---

* Alvará de 9 de fevereiro de 1591, Documentos para a História do Açúcar, V. I, Legislação 1534-1596, Rio de Janeiro, Serviço Especial de Documentação Histórica.

A válvula de escape era o contrabando, além de algumas concessões. Em Pernambuco, assim como em todo o resto da colônia, em especial São Vicente e o Rio de Janeiro, a Coroa compensava sua pressão ao permitir a fusão da atividade pública com a privada. "A participação na administração funcionava por vezes através da mescla, na mesma pessoa, das funções de senhores de engenho e detentor de algum cargo administrativo", afirma a historiadora Janaina Guimarães.[9]

Em Pernambuco, por exemplo, Duarte de Sá, cristão-novo, era senhor de engenho e ao mesmo tempo membro da Câmara de Olinda. Por essa posição, identificou-se ao padre Heitor Mendonça, na primeira visitação do Santo Ofício ao Brasil, em 1591, como "dos da governança da terra" – expressão genérica para os membros das câmaras de vereadores, alcaides e capitães que, juntamente com os "principais da terra", formavam a elite social brasileira, cujos ramos (e comportamento) se perpetuariam ao longo dos séculos. "Tais grupos apropriaram-se – formal ou informalmente – de um grande número de funções que hoje classificaríamos como 'públicas', chegando ao ponto de desenvolver seus próprios exércitos particulares", acrescenta Guimarães.

Era essa gente que se oporia à Coroa – e chegaria mesmo a aliar-se aos que, de repente, por imposição da metrópole, tinham que virar inimigos.

Na época das proibições de comércio, o governador-geral Gaspar de Sousa digladiava com a Junta da Fazenda do Brasil por intervir em suas contas. Na capitania de Pernambuco, senhores de engenho e comerciantes criaram obstáculos para a realização de um levantamento fiscal para a apuração de crimes de sonegação. Em vez de punir os sonegadores, caíram as instituições: o Conselho da Índia foi extinto em 1614; a Junta da Fazenda funcionou por apenas dois anos; o Tribunal da Relação da Bahia foi temporariamente fechado em 1626. O bloqueio dos negócios com agentes externos ao reino contribuía com a insatisfação dos colonos portugueses, mais ciosos com seus ganhos do que com o projeto no qual estava empenhado aquele soberano que nem era de fato o deles.

Preocupava ainda os portugueses, sobretudo os donos do açúcar pernambucano, o aumento da pirataria dos cargueiros no Atlântico. "Durante esse período de lucro, os portugueses começaram a sentir os perigos inerentes à união", relata o historiador Stuart Schwartz. A Inglaterra, que tinha sido aliada dos portugueses desde o Tratado de Windsor, em 1386, se afastara. Em 1583, os negociantes do porto de Santos foram obrigados a abdicar do comércio com os ingleses por receio de retaliação da Coroa espanhola.

"Aquele pequeno reino [de Portugal], bem que um tanto desorientado com a revolução social que nele haviam ocasionado as fortunas facilmente adquiridas na Ásia, havia tido sempre o bom senso, quanto à política do continente europeu, de procurar aproveitar-se da independência que lhe dava sua situação em um canto dele, a fim de manter paz com todos", afirma Taunay.[10] "Enquanto, pelo contrário, os herdeiros de Isabel, a Católica, não contentes em estender suas conquistas pelos domínios que lhe oferecera o gênio perseverante de Colombo, haviam sido levados, pela ambição, a sustentar guerras não só na Itália como na França, na Alemanha e nos Países Baixos, como até contra a Turquia."

O Brasil, assim como as colônias portuguesas no Oriente, passou a ser atacado sucessivamente por ingleses, franceses e neerlandeses, cujos corsários saqueavam os navios portugueses e espanhóis no Atlântico e no Índico. Entre 1581 e 1588, de acordo com levantamento do historiador britânico Kenneth R. Andrews,[11] 34 navios portugueses carregados de açúcar foram saqueados.

Sem maior proteção desde a derrota da Invencível Armada para os ingleses, o Atlântico se tornara um oceano de alto risco. "Sendo a maior parte desses inimigos nações marítimas, a própria vastidão, quase imensa, da nova monarquia a cujos destinos se havia associado a nascente colônia brasílica dificultava a sua defesa, e a deixava vulnerável, como uma das paragens que menos lhe interessava atender", afirma Taunay.[12]

Os oponentes passaram a ver na invasão do espaço colonial hispânico uma forma fácil de desafiar o império de Filipe II. A correspondência entre o rei Filipe II de Portugal e o governador do Brasil, Diogo Botelho, entre 1602 e 1608, mostra a preocupação do monarca com as embarcações estrangeiras, com os rebeldes neerlandeses e o roubo de cargas. "Considerando eu ao muito que me convém a meu serviço e à aquietação de meus vassalos e defesa deste Estado da incursão dos corsários que continuamente o inquietam, estarem fortificadas as praças desta cidade do Salvador, e o porto do Arrecife, na capitania de Pernambuco, por serem as principais dele", escreveu o rei, em novembro de 1605.* "Havendo também respeito à lembrança que sobre isto me fizestes e a me pedir com muita instância a Câmara desta cidade."

Os franceses, que desde o Tratado de Tordesilhas questionavam o direito de Espanha e Portugal de dividirem o mundo entre si, tinham sido os primeiros a tentar uma ocupação do Brasil, ainda que incipiente e desastrada, em 1555, com Villegagnon. No início do século XVII, tentaram de novo, mudando, porém, o alvo. Daniel de La Touche, conhecido como Senhor de La Ravardière, com 500 homens vindos das cidades francesas de Cancale e Saint-Malo, desembarcou em 1612 na capitania do Maranhão com o plano de ali fundar desta vez a França equinocial.

Como supunha, não foi difícil ocupar a região. Capitania desde 1535, para o Maranhão eram enviados, sobretudo, degredados que não primavam pela fidelidade à Espanha nem a Portugal. Entregue a João de Barros, tesoureiro português, não havia prosperado. Mesmo a cidade de Nazaré, fundada na ilha que servia de entrada para a capitania, tinha sido abandonada por causa da resistência dos índios e dificuldades de acesso.

Com uma missa rezada por capuchinhos e a construção do forte de São Luís – homenagem ao patrono da França Luís IX e ao rei que então ostentava a Coroa francesa, Luís XIII –, estava plantada a pedra basilar do que se tornaria a atual capital maranhense, São Luís. Os franceses aliaram-se aos índios locais, que detestavam os portugueses, que vinham de Pernambuco para caçar escravos. Porém, a aventura terminou tão rápido e fácil quanto começou.

Com a saída de dom Diogo de Menezes e também de Francisco de Sousa, Filipe II enviou Gaspar de Sousa, em 1612, como novo governador-geral, reunificando o comando da colônia. Para recuperar o

* Carta de 31 de março de 1605, correspondência de Diogo Botelho. *Revista do Instituto Histórico e Geográfico Brasileiro*, t. 73, parte 1, 1910.

território da França equinocial, Gaspar de Sousa instalou seu governo na capitania de Pernambuco, mais próxima da zona de conflito que Salvador. Dali, partiram as sumacas de Pernambuco, da Paraíba, da Bahia e do Ceará, sob o comando do capitão Jerônimo de Albuquerque Maranhão, filho de Jerônimo de Albuquerque e Tabira, ou Maria Espírito Santo Arcoverde, filha do cacique Arco Verde, aliado dos donos da capitania de Pernambuco desde Duarte Coelho.

De acordo com o ouvidor, provedor-mor e auditor do Grão-Pará, Maurício de Heriarte, Jerônimo de Albuquerque partiu de Pernambuco à frente de um exército com 300 portugueses e 200 índios tabajaras, ao lado de Diogo de Campos Moreno, ex-combatente em Flandres que chegara ao Brasil em 1602. Diogo publicaria o *Livro que dá razão ao Estado do Brasil*, além de enaltecer seus próprios feitos num texto não assinado, intitulado "Jornada do Maranhão", de 1614.

Seguiram de Pernambuco por mar até desembarcar na praia de Guaxenduba, onde levantaram o forte Santa Maria. Na madrugada de 19 de novembro de 1614, caravelas francesas fundearam ao largo da praia, e delas saíram cerca de 300 soldados e mais de 2 mil índios, sob o comando de La Ravardière. "Tendo os franceses notícia [da presença dos portugueses em Santa Maria], os saíram a buscar com seiscentos homens e 4 mil índios de guerra: mas os portugueses, com grandíssimo valor, os venceram e vieram a desalojar esta cidade [de São Luís] e se fizeram senhores e povoadores dela [...]", escreveu Maurício de Heriarte.[13] Como celebração da vitória, Jerônimo de Albuquerque adotou o sobrenome de "Albuquerque Maranhão".

Com a inesperada derrota, La Ravardière procurou negociar uma trégua. Embora favorável ao acordo, a princípio, Jerônimo de Albuquerque recebeu ordens do governador-geral para atacar: aceitaria dos franceses somente a rendição incondicional. A vitória final veio em 1615. Jerônimo de Albuquerque atacou o forte de São Luís por terra, enquanto a esquadra, capitaneada por Alexandre de Moura – militar já de sucesso, enviado ao Brasil em 1598 para ajudar na conquista da Paraíba aos índios locais –, a fustigava por mar.

La Ravardière submeteu-se e partiu com seus homens e pertences dentro do prazo de três meses, estabelecido na rendição. Jerônimo de Albuquerque tornou-se capitão-mor da capitania do Maranhão, função que exerceu por dois anos, de 1616 até a sua morte, em 1618, quando foi substituído por seu filho, Antônio de Albuquerque Maranhão.

Para evitar novos desembarques indesejáveis, a Coroa decidiu ocupar a região, onde havia cerca de 60 aldeias indígenas, cada qual segundo o modelo dessas povoações, com cerca de 300 habitantes cada, de acordo com a relação do padre Alonso de Rojas, em 1639.[14] Desde o início da União Ibérica, reflexo da preocupação de Filipe II, 30 fortificações foram construídas na costa brasileira. Em 1615, o capitão Francisco Caldeira Castelo Branco começou a povoar o Pará. Gaspar de Sousa deixou o governo-geral em 1617, sucedido pelo conde do Prado. Pela expulsão dos franceses, recebeu de el-rei uma capitania do Turiaçu ao Caeté, com 20 léguas pelo sertão.

Os neerlandeses também frequentavam a costa brasileira, em desafio aberto à possessão espanhola. Em 1614, o corsário neerlandês Joris van Spilbergen foi enviado para procurar uma passagem mais curta que o estreito de Magalhães, até Malaca, no Pacífico, pela Companhia Neerlandesa das Índias Orientais. Fundada em 1602, a Verenigde Oost-Indische Compagnie (VOC) surgira nos moldes da Companhia das Índias Orientais, criada no passado pelos portugueses. Dirigida pelo Conselho dos XIX, grupo cujo investimento inicial na empresa foi estimado em 20 milhões de florins, passou a ter o monopólio do comércio neerlandês com o Oriente, como forma de assegurar os lucros.

Com recursos providos pela VOC, Spilbergen competia com outro neerlandês, Jacob Le Maire, que, com o capitão Willem Schouten, largou no mesmo ano numa expedição privada, financiada por seu pai, Isaac Le Maire, e desafiava o monopólio dos negócios com as Índias Orientais da VOC, da qual tinha sido expulso, depois de ser um de seus fundadores. A flotilha de Jacob Le Maire descobriu o estreito entre a Terra do Fogo e a ilha dos Estados, que recebeu o nome de Le Maire. Foi ele também quem batizou o cabo Horn e descobriu no Pacífico o arquipélago Taumoto, Tonga, as ilhas Salomão e outras ilhas na costa da Nova Guiné.

Spilbergen fez ainda mais. Navegando próximas à costa, as 6 caravelas de Spilbergen primeiro ancoraram em Cabo Frio, na Ilha Grande, e, depois, perto de Santos ou São Vicente, "a fim de refrescar, pois a equipagem ia enfraquecida e enferma", de acordo com o historiador neerlandês Pieter Marinus Netscher.[15] Ao reabastecer nas proximidades de São Vicente, em fevereiro de 1615, Spilbergen teria tentado negociar. Os portugueses de São Vicente, porém, não tinham com os neerlandeses a mesma cordialidade que os de Pernambuco, e trataram de expulsá-los a bala de canhão.

O que aconteceu está explicitado no *Miroir Oost & West-Indical*, livro que relata as viagens de Spilbergen e Le Maire. Publicado pela primeira vez em 1619, em holandês e latim, na cidade-estado de Amsterdã, o *Miroir* recebeu uma segunda edição em francês com o diário completo de Le Maire, em 1621, pela casa do editor Jan Jansson, de Amsterdã. Nela foram adicionados 25 mapas e gravuras que mostram a baía, os rios, as casas e as fortificações das vilas de Santos e São Vicente.

Uma dessas ilustrações, intitulada na versão em francês *Le Portrait de Capo de St. Vincent en Brésil*, mostra um ataque direto às vilas de Santos e São Vicente, que Spilbergen, por razões políticas, preferiu descrever com cores mais brandas em seu diário de bordo. São Vicente, localizada ao fundo de uma pequena baía, separa-se de Santos por uma ilhota alta e pedregosa, ligada à praia por um fino istmo: a ilha Porchat. Dali, a praia segue por 9,4 quilômetros até a vila de Santos, na ponta da Praia, a entrada do canal que separa a ilha de São Sebastião da ilha de Santo Amaro e do grande mangue já no continente que se estende até a serra do Mar.

Tanto na vila de Santos quanto no lado oposto da entrada do canal, na ilha de Santo Amaro, os portugueses tinham construído fortalezas para proteger a entrada do porto. Feita como a maioria dos fortes na costa brasileira, com grandes pedras coladas por um cimento com calcário extraído do pó de ostras, a fortaleza da Barra Grande, do lado de Santo Amaro, erguida com 1546 com ameias sobre a rocha, uma caserna onde ficava o paiol e uma pequena igreja, armava-se com canhões com um alcance de quase 0,5 quilômetro. A gravura mostra 5 naves neerlandesas bloqueando a barra, sem poder entrar, enquanto a sexta, a *Gaivota*, se posta diante do porto de São Vicente. Outra caravela, a *Caçador*, abre fogo contra escaleres enviados para reconhecimento.

Na ilustração, Santos e São Vicente são descritas como vilas fortificadas, com uma estacada ao redor de igrejas e dos edifícios centrais. São Vicente é claramente maior que Santos. A tropa enviada para combater os invasores tem portugueses e índios. Aparece o incêndio do Engenho, propriedade de Jerônimo Leitão, da igreja de "Saint Marie de Nague" [Santa Maria ou Nossa Senhora das Naus] e de um depósito de açúcar no trapiche do Engenho. O caldeirão, homens em desembarque, outros em marcha, 1 índio deitado na rede entre 2 palmeiras e sobre 1 fogueira e 2 índios nus são representações da vida colonial.

Segundo a versão portuguesa do confronto, ao avistar a flotilha dos neerlandeses, mais de acordo com a ilustração holandesa, os colonos reuniram um corpo de defesa das vilas no litoral. A pedido do capitão-mor da capitania, Paulo da Rocha Siqueira, que morava em Santos, para lá acorreram Amador Bueno e Lourenço Castanho Taques, bandeirante nascido na vila de São Paulo, filho do português Pedro Taques e da paulista Ana de Proença. Entre as tropas, estava Sebastião Preto, irmão e companheiro de jornadas de Manuel Preto. Repeliram os neerlandeses a partir da fortaleza da Barra Grande, na praia de Santo Amaro, com auxílio de artilharia pesada, instalada na praia do Embaré.

Expulso sob fogo cerrado, Spilbergen desceu pela costa rumo à Terra do Fogo. Em julho, enfrentou uma esquadra espanhola, do almirante Pedro Álvarez de Pulgar, cujo general era dom Rodrigo de Mendoza, com 8 grandes galeões de guerra e 2 mil homens de guarnição. Foi derrotado, mas conseguiu contornar o continente, atravessar o Pacífico e alcançar Malaca em 1616. Levou de volta para os seus armadores as naus repletas de especiarias e despojos dos saques no Atlântico e no Pacífico.

Aquele era apenas um prenúncio. O cronista neerlandês Gaspar Barléu estimou que, até 1636, os Países Baixos enviaram ao mar "mais de oitocentas [naus] para a guerra e o tráfico no Ocidente", a um custo estimado em 45 milhões de florins. Tomaram, pelos seus registros, 547 naus portuguesas e espanholas. "O nosso século contempla estupefato estas realizações, e o futuro, menos lembrado delas, pasmará de que tantos tesouros tenham entrado, por esforços de particulares, no território das Províncias Unidas, e de que tanta opulência e glória tenham saído das mãos do espanhol", escreveu.[16]

Os olhos de cobiça dos armadores dos Países Baixos não se dirigiam ao sudeste da colônia brasileira, menos rico e repleto daqueles guerreiros ferozes. Olhavam para o Pacífico e, na costa brasileira, para o alto: a capital colonial, Salvador, e os engenhos prósperos de açúcar do Nordeste. Nos registros de alfândega levantados por Barléu, este observou que entre 1620 e 1623 tinham sido levados 15.430 escravos negros de Angola para a capitania de Pernambuco. Dos 70 engenhos nordestinos contados à época, "dizem que rendem anualmente tanto açúcar quanto basta para carregar de oitenta e noventa naus".

Para os neerlandeses, não era suficiente fustigar na costa brasileira os colonizadores que lhes tinham fechado a porta aos negócios. Estavam decididos a quebrar a ascendente colônia do mundo filipino, literalmente, em duas. Depois de Spilbergen, promoveriam duas invasões da costa brasileira, dessa vez não como simples escaramuças, mas com a intenção de ficar.

A grande invasão

Diferentemente de ingleses e franceses, os neerlandeses levaram mais a fundo a tentativa de invadir o Brasil, a começar pelo fato de que, para eles, o confronto com a Espanha era não apenas uma insurreição, mas uma questão de sobrevivência. Desde a morte de Maria, duquesa da Borgonha, os Países Baixos tinham passado ao domínio da dinastia dos Habsburgo, a quem seus regentes deviam vassalagem. No reinado de Carlos V, que castigava duramente os "crimes de heresia", os Países Baixos reagiram, tanto no florescimento do protestantismo, manifestação religiosa que acompanhava intensa mudança social, como na aspiração política de independência contra a monarquia católica absolutista.

Eram países pequenos, oriundos de antigos feudos, mas prósperos e com forte identidade cultural. Principal cidade dos Países Baixos do norte, originários da Holanda contemporânea, Amsterdã enriqueceu com o afluxo de dinheiro de negociantes e banqueiros protestantes e judeus. Por isso, e por seus canais, era conhecida como a Nova Veneza. Nos Países Baixos do sul, equivalentes hoje à região da Bélgica, a prosperidade não era menor. Situada na margem do rio Scheldt, pouco antes da foz que se abre para o mar do Norte, Antuérpia era a principal metrópole comercial e financeira da Europa ocidental.

Por volta de 1560, os Países Baixos já possuíam cerca de mil naus comerciais, o dobro da Inglaterra. Com o crescimento do comércio ultramarino, assim como da população europeia, o volume de mercadorias transportadas de um século para o outro saltou de 300 mil para 2 milhões de toneladas. Os Países Baixos eram os maiores agentes comerciais da época, com um volume estimado de carga de 900 mil toneladas; depois vinham Inglaterra (500 mil toneladas); Espanha, Portugal e Itália, que somavam 350 mil toneladas; França, Hamburgo, Suécia e Dinamarca (250 mil toneladas). "No começo do século XVII, acentuava-se o primado holandês, chegando os Países Baixos a construir mil navios em um só ano", observa Roberto Simonsen.[17]

O forte crescimento demográfico na Europa, porém, gerava uma grande desigualdade social, com ricos de um lado e miseráveis de outro, ambiente propício para a revolta. A nobreza e a burguesia queriam independência política e econômica, apoiadas no calvinismo, ou no anticatolicismo. E, para expulsar os dominadores sacro-germânicos, os protestantes radicais vislumbraram uma liderança: Guilherme de Orange-Nassau, criado na própria corte de Carlos V, mas oriundo da aristocracia local.

Nascido no castelo de Dillenburg, estado do Sacro Império Romano-Germânico, sede da casa de Nassau, Guilherme, em 1544, com 11 anos, herdou de seu primo Renato de Chalôn o título de príncipe de Orange, tornando-se assim proprietário de uma vasta região dos Países Baixos. Pela sua importância, o rei sacro-germânico mandou trazê-lo à sua corte, onde Guilherme primeiro serviu como pajem. Renunciando ao protestantismo, tornou-se regente das províncias neerlandesas da Holanda, da Zelândia, de Utrecht e da Borgonha, por casamento e nomeação do imperador.

Na regência, Guilherme de Orange defendia a liberdade de culto e uma maior independência dos Países Baixos do poder Habsburgo. Quando Carlos V passou o controle dos Países Baixos a seu filho, Filipe II de Espanha, e este entregou a regência à sua meia-irmã, Margarida de Parma, que manteria a imposição católica alinhada com a Inquisição espanhola, a nobreza local se rebelou. Em agosto de 1566, calvinistas atacaram e destruíram imagens de santos nas igrejas católicas. Os motins (*Beeldenstorm*) prosseguiram até outubro. Filipe II foi obrigado a retroceder. Mandou retirar suas tropas e o cardeal de Granville, homem de confiança, que ocupara a regência em Madri durante sua permanência em Portugal. Porém, para contrariedade dos neerlandeses, manteve a dura legislação religiosa do pai.

Começou então a resistência armada. Em setembro de 1577, após uma longa guerra militar e diplomática, Guilherme fez uma entrada triunfal em Bruxelas. Em 23 de janeiro de 1579, sob sua liderança, foi dado outro passo importante para a independência dos Países Baixos do norte, com a assinatura da União de Utrecht. Por meio desse acordo, as províncias do norte – Zelândia, Groningen, Friesland, Drenthe e Overrijssel, além do bispado de Utrecht, dos ducados de Güeldres e Brabante e do condado de Flandres – declaravam-se como sendo as Províncias Unidas, com capital em Amsterdã. A união opunha-se à Coroa espanhola, que mantinha maior controle sobre as províncias do sul, reunidas na União de Utrecht: Lille, Douai, Orchies, Artois e Hainaut, uma parte do norte da França com a atual Bélgica.

Com a morte do cardeal-rei Henrique I de Portugal, em 1580, e a união dos reinos ibéricos sob Filipe II de Espanha, o exército espanhol, sob o comando do duque de Parma, foi realocado para a Península Ibérica. Com isso, enfraqueceu-se sua posição nos Países Baixos. Guilherme aproveitou a ausência temporária do exército espanhol para consolidar sua causa. Pediu auxílio à França, e propôs a Francisco, duque de Anjou, irmão do rei Henrique III, torná-lo rei dos Países Baixos.

Com isso, a França deixaria de apoiar o rei espanhol e os Países Baixos ficariam sob um rei de origem francesa. Em 22 de julho de 1581, os Estados Gerais assinaram um voto de abjuração, no qual declararam que não reconheciam mais Filipe II como seu soberano, ao mesmo tempo que conferiam ao duque de Anjou o título de protetor da liberdade dos Países Baixos. Essa declaração de independência abriu caminho para Anjou, que assumiu o reino em fevereiro de 1582.

A presença de tropas francesas, por um lado, protegia os Países Baixos do norte de iniciativas espanholas, mas isso não tornou mais querido o duque de Anjou, católico e dono de uma personalidade frívola. As províncias da Holanda e Zelândia recusaram-se a recebê-lo como soberano e manifestaram seu descontentamento com aquele acordo, pelo qual Guilherme trocava um déspota estrangeiro por outro. Descontente, Anjou resolveu reafirmar seu poder à força. Em janeiro de 1583, cercou Antuérpia para ocupá-la e usá-la como palco de sua coroação. Rechaçado pela população, foi obrigado a abandonar os Países Baixos, cujo governo ficou vago.

As províncias do norte mantiveram a confiança em Guilherme como regente e os Estados Gerais ofereceram-lhe o título de conde da Holanda e Zelândia, que o tornaria na prática soberano dos Países Baixos do norte, independentes da Espanha. Guilherme, porém, recusou. Foi assassinado em 10 de julho de 1581, por Balthasar Gérard, católico francês, adepto de Filipe II de Espanha, que se apresentou a ele como um nobre francês disposto a ajudar em sua causa e descarregou no príncipe suas duas pistolas, à queima-roupa, na casa do próprio Guilherme, em Delft.

A ausência do principal articulador da independência não fez esmorecerem as províncias do norte. Em 1588, formaram uma confederação baseada nos princípios estabelecidos em Utrecht, a República das Províncias Unidas, ou República Neerlandesa, constituída por Johan van Oldenbarnevelt. Após a morte de Van Oldenbarnevelt, o principal dirigente da república foi Johan de Witt. Começava a surgir uma nação republicana, independente, cujo projeto político e comercial implicava o combate ao grande império do qual acabava de se livrar. Sabiam que deviam agigantar-se ou, cedo ou tarde, a Espanha voltaria novamente sua mão de ferro naquela direção.

Com a França dormente, desgastada por sucessivas guerras com os espanhóis, a rainha Elisabeth I da Inglaterra via no pequeno e florescente aglomerado de repúblicas um aliado capital contra a hegemonia dos Habsburgo e o crescente império luso-espanhol de Filipe II. Sem declarar guerra aberta ao império hispânico, alimentava diversas ações com o objetivo de minar o poder imperial dos Habsburgo. Enviava tropas aos nobres calvinistas de Flandres para os combates em terra contra os exércitos espanhóis. Concedia cartas de corso – autorização de proteção oficial a piratas que agissem de acordo com seus interesses –, a corsários ingleses para saquear galeões espanhóis no Atlântico e no Pacífico. Entre eles, Francis Drake, que se tornou famoso a bordo de sua nau *Golden Hind*, com a qual circum-navegou o mundo tomando tesouros aos espanhóis.

O apoio inglês direto ou indireto sustentava a posição dos Países Baixos do norte, onerava os cofres do império espanhol e criava um foco de resistência à Contrarreforma católica, que buscava não somente extinguir o avanço muçulmano como conter o crescimento do protestantismo na Europa, em especial o calvinismo. À frente da causa católica, tanto no plano religioso quanto no militar, Filipe II conspirava para colocar no trono britânico Maria Stuart, que renunciara à Coroa da Escócia. Assim, substituiria a protestante Elisabeth I por uma monarca católica.

Considerada a legítima soberana da Inglaterra por católicos ingleses, incluindo os participantes da chamada Rebelião do Norte, Stuart tinha sido aprisionada por mais de dezoito anos em castelos ingleses até ser decapitada em 8 de fevereiro de 1587, aos 47 anos, por supostamente tramar o assassinato da rainha. Sua execução serviu como último pretexto para um enfrentamento aberto.

Em 1588, Filipe II decidiu dar uma lição na Inglaterra. Confiante nos terços espanhóis, que formavam a mais célebre força militar da época, imaginou aproveitar-se da suposta fragilidade militar inglesa em terra, promovendo uma invasão maciça com sua infantaria. Para levar os 30 mil homens do duque de Parma de Flandres para lá, precisaria realizar a maior operação de desembarque já vista na história militar. Sob o comando do duque de Medina Sidonia, a bordo do galeão português *São Martinho*, reuniu então 130 naus de guerra, com 8 mil tripulantes e 18 mil soldados embarcados em Lisboa.

Dessa frota, um terço era a Esquadra Portugal, com alguns dos melhores galeões de guerra do mundo, embora com uma tripulação reticente de portugueses, ainda pouco afeitos a manobrar sob comando espanhol. Em 25 de abril de 1588, foi dado o sinal de zarpar para a "*Grande y Felicísima Armada*", que passou para a história como a "Invencível Armada", epíteto que soaria no final como uma ironia da mesma grandeza.

Tudo o que poderia dar errado deu. Primeiro, a armada sofreu com a calmaria na costa portuguesa, e depois com uma tempestade no cabo Finisterra, que dispersou as naus e transformou uma viagem curta em uma jornada de quinze dias. Acossados pelos barcos ingleses, mais leves e ágeis, sob o comando de Francis Drake, os hispânicos não conseguiram recolher os 30 mil homens do duque de Parma no porto de Dunquerque, bloqueado pela frota neerlandesa, que surgira em apoio ao aliado, e tiveram de voltar para Calais.

O grande desembarque foi um desastre. Com pesados galeões, que não podiam se aproximar da costa, e dependiam de naves menores e botes para lançar os soldados em terra, espanhóis e portugueses eram alvos fáceis para as ágeis embarcações inglesas. Às 2 da manhã de uma segunda-feira, velhas embarcações carregadas de combustível foram incendiadas rumo ao coração da esquadra, cujos comandantes, com receio do incêndio, levantaram âncora para dispersar. Especializados na abordagem, como em Lepanto, os grandes navios de guerra espanhóis foram fustigados na retirada pelos versáteis navios ingleses, cuja capacidade de manobra mesmo em águas rasas lhes permitia agilidade na luta baseada no fogo de canhão.

Frustrado o desembarque, e bloqueada ao sul pelas embarcações inglesas, a Invencível Armada, já arruinada, foi obrigada a contornar as Ilhas Britânicas. Para completar o desastre, tempestades de setembro, típicas da costa da Escócia e da Irlanda, puseram a pique metade das 100 naves da frota restante.

O desbaratamento da Invencível Armada foi um duro golpe nas pretensões imperialistas de Filipe II, que não teria tão cedo outra força como aquela, e precisou abandonar o plano de enfrentar o poder protestante da Europa na base do chumbo. A armada hispânica foi reorganizada, reequipada e modernizada, formando uma frota de galeões utilizada mais para proteger as naus mercantes que traziam ouro e prata da América do que para novos ataques. Marco na estratégia naval, que mostrava a grande vantagem das naus mais leves, a derrota da Invencível Armada deu início também à expansão das forças inglesas e neerlandesas, com seus barcos ágeis e comandantes experimentados na luta ao estilo corsário.

Ingleses e neerlandeses continuaram fustigando o poder espanhol. Em 1589, Francis Drake comandou uma expedição inglesa à Península Ibérica, que evitou a frota hispânica ancorada em Santander e invadiu Lisboa, na tentativa de apoiar um movimento de insurreição português. Logo teve de se retirar antes de enfrentar as tropas leais a Filipe II. No entanto, os adversários do monarca espanhol mostraram que não tinham medo de desafiar o império supostamente mais poderoso do mundo.

Alimentada por interesses econômicos, diferenças religiosas e o enfraquecimento do poderio militar espanhol, a guerra nos Países Baixos recrudesceu. Liderados pelo general Maurício, príncipe de Orange, filho de Guilherme de Orange, os Países Baixos do norte passaram a enfrentar os Países Baixos do sul, ainda sob domínio espanhol, onde a religião católica era obrigatória. Em 1598, pouco antes de morrer, Filipe II passou os Países Baixos do sul à sua filha dileta, Isabel Clara Eugênia, que fez casar no ano seguinte com o arquiduque Alberto da Áustria, e declarou sua independência, com a condição de que suas possessões retornariam à Espanha, se eles não tivessem filhos herdeiros. Foi o que aconteceu. Em 1621, Alberto, sem descendência, morreu. As províncias do sul recaíram na soberania direta da Espanha. A partir de então, voltariam a ter os mesmos inimigos do império filipino e perderiam aos poucos territórios para a França e as províncias do norte.

Com os portos de Lisboa e do Brasil fechados para o comércio, os Estados Gerais da República das Sete Províncias Unidas dos Países Baixos, estância suprema da administração no reino, decidiram usar a mesma fórmula da Companhia Neerlandesa das Índias Orientais, a VOC, para voltar aos negócios no Ocidente. Em 1621 o Conselho dos XIX fundou a West-Indische Compagnie (WIC), Companhia Neerlandesa das Índias Ocidentais, organização de cunho ao mesmo tempo comercial e militar, à qual foi concedido o monopólio de exploração do comércio por 24 anos na América, na África e nas Antilhas. Seu maior objetivo, porém, era reativar o comércio com a indústria do açúcar produzido na região Nordeste do Brasil.

Impedidos ainda de fazer comércio livre com a antiga colônia portuguesa, os neerlandeses decidiram romper o armistício na Guerra dos Oitenta Anos com a Espanha. A WIC interviria com o objetivo de lhes tomar a colônia – um desafio e tanto para um pequeno conglomerado de nações que, até pouco tempo antes, se submetia ao grande império espanhol. "Os escritores portugueses e (não tanto) os brasileiros tendem a caracterizar essa formidável corporação, que tantos danos infligiu às colônias ibéricas no Atlântico, como sendo obra de capitalistas judeus, especialmente judeus sefarditas, que, expulsos da península, estavam ansiosos por tirar uma represália de seus antigos concidadãos, súditos do rei católico", escreve Charles Boxer.[18] "O fato é que as atividades da Companhia das Índias Ocidentais estiveram, sobretudo, nas mãos dos calvinistas emigrados da Flandres espanhola e, muito particularmente, da Antuérpia [...] A participação dos judeus não alcançava 1% do capital."

O império filipino dava sinais de exaustão. A dificuldade de administrar e financiar um império tão grande pesava. A queda em 1623 de Ormuz, no oceano Índico, foi o alerta da incapacidade de se manter tão vasto domínio. Ponto estratégico na entrada do golfo Pérsico, era um dos 3 pés do domínio português no comércio do mar Índico, junto com Goa e Malaca. O xá persa Abas I, com 3 mil homens e a retaguarda de 6 naus inglesas, tomou o forte de Ormuz e despejou sua guarnição e os 2 mil habitantes portugueses. As forças hispânicas fariam depois várias tentativas de recuperá-la, em vão. Mais que uma perda no antigo sistema monopolista, a queda de Ormuz tinha sido simbólica: mostrava que o império onde o sol nunca se punha entrava em ocaso.

O projeto da WIC apostava nisso. Entre 1623 e 1626, os neerlandeses, que antes da proibição filipina comercializavam de metade a dois terços do açúcar brasileiro, abordaram 120 naus portuguesas, das quais subtraíram 60 mil caixas do produto. Isso equivalia a um terço de toda a produção da colônia. "O resultado dessas perdas não foi somente um declínio no comércio, como uma rachadura na produção de açúcar do Brasil", afirma Stuart Schwartz.[19]

Abalada a saúde financeira da colônia, a etapa seguinte foi a invasão. Na primeira tentativa, em 9 de maio de 1624, os neerlandeses da WIC atacaram diretamente a capital, Salvador. Uma armada com 450 canhões e cerca de 3.300 homens, sob o comando do almirante Jacob Willekens, ocupou a capitania com o objetivo de se apossar a partir dali de toda a região Nordeste, onde se concentrava a indústria açucareira. Parte da população fugiu para o interior – no meio dela, o padre Antônio Vieira, então com 16 anos, noviço na Companhia de Jesus desde 5 de maio do ano anterior. "Os muito relâmpagos fuzilando feriam os olhos, e com a nuvem espessa do fumo não havia quem se visse", descreveu Vieira, referindo-se ao desembarque neerlandês.[20]

O bispo dom Marco Teixeira escapou, levando consigo as relíquias, pratarias e ornamentos da catedral da Sé, para salvá-los do saque. "Quem poderá explicar os trabalhos e lástimas dessa noite?", escreveu Vieira. "Não se ouviam por entre os matos senão ais sentidos e gemidos lastimosos das mulheres que iam fugindo; as crianças choravam pelas mães, elas, pelos maridos, e todas e todos, segundo a fortuna de cada um, lamentavam sua sorte miserável."

Comparou a fuga da capital pelo rio Vermelho com a travessia do mar Vermelho por Moisés com os hebreus perseguidos pelo faraó do Egito, "porque o medo lhes representava os holandeses já nas costas, o rio lhes impedia a passagem, a noite dificultava a tudo e o susto chegava a todos".*

O governador-geral, Diogo de Mendonça Furtado, foi capturado. "O governador, vendo que a gente era toda fugida, ainda que não faltou quem lhe dissesse que fizesse o mesmo, respondeu que nunca lhe estava

* VIEIRA, Antonio. Carta Ânua da Província do Brasil, 1624-25.

bem dizer-se dele que fugira", narrou frei Vicente do Salvador. "Pela manhã chegaram os holandeses à porta da cidade e às outras entradas que ficam daquela parte de São Bento, onde se haviam alojado de noite, e, não achando quem lho contradissesse, entraram e tomaram dela posse pacífica. Subiram alguns à casa do governador, que neste tempo quis pôr fogo a uns barris de pólvora pera abrasar-se, se Pero Casqueiro lhe não tirara o morrão da mão. E, vendo-os entrar, levou da espada e remeteu a eles, mas enfim o prenderam e aos que com ele estavam os repartiram pelas naus."[21]

Assumiu o governo o chefe das forças neerlandesas, Johan van Dorth, general neerlandês de ascendência nobre, lorde de Horst e Pesch, ex-administrador da cidade fortificada de Lochem, na província de Gelderland. O governador Diogo de Mendonça Furtado foi enviado para os Países Baixos. O próprio frei Vicente do Salvador, que mais tarde escreveria a narrativa da invasão na sua *História do Brasil*, publicada em 1627, foi feito refém, e mantido dentro de uma nau holandesa em Morro de São Paulo, na entrada da baía de Todos os Santos, para ser trocado, segundo ele mesmo, por prisioneiros holandeses.

Com Vicente do Salvador estavam outros colonos, entre eles um português, "morador na terra, que falava a língua flamenga, o qual depois acharam que lhe era tredo e os enganava, pelo que o prenderam e enforcaram com um irmão seu e um mulato que os acompanhava", narrou o religioso. Horrorizado, o frade Vicente ficou tentado a pular na água para escapar como um seu companheiro de infortúnio, mas não o fez por uma única razão: não sabia nadar. "Meu companheiro teve por melhor arriscar-se a ir a nado, o que eu ainda não quisera fazer, porque quem não sabe nadar vai-se ao fundo", escreveu.

Ficou quatro meses naquela "prisão do mar". Por fim, os holandeses lhe permitiram andar pela cidade, graças à intervenção de um morador de Salvador, Manuel Fernandes de Azevedo. "Concederam que viesse para sua casa e pudesse andar em sua companhia pela cidade, contanto que não chegasse aos muros e fortificações", narrou o frade.

Os invasores não tiveram vida fácil, a começar pela falta de apoio da própria VOC. Das 26 naus da esquadra de Willekens, restaram somente 11 no início do ano seguinte. As demais voltaram aos Países

Baixos ou foram alistadas em novas empreitadas. Ao mesmo tempo, os luso-espanhóis desalojados se reorganizavam no arraial do Rio Vermelho. Enquanto não chegavam reforços da corte, nem o governador da capitania de Pernambuco, Matias de Albuquerque, sucessor automático do governador-geral na sua falta, a liderança da resistência foi entregue ao próprio bispo, dom Marcos Teixeira, que deu início ao cerco a Salvador.

Para enfrentar o inimigo, o bispo contou com a ajuda de Antônio Dias Cardoso, português especializado na guerrilha, com técnicas aprendidas com os índios – o que lhe valeu ser chamado de "mestre das emboscadas". Além de dificultar qualquer movimentação dos neerlandeses, Cardoso criava o medo toda vez que produzia baixas no inimigo. Um dos primeiros a morrer foi Van Dorth, assassinado pelo capitão Francisco Padilha e por seu primo Francisco Ribeiro numa emboscada, quando retornava de uma inspeção à guarnição da fortaleza de São Filipe, a "uma légua da cidade".[22]

Segundo frei Vicente, Van Dorth adiantou-se da sua tropa, na companhia apenas de um trombeteiro, em 15 de junho de 1624. Os portugueses, com tiros de um "pistolete", "lhes mataram os cavalos e, depois de os verem derribados e com os pés ainda nos estribos embaixo dos cavalos, matou o Padilha ao coronel e o Ribeiro ao trombeta. E logo chegaram os índios selvagens de Afonso Rodrigues da Cachoeira que andava ali perto e, cortando seus pés e mãos e cabeça, conforme o gentílico costume, os deixaram, donde os holandeses levaram o corpo do seu coronel".[23] O sucessor de Van Dorth, o major Albert Schouten, também tombou em outra emboscada logo depois.

Trincheiras foram cavadas próximas aos muros de Salvador, incluindo uma em frente a Mont Serrat. Com isso, a invasão não passou dos limites da cidade. O comando da resistência foi transferido a dom Francisco Nunes Marinho, enviado de Salvador e, depois, para dom Francisco de Moura, nomeado pela Coroa. A capital da colônia, porém, só foi recuperada um ano depois, com uma grande expedição militar, que se tornaria conhecida como a Jornada dos Vassalos.

Os brasileiros do século XVII

Retratos de Albert Eckhout, que veio na corte de Maurício de Nassau, revelam a diversidade na colônia

Museu Nacional da Dinamarca, Copenhague

Índia tapuia, óleo de 1641: os índios escravizados eram utilizados como carregadores no trabalho doméstico e na caça a outros índios

Museu Nacional da Dinamarca, Copenhague

Mameluco, identificado como "índio tupi", por estarem os tupis mais próximos dos portugueses e serem aliados contra os tapuias

Museu Nacional da Dinamarca, Copenhague

Índio tapuia: entre a escravização pelos bandeirantes e o trabalho forçado nas missões

Museu Nacional da Dinamarca, Copenhague

Mameluca: ter ascendência portuguesa era sinal de distinção social

O exército sanguinário

Os bandeirantes se tornaram uma força militar poderosa, somando a ferocidade dos índios com a organização militar portuguesa

Museu Paulista da Universidade de São Paulo, São Paulo

Domingos Jorge Velho, retratado por Benedito Calixto: o bandeirante mameluco levou o gado para o sertão e liquidou Palmares

Museu Nacional da Dinamarca, Copenhague

Mameluco, de Albert Eckhout: imagem mais próxima da realidade dos bandeirantes, descalços e de mosquetão

Museu Paulista da Universidade de São Paulo, São Paulo

Fernão Dias Pais Leme, por Luigi Brizzolara: aos 60 anos, o bandeirante mais rico e influente de São Paulo morreu de malária ao achar as "pedras verdes"

Museu Nacional da Dinamarca, Copenhague

"Negro", por Eckhout, é na realidade um cafuzo, que combateu tanto ao lado de portugueses como holandeses

Museus Castro Maya, Rio de Janeiro

Por Jean Baptiste Debret, bandeirantes e aliados indígenas em batalha contra os botocudos. Gravura publicada em "Viagem Pitoresca e Histórica ao Brasil", c. 1834-1839

Museu Paulista da Universidade de São Paulo, São Paulo

Caça ao índio, por Henrique Bernardelli, 1923: rastro de prisioneiros executados cruelmente na volta para casa

Personagens do século

Do mercador negro de escravos ao maior imperador de todos os tempos

Coleção particular

Mercador de Recife, po Albert Eckhout, 1645: os traficantes de escravos, os chamados "pombeiros", com frequência eram negros

Museu Antônio Parreiras, Niterói

Zumbi, por Antônio Parreiras: resistência até a morte

Arquivo Histórico Ultramarino, Lisboa

Padre Antônio Vieira pregando aos índios, gravura do livro A *arte de furtar*: defesa da liberdade e embate com a Inquisição

Mauritshuis, Haia

Maurício de Nassau, por Jan de Baen: general habilidoso, administrador competente e amante das artes

Museu do Estado de Pernambuco, Recife

Salvador Correia de Sá e Benevides, por Feliciano de Almeida: das suspeitas de corrupção e aliança com espanhóis à retomada do império para os portugueses

Museu do Prado, Madri

Felipe II de Espanha, por Sofonisba Anguissola: com Portugal, o maior império global de todos os tempos

A vida da colônia

O holandês Frans Post foi encarregado de retratar paisagens e cenas do cotidiano, o melhor registro do Brasil no século XVII. Vilas, engenhos, fortalezas e fazendas são quase fotografias da época

Coleção particular

Cidade Maurícia, capital do Brasil Holandês, 1657

Coleção particular

Paisagem com nativos, escravos e casa grande em um vilarejo, entre 1670 e 1675

Museu de Arte de São Paulo, São Paulo

Paisagem com Tamanduá

Los Angeles County Museum of Art, Los Angeles

Paisagem brasileira com casa de trabalhador, 1655

Instituto Ricardo Brennad, Recife

Engenho: as usinas de açúcar no século XVII se transformaram na principal riqueza brasileira

Museu do Louvre, Paris

Casa de um Labrador no Brasil 1650-1655

Palácio do Itamaraty, Brasília.

Engenho de Pernambuco: com os holandeses, a indústria de açúcar foi reestruturada e retomada aos poucos pelos luso-brasileiros

Museu do Louvre, Paris

Paisagem brasileira com carreta e boi

Coleção particular

Oficina da farinha: assim como os engenhos de açúcar, as oficinas de produção em série foram o berço do capitalismo

Instituto Ricardo Brennand, Recife

Ruínas de Olinda, em 1665: incendiada pelos portugueses, sua reconstrução foi incentivada por Nassau

Museu Nacional de Belas Artes, Rio de Janeiro

Entrada da baía e da cidade do Rio a partir do terraço do convento de Santo Antônio em 1816, por Nicolas Taunay

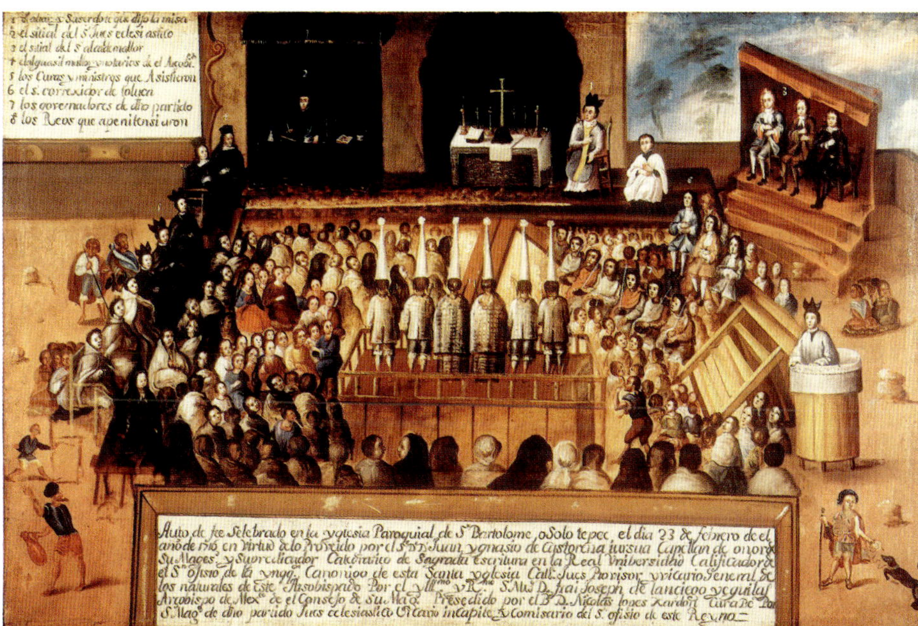

Museu Nacional de Arte, Cidade do México

Auto de fé em Sán Bartolomé Otzolotepec, México, em 1716: a perseguição por "judaísmo" mirava sobretudo os comerciantes portugueses

A luta contra os invasores

Incentivados secretamente pela metrópole, foram os colonos brasileiros que expulsaram os holandeses

Museu do Estado de Pernambuco, Recife

Retrato de João Fernandes Vieira, anônimo: o senhor de engenho favorecido pelos holandeses comandou a revolta

Museu do Estado de Pernambuco, Recife

Domingos Fernandes Calabar, anônimo: tido como traidor, todas as derrotas eram atribuídas a ele

Museu do Estado de Pernambuco, Recife

Henrique Dias, anônimo: o líder dos batalhões negros foi condecorado, mas esquecido na hora das outras recompensas

O Brasil setecentista

O século que marcou o avanço dos luso-brasileiros continente adentro

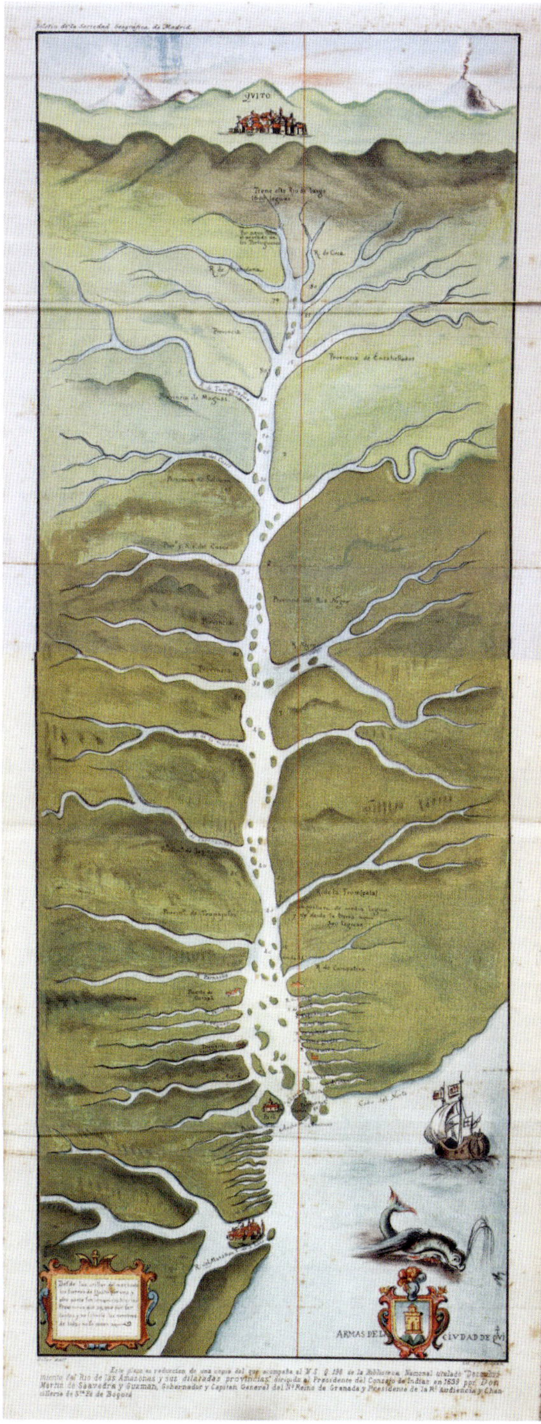

Biblioteca Nacional da Espanha, Madri

Curso do Rio Amazonas do manuscrito "Descubrimiento del río de las Amazonas y sus dilatadas provincias" atruibuído a Benito Acosta, 1889: caminho de Pedro Teixeira para as riquezas de Quito e celeiro para as missões

Coleção particular

A frota de Joris van Spielbergen diante de Santos e São Vicente, gravura publicada em "Miroir Oost et West Indical", 1621: pirataria como política de Estado

Biblioteca do Congresso, Washington

Jodocus Hondiu, America newly delineated, 1640: os portugueses avançam sobre toda a América espanhola

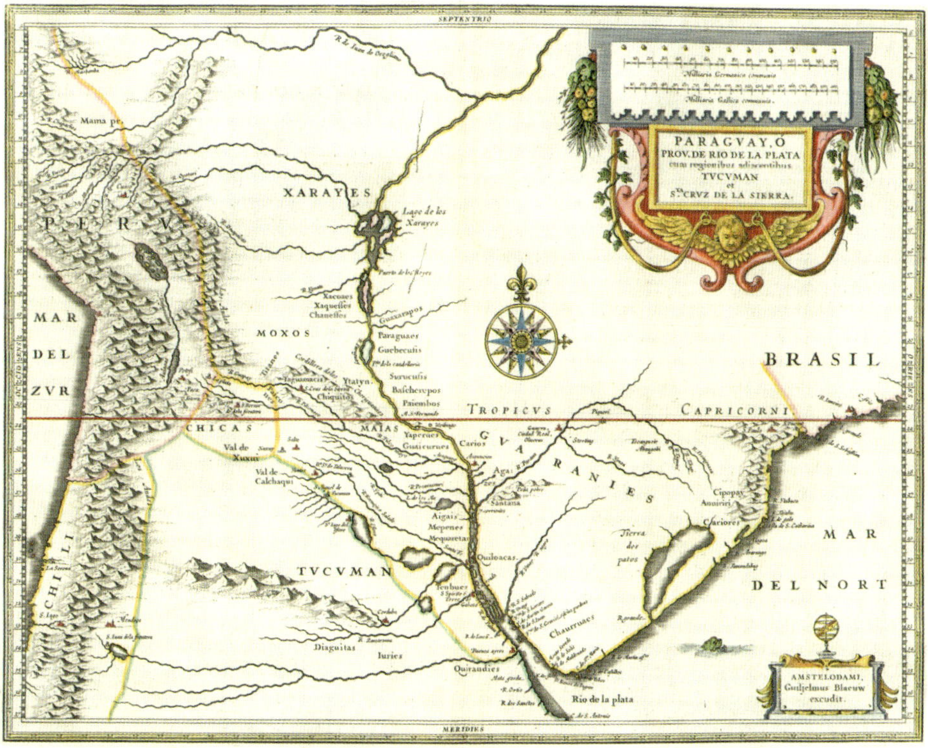

Biblioteca Pública de Boston, Boston

Willem Janszoon Blaeu. Paraguay, Provincias do Rio da Prata, Tucuman e Santa Cruz de la Sierra, 1650: celeiro para as minas e corredor de contrabando das riquezas de Potosí

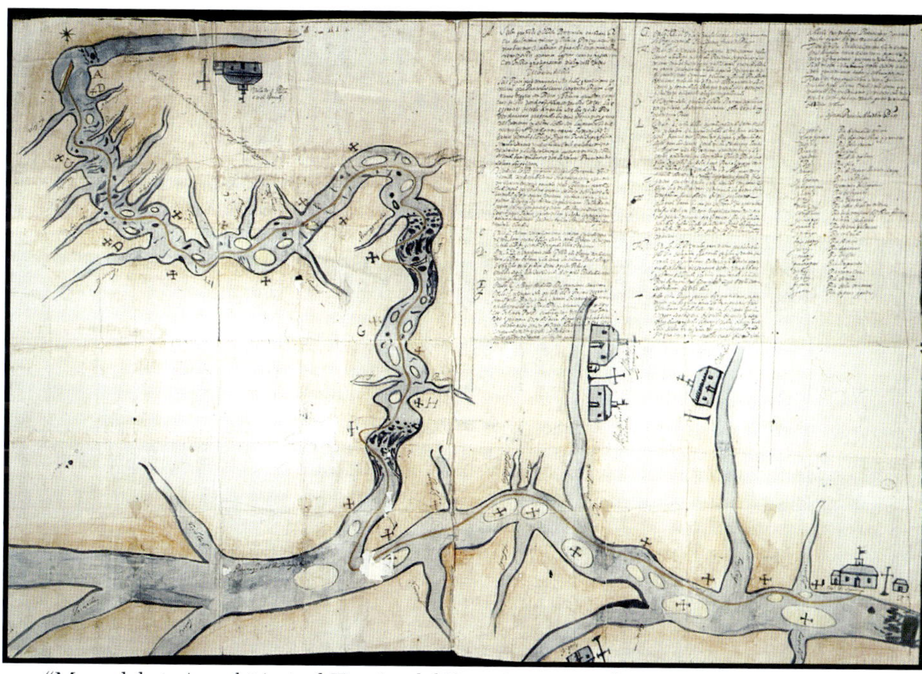

Arquivo Geral das Índias, Sevilha

"Mapa del río Ayembí (actual Tieté) y del Paraná, con sus afluentes, que recorrió Luis de Céspedes Jería, gobernador del Paraguay, al entrar en su jurisdicción desde Brasil, 1628": curso para a captura de escravos e guerra para a tomada do Guairá aos jesuítas castelhanos

Biblioteca da Ajuda, Lisboa

Luís Teixeira, Vila de Olinda e o Porto do Recife, c. 1582-1585: o centro cosmopolita e multi religioso de Nassau voltou às mãos dos portugueses

Essa força-tarefa, enviada em 1625 pela Espanha para retomar Salvador e o respeito pelo império, era a maior que já havia cruzado o Atlântico. Contava 52 embarcações, com 12.566 homens sob o comando de dom Fadrique de Toledo Osório, nominado capitão-geral da armada do Brasil, e de dom Manuel de Meneses, general das armadas da costa de Portugal, que cedera a maior parte da frota para a expedição.

Em paralelo à frota ibérica, reuniu-se uma esquadra organizada pela própria colônia, com 30 embarcações, combatentes e mantimentos, liderada pela nau *Nossa Senhora da Penha de França*. Estava sob o comando de Salvador Correia de Sá e Benevides, então com 23 anos, que recebeu de seu pai, Martim Correia de Sá, capitão do Rio de Janeiro, a missão de recrutar homens na capitania de São Vicente para juntar tropas locais à frota hispânica. Arregimentou em São Vicente 100 índios das missões jesuítas e 80 brancos. Foram embarcados em 2 caravelas, além de 6 canoas de guerra onde viajavam os índios arqueiros.

Ao percorrer a costa rumo à capital, Correia de Sá fez uma parada na vila do Espírito Santo, onde acabou por salvar seu capitão-mor, Francisco de Aguiar Coutinho, do corsário neerlandês Pieterszoon Piet Heyn. De acordo com frei Vicente do Salvador, Heyn, aportuguesado Pedro Peres, vinha em 5 naus de guerra e 2 patachos de Angola, onde atacara caravelas portuguesas e embarcara negros em Luanda. Em 10 de março de 1625, desembarcou na foz do rio do Espírito Santo, sem saber daquelas tropas, que estavam por coincidência de passagem.

Dessa forma, ao entrar na vila com seus homens, Heyn foi surpreendido pelas forças de Correia de Sá, que saíram de trás das trincheiras. O próprio Heyn escapou com vida por pouco. "Depois de entrados na vila, lhe saíram os nossos de todas as partes, com grande erro do gentio, e lhes mataram 35 e cativaram dois", descreveu frei Vicente do Salvador.[24] "O general dos holandeses se retirou para as naus com perto de cem feridos, de trezentos que haviam desembarcado, e alguns mortos, entre os quais seu almirante Guilherme Ians e o traidor Rodrigo Pedro, que na mesma vila havia sido morador e casado com mulher portuguesa", acrescenta o frade. "Sendo trazido por culpas a esta Bahia, fugiu do cárcere para Holanda, e vinha por capitão em uma nau nesta jornada."

Em 1º de maio de 1625, Heyn retirou-se do Espírito Santo, depois de ver recusada uma proposta de armistício. Correia de Sá levou então as forças para o norte, onde se juntaram à armada de Fadrique de Toledo Osório, que já combatia na baía de Todos os Santos, bloqueando a saída de Salvador.

A Jornada dos Vassalos foi cantada em prosa e verso. Além da célebre carta ânua celebrizada por Vieira, rendeu o quadro de Juan Bautista Maíno, *La recuperación de Bahía*, e uma peça de teatro assinada por Lope de Vega: *El Brasil restituido*. Com sua frota protegendo a entrada da baía de Todos os Santos, dom Fadrique bloqueava os reforços neerlandeses que poderiam vir por mar – e chegariam tarde demais. De acordo com frei Vicente do Salvador, a partir da armada estacionada na baía, as tropas ibéricas, com a ajuda dos índios paulistas de Correia de Sá, passaram a retomar palmo a palmo os bairros de Salvador, fustigando os neerlandeses, até sua capitulação, no dia 30 de abril de 1625.

No acordo assinado por dom Fadrique com os comandantes Guilhelmo Stop e Francisco Duchs, no Carmo, os neerlandeses se entregaram, deixando "toda artilharia, armas, bandeiras, munições, petrechos, bastimentos, navios, dinheiro, ouro, prata, joias, mercancias, negros escravos, cavalos e tudo o mais que se achasse na cidade do Salvador, com todos os presos que tivessem, e [prometendo] que não tomariam armas contra sua majestade até se verem em Holanda", segundo frei Vicente do Salvador.[25] Dom Fadrique permitiu-lhes "sair da cidade livremente com sua roupa de vestir e cama, os capitães e oficiais cada um em seu baú ou caixa, e os soldados em suas mochilas", com mantimentos de três meses e meio para a viagem por mar.

Os relatos do feito foram por muito tempo disputados entre portugueses e espanhóis, que teriam desembarcado primeiro após a rendição da cidade, o que gerou ciúmes e desavença. Com isso, o Conselho de Estado de Filipe IV proibiu a publicação de relatos, crônicas e histórias do resgate de Salvador, cujas versões, portuguesa e espanhola, foram mantidas por longo tempo na obscuridade – a chamada "Guerra das Tintas".

Se havia um consenso entre as partes, era apenas um: o Brasil deixava de ser desimportante. De rabo do império, era agora o que garantia a indústria do açúcar, o comércio de escravos negros no Atlântico e, sobretudo, protegia a entrada das riquezas do Peru, consideradas a cornucópia do império. Dos portos brasileiros, se podia proteger dos corsários as naus carregadas de prata que rumavam para Sevilha. E afastar o invasor protestante no Novo Mundo e nas Índias Orientais, tanto pela via sul-americana quanto pela África. "A vitória na Bahia trouxe um efeito psicológico sobre a Espanha, que foi parecer que as armas católicas podiam ainda ter força contra a ameaça do norte", afirmou o historiador Stuart Schwartz.[26]

Os reforços holandeses surgiram depois da rendição. Ao se deparar com Salvador retomada pelos hispânicos, seguiram para o norte, até a baía da Traição, na Paraíba. Em agosto de 1625, as naus se dividiram. Uma parte seguiu para as Antilhas, onde tomou São João do Porto Rico. A outra atacou Santos, em 1626, repelida novamente pelos paulistas. Depois rumou para a África, em outubro de 1625, onde os neerlandeses tentaram tomar São Jorge da Mina, importante entreposto de escravos. Foi um massacre, com a morte de 450 neerlandeses, entre "comandantes, soldados, marinheiros, todos decapitados e ficando com os cadáveres irreconhecíveis", segundo Gaspar Barléu.[27] Em março de 1627, nova esquadra pirata voltou a Salvador, capturou navios mercantes e tomou sua carga de açúcar, especiarias, fumo, couro, algodão e pau-brasil.

O sucesso da Jornada dos Vassalos rendeu recompensas aos seus principais personagens. Correia de Sá muito deveu a ela sua nomeação, em 5 de fevereiro de 1628, a alcaide-mor do Rio de Janeiro, posto com nome de origem mourisca, que equivalia ao de um governador militar da cidade, com direito a parte nas multas que aplicava – "por todos os anos de sua vida".*

Dom Fadrique de Toledo, que segundo frei Vicente do Salvador em sua partida ainda mandou enforcar 4 portugueses aliados dos neerlandeses, repartiu entre os soldados da armada os despojos tomados pelos invasores e deixou mil soldados e 2 galeões para guardar a capital

* *Revista do Instituto Histórico e Geográfico Brasileiro*. Tomo XXIV, 1861.

da colônia. Ao retornar, foi recebido na Espanha como herói, mas não levou boas lembranças do Brasil. Deu ao rei sua impressão sobre a colônia, na qual identificava a inconstância de sua gente, tal qual o clima, típico do trópico, onde o dia começa com sol claro e muda à tarde em chuvas e trovoadas. Resumia tudo numa frase que se tornou célebre à época, lembrada num sermão pelo padre Antônio Vieira: "*En el Brasil, hasta los cielos mientem*" ["No Brasil, até os céus mentem"].[28]

Enquanto os colonos procuravam restabelecer a ordem, os neerlandeses transformavam o Atlântico numa zona de perigo constante para as embarcações hispânicas. Sem ter como cobrir todo o Atlântico, Filipe IV concentrava suas defesas no Caribe, sobretudo Vera Cruz, Porto Belo, Havana e Cartagena das Índias, rota de saída da prata da colônia para a Espanha.

Em 1628, depois de incendiar uma frota espanhola em plena baía de Todos os Santos, Piet Heyn – "tão célebre pelos seus sucessos faustos e infaustos", segundo Barléu – interceptou com seus corsários o cobiçado carregamento anual de prata, quando saía do México rumo à Espanha. Tomou 16 embarcações espanholas, incluindo 1 galeão atacado de surpresa, durante a noite, e outros 4 encurralados na baía de Matanzas, em Cuba.[29] Como sinal de cortesia, cedeu à tripulação espanhola provisões suficientes para que caminhassem até Havana, a 90 quilômetros dali.

Depois do maior saque da história, Heyn foi recebido na volta como herói, aplaudido por uma multidão no balcão da prefeitura de Leiden. "Com felicidade única, refez o tesouro exausto e restabeleceu o crédito abalado da Companhia", relatou Barléu. Recuperava parte das perdas com a fracassada invasão de Salvador e usava o próprio dinheiro da Espanha para financiar nova expedição, mais poderosa, porém com alvo diferente: Olinda, sede da capitania mais rica da época, e menos protegida que a capital da colônia.

Durante a ocupação de Salvador, os neerlandeses tinham se apossado da correspondência do governador pernambucano, Matias de Albuquerque, com informações sobre suas riquezas e sistema de defesa.

Com base nisso, uma expedição militar sob o comando de Hendrick Cornelisz Loncq, com 67 navios, munidos com 1.170 canhões e 7 mil soldados a bordo, avançou sobre a costa pernambucana em 15 de fevereiro de 1630. No dia seguinte, Loncq ofereceu a Olinda a possibilidade de rendição, enquanto o general Jonckheer Diederick van Waerdenburch, comandante das operações em terra, desembarcava com 3 mil homens mais acima no litoral, na praia de Pau Amarelo.

Sem recursos para fazer frente ao invasor, Matias de Albuquerque preferiu lhe deixar terra arrasada. Mandou incendiar os armazéns do porto de Recife, para que o açúcar à espera de embarque para Portugal não caísse nas mãos do inimigo. E retirou-se com a população civil de Olinda – que foi incendiada pelos próprios colonos –, instalando-se num morro mais propício para a defesa, 1 légua interior adentro, na Zona da Mata. O acampamento se tornou o Arraial Velho do Bom Jesus, de onde foi organizada a resistência.

Matias de Albuquerque criou as "companhias de emboscada", adotadas na tradição historiográfica brasileira como a primeira manifestação de identidade nacional brasileira: juntavam portugueses, brasileiros natos, índios e negros. Na guerra, irmanavam-se no objetivo em comum de combater o invasor. Os líderes dessas diferentes castas da sociedade brasileira colonial representavam bem a natureza dessa irmandade provisória, que misturou o que antes se separava: reinóis (nascidos em Portugal), mazombos (filhos de portugueses nascidos na colônia, equivalente aos *criollos*, da América espanhola, com conotação pejorativa), mamelucos (filhos de portugueses com índios), negros e índios.

O líder dos batalhões luso-brasileiros nasceu em 1620, no engenho São João, província de Filipeia de Nossa Senhora das Neves, onde hoje está a cidade de João Pessoa, capital da Paraíba. André Vidal de Negreiros era filho de senhores de engenho, criado para administrar terras e armas. Cresceu em meio à guerra contra os neerlandeses, primeiro em Salvador. Era, por excelência, um exemplar da primeira linhagem da elite brasileira.

Com ele, estava o índio Poty ("camarão", em tupi), ou Potiguaçu ("camarão grande"), da tribo dos potiguares, nascido no vale de

Baquipe, no Ceará, então capitania do Rio Grande do Norte. Batizado em 1614 com o nome português de Antônio Filipe Camarão, homenagem a Filipe II da Espanha, foi educado pelos jesuítas: lia, escrevia e falava um pouco de latim. Alistou-se como voluntário e comandou os guerreiros de sua tribo nas investidas contra Recife e Olinda, ao lado de sua mulher, Clara Camarão, que participava ativamente dos combates.

O terceiro membro dessa tríade se juntaria a eles pouco depois: Henrique Dias, negro pernambucano de passado incerto, provavelmente foragido de um engenho holandês. Transformou-se em capitão do mato, à frente de outros negros: em troca da liberdade, servia aos senhores de engenho na captura de negros foragidos das fazendas. O primeiro registro a seu respeito foi colaborar, à frente de um grupo de 20 negros, para defender dos neerlandeses o engenho São Sebastião, de Pedro Cunha Andrade, em 15 de julho de 1633. No mesmo ano, apresentou-se a Matias de Albuquerque para juntar-se aos seus homens no esforço de guerra. Por isso, recebeu a patente de "governador dos crioulos, negros e mulatos do Brasil".

De Salvador, Matias de Albuquerque recebeu 700 homens, sob o comando de Giovanni Vincenzo di San Felice, duque de Bagnolo e príncipe de Monteverde, que participara em 1625 da retomada da capital pelas tropas de Van Dorth e retornou com tropas mercenárias para reforçar a resistência. Com Bagnolo, Matias de Albuquerque passou a fustigar Olinda, até fazer os neerlandeses recuarem para o porto do Recife. No Rio Grande do Norte, uma esquadra de dom Antônio de Oquendo derrotou os neerlandeses.

Quando a resistência crescia, um elemento mudou o curso dos acontecimentos. Em 1632, Domingos Fernandes Calabar, nascido em Porto Calvo, em Alagoas, passou aos holandeses os pontos fracos da defesa na região Nordeste do Brasil. Conhecedor do terreno, guiou os neerlandeses num ataque noturno ao povoado de Igaraçu, tomado de surpresa. Sob sua orientação, os neerlandeses investiram depois sobre o forte do rio Formoso, na Zona da Mata, que caiu depois de resistir até o último homem. Por fim, em 14 de março de 1633, os neerlandeses atacaram Bom Jesus, sem sucesso. No combate morreu seu comandante, Lourens van Rembach, substituto de Waerdenburch, que abandonara o posto por divergências com a Companhia. Em seu lugar, assumiu Sigismundo van Schkoppe, que ocupou Itamaracá e enviou tropas para o Rio Grande do Norte, conquistando o forte dos Reis Magos.

A partir dali, todas as derrotas ou frustrações dos colonos na guerra passaram a ser atribuídas a Calabar, cujo nome na tradição brasileira associou-se a traição. Pouco a pouco, os neerlandeses avançaram. Em 1633, as forças do capitão Mathias van Ceulen atacaram por mar e terra o forte dos Reis Magos, que os portugueses tinham construído no Rio Grande do Norte desde a expulsão dos franceses e índios hostis da região. Mudaram o nome da fortaleza sobre o mar bravio, antes considerada inexpugnável, chamando-a de Ceulen.

Em 1634, com o coronel polonês Crestofle d'Artischau Arciszewski e Henderson, Van Schkoppe apoderou-se da Paraíba e reduziu a resistência portuguesa no Nordeste a um punhado de lugares: o forte de Serinhaém, o arraial Velho do Bom Jesus, o forte de Nazaré, no cabo de Santo Agostinho, e Porto Calvo. A frota capitaneada por Vasconcelos da Cunha, enviada para socorrer os pernambucanos, foi atacada pelos neerlandeses a caminho do Recife e somente 200 dos 600 combatentes chegaram a Serinhaém, onde se encontrava Matias de Albuquerque.

Derrotas se sucederam: fracassou a tentativa de tomar Olinda e caíram Porto Calvo e Bom Jesus, tomados pelo coronel Arciszewski ao final de um cerco de três meses. Ao mesmo tempo, o coronel Van Schkoppe cercou e capturou o forte de Nazaré. Somente resistia Serinhaém. Sem perspectivas, Matias de Albuquerque retirou-se para Alagoas, onde se encontravam as tropas de Bagnolo, em 3 de julho de 1635, levando 500 combatentes e 8 mil refugiados.

Ao passar ao largo de Porto Calvo, os neerlandeses atacaram, mas foram repelidos. Porto Calvo foi temporariamente recuperada pelos hispânicos, graças "à traição do português Sebastião do Souto, homem perfidíssimo, de cujo ótimo auxílio nos servíramos antes", relatou Barléu. Segundo o cronista neerlandês, este teria aconselhado o comandante da guarnição, o sargento Alexander Picard, a abandonar a fortaleza "com falsas indicações". "Com esta proeza, celebrizou, pela enormidade do crime, a perfídia dos seus", afirmou Barléu.

No ano seguinte, 1636, Arciszewski bateu dom Luís de Rojas y Borja em Mata Redonda, onde se encontravam também Vidal de Negreiros, Filipe Camarão e Henrique Dias. Com isso, em cinco anos de luta, os neerlandeses consolidaram o domínio do mais rico território do Brasil, que compreendia as capitanias de Pernambuco, Itamaracá, Paraíba e Rio Grande do Norte. Fina flor da economia da colônia luso-espanhola, o Nordeste brasileiro tornou-se neerlandês. Além de Recife, para onde a maior parte da população civil se transferiu com a destruição de Olinda, os neerlandeses se estabeleceram em Fredrikstad (João Pessoa) e Nieuw Amsterdam (Natal).

A VOC rebatizou a colônia com o nome de Nova Holanda. Desde então, os luso-brasileiros passaram a chamar os neerlandeses de "holandeses" – nome que mais tarde passou a ser usado, até a era contemporânea, para designar todos os nativos dos Países Baixos.

Em 22 de julho de 1635, Calabar foi capturado, sumariamente julgado e executado, "pagando na forca a sua deserção e deixando os membros esquartejados por espetáculo e testemunho da sua infidelidade e miséria", descreveu Barléu. Para muitos historiadores, a traição de Calabar, além de receber uma importância exagerada, que adquiriu contornos mitológicos, abriu uma discussão sobre a quem se devia fidelidade, para configurar-se a traição, já que muitos portugueses não viram tanta diferença entre submeter-se aos neerlandeses ou aos espanhóis.

Em 1632, Filipe IV já tinha oferecido Breda, recém-conquistada aos neerlandeses, assim como uma compensação de 200 a 300 mil florins para a libertação de Pernambuco. No entanto, caberia aos portugueses pagar essa conta. Por exemplos como aquele, não havia grande desejo entre os pernambucanos em geral, e não só Calabar, de retornar à dominação filipina.[30]

Ao delegar aos donatários a tarefa de expulsar os invasores, sem ajuda oficial, os colonos se perguntavam ao lado de quem gostariam de estar. Para muitos, parecia bem melhor a vida antes da União Ibérica, quando se faziam negócios com os neerlandeses, e não a guerra. Pela história oficial, construída mais tarde pela ótica do vencedor (a Espanha), Calabar ficou do lado errado. Porém, entre a União Ibérica e os Países Baixos, ele certamente não era o único a preferir os instauradores da Nova Holanda.

Logo, os pernambucanos veriam muitas vantagens na nova situação, com a qual passariam a conviver. No Nordeste holandês, em breve as cidades começaram a florescer, num clima de liberdade jamais visto no continente. E isso graças não apenas ao modelo neerlandês de administrar suas colônias, como aos talentos reunidos num único homem, misto de guerreiro, nobre, empreendedor e iluminista, que deixaria sua marca na história brasileira e cativaria profundamente a elite local.

O militar renascentista

Nascido em Dillenburg, a 17 de junho de 1604, Johan Maurits van Nassau-Siegen (Maurício de Nassau) era conde e príncipe de Nassau-Siegen, primeiro filho do segundo casamento do conde João VII de Nassau, parente distante da mesma casa de Guilherme de Orange-Nassau, patrono da libertação dos Países Baixos. Foi educado desde os 10 anos na Universidade da Basileia, e depois na de Genebra, onde a orientação calvinista recebia a influência mais branda do teólogo Teodoro de Beza, um dos fundadores da Reforma Protestante, discípulo e sucessor de João Calvino à frente da Igreja em Genebra.

Sua formação, além da nobiliarquia, o levou a ser rapidamente promovido a alferes de cavalaria, logo que entrou na carreira militar, em 1621. Pelos Países Baixos, combateu o exército espanhol, aliado dos Habsburgo, na Guerra dos Trinta Anos. Tornou-se cavaleiro da Ordem de São João, ligada ao protestantismo, razão pela qual se fazia retratar com o seu símbolo: a cruz de 8 pontas, também chamada de cruz de Malta. Participou da campanha que retomou Breda aos espanhóis, em 1625, além de outras cidades estratégicas.

Em 1632, Nassau se tornou herói na tomada de Maastricht, em especial no cerco a Nieuw Schenckenschans, situada numa confluência do rio Reno, ponto estratégico para a defesa dos Países Baixos. "Gozava ele por isso o favor público dos holandeses, acrescendo a esses títulos o lustre de sua família", escreveu Barléu.[31] E aproximou-se do posto que, segundo ele, "todos desejavam": o comando da Nova Holanda.

Em 1632, Nassau começou a construir um palácio em Haia, projetado por Jacob van Campen, celebrado arquiteto, ao estilo italiano de Palladio: a Mauritshuis ("Casa de Maurício"). Construção de paredes brancas, modelo do classicismo holandês, acabou custando mais do que o dono esperava – cerca de meio milhão de florins. Para pagar a conta, quatro anos mais tarde, em 1636, Nassau aceitou a oferta da WIC de ir para o domínio holandês no Brasil como seu "governador, almirante e capitão-general"[32] – um emprego complicado, que exigiria todos os seus grandes atributos.

Além de uma ajuda de custo de 6 mil florins em equipamentos, Nassau recebeu salário mensal de 1.500 florins, sem contar seu soldo como coronel do Exército. Parte dos seus ganhos vinha como bonificação dos lucros da colônia, sobre os quais tinha 2% de participação. A WIC pagava suas despesas de mesa e a criadagem. Nassau levou 18 dos seus servidores domésticos; seu predicante, Francisco Plante; o médico particular, Guilherme van Milaenen; e o secretário, Carlos Tolner. Pelo juramento de 4 de agosto de 1636, comprometeu-se a trabalhar no Brasil por cinco anos – ficaria sete, no total.

Não foi apenas a criadagem que Nassau trouxe na sua *entourage*. Frequentador da corte aristocrática, ele convivia com políticos, intelectuais e artistas como Constantino Huygens, célebre pintor renascentista, mestre e incentivador de Rembrandt; Joost van den Vondel, poeta nacional dos Países Baixos; e o próprio Gaspar Barléu, nome aportuguesado do humanista, poeta, cartógrafo e historiador neerlandês Caspar van Baarle, conhecido por seu nome latinizado, Barlaeus, nascido na Antuérpia em 1584, filho de um calvinista refugiado, professor de lógica na Universidade de Leiden.

Assim, Nassau decidiu levar consigo cientistas, teólogos, arquitetos, médicos, pintores e especialistas em diversas áreas, como 3 vidraceiros e 1 entalhador. Frans Post e Albert Eckhout, ainda jovens e desconhecidos, foram convidados com outros 4 pintores. Seriam os grandes retratistas dos cenários e costumes da época, num tempo em que a pintura fazia o papel da fotografia. A Barléu, Nassau entregou a tarefa de relatar seu governo, o que faria dele um dos principais cronistas da história do Brasil. Estavam ainda no grupo o cartógrafo

Cornelis Golijath; Willem Piso, médico de Amsterdã, incumbido de estudar as doenças tropicais; e o astrônomo saxão Georg Marcgraf, que se tornaria célebre pelo estudo do eclipse solar em 1640. Piso escreveu, com comentários de Marcgraf, a *Historia Naturalis Brasiliae*. Publicada em 1648, em Amsterdã, foi o primeiro estudo científico sobre a flora e fauna brasileiras.

Além de artistas, Nassau reuniu talentosos homens de guerra. O principal deles era Jan Corneliszoon Lichthardt, célebre bucaneiro, brilhante estrategista e combatente experimentado no saque a naus portuguesas e espanholas nas Antilhas e no Atlântico Sul. Em 1630, derrotou uma esquadra de corsários em Dunquerque, depois de uma batalha de oito horas. Graças a suas proezas, e a vantagem de falar português, aprendido no tempo em que morou em Lisboa, foi contratado como almirante.

Ao lado de Lichthardt, figuravam outros grandes nomes da Marinha de Guerra neerlandesa, como o almirante Hendrick Lonck, além do general Sigismund van Schkoppe e do coronel Crestofle d'Artischau Arciszewsk. A eles se juntaria ainda Cornelis Jol, conhecido como "Houtebeen" ("perna de pau"), por, na juventude, ter tido uma perna arrancada por um tiro de canhão. Era um pirata lendário pelo apresamento de caravelas espanholas e portuguesas no Caribe e na costa brasileira. Comandante da frota neerlandesa nos combates na Guerra dos Oitenta Anos, foi recrutado pela WIC em 1638. "Houtebeen é um pirata malvado, que come polvos crus e bebe água do mar", dizia uma das canções a seu respeito, que inspiraram as lendas da pirataria.

Ainda assim não seria tarefa fácil. Como em muitos empregos, Nassau verificou cedo que a realidade estava bem aquém do quadro que lhe tinham pintado. Em vez das 32 caravelas e 7 mil combatentes previstos, recebeu no embarque 12 naus com 2.700 homens. Nem isso estaria ao seu dispor para a partida, no porto de Texel, arquipélago próximo de Amsterdã, no mar do Norte, no outono europeu de 1636.

"Nassau, já disposto para os trabalhos e as fadigas, resolveu partir numa esquadra ainda desapercebida, como acontece de ordinário em tais circunstâncias, e com soldados mal aprestados, com os quais ia passar à América, em quatro navios somente", registrou Barléu. A bordo do Zutphen, com 350 soldados, que "mal o garantiriam contra os ataques dos espanhóis da Flandres e de Dunquerque", Nassau chegou ao Recife em 23 de janeiro de 1637, quase três meses após a partida. Aos poucos, juntaram-se a ele seus outros comandantes.

Havia certa convivência e assentamento pacífico entre a Nova Holanda e as capitanias do Sul. Barléu relata que 2 capitães da frota holandesa de Nassau, Mathias van Ceulen e Servaes Carpentier – "membros do futuro conselho secreto e esteios do governo" – , fizeram uma parada em São Vicente para reparar suas naus, avariadas na travessia do Atlântico. Portugueses e espanhóis não sabiam que a primeira providência do recém-instalado governador da Nova Holanda seria expandir os domínios dos Países Baixos no continente.

Assim que chegou ao Brasil, Nassau tomou as primeiras providências militares. Dividiu o exército em dois. Deixou 2.600 homens nas guarnições de defesa em Recife, rio dos Afogados, cabo de Santo Agostinho, Itamaracá e Paraíba. Outros 2.900 foram destacados para a campanha militar. Em março, lançou uma ofensiva contra a tropa hispano-brasileira, acantonada na vila de Porto Calvo, Alagoas, "donde mandavam bandos predatórios a infestar, com rapinas e devastações, as terras vizinhas pertencentes aos nossos, a tal ponto que nem mesmo era seguro o trajeto entre Olinda e Recife", escreveu Barléu.

Com o apoio de 33 naus, Nassau marchou com 300 holandeses de infantaria, 800 soldados embarcados nas naus de guerra e 600 brasileiros de Pernambuco contra as tropas hispânicas. Em Porto Calvo se encontravam 4 mil homens de um regimento de soldados mercenários napolitanos, a soldo da Coroa espanhola, sob o comando do duque de Bagnolo, que assumira o posto após a morte de dom Luís de Rojas y Borja, duque de Ganja, na defesa do cabo de Santo Agostinho. Bagnolo enviou 2 mil homens para a barra do rio, de modo a surpreender as tropas holandesas e enfraquecê-las antes que chegassem ao forte.

Com Nassau à frente no início dos combates, os holandeses empurraram as tropas de Bagnolo para trás. Na batalha, Henrique Dias, à frente do seu pelotão de milicianos negros, perdeu a mão esquerda num tiro de arcabuz, sem, no entanto, deixar de combater. De acordo com Barléu, 400 homens da tropa filipina morreram na luta e o restante retornou à fortaleza. Temendo o cerco, e ser aprisionado, Bagnolo preferiu deixar a fortaleza de Porto Calvo.

Com o trabalho de sapadores e da artilharia holandesa, depois de treze dias Porto Calvo se rendeu. Nassau concedeu ao vice-governador espanhol Miguel Giberton toda a guarnição rendida, um navio, um canhão e munição para a retirada. Foram para a ilha Terceira, nos Açores. O governador holandês perseguiu Bagnolo até Penedo, vila no rio São Francisco, forçando os napolitanos a retirar-se para Salvador. Fez as pazes com aldeias de tapuias próximas, que definiu como "gentio feroz, bárbaro, de costumes inteiramente rudes, da raça dos antropófagos", porém satisfeitos de se verem livres dos portugueses.[33]

Ali, o novo governador construiu em dois meses uma fortaleza com o seu nome, o forte Maurício do Penedo, sobre uma elevação abrupta, a 6 léguas da foz. Deixou nele uma guarnição de 540 homens. Fez ainda um segundo forte na barra do rio. Demarcou assim o sul da fronteira da Nova Holanda e deixou terra arrasada em todo o atual estado de Sergipe, de forma a criar uma área sem suprimentos, caso tropas inimigas avançassem e quisessem se abastecer por ali. "Dominar o rio, conservar o rio, proteger os nossos navios e termos um pé em terra nesse lugar", escreveu sobre suas intenções.[34]

De volta a Recife, Nassau passou a reorganizar a colônia. Em 1637, fez uma reforma administrativa, baseada no governo representativo, com a criação de conselhos municipais e rurais. Buscou reativar a indústria do açúcar, paralisada pela guerra. Os 150 engenhos pernambucanos estavam na maior parte inativos. Aproximadamente 15 mil habitantes, um terço dos quais escravos, tinham abandonado a vila de Olinda.

A WIC tinha o propósito de repovoar a colônia com holandeses, mas Nassau percebeu que não haveria assentamento sem os antigos habitantes: lavradores de cana, mestres de açúcar, feitores, artesãos, produtores rurais. E procurou reintegrá-los. "Escreveu-se aos diretores das províncias recomendando que permitissem aos índios voltarem para as aldeias e antigas moradas, porquanto, vivendo os nossos estreitamente, não havia terrenos bastantes para aqueles prepararem a farinha da qual se alimentavam", anotou Barléu.

"Escrevi ao Conselho dos XIX, pedindo-lhe que mandasse para aqui os refugiados alemães que, desterrados e com os bens confiscados, se acolheram na Holanda, a fim de virem para uma terra fértil e um país venturoso", escreveu Nassau à WIC.[35] "Se por este modo não se puder realizar a sugestão, desejaria eu que se abrissem as prisões de Amsterdã e se mandassem para cá os galés, para que, revolvendo a terra com a enxada, corrijam a sua improbidade, lavem com suor honesto a anterior infâmia e não se tornem molestos à república, mas úteis."

Entre 1637 e 1638, Nassau leiloou os engenhos abandonados pelos antigos proprietários, ao preço de 20 mil até 100 mil florins. Com a arrecadação, de 2 milhões de florins, capitalizou o governo. Recapturou escravos e os restituiu aos senhores de engenho que tinham jurado fidelidade à república. Obteve empréstimos da WIC para restaurar os engenhos e retomar a produção da cana e do fumo, com a ajuda de técnicos que trouxera dos Países Baixos.

Entre os compradores, estavam judeus, protestantes neerlandeses, além de portugueses e brasileiros. "Os portugueses mantêm-se na obediência somente pelo temor", observou Barléu.[36] "Dedicados ao seu rei, são de fidelidade vacilante e prontos para mudar na primeira ocasião." Com o tempo, judeus e neerlandeses acabaram desistindo e as propriedades progressivamente foram retomadas pelos luso-brasileiros que aderiram ao domínio do invasor.

Mesmo contra os propósitos da WIC, os Estados Gerais ratificaram, em abril de 1638, a política de livre-comércio que Nassau adotou ao chegar, que era de interesse dos comerciantes de Amsterdã – um porto livre para quem quanto maior a liberdade, melhor o mercado. Aos poucos, o Nordeste brasileiro transformou-se em destinação preferencial não apenas de neerlandeses, como de franceses, italianos, belgas, alemães, flamengos e judeus, que ali podiam desfrutar de bens inestimáveis, e em falta na Europa: a tolerância religiosa e a igualdade de condições garantida pelo Estado.

No governo de Nassau, foi fundada em Recife a primeira sinagoga das Américas, a Kahal Zur Israel, Congregação Rochedo de Israel, que abrigou os imigrantes judeus sefarditas holandeses. E também judeus portugueses que tinham se refugiado da Inquisição portuguesa para não ter que se converter ao cristianismo. De 100 cristãos-novos portugueses imigrados para Amsterdã até 1599, passaram a cerca de mil em 1620, e fundariam uma grande congregação em 1639, a Talmud Torá. "A comunidade contou com a autorização discreta das autoridades holandesas, que cedo evoluiu para um apoio explícito, dado que boa parcela desses judeus portugueses era composta por comerciantes de grosso trato ou financistas que muito tinham a contribuir com o poderio comercial da Holanda", afirma o historiador Ronaldo Vainfas.[37]

Foram erguidas em Pernambuco 22 igrejas protestantes para as congregações da Igreja Reformada Holandesa, 1 inglesa e 1 francesa, em sua maioria no Recife. A francesa tinha como frequentador mais ilustre o próprio Nassau. Eram servidas por predicantes (pastores), pregadores auxiliares (proponentes) e oficiais de cerimônia. Havia "consoladores dos enfermos" e professores de escolas paroquiais. A Igreja Cristã Reformada também promovia o batismo e a ordenação de pastores indígenas.

O princípio da liberdade vigorava para a vida religiosa e comercial. Incluía-se aí o próprio catolicismo, religião que perseguia protestantes na Europa, mas era dominante em Pernambuco, e podia ser seguida livremente. "É libérrimo aos papistas o exercício de sua religião, ainda que não sem pesar e murmuração de alguns", afirmou Barléu. Havia nos domínios holandeses 6 conventos franciscanos, a ordem com maior presença no Nordeste, seguida pelos carmelitas e beneditinos. Os mosteiros de São Benedito, em Frederica e Olinda, que possuíam engenhos de açúcar, eram "ricos de gado, casas e canaviais", segundo o cronista.

"A política de conciliação que adotou e sua peça fundamental, a tolerância da religião católica, eram certamente um imperativo da dependência em que se achava a produção de açúcar em relação aos senhores de engenho, lavradores de cana e artesãos da nação portuguesa", afirma o historiador e diplomata Evaldo Cabral de Mello.[38] "Mas não se deve afirmar grosseiramente que a atitude de Nassau e das autoridades batavas decorresse apenas das exigências do sistema produtivo. A liberdade de consciência era doutrina oficial da república dos Países Baixos e assim foi proclamada na sua carta fundamental, a União de Utrecht (1579)."

Embora respeitasse a liberdade, Nassau promoveu um esforço moralizador na lassa sociedade colonial nordestina. "Aplicou-se a organizar a república e sujeitar os cidadãos às leis", afirmou Barléu. "Coibiu com penas os vícios que soam grassar nos primórdios das dominações novas." Proibiu as uniões com consanguinidade, que proliferavam. "A desordenada liberdade dos casamentos, adstritas agora às leis matrimoniais vigentes na Holanda, permitiu coibir os desregramentos", completou Barléu. Nassau proibiu os jogos de azar e obrigou as crianças indígenas a frequentar o catecismo para a conversão.

Os ocupantes holandeses aos poucos tinham se mimetizado aos portugueses e indígenas no comportamento. "Facilmente se abandonou a virtude e, enfraquecida a disciplina, os naturais e nossos patrícios deixaram as armas pelos prazeres, os negócios pelos ócios, maculando, de maneira vergonhosíssima, a boa fama de sua nação com a impiedade, os furtos, o peculato, os homicídios e a libidinagem", escreveu Barléu. "Era preciso um Hércules para limpar essa cavalariça de Áugias."

Em sua obra, o cronista neerlandês afirma que os desregramentos, em vez de vergonha, eram motivo de piada na colônia. "Todos os flagícios eram divertimento e brinquedo, divulgando-se entre os piores o epifonema: 'além da linha equinocial não se peca', como se a moralidade não pertencesse a todos os lugares e povos, mas somente aos setentrionais, e como se a linha que divide o mundo separasse também a virtude do vício." Dessa forma, Barléu entrou para a história da cultura brasileira erroneamente como alguém que endossava a ideia de que no Brasil vale tudo, quando defendia o contrário. O primeiro a construir essa falsa imagem foi Euclides da Cunha, em sua reportagem sobre a Amazônia, "À margem da história", na qual se refere ao "doloroso apotegma *ultra aequinoctialem non peccavi* – que Barléu engenhou para os desmandos da época colonial". A frase foi retomada por Sérgio Buarque de Holanda em *Raízes do Brasil* e, mais tarde, refilada e popularizada na canção "Não existe pecado ao sul do equador", de seu filho, o compositor Chico Buarque de Holanda.

A tarefa de organizar a sociedade colonial, acomodando os interesses da população preexistente, mais a diversidade de gente que afluía, exigia grande disciplina. Os colonos holandeses se dividiam entre os *dienaaren*, soldados, burocratas e ministros calvinistas empregados pela WIC; e os *vrijburghers* – demais colonos neerlandeses, ex-soldados e ex-empregados da WIC, que após três anos de contrato podiam decidir entre voltar aos Países Baixos ou ficar –, e outros imigrantes que vinham tentar a vida no Novo Mundo. Com seus artistas e técnicos, Nassau se mostrou disposto não apenas a explorar economicamente a colônia como a implantar ali o modelo europeu de civilização.

Rapidamente, Nassau começou a transformar Recife em Maurícia (Mauritsstad), na ilha de Antônio Vaz. Com ruas calçadas e traçadas geometricamente, pontes, mercados e praças, a "residência tão luzida do conde, sede do conselho político e do supremo e a principal e mais frequentada estação naval" da Nova Holanda, nas palavras de Barléu, era um modelo de urbanismo. Nos bairros de Santo Antônio e São José, Nassau fez drenar o terreno, com a construção de canais e diques, algo com que os holandeses eram bem familiarizados em sua terra natal.

Construiu os palácios de Friburgo (em holandês, "cidade da liberdade"), um farol diante do mar, o jardim botânico e o zoológico, o museu natural, um observatório astronômico e a primeira estação meteorológica do Novo Mundo. Melhorou os serviços públicos, como a coleta de lixo e o corpo de bombeiros. Favoreceu a reconstrução de Olinda, proibindo a retirada dos escombros da antiga cidade, material que poderia ser reaproveitado.

Consolidada a base brasileira, Nassau seguiu a orientação da WIC, que era alcançar o completo monopólio do açúcar. Para isso, era preciso apoderar-se também do comércio de escravos africanos. Em 1637, o governador da Nova Holanda enviou uma expedição sob o comando do coronel Johan Koin para novamente tentar conquistar o forte de São Jorge da Mina, na costa da Guiné, onde os neerlandeses tinham sido trucidados em 1625. À frente de 800 soldados e 500 marinheiros, Koin recebeu a capitulação da fortaleza depois de seis dias de cerco e combates.

Com isso, Nassau colocou a possessão portuguesa, principal fornecedora de mão de obra negra para os engenhos, também sob domínio neerlandês. "Esta vitória trouxe muita glória e prestígio a Nassau e grande proveito e força à Companhia", escreveu Barléu. A administração de São Jorge da Mina passou a ser feita diretamente por Nassau em Recife. Acabaria por desapontá-lo: conforme diziam os portugueses, a produtividade dos escravos da Guiné, assim como os de Serra Leoa e Cabo Verde, era inferior à dos de Angola. "Empregam-nos por isso os portugueses nos serviços domésticos", afirmou Barléu. Com isso, os olhos dos neerlandeses continuaram grandes sobre o território angolano.

A retirada de Bagnolo, como Nassau logo descobriu, foi temporária. O comandante das tropas mercenárias voltou a fustigar a nova fronteira, ultrapassando o São Francisco com um contingente de 2 mil homens. Em vez de um confronto direto, preferia agora a guerrilha contra as vilas holandesas. Com 2.300 soldados, 300 índios aliados e 250 marinheiros no suporte por mar, Nassau enviou tropas para atacar Bagnolo pela frente, ao mesmo tempo que enviava forças para sua retaguarda, entrando ao sul de sua posição, pelo rio São Francisco, de modo a lhe cortar a retirada. Ao perceber a manobra, o comandante mercenário das forças filipinas ordenou a retirada em marcha forçada, para escapar da armadilha.

Em dezembro de 1637, Nassau recebeu emissários de aldeias indígenas do Ceará, com a notícia de que lá os portugueses se encontravam enfraquecidos e sugeriam juntar forças para expulsá-los. Nassau achou boa a ideia, não apenas para afastar ainda mais a presença portuguesa ao norte, como para ampliar suas alianças com as tribos tapuias, que, caçados pelos colonos portugueses há tantos anos como escravos, tinham se tornado seus ferozes inimigos. Sob o comando do major Jorge Garstman, os holandeses tomaram Fortaleza, sede da capitania, que tinha "dez a doze léguas, de poucos habitantes, que ocupavam o próprio forte", segundo Barléu. Em 1638, recuperado de "moléstia assaz demorada",[39] Nassau foi à Paraíba e ao Rio Grande do Norte por terra, de modo a visitar os engenhos, vistoriar fortificações e firmar alianças com indígenas naquela área tomada desde 1634.

Por decisão de Filipe IV, em Lisboa e Cádis armava-se uma grande esquadra com o objetivo de desbaratar a Nova Holanda e retomar a posse do Nordeste brasileiro. Sob o comando de dom Antonio de Oquendo, bloquearia as águas do norte da Europa. Ao mesmo tempo, outra armada, capitaneada por dom Fernando Martins de Mascarenhas, o conde da Torre, avançaria para o Brasil. Na costa da capitania de Todos os Santos, um capitão neerlandês, identificado por Barléu apenas como "Schaap", que teria ficado "aleijado" na refrega, enfrentou 3 naus espanholas. A primeira, com muitos soldados e artilharia, escapou; a segunda encalhou na costa; na terceira, encontrou papéis que revelaram a Nassau os planos espanhóis. Pelas cartas apresadas, soube que já se preparavam no Tejo, em Lisboa, 10 galeões; em Cádis, estavam outros 30; a estes, se juntariam 30 naus de transporte.

Ao tomar conhecimento dos preparativos para o ataque, Nassau decidiu não esperar. Sem receio de combater força superior, seu plano era ainda mais ambicioso do que simplesmente se defender: segundo Barléu, "desejava também apoderar-se da dita armada". Com uma vitória sobre aquela esquadra, teria tranquilidade. Contava ainda com a cizânia em meio ao inimigo. De acordo com Barléu, circulavam rumores de que os comandantes das forças hispânicas divergiam e os soldados, insatisfeitos com o atraso no soldo, viam os holandeses com bons olhos. Pediu homens e embarcações à Companhia, que serviriam primeiro à guerra, depois ao transporte de açúcar. Em resposta, ouviu que receberia reforços. E que devia "tomar a dianteira ao inimigo para não a tomar ele". "Por cartas reiteradas dos diretores da Companhia, foram ao conde prometidos auxílios para esta expedição", afirma Barléu.[40]

Nassau deixou preparada a defesa de Recife e de Itamaracá e partiu para o ataque, como desejado pelos seus superiores, com um audacioso avanço sobre a capital da colônia luso-espanhola, sede do governo-geral. Em 8 de abril de 1638, zarpou no comando de 3.400 combatentes holandeses e mil brasileiros rumo a Salvador, em uma esquadra de 22 naus "para as necessidades do assédio, esperando que melhor obteria do inimigo o restante", segundo Barléu.

* * *

Seis dias depois da partida, Nassau entrou na baía de Todos os Santos. Ultrapassou a ponta de São Bartolomeu e desembarcou em Água de Meninos, a pouco mais de uma légua de Salvador. Pernoitou ali e, no dia seguinte, após vencer com pouca resistência os portugueses em um desfiladeiro, viu-se diante das fortificações da capital. Ocupou os fortes de Santo Alberto, que se encontrava abandonado, São Filipe, com uma guarnição pequena, e São Bartolomeu – este depois de forte resistência portuguesa, que ali contava com 13 canhões. "Tendo-nos caído nas mãos estas fortalezas, ficou-nos livre o acesso às naus para recebermos mantimentos, de que se podia prover a soldadesca em terra por oito dias", escreveu Barléu.

Os boatos das divergências entre Bagnolo e o conde da Torre mostraram-se sem fundamento. Com 2.200 homens de Bagnolo reunidos aos 2 mil soldados portugueses e espanhóis, mais 3 mil cidadãos que se apresentaram para pegar em armas, "entrando nesta conta até eclesiásticos e estudantes", Salvador resistiu às escaramuças dos holandeses. Na primeira noite, tempestades fizeram as naus holandesas perderem a âncora na baía e chocarem-se umas contra as outras, quase naufragando. Para piorar, as incursões de Nassau que visavam cortar os suprimentos da cidade eram sobrepujadas pelas forças dos seus defensores, que assim conseguiam tanger o gado para dentro.

"Informado o general português, por trânsfugas e prisioneiros, da pouquidade do nosso exército e da nossa soldadesca, e terminadas as trincheiras que há pouco começara, marchou ele contra nós, com forças muito mais numerosas", relata Barléu. Ao perceberem que o inimigo estava em número inferior, os hispânicos marcharam em batalhões de 400 a 500 homens e disparos de artilharia. Com as baixas, o contingente holandês foi reduzido a 2.400 europeus e 900 brasileiros. Entre elas, estava Jon Wendeville, capitão da guarda pessoal de Nassau, que sentiu a sua perda. Concluiu que não era mais possível "nem a própria defesa, nem o ataque contra os inimigos, protegidos por diversos fortes e trincheiras".

Nassau então se retirou, "sem estrépito".[41] Manteve as linhas de frente, enquanto embarcava de volta na esquadra a artilharia e a maior parte de suas forças de retaguarda. Terminou de abandonar o restante de suas posições na madrugada, de modo que as tropas portuguesas somente perceberam que o inimigo tinha ido embora na manhã seguinte, tarde demais para uma perseguição. A esquadra da Nova Holanda partiu. Nassau tinha visto Salvador de perto, avaliara suas defesas, mas a derrota, na qual tinham perecido colaboradores próximos, acabou sendo pesada.

A reação do Conselho dos XIX à derrota só não foi pior, de acordo com Barléu, devido às pilhagens na África e a uma venda de 400 escravos, que minoraram a conta da expedição fracassada. Na sua carta aos XIX, Nassau lamentou a falta dos homens que lhe tinham sido prometidos. Mesmo os "vasos [de guerra] que chegaram estavam tão faltos de marujos que me foi preciso destacar trezentos soldados para governá-los", afirmou. Requisitou mais 3.600 combatentes, para completar a força que acreditava ser ideal, de 7 mil homens.

"Com este exército não há só esperança, mas confiança de poder a Companhia praticar algum feito digno", escreveu Barléu.[42] Aos patrões, Nassau queixou-se ainda de que os soldados neerlandeses, sujeitos às doenças tropicais, por contrato deviam ser repatriados a cada três anos, sendo substituídos por outros, sem experiência. Emendou uma frase, lembrando que, assim como César, não podia recuar: "a sorte está lançada: passamos não o Rubicão, mas o Oceano".

Em resposta, o governador da Nova Holanda viu aprovada sua ideia de reforçar a posição no rio São Francisco, para evitar ataques dos ibéricos contra as plantações de cana-de-açúcar, que visavam minar sua economia. E que ele continuasse a pensar em invadir Salvador, por ser "mais sensato espalhar medo nas terras alheias do que experimentá-lo nas próprias [...]".[43] Ouviu também que mais recursos dependiam também de mais riquezas. "Assim, por mútuas obras, teria a Companhia de ajudar o Brasil e o Brasil de ajudar à Companhia", escreveu Barléu. Estava numa sinuca. A WIC sustentava que lhe mandaria mais soldados se obtivesse mais êxitos, enquanto ele sabia que só teria mais êxitos com mais soldados. A partir daí, suas relações com a Companhia azedaram.

Havia divergências internas no grupo dos XIX: alguns membros se ressentiam da igualdade de condições de comércio dada aos luso-brasileiros na colônia. Preferiam o monopólio, como acontecia com a Companhia Oriental. "Cindiram-se os diretores da Companhia em partidos, com dano de todos e não sem mútuas contumélias, e estes e aqueles eram acusados de promover antes os interesses de algumas províncias e cidades que os públicos", resume Barléu.[44]

Nassau defendia os interesses da população hispânica na colônia. Dizia que somente com ela se podia aumentar as receitas. Se lhes negasse licença para comerciar, ficaria também a WIC "privada de impostos, portagens e direitos alfandegários". Enquanto o governador defendia a ideia de que os Países Baixos não tinham recursos suficientes para bancar, sozinhos, o comércio na colônia, e que a posse do território se dava pela colonização, e não pela força, para alguns membros dos XIX daquela forma os lucros eram menores do que deveriam ser. Para eles, a competição instaurada no Brasil fazia os preços baixarem e diminuía os lucros. "Confessavam que por este sistema se formariam colônias, mas que destas se deveriam temer não pequenas desvantagens, podendo as mais populosas sacudir a dominação ultramarina, ou tornar-se a filha mais poderosa do que a mãe", escreveu Barléu.

A posição de Nassau, ao fim, prevaleceu. "Os diretores da Companhia e os Estados Gerais adotaram o parecer de Nassau e, por um édito, franquearam a todos os súditos a navegação e o comércio para o Brasil, reservando para a Companhia somente o tráfico dos negros, dos petrechos bélicos, das armas e do pau-brasil", afirmou Barléu.[45] Excluíam-se da "concessão" os diretores da Companhia, os administradores no Brasil e seus parentes, de maneira a evitar "ganâncias e rapinagens, e que, por ambição, se transformasse a fazenda pública em particular".

Como remuneração, a Companhia impunha uma taxação de 10% nas transações de açúcar – as chamadas décimas. Era a metade do "quinto" (20%) cobrado pelos portugueses e depois espanhóis. Graças aos esforços para recuperar e impulsionar a indústria do açúcar, o Brasil holandês contava já com 166 engenhos, dos quais, fora de Pernambuco, 23 se localizavam na província de Itamaracá, 20 na Paraíba e 2 no Rio Grande do Norte.

Se a liberdade religiosa já fazia de Recife uma meca do ecumenismo, a recém-decretada igualdade comercial foi mais um poderoso impulso na colônia. Cerca de 80 mil neerlandeses migraram.

"Estimulados por esse édito, navegaram para o Brasil tão numerosos mercadores holandeses que o país se viu inundado por molesta cópia de mercadorias e coisas necessárias, cessando por algum tempo as queixas antigas", descreveu Barléu.[46]

Em vez de buscar a paz para a colônia, porém, o Conselho dos XIX preferiu continuar fustigando o império filipino. Para conseguir mais recursos, ou compensar a troca do monopólio brasileiro pela cobrança de taxas de comércio, decidiram retomar a pirataria. Por ordem da WIC, o comandante Cornelis Jol, o Perna de Pau, foi aparelhado com uma nova esquadra com "autorização e poderes para combater com o inimigo e atacar as naus que, carregadas com as imensas riquezas do Peru e dos reinos do Pacífico, tinha de passar da terra firme e do porto de Cartagena para a Nova Espanha". Em vez de apostar na nova colônia, a Companhia investia na pilhagem, negócio menos trabalhoso, mais barato e lucrativo.

Em 14 de abril de 1638, Jol partiu do porto de Texel à frente de 13 naus de guerra. Fez escala em Recife, onde recebeu de Nassau 600 homens e mantimento para sete meses. Ao retornar para a *Salamandra*, a nau capitânia, feriu-se na coxa, prensada entre um canhão e o batel, com a subida repentina de um vagalhão. Aquilo pareceu aos marinheiros um mau presságio. Perna de Pau subiu a costa brasileira rumo ao norte e afinal encontrou 8 galeões espanhóis e 6 naus menores carregados de prata nas águas da ilha de Cuba, no Caribe.

Emparelhou sua esquadra com a espanhola, mas, com o recuo de alguns de seus capitães, aterrados com "o tamanho daquelas naus", segundo Barléu, foi obrigado a abandonar a nau capitânia da esquadra espanhola, sua principal presa. Depois de duas outras tentativas de abordagem, a frota espanhola acabou fora de alcance, na rota da Espanha. Jol dividiu então sua esquadra, parte enviada a Havana, parte para o Brasil, e seguiu com o restante de volta aos Países Baixos.

As coisas não andavam muito bem para Nassau. A expedição de Jol diminuíra suas forças no mar. Os pedidos de auxílio à Companhia eram inúteis. Em 1638, as chuvas prejudicaram a safra de açúcar, estimada inicialmente em 18 mil caixas. Enfrentou ainda uma conjuração, que resultou na prisão de uma dezena de senhores de engenho portugueses. O líder dos conspiradores, Pedro da Cunha, foi executado. Outros foram exilados para a capitania de Todos os Santos. Duarte Gomes da Silveira, que se distinguia "pela sua dignidade e riquezas",[47] aos 85 anos, também foi tratado com tolerância, enviado à fortaleza Margarida, no regime de "menagem" – a prisão domiciliar daquele tempo. Mais tarde, sem provas concretas contra todos, os restantes retornaram aos seus engenhos.

A ameaça maior ainda vinha do mar. Em 10 de janeiro de 1639, depois de reunir espanhóis e portugueses na ilha de Cabo Verde, a armada ibérica perfilou-se no horizonte marinho de Pernambuco. Com 46 naus, dos quais 26 galeões, que a tornavam "formidável", segundo Barléu, a armada de dom Fernão de Mascarenhas, no entanto, não atacou Recife. Surpreendentemente, levantou âncora ao meio-dia e seguiu para Salvador, sem se afastar da costa.

Somente mais tarde os holandeses saberiam a razão de não ter acontecido o ataque. Ao interceptar um "maço de cartas" do conde da Torre, em um transporte de açúcar apresado por 18 caravelas holandesas navegando próximas a Salvador, Nassau entendeu que, dos 5 mil homens embarcados, 3 mil tinham perecido na viagem "pelo ar pestilento da África". Os demais, "levados enfermos para a baía de Todos os Santos, definhavam e morriam".[48] A armada tinha instruções para permanecer no litoral brasileiro, período no qual protegeria naus mercantes, enquanto esperava a recuperação dos soldados e se reunia novamente um exército em condições de combate.

Em março, os pedidos de Nassau foram afinal atendidos: recebeu 1.200 soldados e 7 caravelas, sob o comando do general Arciszewski. A notícia, que deveria ser boa, porém, veio um tanto azedada. Arciszewski era um rival: disputara com ele o cargo de governador da Nova Holanda, com a vantagem de ser um conhecedor do Brasil. Peça-chave na expansão da colônia neerlandesa entre 1634 e 1637, ganhou prestígio na tomada do antes inexpugnável Arraial Velho do Bom Jesus, em 1635, e participara da tomada das fortalezas de Cunhaú, no Rio Grande do Norte; Santo Antônio, na Paraíba; e Porto Calvo, em Alagoas. Coronel nas tropas de Van Schkoppe, seu único superior até a chegada ao Brasil de Nassau, tinha se considerado preterido ao governo da Nova Holanda e retornara a Amsterdã.

Com o cargo de intendente geral do armamento no Brasil, ao voltar, Arciszewski exigiu de Nassau um relatório completo sobre o estado do arsenal da Nova Holanda. Estava investido desse poder por uma carta do primeiro-burgomestre de Amsterdã, Alberto Conrado von der Borg. Isso pareceu a Nassau e aos diretores da Companhia na colônia um sinal de que "eram acusados de má administração", de acordo com Barléu.[49] "Isto faz crer em verdade que não foi ele enviado para visitar a província entregue a nossa autoridade e meter-se consigo, mas para intervir como escarnecedor e censor de todas as minhas ações", escreveu Nassau ao supremo Conselho da Nova Holanda. "Nunca neguei a Arciszewski a honra, mas esta partezinha do Brasil não comporta dois governadores."

De acordo com Barléu, em vez de decidir entre Nassau e Arciszewski, o Conselho procurou promover uma reconciliação. Nenhuma parte, porém, ficou satisfeita. Arciszewski fazia intriga. "Nem somos atacados pelo inimigo, nem ele por nós", escreveu a Alberto von der Borg, de acordo com Barléu.[50] "O conde provê em outros os postos vagos em minhas companhias. E até agora ninguém se encontrou que de mim se aproximasse com o respeito e as continências devidas ou pedisse o meu favor."

Nassau, por fim, venceu. Ao conhecer o teor de uma carta de seu desafeto, descobriu que falava mal também do Conselho dos XIX: "Não tange ao conde, mas aos membros do supremo conselho esse enfraquecimento e transtorno das companhias", afirmava Arciszewski. Nassau entregou o documento ao Conselho Supremo e o Conselho de Justiça em Recife. Os XIX destituíram Arciszewski e o enviaram de volta a Amsterdã num navio de carreira. No seu lugar, o Conselho nomeou Johan Koin, militar também laureado, em especial pela conquista do forte dos Três Reis, no Rio Grande do Norte. "Afirmo que doravante ficará a governança mais tranquila para nós", disse Nassau, conforme Barléu.[51]

Apesar dessa vitória política, o governador da Nova Holanda sabia que as coisas não andavam bem. No seu retorno a Amsterdã, Arciszewski trabalhou para minar ainda mais a confiança dos XIX no governador da Nova Holanda. Compareceu perante os Estados Gerais e os diretores da Companhia para defender-se. Com aquelas divergências internas, os hispânicos se fortaleciam. A resistência de Salvador preocupava. "Ela domina a terra com saqueadores e o mar com os seus navios, o que lhe é fácil em razão dos portos e baías acessíveis a ela em toda a parte", afirmou Adriano van Dussen, enviado especial da Companhia para fazer um relatório sobre o Brasil, ao retornar, em novembro de 1639. "Por consequência, ficando de pé esta Cartago, não havemos de ter nenhum descanso de guerrear."

Estava certo, porque se preparava uma força ofensiva do outro lado, com a qual, em breve, as forças de Nassau iriam se chocar.

Ao ataque

Até 1639, portugueses e espanhóis tinham se limitado a produzir escaramuças para evitar que os neerlandeses se acomodassem nas capitanias ocupadas. Nassau foi obrigado a criar um grupamento de combate com negros e mamelucos, para enfrentar, nas mesmas condições, os grupos de guerrilha que fustigavam suas defesas e os engenhos de açúcar. Os colonos hispânicos, no entanto, procuravam se preparar para um ataque decisivo, com a chegada dos galeões enviados de Lisboa, prejudicada pelo mal-estar que exauriu os combatentes.

Um mês depois que a armada doente atracou em Salvador, em 3 de fevereiro de 1639, o governador-geral dom Fernando Mascarenhas, o conde da Torre, já tinha encarregado em provisão o governador da capitania do Rio de Janeiro, Salvador Correia de Sá e Benevides, importante colaborador na primeira expulsão dos neerlandeses em 1624, de contribuir com a retomada de Pernambuco. No Conselho da Fazenda, encontram-se registros com data de 10 de março de 1640, nos quais se discriminam recursos enviados para ajudar a sustentar a guerra.* Rio de Janeiro, São Vicente e São Paulo de Piratininga passaram a fornecer à Bahia mantimentos, tornando-se armazéns gerais do Exército e praças do Norte.

---

* Arquivo Histórico Colonial nº 193, caixa nº 1, Rio de Janeiro, 1617-1645.

Em troca daquela ajuda, ou a pretexto de facilitá-la, Correia de Sá solicitou o cargo de administrador das minas de São Paulo, que pertencera a seu pai e avô. Recebeu-o pela carta régia de 22 de março de 1640, com o soldo de mestre de campo e título de soberano geral do Brasil, nome empolado para reforçar seu poder de recrutar exércitos que combatessem os holandeses em Pernambuco.* Em 8 de junho de 1639, o conde da Torre ampliou sua autoridade. Colocou sob sua ampla jurisdição, "na guerra e na justiça", também as capitanias de São Vicente e de São Paulo.

Em 18 de março de 1639, Correia de Sá encarregou dom Francisco Rendon de Quebedo de arregimentar reforços em São Paulo e os levar para o Rio de Janeiro, onde se integrariam ao esforço de guerra contra os holandeses em Pernambuco. Fidalgo espanhol, filho de dom Pedro Mateus Rendon e Madalena Clemente de Alarcão Cabeça de Vaca, Quebedo viera ao Brasil com o general Fadrique de Toledo Osório em 1625 para retomar a Bahia dos neerlandeses. Acabada a guerra, radicara-se em São Paulo e casara-se com Ana de Ribeira, filha de Amador Bueno da Ribeira. Fizera parte da entrada ao Guaíra em 1628 e seria o comandante em chefe das tropas paulistas na segunda guerra contra os invasores, em 1639. Diante do desinteresse dos paulistas, porém, recrutou somente 22 infantes e 50 índios.

Foi quando Correia de Sá teve a ideia de oferecer anistia aos bandeirantes, então pressionados pela Inquisição, alguns deles ameaçados de prisão, por suas incursões contra as missões jesuítas. Defendeu a ideia junto ao próprio rei, alegando a necessidade dos paulistas na guerra. "Porquanto se tem entendido que, para se obrarem estas ações de guerra que sua majestade manda intentar neste estado, são de grande efeito e utilidade os soldados naturais, filhos da terra, por terem mais uso e experiência nas entradas do sertão", afirmou.[52]

Aos bandeirantes, ofereceu o perdão da Coroa e da Inquisição, caso se alistassem na campanha. "E a todos os que forem homiziados e tiverem perdão da parte, lhes será comutado o degredo para esta guerra, e da mesma maneira a todos os que forem culpados em

* Arquivo Histórico Colonial nº 212 e 214, caixa nº 1, Rio de Janeiro, 1617-1645.

qualquer delito, exceto lesa-majestade, divina ou humana, sodomia e moeda falsa [...]", escreveu.

Com aquela petição, feita na medida para seus interesses, os bandeirantes tinham a oportunidade de fazer o que mais gostavam – a guerra – e limpar sua ficha. O conde da Torre assinou a anistia geral aos que se alistassem. E enviou um emissário para falar com Raposo Tavares: Antônio de Aguiar Barriga, capitão-mor do conde de Monsanto, que não tinha a identificação de Correia de Sá com os jesuítas, e seria um interlocutor mais adequado.

No dia 7 de abril, Correia de Sá enviou uma carta ao governador-geral, na qual estimava enviar 250 homens para o combate. Em 7 de agosto de 1639, por juntar 150 soldados às suas próprias custas para combater em Pernambuco, Raposo Tavares recebeu do conde da Torre a patente de capitão. Era então o segundo homem no comando de São Paulo, após João Luiz Mafra, tenente local do donatário da capitania, o conde de Monsanto. Tornou-se também a figura de proa da expedição paulista, à qual se juntaram outros grandes bandeirantes, como seu irmão Diogo da Costa Tavares; Pedro Vaz de Barros e seus irmãos, Valentim Pedroso de Barros e Luís Pedroso de Barros, além de Bartolomeu Bueno. Houve protestos nas câmaras, que viram prejudicado o trabalho nas lavouras, mas as tropas saíram de São Paulo para o Rio e dali para a Bahia.

No esforço de guerra, a Coroa espanhola ao final juntou "muitos mil marinheiros, de várias nacionalidades – espanhóis, portugueses, biscainhos, bretões, holandeses – recrutados no norte e na Europa inteira", escreveu Barléu, pela impressão que as tropas causaram aos neerlandeses.[53] "Havia condes, príncipes, cavaleiros pertencentes à nobreza espanhola, alegres de se lhes deparar o ensejo de provarem ao seu rei, com alguma luzida façanha, a sua fidelidade." Esse reforço, segundo as contas de Barléu, elevou as forças hispânicas a 12 mil homens, com a engenharia de apoio de Correia de Sá trazendo farinha e outras provisões do Rio de Janeiro e do Rio da Prata.

O comando geral das forças hispânicas ficou com o governador-geral, o conde da Torre. João de La Veja, almirante espanhol, comandava 6 galeões e outras naves menores. Rodrigo Lobo, almirante português, capitaneava uma dezena de galeões e as naus mercenárias. O conde Bagnolo dirigia as tropas em terra. Em novembro de 1639, uma frota com 87 naus de guerra partiu de Salvador levando 10 mil homens a bordo. Fizeram duas investidas sobre Pernambuco: a armada pelo mar e, por terra, a tropa de infantaria, sob o comando de Bagnolo.

Suas divisões estavam sob o comando de 3 veteranos da guerra contra os holandeses: André Vidal de Negreiros, Antônio Filipe Camarão e Henrique Dias. "Contavam-se novecentos soldados naturais do país, seiscentos índios às ordens de Camarão e quatrocentos negros capitaneados por Henrique Dias", relata Barléu. "Tinha-se além disso, nas naus, 2 mil homens de reserva, não incluindo os que, por amor do rei, tomavam armas sem receber soldo, como o conde de Castelo Melhor."

Com 3 mil homens no exército e uma armada também inferior, Nassau decidiu agrupar forças. As 13 naus holandesas que tinham ido a Salvador, sob o comando de Guilherme Cornélio Loosen, retornaram a Recife. O governador holandês colocou seus 41 navios "desiguais no tamanho, na artilharia e na soldadesca", com um total de 2.800 homens a bordo, na costa diante de Olinda, em 1º de janeiro de 1640.

Perante uma força maior, em vez de abordar as naus inimigas, abriu fogo para afundá-las a distância e manteve a armada sempre em movimento. Com embarcações menores e mais ligeiras, não as afastou da costa, onde manobravam melhor. "Em nenhuma outra parte podereis vencer de modo mais certo ao espanhol do que nestas costas, onde é fácil varar-lhes os navios nos baixios e escolhos", disse ele aos seus comandantes, segundo Barléu.[54]

A batalha naval se desdobrou pela costa de Alagoas até a Paraíba, com as naus contrárias perseguindo umas às outras entre Itamaracá e Rio Grande: em 13 de janeiro combateram na ponta das Pedras, no dia seguinte, na altura da cidade de Paraíba; no dia 17, em Cunhaú, atual praia de Pipa, no Rio Grande do Norte. "Levávamos vantagem nisto: enquanto as naus inimigas, pelo seu volume, se mantinham quase imóveis, podiam as nossas virar para qualquer bordo e dar-se ao vento", escreveu Barléu. "Tão intenso era de parte a parte o furor da artilharia, que a cerração e a fumarada escondiam aos olhos o próprio céu e os inimigos."[55]

Não se sabe ao certo quais foram as baixas de lado a lado, mas Nassau obteve seu principal objetivo: dispersar a armada luso-espanhola e evitar seu desembarque na costa pernambucana. "Já se via a frota espanhola desgarrada e desfalcada e assim cobraram os holandeses ânimo de investir [sobre] os adversários", escreveu Barléu. Sem poder atravessar os baixios e recifes, a esquadra espanhola sofria com a falta de água potável, escassa já no começo dos combates pela demora na travessia de Salvador a Recife, normalmente de até doze dias, mas que tinha sido atrasada, "pois lutaram alguns meses em desfavor dos ventos", segundo Barléu.[56] Levada ao largo do continente pelos ventos equatoriais, acabou por dispersar-se.

Sem receber o apoio das tropas que não conseguiram desembarcar, a campanha dos brasileiros em terra não foi menos funesta. Nassau enviou 1.000 homens contra as tropas de Filipe Camarão, acampadas nas margens do rio Una, em Pernambuco, sob as ordens do coronel Koin. "Limitou-se Camarão a retirar-se, marchando com seus soldados divididos, através de brenhas e carrascais", afirmou Barléu.[57]

No segundo combate, um batalhão com 200 brasileiros, sob o comando de João Lopes de Barbalho, debandou diante de 400 oponentes, deixando para trás as armas e as instruções do conde da Torre, que, dessa forma, ficaram de posse do inimigo. "Nelas [o conde] determinava expressamente que, vencedores os seus, não poupassem os holandeses, deixando-se abalar pela clemência, mas que matassem indistintamente não só estes como os brasileiros a nosso soldo [...]", relatou Barléu.

Na Paraíba, André Vidal, que segundo Barléu se infiltrara para promover um levante contra os holandeses, incendiou engenhos e canaviais. Depois de batida a esquadra luso-espanhola, Nassau enviou uma companhia de 700 homens e seu próprio corpo de guarda para conter os "rebeldes incendiários". Expulsou também um agrupamento de 300 homens, comandados por Henrique Dias e Francisco de Sousa, que a esquadra luso-espanhola desembarcara no rio Cunhaú, no Rio Grande do Norte. Sousa, de acordo com Barléu, teria perecido em combate, com mais 86 homens. Henrique Dias teria fugido, afirmou, "deitando fora o escudo, a espada e a barretina".

Bagnolo e Francisco de Moura, outros comandantes das forças hispânicas, voltaram a Salvador em naus menores, de carga. O conde da Torre ancorou na baía de Touros, onde fez descer 1.500 soldados, comandados por Luís Barbalho Bezerra, que regressaram a Salvador pelo interior pernambucano em marcha forçada até fora dos limites da Nova Holanda. Tinha nos calcanhares o coronel Charles Tourlon, chefe da guarda de Nassau.

Entre eles estavam os bandeirantes paulistas, agregados ao terço do mestre de campo Fernando da Silveira. Grandes combatentes em terra, tinham sido meros espectadores da luta, a bordo das naus que participavam da batalha naval. Por documento de 10 de maio de 1642, firmado já no seu retorno, em Santos, o próprio Raposo Tavares conta a derrota da armada onde se encontrava sua tropa, "indo ter alguns navios ao rio Vazu [atual estado do Rio Grande do Norte], sendo a minha uma das companhias que se mandou saltar em terra, para que com o mestre de campo Luis Barbalho Bezerra fôssemos, pela campanha inimiga, a socorrer a praça da Bahia, por ficar em desconhecido risco [...]".[58]

Em vez de socorrer alguém, no final tiveram de salvar-se. A retirada foi dramática. "Barbalho [Bezerra], encetando a jornada, mandou trucidar, por dura necessidade militar, os enfermos e os incapazes de acompanhá-los, para evitar que, aprisionados pelos nossos, dessem notícias dele e de sua marcha por terra, o que receava ansiosamente, conforme viemos a saber dos que se haviam escondido nos matos e foram por nós capturados", relata Barléu.[59]

A campanha para retomar o Nordeste virou um fracasso acabrunhante. "A famosa armada do conde da Torre terminou em fiasco", afirma o historiador Ronaldo Vainfas.[60] "Pernambuco não foi restaurada, como poderia havê-lo sido, se desembarcam convenientemente as tropas que para isso vinham", diz Adolfo de Varnhagen. "E toda a esquadra se desmantelou vergonhosamente. Dois galeões e um navio mercante tinham naufragado nos baixos de São Roque. Uns navios faltos de água e mantimentos, por seu próprio arbítrio, foram parar às Antilhas; outros buscaram com os doentes e feridos refrigério no Maranhão, e algum houve em que a guarnição sucumbiu."[61]

Muitos historiadores chamaram a atenção para o fato de que, embora ferozes na luta contra os índios e os espanhóis, Raposo Tavares e outros bandeirantes não se destacaram no combate aos holandeses. A realidade é que os paulistas não tinham grandes razões para participar daquela guerra. Acossado por Montoya, e ameaçado com a Inquisição, Raposo Tavares provavelmente combateu ao lado dos espanhóis somente pelo indulto oferecido por Correia de Sá com aval do conde da Torre. Não havia interesse em defender a Coroa que os ameaçava com o processo da Inquisição.

Dessa forma, o resultado da campanha fez com que os bandeirantes apenas cumprissem o acordo formalmente, de modo a receber o indulto prometido. O grande feito de Raposo Tavares e seus homens, transformados em náufragos da armada derrotada, foi retornar do Rio Grande do Norte a São Paulo, uma jornada a pé de cerca de 3 mil quilômetros, uma parte disso com o inimigo nos calcanhares. Segundo Raposo Tavares, em sua carta assinada em Santos, as tropas desceram 400 léguas pelo sertão nordestino, valendo-se de recursos próprios para comprar "carne e farinhas". O retorno, assim, tornou-se o primeiro périplo extraordinário da sua biografia.

No final, o resultado foi o ideal para os paulistas, que não participaram da guerra, mas ganharam o seu indulto. Em vez de ser preso em Lisboa, Raposo Tavares acumulou mais poder do que nunca em São Paulo. "Bem ao contrário da degradação civil ou da prisão, assistimos durante esse tempo à contínua ascensão de Raposo Tavares em cargos oficiais, graças à importância dos serviços prestados", afirma Jaime Cortesão.[62]

Para os paulistas, ao retornar a São Paulo, a guerra tinha terminado. Nassau sabia, contudo, que, apesar da vitória, para ele o conflito estava apenas começando.

Feito o balanço da guerra, Nassau lançou à justiça os capitães da frota que tinham demonstrado medo em batalha, segundo Barléu, de forma a manter a "disciplina militar com exemplos de severidade".[63] Dois foram condenados à morte; a um terceiro foi concedida clemência, apesar da sentença de morte; e um quarto foi perdoado por serviços anteriormente prestados. Aos que se destacaram, o governador concedeu uma medalha de ouro, com sua efígie de um lado e, de outro, a inscrição: "Deus abateu o orgulho dos inimigos". Para compensar os homens que lhe faltavam, transferiu parte do contingente da esquadra para os batalhões em terra, que enfrentavam as tropas luso-espanholas ainda na guerrilha de resistência.

Nassau sabia que não podia invadir Salvador, mas promoveu uma retaliação, como forma de desestimular uma nova tentativa de retomada de Pernambuco. Enviou à baía de Todos os Santos uma esquadra de 20 caravelas, chefiadas pelo almirante Jan Lichthart e por Charles Tourlon. Com 2,5 mil soldados, saqueou e incendiou os engenhos no recôncavo – a ampla área da baía onde se encontrava boa parte dos engenhos da capitania. "Reduziram a cinza todos os engenhos de portugueses, menos três", disse Barléu. "Tomaram ou queimaram quantos navios pequenos encontravam aqui e acolá; devastaram e depredaram, à vista dos cidadãos, as lavouras circunvizinhas, os casais, granjas e prédios."

A ilha de Itaparica foi igualmente saqueada. Foram poupadas somente mulheres e crianças. No porto do Francês, o coronel Koin produziu a mesma devastação. Escravos foram capturados e embarcados com o gado e a carga de açúcar para Pernambuco. Lichthart empreendeu uma segunda expedição, esta ao Rio de Janeiro, menos bem-sucedida, capturando uma nau carregada de vinho e outra de açúcar. Com o saque, Nassau minorava os prejuízos causados pelos luso-brasileiros. E os fazia preocupar-se em defender seu próprio território, em vez de retomar o ataque.

Surtiu efeito. O ânimo na colônia e na corte filipina foi ao chão. Até a fé do padre Vieira balançou. Na igreja de Nossa Senhora da Ajuda, em meados do mesmo ano, proferiu o "Sermão pelo bom sucesso pelas armas de Portugal contra as de Holanda", menos uma exortação à luta que manifestação de desânimo. "Agora, Senhor, vemos tudo isso tão trocado, que já parece que nos deixastes de todo e nos lançastes de vós, porque já não ides diante das nossas bandeiras, nem capitaneais como dantes os nossos exércitos", afirmou.[64]

Para ele, as "Espanhas" – como ele se referia ao império levantado pelos Reis Católicos ao qual se anexara Portugal – eram tão injustamente castigadas como Jó. Apelava aos céus para que não deixasse as colônias portuguesas e o próprio catolicismo nas mãos dos hereges vindos "daquele frio e alagado inferno".

Apesar disso, o governador holandês não alimentava ilusões. Para a Companhia, escreveu que somente obtivera êxito graças aos erros de comando de uma força muito maior. Com a doença que acometera o exército inimigo e os ventos que lhes atrapalharam o avanço, a sorte pesara a seu favor. Precisava de mais recursos, que os neerlandeses tinham desviado para a disputa pelo mar do Norte, onde espanhóis procuravam monopolizar o tráfego com uma esquadra de 60 naus, 14 mil marinheiros e 10 mil soldados, comandada por dom Antonio de Oquendo.

A frota neerlandesa tinha somente 12 caravelas, sob o comando do almirante Martinho Herperts Tromp, experimentado em batalhas como antigo subordinado de Pieter Hein, a quem substituiu após testemunhar sua morte. Oquendo ancorou na costa inglesa, onde esperava obter acolhida. Tromp aproveitou a paralisia do inimigo para pedir reforços e desbaratá-lo. "Sabendo os Estados Gerais que a armada inimiga se achava em aperto, encalhada numa areia fatal, reuniu as naus desimpedidas de todos os portos e estâncias da Holanda e com tal pressa que não parecia terem sido fabricadas, mas nascido ou chovido do céu", escreveu Barléu. "Convocaram-se igualmente todas as corporações marítimas denominadas *almirantados* e as duas Companhias de comércio, a das Índias Orientais e das Índias Ocidentais, para que o dominador da Ásia e da África fosse oprimido não por um só antagonista, mas pelas forças juntas da Holanda."

Assim, os neerlandeses colocaram diante das forças espanholas "mais de cem vasos de guerra". Oquendo procurou escapar em meio às brumas da costa inglesa, sem sucesso. Depois de três dias de batalha, os espanhóis foram derrotados. Tiveram 40 naus queimadas ou apresadas; muitos foram feitos prisioneiros. Os neerlandeses permitiram a Oquendo reparar uma embarcação para voltar à Espanha e ele foi liberado.

Aquela sucessão de derrotas foi mal digerida em Madri. O conde da Torre caiu em desgraça na corte. Detido, foi enviado a Madri, assim como Barbalho. O governador-geral do Brasil foi substituído por uma tríplice junta governativa até a chegada de Jorge Mascarenhas, designado novo governador-geral. Assumiu o cargo oficialmente em 26 de maio de 1640, um mês após aportar em Salvador, à frente de uma esquadra de 18 navios com 2.500 homens. Primeiro conde de Castelo Novo e primeiro marquês de Montalvão, título criado para ele por Filipe IV, recebeu ainda do rei o título honorífico de primeiro vice-rei do Brasil, sinal da importância dada à sua missão.

Administrador provado nas possessões portuguesas do Norte da África, como governador em Mazagão (1615-1619) e Tânger (1622-1624), a primeira providência de Montalvão foi promover a paz. Propôs uma troca de prisioneiros com Nassau e acordou, como desagravo de seu antecessor, respeitar as normas de guerra, em especial quanto ao trato de prisioneiros e à devastação das lavouras. Sua segunda providência foi reorganizar as forças militares, tarefa que delegou a Bagnolo.

Estava claro para Nassau que sua vitória era circunstancial. Ele, porém, tinha os ventos a favor. Emissários com notícias da Inglaterra lhe transmitiram a mensagem de que em Lisboa, em 1º de dezembro, seguindo múltiplos sinais de insatisfação, Portugal havia proclamado sua independência da Espanha, e dom João IV de Bragança assumira o trono. Ao receber oficialmente a notícia, por intermédio do jesuíta Francisco Vilhena e do tenente de campo Pedro Correia da Gama, o marquês de Montalvão despachou os emissários a Nassau, propondo um armistício até que se aclarassem como ficariam as relações da colônia com Portugal e deste com os neerlandeses na Europa. Como prova de boa vontade, de acordo com Barléu, libertou 30 prisioneiros da Nova Holanda e chamou de volta à Bahia os combatentes que mantinham acesa a guerrilha.

Com isso, repentinamente o quadro político mudava. Era bem possível que Portugal e Espanha entrassem em disputa entre si. A república neerlandesa, potencialmente, se tornaria aliada dos portugueses contra a Espanha. Restava saber, com a cisão, de que lado ficariam os colonos no Brasil – se do lado de portugueses, espanhóis ou, até mesmo, da própria Holanda. Segundo Barléu, em resposta à carta de demissão de Nassau, a Companhia respondeu não apenas com o voto para sua permanência como com carta branca para avançar. "Dever-se-ia tirar partido das sedições dos inimigos em benefício da dominação, trabalhando-se por meio das discórdias deles", afirmou Barléu.

Nassau ganhava fôlego, como que por milagre.

Uma pedra no meio da selva

O longo sequestro do Nordeste pelos neerlandeses no princípio acelerou o desenvolvimento da capitania de Todos os Santos, onde os portugueses passaram a concentrar seus esforços. Em 1629, o Recôncavo Baiano já possuía cerca de 80 engenhos, somente duas dezenas menos que Pernambuco. Porém, a guerra com os Países Baixos, que além de um vizinho belicoso lhes tomara com Angola a fonte de mão de obra escrava negra africana, tornava os negócios difíceis. O impulso da era filipina arrefecia, minado pelos seus poderosos oponentes.

O desgaste com os conflitos decorrentes da associação com os espanhóis acirrou o separatismo econômico e político. Antes mesmo do golpe que devolveu o poder aos portugueses em Lisboa, os ânimos já apontavam para a divergência entre portugueses e espanhóis na América, assim como em suas colônias no resto do mundo. Não era apenas em São Paulo que o avanço bandeirante produzia a reação irada dos *vecinos* (habitantes com cidadania) nas vilas de origem espanhola.

Ao norte, ainda mais isolados de Salvador que os paulistas, por terem entre eles o invasor holandês, os capitães do Maranhão e Grão-Pará olhavam cada vez mais para o avanço sobre o sertão, teoricamente em terras castelhanas, não apenas para o apresamento de índios e a busca das chamadas "drogas do sertão", especiarias naturais da floresta úmida equatorial, mas também como caminho para as riquezas do vice-reino do Peru.

De acordo com o relato do padre Alonso de Rojas, em 1639 o povoamento do Grão-Pará consistia em uma pequena vila ao redor de uma fortaleza na embocadura sul do rio Amazonas, "castelo erguido sobre uma penedia, na boca do rio em frente ao mar, e uma enseada em forma de ferradura", a "130 léguas" do centro político e econômico da capitania, São Luís do Maranhão. Possuía 20 peças de artilharia em carreta e uma praça de armas, para a defesa da enseada, por onde só entravam caravelas com maré alta.[65]

Dali, 40 léguas acima do rio Amazonas, Rojas registrou o povoado que chama de Camutá, também mencionado pelos cronistas como Cametá ou Comutá, sem "defesa nem forte" – apenas um porto que servia como entreposto até Belém, outras "cem léguas acima dele", onde havia o "castelo dos portugueses", construído "em lugar alto, à margem do rio, com plataforma [...]", próximo à embocadura do Tocantins.

O forte do Presépio foi fundado em 1616, pelo capitão Francisco Caldeira Castelo Branco, que o plantou num trecho mais estreito, para controlar estrategicamente a passagem rio acima, de modo a bloquear franceses e holandeses. Junto ao forte, viviam na vila de Belém, então chamada de Feliz Lusitânia, os "soldados portugueses e índios amigos, e ali perto do forte há outras povoações de índios, sujeitos aos soldados". Rojas observou em seu documento que até ali já tinham chegado os holandeses, que os portugueses de Castelo Branco já haviam desalojado, fazendo "mais de 1.600" cativos.

Até o século XVII, o porto de Cumaná, no litoral da Venezuela, ao sul da ilha Margarita, era escala indispensável para os navios de contrabando portugueses, que também trafegavam como piratas no litoral do Pacífico. Porém, havia o projeto de estabelecer uma rota de comércio permanente rio acima com Quito, baseado na quase mitológica jornada do tenente Francisco de Orellana, que permitiria trazer as riquezas do vice-reino do Peru pelo Amazonas.

Essa primeira jornada, realizada em 1542, foi documentada por Gaspar de Carvajal, padre dominicano espanhol nascido em Trujillo. Orellana partiu de São Francisco de Quito, capital da província, a princípio em busca de canela, abundante nas nascentes andinas do Amazonas, conhecido pelos espanhóis como "rio das canelas". Com 57 homens, desceu a Amazônia peruana até as últimas povoações conhecidas pelos hispânicos, a 130 léguas de Quito, e prosseguiu numa jornada que levaria ao cabo dois anos e oito meses entre a ida e a volta, entrando pelo leito onde o Solimões se torna o Amazonas, rio mais caudaloso do mundo, e considerado menor somente que o

Nilo em extensão, com 6.500 quilômetros – "uma das maiores coisas acontecidas a homens", segundo José Toribio Medina Zavala.[66]

No percurso, em que os homens de Orellana chegaram a comer "couros, cintas e solas de sapatos cozidos com algumas ervas" para continuar em pé, Carvajal foi flechado por índios duas vezes – uma na "ilharga", sendo salvo pelo hábito, outra no rosto, que lhe "custou um olho e por pouco não custou a vida", nas palavras do historiador e geógrafo espanhol Marcos Jiménez de la Espada, fundador da Sociedad Geográfica de Madrid.[67]

Viu outros companheiros mortos pelas flechas indígenas, se não pelo ferimento, como resultado do efeito do curare, veneno paralisante colocado em suas pontas que matava as vítimas em até 24 horas. Encontraram sinais da existência das lendárias amazonas, que os índios chamavam "coniupuiaras", ou "grandes senhoras" – segundo lhe disseram, uma tribo numerosa e belicosa de mulheres, lideradas por "Conhorí", adornadas de ouro e prata, que habitavam "setenta aldeias" com casas de pedra, e que, pelas recomendações dos nativos, seria melhor evitar.

Passaram ainda por terras de índios ferozes, como os tapajós – aportuguesamento de *trapajosos*, que em espanhol significa sujo, andrajoso ou de língua confusa. Em 1662, Maurício de Heriarte estimava haver entre os tapajós 60 mil "arcos", ou homens de guerra, "corpulentos, muito grandes e fortes", com flechas "ervadas e venenosas", muito temidos pelos outros índios. O Amazonas era habitado em todo o seu curso por um grande número de tribos, a maior parte delas comedoras de homens: umas mais enfiadas rio acima, em terras próximas do rio, ou mais próximas da foz.[68]

Ao final, chegaram à foz do "Marañón", descoberto já pelos capitães da esquadra de Cristóvão Colombo na primeira exploração da costa do Novo Mundo, cinco décadas antes. De lá, alcançaram Cuba por mar e foram à Espanha relatar a jornada diretamente à Coroa. Como prêmio por sua empreitada, Orellana recebeu do imperador Carlos V, em 13 de fevereiro de 1544, o título de *adelantado*, governador e capitão-general, além de o direito de explorar a Amazônia com recursos próprios. Partiu da Espanha com 4 navios, perdeu 2 na embocadura cheia de ilhas do Amazonas e morreu dois anos depois, em novembro de 1546, nas ilhas labirínticas da foz do Amazonas, perdido no mesmo lugar que tinha sido seu triunfo.

Até então, a maioria dos *marañones*, como se tornaram conhecidos os expedicionários espanhóis daquela região, haviam tido destino trágico. Pedro de Orsua, general que partiu de Lima em fevereiro de 1559 e chegou ao Marañon em setembro de 1560, desentendeu-se com seus subordinados e foi assassinado. Buscava explorar as terras dos índios omáguas, ou somente maguas, ou ainda umáuas, onde se dizia ser o Eldorado – pelo fato de usarem adornos de metal, e darem notícias do "lago dourado", no sul inóspito da província de Nova Granada, as Guianas atuais. O líder da revolta, Lopo de Aguirre, aclamou-se "não só general, como também rei", segundo o padre Cristóbal de Acuña.[69] A expedição chegou à ilha da Trindade, hoje república de Trindade e Tobago, próxima à costa da Venezuela, onde Lopo Aguirre foi preso, executado e esquartejado.

Com a descoberta das minas de Potosí, os espanhóis abandonaram suas pesquisas pela Amazônia. Depois das viagens de Orellana e Orsua, ficou claro ao vice-rei do Peru que a saída para o Atlântico pelo "rio das Amazonas" era perigosa e contraproducente, por passar por uma zona inóspita, cheia de perigos, sem riquezas e de difícil abastecimento. O mesmo não se podia dizer, porém, da perspectiva inversa, que era sair da costa da capitania do Maranhão e Grão-Pará para alcançar as riquezas peruanas.

Uma expedição programada para ser levada a cabo pelo então governador do Grão-Pará, Bento Maciel Parente, com o consentimento da Coroa espanhola, acabou por não acontecer, por ele ter sido convocado em 1626 "por sua majestade na guerra em Pernambuco", de acordo com o padre Cristóbal de Acuña.[70] No ano de 1633 ou 1634, a Espanha até mesmo incentivava essas incursões, segundo Acuña. De acordo com ele, por cédula real, o governador do Maranhão e Grão-Pará, Francisco Coelho de Carvalho, chegou a ser consignado nessa tarefa, mas não a levou adiante, "por não se julgar com forças suficientes para poder dividi-las, quando o holandês infestava cada dia mais as suas costas, e apenas tinha gente para poder resistir aos seus ataques".

Em 1637, Jácome Raimundo de Noronha, governador da capitania do Maranhão e Grão-Pará, autônoma desde 1621, tinha a visão de que era preciso ocupar a região do Amazonas, para que os holandeses e ingleses não voltassem a ambicionar aquele imenso território, expressa em sua correspondência dirigida ao rei Filipe II. "Sendo que Deus não o permita, que o inimigo senhoreie o Maranhão e Pará, não fica sendo só a perda destas duas capitanias, mas entendo que se arrisque a perder-se toda a América, porque fica no coração dela", afirmou. "E senhores dos mais admiráveis e importantes rios e navegações [...] podem penetrar assim até o Peru."[71]

No entanto, a ameaça da separação de Portugal, mais a ação predatória dos bandeirantes, que avançavam sobre o antigo terreno colonial espanhol, mudou os ânimos com relação àquelas expedições. Em vez dos holandeses, passaram os portugueses a ser os invasores aos olhos dos espanhóis. "Os recursos proporcionados pela monarquia se tornaram mais escassos e, portanto, mais disputados", afirma o historiador Pedro Cardim.[72] "Por esse mesmo motivo, os vassalos de Filipe IV tiveram que pelear pela condição de 'espanhol'."

A ameaça do "estrangeiro português", já tão presente no conflito entre jesuítas e bandeirantes, e na repressão aos comerciantes das cidades de origem espanhola, tornou-se ainda mais real em 1637, quando o próprio Noronha patrocinou a expedição do português Pedro Teixeira, com a ajuda de investidores locais. Sem auxílio, licença ou mesmo comunicar a viagem à Coroa espanhola, Teixeira partiu de Camutá, no Pará, no dia 28 de outubro, e subiu o rio Amazonas rumo a Quito, no caminho inverso de Orellana. Assim como os bandeirantes paulistas, navegava com bandeira portuguesa, em explícito desafio ao governo provincial em Quito, e a Coroa ibérica.

Natural da vila de Cantanhede, 20 quilômetros a nordeste de Coimbra, em 1587, Teixeira viveu nos Açores, onde se casou com a açoriana Ana da Cunha, e mudou-se para o Brasil em 1607. Robusto, na compleição e na vontade, era um homem de guerra em terra e no mar. Em 1616, foi alferes na esquadra de Francisco Caldeira Castelo Branco, fundador do forte do Presépio e da igreja de Nossa Senhora de Belém, origem da vila de Belém. No mesmo ano, tomou uma caravela neerlandesa no Caribe e levou seus canhões para o arraial de Belém, depois de afundá-la. Fez em dois meses a primeira viagem por terra de Belém a São Luís do Maranhão.

Em 1625, expulsou os holandeses do forte que eles tinham construído no Xingu e os ingleses da margem esquerda do Amazonas. Realizou no ano seguinte as primeiras expedições pelo Amazonas, nas quais conquistou a confiança dos índios chanés. Com eles, em 24 de outubro de 1629 tomou o forte Torrega, no Amazonas, defendido por 2 mil ingleses, escoceses e irlandeses que pretendiam deixar ali uma cabeça de ponte para uma possível colônia. Em 1631, integrou a expedição de Jácome Raimundo de Noronha, que destruiu um novo forte erguido pelos ingleses na margem oposta do Amazonas e encheu a cadeia de Belém com os sobreviventes.

Sua maior empreitada, porém, foi a expedição a Quito. O governador do Maranhão e Grão-Pará, Jácome Raimundo de Noronha, animara-se com o relato de religiosos franciscanos que diziam ter percorrido a rota de Orellana, fugindo de índios que destruíram sua missão, e chegaram ao posto avançado de Curupá com as barbas vermelhas de urucum, como lhes tinham pintado os índios "xeruúnas" – segundo Teixeira, os mesmos que tinham matado soldados da expedição de Orellana. Por essa razão, em seu relato às autoridades em São Francisco de Quito, a 2 de janeiro de 1639, chamou-os de *barbas rojas* ("barbas vermelhas").[73]

Os frades André de Toledo e Domingos de Brieva tinham se separado da companhia do capitão Juan de Palacios, principal da vila de Alcalá, que buscava índios foragidos das *encomiendas*, e encarregara-se de protegê-los durante seu trabalho de catequização. A companhia tinha sido atacada e Palacios foi morto no confronto com os índios que pretendia pacificar: os encabelados, antropófagos do Alto Solimões, assim chamados "pelos cabelos compridos que usavam tanto os homens quanto as mulheres, e que em algumas passam dos joelhos", segundo Acuña.[74] Na fuga da batalha, alguns voltaram a Quito, e os frades desceram o Amazonas, que chamavam de "São Francisco de Quito", homenagem ao santo de sua ordem, com outros 6 soldados.

Numa canoa puxada pela correnteza, "mais que levados por divina inspiração e obrigados pela falta de mantimentos", segundo Rojas, foram depenados no caminho pelos tapajós, que lhes tomaram os pertences e as roupas. Chegaram nus ao posto avançado de Curupá, três meses depois. Suas informações ajudaram a planejar a expedição de Teixeira. Contava 47 canoas de guerra indígenas, com 60 soldados portugueses divididos em duas companhias e 1.200 índios, entre remadores e guerreiros. Teixeira contava ainda com o piloto Bento da Costa, experimentado na navegação pelos rios amazônicos, e levava consigo o frade dominicano Domingo Brieva e o capelão Agostinho das Chagas, principal do convento de Santo Antônio do Pará.

Mais que uma bandeira predatória, como as de São Paulo, a de Teixeira visava à ocupação. Junto com as tropas, levava mulheres e crianças, que totalizavam 2.500 pessoas, o que deixava clara sua intenção de estabelecer povoados para se assenhorear dos sertões amazônicos ou eventualmente radicar-se no Peru. Devia seguir diretamente a Quito "sem dar guerra nem descobrir novos gentios nem novos rios", conforme a instrução assinada pelo governador. A colonização, por essa diretriz, se daria na volta.

O principal relato da primeira parte da viagem foi feito pelo próprio Teixeira, em espanhol, por solicitação do governo de Quito, assim que chegou à cidade, em janeiro de 1639. Teixeira calculou em "60 léguas" a distância de sua partida até a embocadura do rio que chamou de "Negro", com água "muito má para se beber por ser muito grossa" e "enegrecido, parecendo fino azeviche", numa região que achou ser propícia para fazendas por suas terras férteis e repleta de pedras para a construção de fortalezas. Em língua geral, segundo Acuña, os índios já o chamavam de Uruna, "rio Negro", distinguindo-o do Amazonas, ao qual chamavam de Paranaguaçu ("rio Grande").[75]

A duas semanas de alcançar o Negro, encontrou a primeira aldeia dos omáguas, com "cabeças chatas", valentes e que diziam ser originários do Peru. De acordo com o padre Acuña, tinham as cabeças achatadas desde crianças, quando os pais lhes aplicavam uma prensa de madeira no crânio ainda em formação, com o que ficavam com o cocuruto plano "como a palma da mão" – "e como estas aperturas não dão lugar a que a cabeça cresça mais que dos lados, vem a desproporcionar-se, de modo que mais parece mitra de bispo malformada que cabeça de pessoa". Por isso, os omáguas chamavam-se a si mesmos de "cambebas" ("cabeças chatas", em tupi). Acuña estimou-os em 400 pessoas, "gente muito carniceira, e com motivo, que todos do rio o são e se comem uns aos outros [...]. Não usam outra carne senão a humana e têm por troféu as caveiras dos que matam, penduradas em suas casas [...]".

O relato do padre Alonso de Rojas corrobora a origem peruana desses índios, que, diferentemente dos índios brasileiros, usualmente nus, vestiam "camisetas e mangas de algodão pintadas com pincel e de diversas cores, azul, amarelo, alaranjado, verde e vermelho, muito finas", como as tribos incaicas. Acrescenta que os portugueses tinham encontrado com eles arcabuzes e pistolas, tomadas aos holandeses durante a invasão do Grão-Pará – e entrado rio acima até ali.

No documento entregue às autoridades de Quito, Teixeira omitiu o fato de ter deixado parte de seu contingente na confluência onde os rios Coca, Payamino e Napo se encontram para formar o Amazonas, com o intuito de explorar a região e montar uma base de apoio para a volta. Depois de uma tentativa frustrada de subir o Napo, que deixa de ser navegável logo acima, Teixeira entrou pelo Payamino, até o porto de Nini, já na jurisdição da província de Quito, no Peru, em 24 de junho de 1638. Ali deixou as canoas e seguiu para Ávila, a "três dias de mau caminho", onde os bandeirantes chegaram "muito necessitados", de acordo com o historiador Marcos Jiménez de La Espada.[76]

Ali, o chefe da vila, o *encomendero* Sebastián Diaz, lhes deu abrigo. E despachou um correio a Quito, para antecipar a notícia da chegada daquela gente portuguesa.

Situada a 2.850 metros de altitude na cordilheira dos Andes, à sombra do Pichincha, vulcão ativo com 4.790 metros de altitude, Quito era a mais próspera cidade do vice-reino do Peru, centro nevrálgico pela produção de "muitíssimo trigo, azeite, vinho e todo gênero de frutas da Espanha [...] gados de toda sorte, preciosas lãs, linho e tudo o mais necessário para a vida humana", com os quais abastecia Lima e Potosí, de acordo com Maurício de Heriarte.[77]

Por ali passava a via alternativa do *Camino Real*, rota por dentro do continente das caravanas com ouro e prata que vinham por 300 léguas de Lima e seguiam por outras 600 léguas até Cartagena das Índias, na costa colombiana, antes de embarcar para a Espanha. Conforme descrita pelo padre Carvajal, que nela entrou deslumbrado como quem descobria uma "Nívive" ou a "Constantinopla das Américas", Quito era "não só famosa por sua situação e por estar edificada sobre montes, na mais alta cordilheira que corre por todo este novo orbe, como também por cabeça de sua província e assento da Real Audiência".

A entrada da bandeira na cidade foi fantasmagórica. Muitos índios tinham morrido por causa do esforço e da fome durante o caminho. "O general [Teixeira] e seus companheiros tinham matado o cavalo que o tenente de Ávila lhes dera para que subissem os necessitados mais rápido, e o haviam comido inteiro", afirmou La Espada. Foram recebidos por Juan de Acuña, corregedor de Quito e tenente do governador-geral. A euforia da chegada durou pouco. Teixeira foi retido por quatro meses pelo presidente de Quito, dom Alonso Pérez de Salazar, e o conde de Chinchón, Jerônimo de Cabrera, vice-rei do Peru desde 1629. Além de ter de explicar a viagem por escrito, enfrentou as mesmas acusações que recaíam sobre os portugueses que habitavam as vilas da América espanhola e os bandeirantes: traição à Coroa espanhola e heresia.

O relato do padre Cristóbal de Acuña pinta uma estadia harmoniosa e agradável para os portugueses, que, segundo ele, teriam sido enviados prontamente de volta a Belém, autorizados por carta de Chinchón, datada de 10 de novembro de 1638, "pelo mesmo caminho por onde tinham vindo, dando-se todo o necessário à viagem, pela falta que tão bons capitães e soldados fariam sem dúvida naquelas fronteiras, que de ordinário são infestadas pelo inimigo holandês".

O próprio Acuña, porém, prenuncia em seu relato que existiriam versões divergentes da sua. "Poderá ser que outras narrativas venham à luz, talvez não tão ajustadas à verdade como convinha", escreveu.

Outras correspondências indicam que a chegada da bandeira portuguesa instaurou uma crise numa cidade onde os portugueses já eram segregados, no mesmo momento em que em Lima se realizava o maior auto de fé já realizado contra os "hereges" portugueses. Em carta ao rei, com base na correspondência do conde de Chinchón e de Salazar, os 7 membros do Conselho das Índias deixam claro que Teixeira ficou em Quito como prisioneiro. "[Por ordem do governador da província] se tratou de detê-lo e não permitir que voltasse a descer por onde havia subido", escreveram.[78]

Estava no auge a campanha contra a "grande cumplicidade" – a rede de comerciantes judeus portugueses na América espanhola, que supostamente conspiravam com holandeses para entregar a Nova Espanha também aos Países Baixos, conforme acusariam documentos encontrados à época. Essa correspondência pode ter sido a *Descrição geral do reino do Peru*, texto apócrifo redigido em espanhol eivado de lusitanismos, razão pela qual sua autoria foi atribuída a um judeu português radicado por muitos anos no vice-reino do Peru. Os historiadores sugerem que seu autor foi Pedro León Portocarrero, cristão-novo português que voltou à Espanha fugindo de perseguições, após quinze anos no vice-reino do Peru. Portocarrero regressou do vice-reino, mas não escapou da perseguição. Ao desembarcar no porto de Sevilha, já o aguardavam os oficiais do Santo Ofício. Preso entre 1617 e 1619, acabou sendo inocentado, financeiramente arruinado.

O objetivo da *Descrição geral do reino do Peru* seria oferecer aos holandeses um relatório da colônia hispânica, com informações úteis para atacar militarmente o vice-reino do Peru ou, pelo menos, quebrar o monopólio mercantil no Novo Mundo. O documento descreve a capital do vice-reino do Peru em detalhes, das acomodações do vice-rei, num dos 2 palácios da Plaza Maior, ao lugar onde ficavam as caixas reais e o número de integrantes da sua guarda pessoal (eram "32 alabardeiros").

Afirma que havia na cidade cerca de 4.600 homens, a metade do que havia de mulheres, que "não iam para as guerras". Relaciona hábitos e costumes, como o de pendurar vasos de *congona* nas janelas, e dá palpites até sobre a índole dos homens, dados como vaidosos e mentirosos, e a beleza das peruanas. "As *criollas* de Lima e todas das planícies do Peru são as mulheres mais formosas e de linda cintura que tem o mundo", afirma.

Mostra ainda como os cristãos-novos portugueses mantinham uma vasta rede de comércio, que começava pelos negócios com os produtores locais (os *trajinantes*), passava por intermediários que faziam o comércio de contrabando via Tucumán e o porto de Buenos Aires, ao sul, por Cartagena das Índias, saída para o Atlântico, ao norte, e, no caso de grandes negociantes, se estendia a uma rede internacional.

Apenas começava a fase mais pesada do confisco dos portugueses, que cresceria ainda mais com a Restauração de Portugal em 1641 e a queda do conde-duque de Olivares, em 1643. Essas circunstâncias tirariam dos cristãos-novos na colônia espanhola toda a sua proteção. Até 1649, ano de outro grande auto de fé, os confiscos somariam cerca de 3 milhões de pesos – valor difícil de estimar em dinheiro de hoje, exceto pela noção de que se tratava de uma fortuna astronômica. Segundo Medina Zavala, no final, a verdadeira "cumplicidade grande" foi a exercida entre o Estado espanhol e o clero, que resultou "na grande maldade de que seriam vítimas os portugueses, cujas causas redundavam para eles [inquisidores], em vez de honra, em um imenso proveito".

A chegada de uma coluna de 2 milhares de pessoas originárias da costa brasileira no meio daquele caldeirão, portanto, não poderia ser em pior hora. O conde de Chinchón deu a ordem para que aqueles mais de 2 mil recém-chegados, inesperados e indesejáveis, voltassem ao Brasil "de imediato". Discutiu-se uma comitiva para acompanhá-los, com o objetivo de fiscalizar e dar conta posterior ao governador de Quito do comportamento dos bandeirantes, das suas descobertas e eventuais povoamentos.

Com o intuito de acompanhar e fiscalizar a volta dos portugueses para casa foram indicados 2 padres jesuítas, Cristóbal de Acuña e André de Artieda, além de 2 padres mercedários (da Ordem de Nossa Senhora das Mercês). O documento de Acuña e Artieda, intitulado "Novo descobrimento do grande rio do Amazonas", mais tarde censurado pelas autoridades da Inquisição espanhola, juntou-se ao de Carvajal como relato da expedição, assim como o manuscrito do jesuíta Alonso de Rojas, que teria se baseado no depoimento de integrantes da expedição de Teixeira, e foi publicado pela primeira vez somente em 1889.

Segundo Acuña, a partida ocorreu em 16 de fevereiro de 1639. O retorno durou, ao todo, dez meses, até a entrada no porto de Belém do Pará, em 12 de dezembro. A ideia do governador Jácome Raimundo de Noronha de que Teixeira empreendesse a ocupação do Amazonas ao retornar não prosperou: como previsto por Chinchón, a presença dos interventores espanhóis inibiu uma ação mais ousada nesse sentido. "Essas ordens podem ter sofrido embaraço devido à presença de Acuña na expedição de retorno", afirmam os historiadores Maria Luiza Fernandes e Gregório Ferreira Gomes Filho, da Universidade Federal de Roraima.[79]

Ainda assim, quando a expedição se encontrou abaixo do rio Napo, na confluência com o Aguarico, Teixeira fundou um arraial, que batizou de Franciscana. Ali, no meio da selva, fincou uma pedra em nome de Portugal e estabeleceu uma divisa por conta própria, nas proximidades do ponto em que Orellana havia construído seus 2 bergantins para descer o Amazonas e Juan de Palacios tinha sido morto pelos encabelados. Os 400 soldados e 300 índios que Teixeira havia deixado onze meses antes para explorar a região a partir daquele ponto não haviam tido melhor experiência. Depois que os encabelados tinham lhes matado 3 índios, os portugueses reagiram, "com a coragem costumeira", segundo Acuña. "Cometeram de tal sorte que, com poucas mortes, apanharam vivas mais de setenta pessoas, a que mantiveram presas até que, mortas umas e fugidas outras, não sobrou ninguém."

Apesar daquela vitória inicial, a refrega custou caro. Os encabelados passaram a perseguir a coluna, criando emboscadas pelo caminho, "degolando o que pudessem ter em mãos, embora pagassem com tresdobradas vidas dos seus as que tiraram aos nossos: castigo pequeno para os rigorosos que os portugueses costumam executar em semelhantes casos", segundo Acuña. Passaram pelo território dos omáguas, até alcançar o rio Negro, onde já predominavam os índios tapuias e tupis, incluindo, conforme o jesuíta, tupinambás remanescentes das guerras contra os portugueses, que os tinham dizimado no litoral.

Segundo Acuña, Teixeira ouviu então a um apelo de seus homens para que parte da bandeira subisse o Negro, na tentativa de capturar índios escravos, de forma a não voltar para Belém "sem nenhuma recompensa", já que "passando por tantas e tão diferentes nações, e havendo encontrado tantos escravos, voltavam com as mãos vazias". Os jesuítas, em carta formal, protestaram contra a iniciativa, em documento que, junto com o relato de Acuña, foi enviado ao Conselho das Índias. Teixeira e seus homens teriam concordado e prosseguido viagem. Ainda assim, no trajeto saquearam uma aldeia tapajós, de onde levaram cerca de 200 índios escravos, segundo o padre.

Ao chegar em Belém, em 1639, na presença dos enviados espanhóis, Teixeira tomou nas mãos um punhado de terra e mandou o escrivão da Provedoria e Câmara do Senado de Belém lavrar um termo de posse dos territórios que tinha explorado: "Eu, escrivão, tomei estas terras nas mãos e as dei nas mãos do capitão-mor [Pedro Teixeira] [...] investido da dita posse, pela Coroa de Portugal, no dito sítio e mais terras, rios, navegação e comércio [...]. Se houver entre os presentes alguém que contradiga ou embargue este ato, que o escrivão da expedição o registre".

Entre o trajeto e explorações pelo caminho, a bandeira de Pedro Teixeira percorrera no total cerca de 13.400 quilômetros. O marco deixado por ele seria encontrado, anos mais tarde, por Raposo Tavares. Apesar das recomendações do padre Acuña em carta a Filipe IV, "receoso de que acontecimentos menos favoráveis, vistos às nossas portas, afoguem e impeçam o luzimento de seus afetuosos serviços", para que se realizasse o quanto antes a ocupação da Amazônia a partir de Quito, os portugueses lhes tomavam a frente.

O marco de Teixeira, tanto quanto a rota percorrida por Tavares, seria a base do acordo que, no século seguinte, definiria as novas fronteiras da colônia portuguesa com o território espanhol. Dessa forma, sua expedição deixaria de ser uma bravata utópica no meio da mata para se transformar em gigantesca realidade. Deixaria aos portugueses a ampla área sobre cujo futuro o padre Acuña profetizava: "Ao pobre oferece sustento; ao trabalhador, recompensa seu trabalho; ao mercador, empregos; ao soldado, ocasiões de mostrar o seu valor; ao rico, maiores riquezas; ao nobre, honras; ao poderoso, estados; e ao próprio rei, um novo império".[80]

Duas décadas mais tarde, o ouvidor, provedor-mor e auditor de Grão-Pará, Maurício de Heriarte, via na Amazônia o mesmo potencial. "Povoando-se este rio de portugueses se pode fazer um império", escreveu. "É capaz de ter grande comércio por mar e por terra, assim como as Índias de Castela, como com o Peru e com toda a Europa."[81]

O relato de Acuña e os sinais enviados do vice-reino do Peru sobre a bandeira de Teixeira causaram preocupação no mundo espanhol. Acuña garantia ter ouvido muitas vezes dos portugueses, ao "tratarem entre si", das suas intenções em favor da separação de Portugal e de tomar aquelas terras para eles. Na carta endereçada a Filipe IV, pedia que, "com brevidade, se ponha freio e se castigue o mal considerado atrevimento dos portugueses". Também em carta ao rei espanhol, os membros do Conselho das Índias, presidido por dom García de Avellaneda y Haro, conde de Castrillo, lembravam a ação dos portugueses no Paraguai, onde "nos roubam e salteiam", e temiam que o mesmo pudesse acontecer ao norte. Para eles, deixar que os portugueses entrassem pelo Amazonas seria "dar a eles todo o Peru, e esperar que eles os ocupem, ou então os holandeses".

Demonstraram ainda sua preocupação com o fato de a iniciativa ter sido tomada pelo governador-geral do Maranhão e Grão-Pará, Jácome Raimundo de Noronha, um dos patrocinadores da bandeira. E pediram sua cabeça. "Julga muito digno e demonstração de sucesso este governador de haver empreendido e executado esta jornada de descobrimento sem consulta, em particular a vossa majestade e a este Conselho [das Índias]", escreveram. "Que seja gravemente repreendido e castigado."[82]

Os administradores espanhóis compartilhavam da mesma opinião. "Não pude deixar de representar o que me pareceu do descobrimento que se fez para a navegação do rio das Amazonas ou Maranhão, desde o governo dos Queijos e da Canela, perto da cidade de Quito, até desembocar no mar e paragem do Brasil," escreveu, diretamente ao rei, dom Martin de Saavedra y Guzmán, vice-rei da província de Nova Granada, no atual território da Colômbia, subordinado ao vice-reino do Peru, onde nascia o rio Negro, que se referia aos portugueses do Grão-Pará, simplesmente, como "o inimigo".

Após a carta, assinada em 29 de maio de 1939, Guzmán registrou ainda ter lido uma missiva do rei com ordens de que se "impedisse estes descobrimentos, em vista dos inconvenientes que havia em permitir aos portugueses o livre comércio", em carta que reenviou ao conde de Chinchón e ao presidente de Quito, "para o caso de que não tenham notícia dela".[83]

Por conta da reação dos espanhóis, Jácome Raimundo de Noronha foi demitido do cargo de governador-geral e chamado à Espanha para explicar-se, apesar dos elogios feitos por Acuña, que o considerou "eleito, a meu ver, mais pela providência divina que pela voz do povo, pois nenhum outro arcaria com tantas dificuldades nem se oporia a tão contrários pareceres, se não tivesse o zelo e deveres que lhe competiam, de servir desinteressadamente neste descobrimento ao seu Deus e seu rei".[84]

Teixeira só escapou de sorte semelhante por uma questão de utilidade. A corte espanhola determinou sua permanência no Pará, devido às notícias do avanço dos holandeses de Nassau pelo Nordeste em direção ao Norte, o que exigiria a organização da resistência. Seria salvo, também, por um acontecimento no final daquele ano, que amadurecia de forma latente havia muito tempo: após sessenta anos de dominação, a Coroa portuguesa seria restaurada.

CAPÍTULO 4

O Brasil português

Restauração

Em 1º de dezembro de 1639, o cadáver de um homem de camisa de renda e colete, com uma cabeleira negra, longo cavanhaque e bigodes em arco, foi atirado de uma janela do Paço Real de Lisboa, palácio da Coroa portuguesa, caindo com um baque no calçamento do Terreiro do Paço. Com uma sentença sem julgamento, finalizada naquele ato de desprezo e ódio, consumava-se a ação do grupo de conspiradores conhecidos como Os Quarenta Conjurados, líderes da revolta portuguesa contra a hegemonia espanhola no país.

O cadáver era do secretário de Estado Miguel de Vasconcelos e Brito, tão impopular quanto Margarida de Saboia, a duquesa de Mântua, prima que Filipe IV alojara como vice-rainha de Portugal desde 1634. Ambos eram os executores das ordens espanholas no reino, o que incluía a sobrecarga de impostos com a qual os portugueses financiavam as guerras filipinas. Esse dia, conhecido como 1º de Dezembro, ou Dia da Restauração, marcou a separação de Portugal da Espanha. Daria a oportunidade de colocar no poder dom João IV, da Casa de Bragança, que seria a quarta dinastia portuguesa.

Além de um movimento nacionalista, a revolta tinha motivação comercial. Durante o período filipino, a rica burguesia de Portugal se empobrecera em virtude do desgastante confronto com os inimigos da Espanha, que diminuíam seus negócios e lucros, tanto na Europa como nas colônias. Pesavam as perdas para os ingleses, que passaram de aliados a inimigos e apoiaram desde cedo dom Antônio, prior do Crato. "A derrota da armada, as perdas marítimas, o sentimento de inferiorização na união, o anti-hispanismo das classes mais baixas contribuíram para uma insatisfação crescente entre os portugueses", afirma o historiador Stuart Schwartz.[1]

Com o tempo, a Inglaterra passara a cozinhar a união entre Portugal e Espanha em fogo brando. Além de hostilizar o império filipino por meio da pirataria, Elisabeth I da Inglaterra deu suporte a dom Antonio nas suas diversas tentativas de retomar Portugal a partir do exílio. Dom Antonio chegou a tentar um desembarque em Portugal, em 1589, com o auxílio da armada inglesa. No entanto, a invasão fracassou pelo desinteresse tanto do povo quanto da aristocracia, que no início tinha absorvido a mudança, e, contra as expectativas, não se sublevaram.

A tomada pelos holandeses da parte mais rica do Brasil, assim como de São Jorge de Mina, na África, em 1637; de Ormuz, em 1622; e do Japão, em 1639, também foi um golpe duro para os portugueses, a quem ainda cabia a preferência nos negócios com as suas colônias de origem, de acordo com o Tratado de Tomar. O tempo insuflou aos poucos o separatismo. Garantia de autonomia e outras garantias aos portugueses, Tomar aos poucos foi abandonado. Os sucessores de Filipe II afrouxaram seus compromissos. Nobres perderam cargos e privilégios para os espanhóis e deviam servir ao Exército castelhano, que os requisitava para guerras próprias e, pior, a suas próprias expensas. Além de estarem distantes da corte, em Madri, os portugueses tinham de suportar a subordinação a prepostos espanhóis na administração local. Muitos fidalgos tinham preferido viver em suas quintas e solares a permanecer em Lisboa.

Filipe IV de Espanha apertou o nó sobre os portugueses, com a decisão, em 1625, de centralizar a administração em Madri, conforme a política estabelecida por dom Gaspar de Guzmán, conde-duque de Olivares, conselheiro real que na prática exercia o cargo de primeiro-ministro do reino. A autonomia portuguesa acabava de vez: dali em diante, Portugal teria a mesma importância que qualquer outra província espanhola. A carga tributária gerou, em 1628, o Motim das Maçarocas, na cidade do Porto, contra a taxação dos fios de linho, principal matéria-prima do vestuário na época.

O império espanhol era rico, mas também grande e dispendioso. A gestão de Filipe IV não escondia certo declínio, em face de tantos problemas. A fim de arcar com as despesas de guerra, multiplicadas pelo Brasil, as Índias Orientais e a costa da África, Olivares aumentou impostos, incluindo os sobre Portugal. Em Lisboa, dizia-se que o dinheiro evaporava no sumidouro de luxos da construção do palácio do Bom Retiro, segunda residência do imperador, nas cercanias de Madri. Em guerra com países poderosos, Filipe IV passava por uma crise de popularidade; além do inimigo externo, começou a enfrentar revoltas internas.

Em agosto de 1637, a população de Évora, em Portugal, declarou sua insubordinação por meio de um documento intitulado Alterações de Évora. A elevação do Real de Água – imposto sobre a carne, as bebidas alcoólicas, o arroz, o vinagre e o azeite de oliva – e da sisa – taxa sobre a transmissão do direito de propriedade – criou uma onda de protestos em cidades como Sousel, Crato e, mais tarde, Santarém, Tancos, Abrantes, Vila Viçosa, Porto, Viana do Castelo. Por fim, regiões inteiras se sublevaram: Algarve, Bragança e a Beira.

Em 7 de junho de 1640, a onda de insatisfação contra a política do conde-duque de Olivares estourou na Revolta da Catalunha, que buscava sua independência, com o apoio da França – início da chamada Guerra dos Segadores. Disparada com o assassinato de um ceifeiro ("segador"), a rebelião pretendia inicialmente expulsar da Catalunha os soldados espanhóis que a ocuparam na Guerra dos Trinta Anos contra os franceses. O chefe do principado, o conde de Santa Coloma, foi assassinado. E os catalães aproveitaram os conflitos para declarar sua independência, primeiro com Pau Claris, líder da revolta.

Os anos tinham servido para aclarar um sucessor legitimável da Coroa portuguesa: dom João de Bragança, ramo da casa de Avis, herdeiro do ducado criado pelo rei Afonso V de Portugal, em 1442, para o seu meio-tio Afonso, primeiro duque de Bragança, filho ilegítimo do rei dom João I de Portugal. Afonso V casou com Beatriz Pereira de Alvim, filha de Nuno Álvares Pereira, o homem mais rico do país, que assim infiltrava na sua fortuna pessoal um pouco de sangue azul. Os Bragança se tornaram uma das mais poderosas famílias do reino.

Nas gerações seguintes, dinheiro e poder se misturaram cada vez mais, por sucessivos casamentos com membros da linhagem real. Em 1565, ao casar-se com a infanta Catarina de Portugal, neta do rei dom Manuel I, o sexto duque de Bragança, dom João cumpriu a ascensão final. Dona Catarina, que se encontrava entre os postulantes à Coroa na sucessão de 1580, que iria do falecido Infante dom Henrique para Filipe II de Espanha, teria no seu neto, dom João, o homem visto como herdeiro legítimo do trono na Restauração.

Quando Filipe IV mandou o duque dom João apresentar-se com nobres portugueses em Madri para acompanhá-lo na repressão aos catalães, estes recusaram a convocatória. O exemplo da Catalunha dava margem aos outros reinos da monarquia hispânica para questionar sua vassalagem. Com o apoio de Armand Jean du Plessis, o cardeal de Richelieu, primeiro-ministro de Luís XIII de França, um mestre da conspiração que possuía agentes em Lisboa, os portugueses passaram das ideias à ação.

Em 12 de outubro de 1640, lideranças da conjuração – dom Miguel de Almeida, Francisco de Melo e seu irmão Jorge de Melo, Pedro de Mendonça Furtado, Antônio de Saldanha e João Pinto Ribeiro – reuniram-se na casa de dom Antão de Almada, hoje Palácio da Independência. Nesse encontro, decidiram apresentar a dom João a ideia de coroá-lo rei de Portugal. Não foi preciso muito aos Quarenta Conjurados para convencê-lo, no seu palácio de Vila Viçosa, que, da insubordinação, deviam passar ao separatismo.

O golpe foi programado para o Natal, período em que a nobiliarquia espanhola entrava em férias. Permaneceram em Portugal somente a duquesa de Mântua, Margarida de Saboia, e seu secretário de Estado, Miguel de Vasconcelos e Brito. Em 1º de dezembro, as forças separatistas invadiram o Paço Real de Lisboa. Miguel de Vasconcelos foi defenestrado e a duquesa, prisioneira, obrigada a dar ordem de rendição às suas tropas.

Não houve resistência imediata. As tropas de Filipe IV estavam estacionadas do outro lado da península, lutando contra os revoltosos catalães. Além disso, o exército espanhol também se empenhava na Guerra dos Trinta Anos, iniciada em 1618, na qual a Espanha apoiava o imperador do Sacro Império Romano-Germânico, Fernando II, contra a coalizão de países que pretendiam enfraquecer o império dos Habsburgo, ao qual os reis espanhóis deviam sua origem. Os conflitos, que atingiam toda a Europa central, só terminariam em 1648, com a aceitação da derrota dos Habsburgo pelo acordo de paz em Vestfália, quando a independência dos Países Baixos seria reconhecida oficialmente.

Dom João foi coroado João IV de Portugal, primeiro monarca da dinastia de Bragança, aclamado nas ruas, e no dia seguinte, 2 de dezembro de 1640, já assinava correspondência como soberano. O Exército português foi reorganizado, com as leis militares, assim como toda a administração. Antes de qualquer coisa, o monarca tratou de reconstituir o aparelho de Estado português. Em 11 de dezembro de 1640, criou um conselho de guerra e a junta das fronteiras, para zelar pelas fortalezas nas divisas e planejar a defesa de Lisboa.

Embora a Espanha tivesse suas forças divididas, era preciso coragem. "Que valor sisudo, prudente e bem aconselhado se havia de atrever a uma empresa tão cercada de dificuldades, como levantar-se contra o mais poderoso monarca do mundo, e restituir-se à sua liberdade, e aclamar novo rei, não longe senão dentro de Espanha, um reino de grandeza tão desigual, sobre sessenta anos de cativo e despojado; sem armas, sem soldados, sem amigos, sem aliados, sem assistências, sem socorros, só e até de si mesmo dividido em tão distantes partes do mundo?", escreveu o padre Antônio Vieira.[2]

Portugal poderia ter permanecido na mesma situação da Catalunha, que tem língua, história e cultura próprias, e, submetida a revolta, continuou espanhola, perdurando suas reivindicações de independência até a era contemporânea. Com o apoio da Inglaterra, da França e dos próprios Países Baixos, a quem interessavam a divisão de forças na América e o enfraquecimento do império espanhol de forma geral, Portugal teve que encarar a Guerra da Restauração, defesa contra uma série de investidas espanholas, que deflagraram batalhas como a de Montijo, em 26 de maio de 1644; Linhas de Elvas, em 1659; Ameixial, em 1663; Castelo Rodrigo, em 1664; e Montes Claros, em 1665.

A recuperação da Catalunha por Filipe IV, em 1652, permitiu novamente a concentração de forças. A Coroa espanhola fomentou a publicação de propaganda de guerra durante suas operações na fronteira com a Galícia, entre 1657 e 1661. Procurou desestabilizar os portugueses, sugerindo que sua derrota estava próxima. Entre essas peças, estava o texto "*Portugal unido y separado*", de Pedro Valenzuela, publicado em 1567 contra os "rebeldes de Portugal".

Mais que o exército espanhol, o rei recém-aclamado podia temer a reação política dentro de sua própria corte. Depois de seis séculos de dominação espanhola, já não havia tanta clareza na distinção entre o que eram as elites portuguesa e espanhola. Mesmo com a volta de alguns nobres dos cárceres mouros, a maior parte da nobiliarquia de Portugal tinha se reconstruído por obra dos Filipes ou lhes devia grandes favores. Das 50 casas nobiliárquicas de Portugal em 1640, 41 tinham sido criadas pelos reis espanhóis.

Se isso acontecia na metrópole, era ainda mais verdadeiro na colônia. Ao chegar a notícia da aclamação de dom João IV, em fevereiro de 1641, o governador-geral da repartição norte da colônia, Jorge Mascarenhas, o marquês de Montalvão, que chegara ao Brasil um ano antes e devia sua própria indicação ao rei Filipe IV de Espanha, preferiu a cautela. Com as fortalezas repletas de soldados espanhóis, primeiro fez circular a notícia pelo clero, depois entre os comerciantes e, por fim, pela população, antes de aclamar o novo rei na Câmara e promover uma cerimônia na Catedral da Sé. Depois, enviou a notícia e o acolhimento da Restauração aos governadores das capitanias.

Os regimentos espanhóis e napolitanos foram desarmados pacificamente e enviados às Antilhas. Para Montalvão, assim como em Portugal, livrar-se da Espanha no Brasil causaria muitos problemas – porém, não menos do que manter aquela madrasta com suas guerras e impostos maiores que quaisquer outros benefícios. A insatisfação no Brasil com a subordinação à Espanha sugeria que era melhor apostar na volta da Coroa portuguesa, ainda que um projeto arriscado, do que continuar do jeito que estava.

Montalvão enviou o comunicado da assunção de dom João IV também a Maurício de Nassau, oficialmente, em Recife. Imaginou de pronto que Portugal devia e precisaria de um acordo de paz com os neerlandeses – e tratou de abrir caminho. "Devo considerar nesse sucesso [...] a esperança de que este reino e os ilustríssimos estados da Holanda tenham aquela paz, respeito com que sempre se trataram, como podemos lembrar todos os que ouvimos as felicidades dos tempos passados", escreveu a Nassau.

Nassau agradeceu a confirmação da notícia, que um mês antes já lhe chegara da Inglaterra. Felicitou dom João IV; porém, quanto à paz, foi reticente. "Suposto que no reino vejo mudança, me parece que ela não deve mudar alguma coisa", escreveu Nassau. "[Senão] antes dispor mais suavidade nos meios de conveniência da guerra [...]."

No Rio de Janeiro, a carta com as novas do marquês de Montalvão chegou em 10 de março de 1641. O governador das capitanias de baixo, Salvador Correia de Sá e Benevides, se encontrava na missa, ouvindo o sermão no convento de São Bento, quando lhe foi entregue a mensagem do vice-rei.

Nascido em plena era filipina, Correia de Sá era ele mesmo um produto da síntese entre os reinos de Portugal e Espanha. Membro da família fundadora da cidade do Rio de Janeiro, não deixava de ser espanhol, nascido em Cádis, na Espanha. Conforme a tradição espanhola, de linha matriarcal, levava o sobrenome da mãe, dona Maria de Mendoza y Benevides, filha de dom Manuel de Benevides – alcaide-mor e castelão da fortaleza de Santa Catarina da ilha de Cádis, mestre de campo das Forças Armadas da Andaluzia e reino de Jaén e governador da cidade de Cádis. Mesmo nomeado governador do Rio de Janeiro, e depois das capitanias do sul, "ainda costumava se declarar morador e *encomendero* de Tucumán", segundo Boxer.[3]

Em 1635, ao retornar para o Rio, Correia de Sá deixara sob responsabilidade de um administrador de confiança as suas *encomiendas* em Tucumán, mas seu berço, sua mulher, suas propriedades e seus negócios estavam tão ligados à América castelhana que a corte em Lisboa receava que ele se mantivesse do lado espanhol. A separação repentina de Portugal o ameaçava de perder o enorme patrimônio que possuía com sua esposa na América espanhola e na própria Espanha.

Correia de Sá hesitou, como relata o historiador Vivaldo Coaracy em *O Rio de Janeiro no século XVII*. Contava com pouco apoio político interno da colônia, desde que havia assumido o governo-geral de toda a repartição sul em 1639 e tivera de combater uma revolta militar no Rio, estimulada por sertanistas e proprietários de índios mansos, defendidos pelos jesuítas – além de outros que eram simplesmente contra a longa "oligarquia" dos Sá. Ainda assim, pesava a oposição que a corte espanhola sempre fizera contra suas tentativas de abrir o comércio com o Peru, fosse pela via do Prata, fosse pelo sertão, até a base que construíra em Tucumán e no Paraguai.

Naquela encruzilhada, Correia de Sá promoveu uma reunião a portas fechadas na biblioteca do colégio jesuíta, com os prelados das ordens religiosas, o administrador eclesiástico, os representantes da Câmara e os comandantes das forças da guarnição. Justificou a consulta dizendo, politicamente, que "preferia errar com o parecer dos presentes" a acertar com o parecer próprio. Os jesuítas se mostraram favoráveis à divisão dos reinos. Os demais presentes os acompanharam. Salvador, então, puxou o coro de vivas a dom João IV.

Houve uma procissão até a igreja matriz, onde o governador prestou juramento à Coroa portuguesa. O padre Manuel Fernandes serviu como emissário para dar ao governador-geral a notícia da adesão das capitanias de baixo a Portugal. Para mostrar que estava ao lado de Portugal de maneira "espalhafatosa e convincente", Correia de Sá programou uma festa para celebrar a Restauração depois da Páscoa, em 31 de março.

Foram oito dias de encamisada – desfile de cavaleiros envergando capa e empunhando archotes –, alardo (antigo nome da parada), corridas de touros e jogos de canas e manilhas. Só homens participavam, enquanto as mulheres assistiam das janelas. Pelo édito de Correia de Sá, quem não entrasse nas comemorações poderia ser considerado descontente. A festa precursora do Carnaval carioca era compulsória.

Embora Correia de Sá respondesse pelas capitanias de baixo, a recepção das notícias sobre a Restauração não foi tão simples na capitania de São Paulo e São Vicente. Com sua inclinação para a autonomia, os paulistas nem sempre obedeciam a Correia de Sá. E muito menos eram influenciados pelas decisões do governador das capitanias de cima, que, sem os territórios dominados pelo holandeses, na prática, era então somente o capitão da Bahia. Com a Restauração, em vez de apoiar Portugal ou Espanha, muitos colonos paulistas viram a oportunidade de concretizar algo que pairava na prática da capitania: a independência.

Já inflamados pela "botada dos padres fora", que canalizara a raiva contra os jesuítas, os paulistas receavam que se inviabilizasse a escravidão dos índios, agora concentrados na área além do antigo Tratado de Tordesilhas, e que o novo governo de Portugal proibisse o comércio com os colonos espanhóis das províncias do Paraguai e do Rio da Prata. Além disso, a iminente distensão política com os neerlandeses podia significar a retomada do tráfico negreiro, mais caro para os colonos, porém mais lucrativo para o Estado português.

Aos que apenas temiam complicações no futuro juntaram-se influentes e ricos castelhanos radicados na capitania, que não queriam submeter-se a um rei português. Dispostos a criar uma secessão com o resto do Brasil, os líderes separatistas voltaram-se para Amador Bueno de Ribeira, aclamado "rei de São Paulo", com um termo assinado pelas lideranças do "partido castelhano", como o chamaram, em 1º de abril de 1541. Por esse termo, os opositores questionavam a legitimidade de dom João IV, que assumira com um golpe de Estado. E entregavam a Bueno o poder monárquico sobre a capitania de São Vicente e São Paulo.

Assinavam a declaração, entre outros, os irmãos João e Francisco Rendón de Quevedo y Lun, naturais de Cória, heróis da guerra contra os neerlandeses, genros de Amador Bueno. Ao seu lado, estavam ainda dom Gabriel Ponce de León, de Guaíra, e dom Bartolomeu de

Contreras y Torales, de Villa Rica do Paraguai, radicado em São Paulo com sua mulher, a paulista Maria de Góis. Apoiavam ainda o separatismo dom Francisco de Lemos, espanhol de Orense; dom André de Zunega e dom João de Espíndola e Gusmão, da província do Paraguai. "Oferecem o trono ao sogro, ele próprio filho de espanhol e homem do maior prol em sua república pela inteligência, a fortuna, o passado de bandeirante, o casamento, os cargos ocupados", afirma Taunay.[4]

Dono de sesmarias em São Vicente e Juqueri, passadas por Álvaro Luís do Vale, em 1627, a quem sucedeu no mesmo ano como capitão-mor e ouvidor da capitania de São Vicente e São Paulo, Amador Bueno da Ribeira tinha sido ainda provedor e contador de Fazenda Nacional da capitania. Toda a sua estirpe estava ligada ao bandeirantismo. Seu irmão, Bartolomeu Bueno, o Moço, cunhado de Fernão Camargo, o Tigre, caçador de índios e fazendeiro em Santana de Parnaíba e Atibaia, tinha sido integrante do exército bandeirante recrutado por Correia de Sá para colaborar no combate aos holandeses. Capturado em 1640, durante o combate da armada de dom Fernando Mascarenhas, nessa época era ainda prisioneiro de guerra – seria solto somente anos depois. Os filhos de Amador Bueno – Bartolomeu Bueno, Antônio Bueno e Amador Bueno, o Moço – tinham participado das bandeiras de Raposo Tavares ao Guaíra, em 1628, e da bandeira de 1637 ao Tape, na tropa comandada por seu tio, Francisco Bueno, irmão de Amador.

Os espanhóis confiavam na prevalência da ascendência espanhola de Amador Bueno, embora ele também tivesse ancestrais portugueses e indígenas. Era filho de Bartolomeu Bueno, chamado de "o Sevilhano", por conta de sua cidade natal. Carpinteiro da Ribeira de Sevilha, viera para o Brasil na armada de dom Diego Flores de Valdés, elegera-se vereador em 1616 e se casara em 1584 com Maria Pires. Esta era neta da mameluca Antônia Rodrigues, descendente do cacique Piquerobi, da aldeia de Ururaí, e de Antônio Rodrigues, degredado que Martim Afonso encontrou com João Ramalho ao aportar em São Vicente com os primeiros colonizadores. Bartolomeu Bueno morreu em São Paulo, em 1620, aos 65 anos, e deixou ao filho a liderança da família.

Dessa forma, Amador Bueno sintetizava a elite brasileira produzida na era filipina. Os opositores do domínio português, porém, não contavam com o próprio Amador Bueno, que recusou a aclamação, por genuína fidelidade ao governo português, ou, mais provavelmente, por entender que seus apoiadores buscavam principalmente anexar a capitania de São Vicente e São Paulo às colônias espanholas ao sul e a oeste a lhe entregar a realeza. Seria, nesse caso, o início de uma guerra. Com a espada desembainhada, tomou partido: proclamou seu apoio ao governador-geral das capitanias do sul, Correia de Sá, e deu vivas ao rei de Portugal.

Os mesmos que apoiavam Amador Bueno foram os que se revoltaram. Para escapar à fúria dos espanhóis e de seus partidários, Bueno foi obrigado a refugiar-se no mosteiro de São Bento, a 10 minutos de caminhada do colégio jesuíta, no alto do morro entre os rios Anhangabaú e Tamanduateí. Tinha na época uma pequena igreja dedicada a São Bento, levantada em 1598 por frei Mauro Teixeira, oriundo de São Vicente, e um mosteiro de apenas 4 celas. Entrincheirado em campo santo, Bueno mandou chamar Lourenço Castanho Taques, partidário do governador Correia de Sá.

Com o abade, frei João da Graça, e outros beneditinos, Lourenço acalmou a fúria da multidão. "Desceram à praça fronteira o prelado e sua comunidade, procurando convencer os manifestantes que deviam abandonar o intento que os congregara", afirma Taunay.[5] "Arrependidos do seu desacordo, resolveram os aclamadores aderir ao movimento restaurador do 1º de dezembro de 1640."

Assim, dom João IV foi reconhecido solenemente em São Paulo como soberano em 3 de abril de 1641. O auto da Câmara foi assinado pelo capitão-mor de São Paulo, João Luís Mafra; por Antônio Raposo Tavares; frei João da Graça, abade do mosteiro de São Bento; frei Bento da Trindade; frei Manuel de Santa Maria; frei Francisco dos Santos; Fernão Dias Paes Leme; Antônio Pompeu de Almeida; o vigário padre Manuel Nunes e Lourenço Castanho Taques, entre outros líderes. Amador Bueno recebeu de dom João IV uma carta agradecendo sua lealdade. Tornar-se-ia célebre nos anais da história brasileira como "o Aclamado", ou "o homem que não quis ser rei".

Com a aceitação do separatismo, eram desfeitas a um só tempo a cédula do rei e a bula do papa contra a escravidão dos índios. Diante daquela solução, Correia de Sá pensou que podia fazer uma tentativa de devolver os jesuítas a São Paulo. Enviou para lá em missão de paz um frade franciscano, Francisco de Coimbra, que fez chegar à Câmara paulista um convite para que aceitasse os padres da Companhia de Jesus de volta. Se algo unia os paulistas, porém, era o ódio aos jesuítas. Em conselho popular, a proposta foi rejeitada.

Em setembro, Correia de Sá foi, em pessoa, à capitania de São Vicente, deixando Duarte Correia Vasqueanes em seu lugar no governo. Teve boa acolhida em São Vicente, mas recebeu a notícia de que o Caminho do Mar tinha sido bloqueado e que ele não seria bem recebido no planalto. A Câmara de São Paulo se dirigiu à de São Vicente, instando seus representantes a prenderem o governador. Afirmavam que "era público que vinha com o desígnio de passar-se com sua casa, mulher e família para os domínios da Espanha". Em carta de 7 de setembro de 1642, enviada à Câmara local, Correia de Sá agradeceu a acolhida em São Vicente, ao mesmo tempo que chamava São Paulo de "república de facinorosos". Ainda assim, teve de retirar-se novamente para o Rio, "protestando", afirma Taunay.[6]

Ao mesmo tempo, o governador-geral Antônio Telles da Silva encaminhava ao Rio de Janeiro notificação de que a Coroa tinha retirado a jurisdição de Correia de Sá sobre a capitania de São Vicente, devolvendo-o apenas ao comando do Rio. "Silva tinha fundos receios a respeito da lealdade de Salvador, desconfiando de suas ligações com a Espanha", afirma Boxer.[7] Em novembro de 1641, já havia tentado levá-lo a Salvador, com a oferta de um posto de conselheiro, que o deixaria mais perto e sob vigilância, recusada por Correia de Sá. "[Correia de Sá] compreendeu que ele tinha na corte inimigos poderosos, que poderiam conseguir sua destituição, antes do término de seu mandato, em 1643", acrescenta Boxer.

De fato, em 1643, Correia de Sá foi substituído por Luís Barbalho de Bezerra. O que parecia ser seu momento de desgraça política, porém, se tornaria apenas a oportunidade para uma espetacular volta por cima. Ele ainda se tornaria, por sorte e habilidade própria, o grande articulador da retomada do império português, tarefa que, em paralelo à sua trajetória, contaria com a contribuição de outro personagem raro, capaz de reunir capacidade intelectual à energia da ação. Despontava então no Brasil um gênio da oratória, que ocultava sob a batina também um hábil político, capaz de mudar pelas ideias, mais que pelas armas, os rumos da história.

O conselheiro do rei

Ainda antes da rebelião separatista em São Paulo, em 26 de fevereiro de 1641, o marquês de Montalvão enviou a Lisboa seu filho, dom Fernando Mascarenhas, acompanhado dos jesuítas Antônio Vieira e Simão de Vasconcelos, com a missão de comunicar a decisão da repartição norte da colônia em aderir à Restauração e prestar obediência a dom João IV. Era a oportunidade de Vieira mostrar seus múltiplos talentos.

Nascido em 6 de fevereiro de 1608, na rua dos Cônegos, freguesia do Castelo de São Jorge, próximo da Sé, em Lisboa, Vieira era o primeiro dos 4 filhos da padeira lisboeta Maria de Azevedo com o alentejano Cristóvão Vieira Ravasco. Filho de mãe negra, Ravasco serviu na Marinha e se tornou escrivão da Casa de Suplicação, um cargo de terceiro escalão na Justiça portuguesa, recebido como presente de casamento do sogro, Brás Fernandes de Azevedo, armeiro da casa real, socialmente mais bem colocado.

Em 1609, Ravasco embarcou para o Brasil sozinho, onde trabalhou como escrivão do Tribunal da Relação da Bahia. Quatro anos mais tarde trouxe a família, incluindo o filho, então com 6 anos, que sobreviveu à viagem por sorte – quase se afogou numa tormenta nas proximidades da costa da Paraíba e dela saiu com pneumonia. De olhos grandes e nariz fino, alto, magro e um tanto esquálido, mas enérgico, no colégio jesuíta de Salvador, a princípio, foi mau aluno – até o lendário "estalo" que faria dele um dos intelectuais mais brilhantes de seu tempo.

"Sentiu como estalar qualquer coisa no cérebro, como uma dor vivíssima, e pensou que morria; logo o que parecia obscuro e inacessível à memória, na lição que ia dar, se lhe volveu lúcido e fixo na retentiva", descreveu seu biógrafo clássico, o português João Lúcio de Azevedo, de acordo com relato que vinha da tradição oral.[8] Aos 14 anos, já mostrava seu pendor para escrever. Aos 15, despertou sua vocação, após ouvir um sermão sobre as penas do inferno. Como o pai não queria que virasse padre, fugiu de casa e pediu abrigo aos jesuítas.

Formado em teologia, lógica, metafísica e matemática, com mestrado em artes, a partir do final de 1626 ou do início de 1627 Vieira passou a lecionar retórica em Olinda. Em 1626, após a expulsão dos neerlandeses da Bahia, quando deixou o noviciado, tomando os votos de castidade, pobreza e obediência, Vieira foi encarregado de redigir e verter para o latim a carta ânua de 1624, relatório anual dos trabalhos da província da Companhia de Jesus, encaminhada ao superior-geral da Companhia em Roma. Importante por relatar a expulsão dos neerlandeses do Brasil, o documento, em tom tanto dramático quanto ufanista, deu-lhe prestígio dentro da ordem.

Ordenado em 10 de dezembro de 1634, já reconhecido pelo brilho de seus sermões, em 1641 Vieira integrou a missão de apoio à Restauração sem saber o quanto aquela viagem de princípio agourento mudaria sua vida – e seu papel na história. Durante o percurso, um temporal obrigou a tripulação da caravela a tirar fora os batéis e canhões para aliviar seu peso. Vieira e os demais passageiros foram lançados à costa de Peniche, ao norte de Lisboa. Acabaram hostilizados pelos moradores e presos, sob a suspeita de traição à Coroa portuguesa. Esclarecido o objetivo da missão do grupo, foram libertados e seguiram de Peniche para Lisboa.

Começava aí, aos 33 anos, a fase mais importante da carreira do jesuíta. Vieira permaneceu em Lisboa de 1641 a 1644, quando deixou de ser somente um pregador da colônia para influir diretamente em corações e mentes coroadas da Metrópole. Em 1641, pregou pela primeira vez na Capela Real, em Lisboa. No "Sermão dos bons anos", criticou a inação nos anos do jugo de Portugal pela Espanha, em favor da Restauração. "Os bons-anos não os dá quem os deseja, senão quem os assegura", afirmou Vieira, perante dom João IV.

No mesmo sermão, Vieira afirmou que dom João IV seria o verdadeiro salvador de Portugal – e não dom Sebastião I, o Desejado, porque, como na Bíblia, "o libertador prometido havia de ser um rei não esperado". Defendia o momento histórico da Restauração, comparando-o à espera dos filisteus pelo enfraquecimento do gigante Sansão, sua imagem do império espanhol: "O remédio era fazerem como nós fizemos e como nós fazemos e como nós havemos de fazer: enquanto Sansão está com as mãos atadas, cortar-lhe o cabelo no mesmo tempo, e acabou-se Sansão", disse.

Vieira encerrou o sermão com uma elegia ao monarca. "Convidado tantas vezes para a grandeza, rejeitou generosamente o cetro; e agora chamado para o remédio, aceitou animosamente a coroa", declarou. "Rei não por ambição de reinar, senão por compaixão de libertar; rei verdadeiramente imitador do Rei dos reis, que sobre todos os títulos de sua grandeza estimou o nome de Libertador e Salvador." Assim, tornou-se amigo e colaborador de dom João IV, que, maravilhado, o manteve como "pregador de sua majestade", religioso encarregado da homilia nas missas com a presença da família real. Do púlpito, Vieira entremearia passagens da Bíblia com lições de política, como sobre a adulação: "Biantes, um dos sete sábios da Grécia, perguntado qual era o animal mais venenoso, respondeu que, dos bravos, o tirano; dos mansos, o adulador".

Dom João IV precisava de fé, ou de alento. Não tinha certeza da fidelidade de ninguém, sobretudo na colônia. Apesar da carta do marquês de Montalvão, trazida pela comitiva, os membros da corte receavam que o vice-rei, por sua ligação com Filipe IV, acabasse liderando uma revolta, com o apoio das tropas espanholas na capitania da Bahia. A deserção dos irmãos de Montalvão para a Espanha repercutiu mal.

Havia muitos sinais de divisão. Um bom exemplo era o dos irmãos Albuquerque. Matias de Albuquerque, donatário de Pernambuco antes dos holandeses, e ex-comandante da resistência pernambucana, lutava ao lado de Portugal contra as tropas espanholas – foi o responsável pela vitória portuguesa na Batalha de Montijo, em Badajoz, na Espanha, onde sobrepujou a cavalaria espanhola. Enquanto isso, seu irmão, Duarte de Albuquerque, tomara o partido de Filipe IV e abrigara-se na Espanha, de onde não mais retornou a Portugal.

No início de 1641, dom João IV enviou ao Brasil o padre Francisco de Vilhena, professor do colégio da Companhia de Jesus em Évora, herói em Pernambuco da guerra contra os holandeses, no qual lutara até ser capturado na rendição do forte de Nazaré, em 1635. Deportado para as Índias, conseguira escapar e voltar a Portugal em 1637. Informante confiável, Vilhena foi encarregado de verificar a lealdade do marquês de Montalvão, além de substituir as normas de sucessão do governo-geral, que ainda pertenciam às Ordenações Filipinas. Se fosse o caso, podia depor o vice-rei, nomeando em seu lugar um triunvirato provisório, formado pelo bispo dom Pedro da Silva, o mestre de campo Luís Barbalho e Lourenço Brito Correia.

Foi o que Vilhena fez, ao chegar em Salvador. "Arrogante, ou imprudentemente, depôs o marquês", escreveu o historiador Damião Antônio de Lemos Faria e Castro.[9] "Fez tirar devassas daquele chefe; e sem lhe valer o refúgio que buscou no colégio dos jesuítas, [Montalvão] foi preso [...]." O padre Vilhena, com outro jesuíta, Francisco Avelar, e Pedro Correia da Gama seguiram para Pernambuco, de modo a continuar as tratativas de paz com Nassau, iniciadas pelo próprio Montalvão.

Em Recife, a comitiva portuguesa viu uma grande armada sendo preparada, mas Nassau lhes disse que eram naves a caminho de atacar as "Índias de Castela". De Recife, o padre Vilhena voltou a Lisboa, para prestar conta de seus serviços a dom João IV e explicar diretamente sua decisão, mas jamais chegou. Na ilha da Madeira, trocou de caravela com os bens que levava do Brasil. Contudo, a nave foi interceptada pelos mouros, que o levaram para Argel, na costa africana. Lá, Vilhena morreu como prisioneiro, por volta de 1642. "Encerrou-se de maneira obscura e incerta uma das mais interessantes e desconhecidas trajetórias de um jesuíta veterano das lutas contra os holandeses no Brasil", afirmam os historiadores Hélvia Cruz de Oliveira e Henrique Rodrigues de Albuquerque.[10]

Ao chegar preso a Lisboa, Montalvão viveu num verdadeiro carrossel. Convenceu o rei de sua fidelidade – foi nomeado vedor da Fazenda, conselheiro de Estado e chegou a ser presidente do Conselho Ultramarino, antes de ser preso uma segunda vez, sob acusação de traição. Solto novamente, reiniciou a vida como mestre de campo general do Exército português, mas uma indiscrição de sua mulher, Francisca de Vilhena, partidária da Espanha, o levaria novamente à prisão, no castelo de São Jorge, onde morreu em 1652.

Enquanto Montalvão caía em desgraça, Correia de Sá teve confirmada sua patente como governador das capitanias do Rio de Janeiro e Espírito Santo. "Jorge Mascarenhas, que como vice-rei se apressara em reconhecer o novo regime e a cujas sábias providências se devia a aclamação realizada na Bahia, sem oposição das numerosas forças espanholas ali aquarteladas, era deposto e remetido preso para Lisboa sob acusação de deslealdade, pelas intrigas do jesuíta Francisco de Vilhena", afirmou o historiador Vivaldo Coaracy.[11] "Por ironia do destino, o governador do Rio de Janeiro, que hesitara em aceitar a Restauração, conseguiu consolidar e manter a situação em que se achava."

O que parecia ser um erro político e de julgamento se configurou em uma das apostas mais certas de dom João IV, que viu em Correia de Sá os elementos necessários ao reino naquele momento. Era preciso reagir, não apenas para consolidar a Restauração, mas também para reconstituir o império combalido.

Em janeiro de 1641, dom João IV enviou o embaixador Tristão de Mendonça Furtado para negociar um armistício com os Estados Gerais. Para isso, prometia unir Portugal aos esforços na Europa contra o império filipino. Como primeiro item, porém, os portugueses faziam uma exigência: reivindicavam a devolução dos territórios que lhes pertenciam antes da União Ibérica. Além de manter os territórios conforme a situação até a assinatura do acordo, os neerlandeses responderam com uma série de outras condições, como o livre-comércio de seus territórios com Portugal e o respeito à sua religião, onde comerciassem. Dessa forma, colocavam seus cidadãos a salvo da Inquisição portuguesa.

Estavam ganhando tempo. Apesar da simpatia dos conselheiros da República neerlandesa pela ideia de fortalecer mais um inimigo contra a Espanha, os navios que Nassau disse a Vilhena estarem indo para as "Índias de Castela", na realidade, estavam sendo preparados para ferir fundo o ainda cambaleante novo reinado português. De acordo com Barléu, o Conselho dos XIX instruiu Nassau a aproveitar-se do momento, antes que viesse a paz. Os neerlandeses seguiam a regra de "comer no almoço quem tenha a intenção de comer-nos no jantar", como proclamavam panfletos em circulação na época, segundo Charles Boxer.[12]

Em abril de 1640, o governador da Nova Holanda investiu contra a capitania de Todos os Santos, antes que o acordo luso-neerlandês fosse ratificado. "Depois que Portugal, abalado pela revolução, não pudesse mandar socorros para o Brasil, deveria ele, espiando as ocasiões, tratar seriamente de ampliar o território e prolongar as lutas numa glória contínua, antes que fossem sopitados ou terminados por tratados de paz os ardores marciais", transcreveu Barléu da comunicação dos XIX.

A prioridade era tomar Salvador – ou, ao menos, bloquear a capital da colônia por terra e por mar. Primeiro, Nassau ordenou a ocupação de Sergipe, para garantir suprimento de gado, com ajuda dos homens instalados na fortaleza Maurício, no rio São Francisco. O golpe seguinte foi do outro lado do Atlântico. Enquanto a renda com o açúcar caía, e os senhores de engenho deixavam de pagar suas dívidas com a WIC, o tráfico negreiro continuava lucrativo. Dessa forma, Nassau mudou o alvo.

Em maio de 1641, enviou uma expedição para tomar Angola, sob o comando do almirante Cornelis Jol e do coronel Koin Henderson – uma esquadra de 20 velas, 900 marinheiros e 2 mil soldados, além de 200 índios tapuias. "Por este meio, a Companhia, que ali já prosperava muito com a compra e a venda de escravos, chamaria a si aquele rendoso tráfico", anotou Barléu. De quebra, fecharia aos portugueses sua principal fonte de mão de obra escrava.

O acordo de paz, assinado pelo embaixador Mendonça Furtado em Haia, em 12 de junho de 1641, sacramentou uma trégua de dez anos. No artigo 24, os neerlandeses admitiam vagamente partilhar ou trocar territórios portugueses no futuro. O acordo estabelecia que seus comerciantes podiam negociar com a colônia no Brasil e em Portugal, pagariam as mesmas taxas sobre o comércio de açúcar, escravos e marfim, e estariam livres da Inquisição portuguesa – uma imposição difícil de engolir pelo fervoroso Estado lusitano. Ambos os governos prometiam, ainda, juntar forças militares contra a Espanha.

Ainda assim, as operações em curso não cessaram. Com a oposição tanto da WIC quanto da VOC, o armistício teve pouco efeito prático nos territórios ultramarinos. No mês seguinte, em 14 de julho, ao mesmo tempo que combatiam os portugueses em Angola, e depois de um cerco que começou em janeiro, os neerlandeses tomaram Malaca. Sob as ordens do capitão Minne Williemson Kaartoko, destruíram as edificações portuguesas, exceto a fortaleza. Colocaram seu dístico sobre a porta de Santiago e transformaram em um templo protestante a capela no alto do morro que domina a cidade. O domínio tão disputado entre Portugal e Espanha, a ponto de mudar toda a divisão do mundo entre portugueses e espanhóis, pérola do império filipino nas Índias Orientais, acabava nas mãos dos "hereges".

Em 25 de agosto, as forças enviadas por Nassau tomaram São Paulo de Luanda, capital de Angola. Após uma troca de fogo entre as naus e as fortalezas, os neerlandeses desembarcaram e invadiram a cidade no mesmo dia. Imaginando que se tratava apenas de um saque, e não de uma ocupação, o governador Pedro César de Meneses, à frente de 900 homens, entre soldados e cidadãos armados, abandonou Luanda, com a intenção de retornar mais tarde. Deixou para trás 30 naus, 29 canhões de bronze, 69 de ferro, armas, vinho e farinha.

Os holandeses entraram na cidade, "posta num monte, não fortificada, mas bonita pela multidão das suas igrejas, conventos e belas casas". Encontraram apenas "alguns soldados, pesados de vinho e comezainas e alguns velhos trôpegos", segundo Barléu.[13] Jol mandou construir em Luanda uma fortaleza maior e duas menores, para a defesa da cidade, com uma guarnição de 12 companhias. Cercou uma construção no rio Bengo para garantir o fornecimento de água. Ao perceber que os holandeses não tinham intenção de ir embora, o governador, refugiado na fortaleza de Massangano, na margem do rio Cuanza, 180 quilômetros continente adentro, enviou uma carta ao comandante holandês, observando que não havia mais guerra entre Portugal e os Países Baixos.

Em resposta, Jol afirmou que não sabia se Luanda era partidária dos portugueses ou de Filipe IV, nem ter tomado conhecimento de qualquer tratado de paz entre os 2 países. Ademais, tinha sido recebido com fogo. Por fim, a população voltou voluntariamente à cidade, submetendo-se ao invasor – outros, "até mesmo os eclesiásticos", segundo Barléu, ofereceram como resgate metade de seus escravos, de modo a que lhes permitissem embarcar para Salvador.

A tomada de Angola foi um golpe duro tanto para Portugal quanto para Espanha. De lá saíam ao ano aproximadamente 15 mil escravos, dois terços dos quais para as minas e fazendas da colônia espanhola na América, e 5 mil para o Brasil. Os neerlandeses estimavam o tráfico em 6 milhões de florins, dos quais 20% iam antes para as Coroas portuguesa e espanhola em impostos. Dessa forma, ao mesmo tempo que garantia o fornecimento de escravos negros para o Brasil holandês, a WIC cortava a mão de obra para as minas de ouro e prata, base da riqueza espanhola, e enfraquecia a indústria de açúcar portuguesa nos engenhos da baía de Todos os Santos.

Assim que comunicou a tomada de Angola aos Estados Gerais, Nassau reivindicou que as novas possessões africanas fossem anexadas e governadas por ele. Alegou, segundo Barléu, que os escravos eram redistribuídos a partir do Brasil, e que só o Brasil, por ser "vizinho de Angola, poderia defendê-la com armas e ajudá-la". Além do direito que cabia a ele, por ter conquistado o território. Porém, não conseguiu. Com base no modelo de Portugal, que mantinha separada a administração das suas possessões brasileiras e africanas, para remeter os lucros do tráfico negreiro não à colônia, e sim diretamente ao governo central, os XIX preferiram criar um Distrito Meridional da Costa Africana, autônomo, que responderia diretamente aos Países Baixos.

Ainda ignorando o tratado de paz com Portugal, Cornelis Jol rumou com sua esquadra de Angola para a ilha de São Tomé. Como em Luanda, depois do combate inicial, entrou na cidade de povoação já desertada. Pelo clima insalubre, que a tornava quase uma condenação, era habitada por cerca de 700 famílias, formadas na maior parte por "degredados e galés", de acordo com Barléu. A maior baixa dos neerlandeses foi o almirante Jol, vitimado em 31 de outubro de 1641 pela malária, que se revelou o maior inimigo dos neerlandeses nessa expedição. Ignorantes do horário de pico em que ataca o mosquito transmissor, a doença dizimou o exército. No lugar de Jol, assumiu o vice-almirante Mateus Janson, que pediu reforços a Nassau, "quando mal restavam soldados para fazer a guarda e somente marinheiros bastantes para duas naus", de acordo com Barléu.[14]

Segundo ele, em carta a Nassau de 28 de março de 1640, os diretores da Companhia ordenaram também o ataque ao Maranhão, para aumentar os domínios brasileiros e obter um ponto estratégico em relação às ilhas do Caribe e à América Central. "Criar-se-iam grandes desvantagens ao comércio dos portugueses, tornando-se tal a situação, que nada mais se teria de recear, depois de havermos submetido aquelas costas, senão ataques marítimos dos espanhóis", afirma Barléu.[15]

Em 25 de novembro de 1640, uma força naval comandada por Jan Lichthart passou em frente ao forte de São Luís, sob fogo dos canhões que protegiam a foz do rio Bacanga. A fortaleza, que segundo Mauricio de Heriarte tinha 12 peças de artilharia e 40 soldados na guarnição, não bastava para detê-los.[16] Da esquadra com 15 caravelas, desembarcaram 2 mil combatentes do coronel Koin Handerson na praia do Desterro. Os habitantes desertaram e igrejas, casas e engenhos foram saqueados.

O governador do Maranhão, Bento Maciel Parente, declarou sua rendição. Os holandeses se apossaram dos 6 engenhos que funcionavam da capitania e de mais 3 aldeias próximas. Decretaram o fim da escravidão indígena na colônia. Garantiam com isso apoio dos índios contra o retorno dos antigos ocupantes. "Tal ódio votam os [índios] maranhenses aos portugueses que dificilmente os pode conter nossa autoridade para não se arremessarem contra eles e os imolarem à sua vingança", escreveu Barléu.

Bento Maciel foi levado preso por Jean Corneille a Pernambuco como um troféu e depois encarcerado na fortaleza do Rio Grande do Norte, onde morreu em fevereiro de 1642, de "desgostos e trabalhos, as moléstias e os anos", segundo o médico e historiador César Augusto Marques (*Dicionário histórico-geográfico da província do Maranhão*, 1870).[17]

Os Países Baixos passaram a controlar 7 das 19 capitanias do Brasil. "O domínio holandês no Brasil atingiu o apogeu, abarcando o território do Sergipe ao Maranhão, além do controle dos portos africanos essenciais para o tráfico de escravos", afirma o historiador Ronaldo Vainfas.[18] "A colaboração das elites luso-brasileiras em Pernambuco, por sinal, nunca foi tão intensa como nessa época." Após a queda do Maranhão, o rei dom João IV protestou, "dizendo ser iníquo que os mesmos Estados Gerais enviassem frotas e socorros [na Europa] e em outras partes, e com outra frota, mandassem invadir-lhes as terras [...]", segundo Barléu.[19]

Ainda envolvidos na metrópole com a reorganização do exército e as escaramuças espanholas da fronteira, os portugueses pouco podiam fazer. "É melhor ter com eles [holandeses] guerra declarada do que paz fingida", lamentaria mais tarde, em outubro de 1648, o português Manoel de Moraes, conselheiro de dom João IV. ("Resposta aos holandeses", Manuscritos da Biblioteca Nacional de Lisboa, Códice 1551, fls. 59-63, reproduzido nos *Anais do Museu Paulista*, São Paulo) O rei português tinha de lidar ainda com as dissensões internas, que o ameaçavam bem de perto, em especial uma conjuração descoberta em 28 de julho de 1641, com o objetivo de depô-lo.

Os conjurados eram fidalgos que tinham recebido títulos e privilégios da dinastia filipina e temiam perdê-los. Seu articulador pertencia ao clero: o cardeal primaz dom Sebastião de Matos Noronha, inquisidor em Coimbra, deputado geral do Santo Ofício, que havia casado dom João IV com dona Luísa Francisca de Gusmão. "A Inquisição era francamente filipina, fortalecida imensamente durante a União Ibérica", afirma o historiador Ronaldo Vainfas.[20] Noronha foi encarcerado na fortaleza de São Julião da Barra, onde morreu, depois de retratar-se em busca de perdão, ainda naquele ano.

Os outros chefes da conspiração foram decapitados no Rossio, em Lisboa, no dia 29 de agosto de 1641: dom Luís de Noronha, marquês de Vila Real; seu filho dom Miguel de Noronha, duque de Caminha; Rui de Matos Noronha, sobrinho de dom Sebastião, conde de Armamar; e dom Agostinho Manuel, cuja execução se tornou a mais comentada, pela dificuldade do carrasco em executá-lo, devido ao desgaste no fio do cutelo.

Na rua dos Escudeiros, foram enforcados 2 fidalgos da casa real, Belchior Correa da França, capitão que servira em Tânger, e Diogo de Brito Nabo; além de um cunhado de Nabo, Pedro Baeça da Silveira, tesoureiro da alfândega, em Lisboa. Como de costume no reino português, os cadáveres foram esquartejados, salgados para conservação e expostos em praça pública. Foram identificados ainda entre os conspiradores Antônio de Ataíde, segundo conde de Castanheira, e Jorge de Mascarenhas, filho do marquês de Montalvão, vice-rei do Brasil; além de funcionários da administração pública e do clero.

Ao mesmo tempo que extirpava pela raiz a dissensão interna, dom João IV buscava apoio diplomático. Insatisfeito com o resultado do acordo de paz com os Países Baixos, demitiu o embaixador Tristão de Mendonça Furtado. Em seu lugar, nomeou Francisco de Andrade Leitão, diplomata de carreira, desembargador da Casa de Suplicação, que servira na Suécia, na França e em Münster, como representante de Portugal nas negociações que encerraram a Guerra dos Trinta Anos.

Em Haia, no ano seguinte, Leitão denunciou as violações do acordo de 1641 e exigiu a devolução imediata de Angola e do Maranhão. Sem uma resposta convincente, dom João IV passou a sofrer também a pressão dentro de Portugal por uma reação mais forte à traição dos holandeses.

Apesar dos esforços de Nassau, os negócios no Brasil holandês iam mal. O preço internacional do açúcar continuava em queda. Para piorar, a safra de 1641-42 foi prejudicada pelas enchentes, que reduziram a produção dos canaviais. "Aquele ano [de 1641] foi célebre para o Brasil, não só pela insurreição portuguesa, que dava aos batavos esperanças de grandes coisas, mas também pelas suas calamidades particulares", escreveu Barléu. "Caíram, de feito, chuvas tão continuadas e fortes, sem intervalos, que se encheram os rios, inundando por toda a parte as terras e arrebatando as plantações nas suas águas e voragens." Uma epidemia de "bexigas" (sarampo e varíola) dizimou os escravos angolanos. "Só na Paraíba morreram 1.100 negros", afirma Barléu. "Com esta dizimação ou quebrantamento dos trabalhadores, cessaram os proventos da lavoura."

Senhores de engenho e negociantes produziam uma nova enchente, esta de "remissões, moratórias, abatimentos de débitos e de títulos". Mais da metade dessas dívidas, estimadas em 5,7 milhões de florins, era de empréstimos tomados à VOC. Para resolver a crise geral de inadimplência, o governo nos Países Baixos decretou que as dívidas podiam ser resgatadas por 10% de seu valor. O recolhimento de impostos pela VOC desabou a um terço, acompanhando a queda da indústria. O preço dos imóveis em Recife foi derrubado.

"A tal ponto caiu o preço das casas e terras que uma terça parte delas ficaram inferiores ao antigo valor", relatou Nassau mais tarde aos diretores da Companhia, ao retornar, segundo Barléu. "Agora se compra por trinta, quarenta ou sessenta risdales* um negro que noutro tempo se conseguia a custo por duzentos ou trezentos. Os oficiais mecânicos estão sem trabalho e, pelas suas aperturas, abraçam a milícia ou voltam para a pátria."

Empresas faliam em Amsterdã, levadas pela escassez da moeda e a consequente alta das taxas de juros. A Companhia se mostrava insatisfeita, tanto quanto os comerciantes neerlandeses e o governo, que sofria com a queda na arrecadação de impostos. A independência de Portugal e o acordo de paz fechavam a possibilidade de novas conquistas. Não havia saída à vista.

O governador da Nova Holanda colecionava dissabores que "envenenavam a atmosfera", segundo Evaldo Cabral de Mello.[21] Mandou para julgamento nos Países Baixos por traição o chefe de sua guarda pessoal, Charles Tourlon, casado com uma rica pernambucana, dona Ana Paes d'Altro, proprietária do engenho Casa Forte. Na correspondência de Tourlon, Nassau encontrou sinais de que, em vez de aproximá-los de seu governo, Tourlon é que se aproximava dos senhores de engenho descontentes – e ambicionava seu posto. De volta a Amsterdã, Tourlon foi inocentado, mas não voltou ao Brasil: faleceu antes do embarque, em 1642.

As divergências de Nassau com a VOC chegavam ao limite. Desaprovou a decisão da companhia de demitir os oficiais mais graduados e reduzir o contingente militar no Brasil. "Partira aquilo de um desejo

* Moeda de prata de circulação na Alemanha e nos Países Baixos que equivalia no Brasil a aproximadamente 860 réis.

de intempestiva economia, mas seria danoso à república, por causa das ocultas maquinações dos portugueses e do amor que dedicavam a seu rei, já nacional", afirma Barléu.[22] O governador holandês previa um iminente levante luso-brasileiro, alerta expresso em suas cartas aos Estados Gerais. O prenúncio disso era a instalação em Salvador de Antônio Telles da Silva como novo governador-geral.

Para discutir os termos da trégua firmada em Haia, Telles da Silva enviou a Nassau, como interlocutores, 2 guerreiros: André Vidal de Negreiros, um dos líderes da insurreição, então com a patente de sargento-mor, e o capitão Manuel Pacheco. "Conversaram com os seus sobre o comércio de Angola e do Brasil e levaram as respostas do conde e do conselho", disse Barléu.

Tudo indicava, segundo Barléu, "a pouca firmeza da tranquilidade alcançada". No Maranhão, a guerrilha era permanente desde a ocupação, sob o comando do sargento-mor Antônio Teixeira de Melo, um dos primeiros chefes da resistência. De lá, Nassau recebeu a notícia de que os insurgentes tinham ocupado o forte do Calvário, no rio Itapicuru, depois de trucidarem sua guarnição, e sitiavam São Luís. Enviou tropas para desarmar a população em toda a colônia, do São Francisco ao próprio Maranhão.

Remetido a São Luís com 300 soldados e 200 índios, o tenente-coronel Hinderson encontrou o inimigo com quase o triplo de suas forças e foi obrigado, "após acesa refrega, a ir acampar ali perto", escreveu Barléu. "Além disso, esperavam-se do Grão-Pará poderosos reforços, de sorte que ruiria toda a esperança dos proveitos e rendas daquela capitania, se não se tratasse de recuperar as perdas com maior mobilização. Mas Pernambuco, passando falta de tudo, confessava-se fraco para tal fim."

O mesmo começava a acontecer em outros lugares. "Temia-se que os portugueses se atrevessem a façanha semelhante no reino de Angola e do Sergipe del Rei, alastrando-se os exemplos sediciosos", afirma Barléu. "Escreveu-se aos angolenses que se acautelassem contra a aleivosia dos portugueses, os quais não se deviam ter por amigos, mas por inimigos ocultos, capazes de ousar tudo, em achando instigadores."

Em São Tomé, um português, Lourenço Pires, liderou a retomada da fortaleza aos holandeses, derrotando o governador da ilha, João

Triest, rebelião "excitada pelo próprio Portugal", segundo Barléu, com o envio de 2 naus de guerra. Embora a Companhia tivesse chamado para si a administração de São Tomé, requisitou de Nassau as forças para recuperar aquele território, sob o comando de Adão Tessmar.

De forma a obter novos ganhos sem ferir a paz recém-instalada com Portugal, Nassau planejava atacar Buenos Aires, por onde passava a prata peruana até o porto do Rio de Janeiro e depois Luanda. A Companhia, porém, sem comunicá-lo, decidiu, em vez disso, atacar o Chile. A expedição, a cargo do almirante Hendrik Brouwer, passou por Recife antes de ocupar Chiloé e Valdivia, em 1643. Nassau considerou que, para armar Brouwer, com 5 naus, marinheiros, 360 soldados em 3 companhias e provisões para quinze meses, a Companhia estava dando a outro o que poderia ter dado a ele. No final, a expedição retornou sem o ouro esperado e sem o próprio comandante, que morreu doente e foi enterrado no porto de Valdivia.

Em 30 de setembro de 1643, Nassau recebeu uma carta com a sua dispensa dos Estados Gerais. Ofereciam-lhe em contrapartida outras funções na Europa. De acordo com Barléu, teria sido ele a pedir demissão reiteradas vezes. "Para não vacilar a república com a partida de Nassau, os diretores da Companhia entregaram o governo ao supremo conselho do Brasil", relata.

O Conselho nomeou o capitão da guarda de Nassau, Henrique van Haus, comandante-geral do Exército. O ex-governador da Nova Holanda partiu de Maurícia com um séquito de 1.200 pessoas, sob salvas de artilharia, numa esquadra de 13 naus, que fizeram vela no dia 22 de maio de 1644. Levava uma carga avaliada em 2,6 milhões de florins, "tanto para lucro da companhia quanto de particulares", segundo Barléu.

Somente a bagagem pessoal do ex-governador encheu 2 caravelas. Incluía suas coleções de arte, barris de conchas e seixos, botijas de farinha de mandioca, toras de jacarandá, pranchas de pau-santo e pau-violeta, ouro e marfim trazidos da África. Levava ainda 30 cavalos de "raça e sangue brasileiro", 100 barris com frutas confeitadas, entre elas abacaxi, e 2 filhos do tuxaua tapuia Janduí, seu principal aliado em Pernambuco, para conhecer a Europa. As tapeçarias e pinturas, o mais fiel retrato da época de que dispõe o Brasil, foram para as paredes de seu palácio em Haia, a Casa de Maurício, depois transformado em museu.

Completados quarenta dias na travessia do Atlântico, desembarcou no porto de Texel, com as contas da Casa de Maurício pagas e muito mais. Nos Países Baixos, onde passou a ser cognominado "o Brasileiro", foi promovido a general de cavalaria e comandante da guarnição de Wesel. À medida que a situação da Nova Holanda se complicava, cogitava-se mandá-lo de volta ao Brasil. Ele, porém, diante das limitações que lhe impunha a Companhia, declinou.

Em Recife, rapidamente se desfez o clima cosmopolita. Os judeus sefarditas voltaram para os Países Baixos no navio *Valk*. Outros embarcaram para a América do Norte, onde fundaram a congregação de Shearit Israel, na cidade de Nova Amsterdã, hoje Nova York. Com a saída de Nassau, terminava o apogeu da Nova Holanda. A guerra entraria na sua fase crítica. E começavam a se realizar, afinal, as suas previsões.

Portugueses *versus* espanhóis

Salvo por pouco, Pedro Teixeira foi premiado por sua ousadia. Nomeado pela Coroa portuguesa capitão-mor e governador da capitania do Pará, assumiu o cargo em 22 de fevereiro de 1641, pouco depois da Restauração, cuja causa defendera com o risco da própria vida. Contudo, governou pouco: com a saúde abalada na viagem a Quito, onde provavelmente contraiu malária, morreu em Belém menos de quatro meses depois, no dia 6 de junho. Nem pôde prestar contas de suas atividades ao rei em Portugal, como pretendia. Foi enterrado na catedral de Belém do Pará.

A eletricidade entre colonos espanhóis e portugueses, que ele tinha visto muito bem em Quito, aumentou com o fim da União Ibérica. A começar pelo território das missões, que mesmo antes da Restauração portuguesa se encontrava conflagrado. Com a separação de Portugal, o governador do Paraguai, dom Pedro de Lugo y Navarra, autorizou afinal armar os índios das missões contra os portugueses, ainda antes de o padre Antonio Ruiz de Montoya voltar a Lima, em 1643, trazendo ao vice-rei do Peru a autorização oficial. As forças missioneiras passaram a ser lideradas pelo padre Domingos de Torres, ex-militar convertido ao sacerdócio, "mestre dos índios no manejo das armas de fogo", de acordo com Antônio Alvarez Kern, historiador da Universidade Federal do Rio Grande do Sul.[23]

Os paulistas retomaram seu curso para o sul, com o objetivo de vingar os bandeirantes mortos e aprisionados dois anos antes, em Caasapaguaçu. Apoiavam a Restauração do trono português com dom João IV, acreditando que podiam pedir em troca o abrandamento das leis contra a escravização dos indígenas e vencer a guerra pela posse dos índios contra os jesuítas e os próprios *encomenderos* em pleno território espanhol. Os negócios com escravos índios continuavam importantes, uma vez que Angola ainda estava em poder da Holanda. E o fim da União Ibérica acirrava os ânimos contra os castelhanos.

Em 1641, já com a Coroa portuguesa restaurada, organizou-se em São Paulo uma bandeira com 40 brancos e 3 mil índios tupis, sob o comando de Jerônimo Pedroso de Barros, irmão do barão sertanista e ex-governador de São Vicente, Pedro Vaz de Barros. Os bandeirantes estavam determinados a destruir as reduções jesuítas no Tape, no Alto Uruguai, e trazer seus índios escravizados. Daquela vez, o estandarte português diante da coluna de combatentes não era mero desafio à Espanha. Era uma declaração de guerra.

Encontraram do outro lado, porém, a mesma disposição. De acordo com o padre Cláudio Ruyer, os jesuítas tinham uma rede de informantes, com promessa de presentes aos índios que os alertassem sobre a movimentação dos paulistas. Ruyer relatou que a enchente do rio Uruguai arrastou "corrente abaixo" uma centena de canoas dos bandeirantes, "preparadas algumas para formar balsas e outras com muita frecharia, seguro indício das proximidades dos portugueses, pois as balsas mostravam ser obra de gente mais perita que os índios".[24]

Ao chegar, os bandeirantes foram recebidos por 4 mil índios armados, dos quais 300 escopeteiros, além de arqueiros e fundibulários. Os índios missionários fabricaram canhões com troncos grossos de taquaruçu forrados de couro, instalados em canoas rasas, com muita mobilidade. No comando das operações, em 8 de janeiro o padre Cláudio Ruyer havia concentrado 2 mil índios no Acaraguá, afluente da margem direita do Uruguai, a norte de M'bororé. Enviou rio Uruguai acima os padres Cristóbal Altamirano, Diogo de Salazar, Antonio de Alarcón e Pedro de Sadorni, para patrulhar o rio e armar emboscadas no Salto Grande, do rio Uruguai.

Em 9 de março, encontraram a vanguarda paulista. Travou-se a primeira batalha fluvial, entre 30 canoas missioneiras, tripuladas por 250 homens, sob o comando do tuxaua Inácio Abiaru, que enfrentou 50 bandeirantes. A luta durou mais de duas horas, com vantagem inicial para os índios. Porém, com a chegada de reforços do inimigo, Altamirano e Abiaru retiraram-se para M'bororé. Um temporal ajudou a reter os paulistas no Acaraguá, onde encontraram o acampamento das forças jesuítas já deserto.

No M'bororé concentravam-se 3 mil índios. Doente, o padre Ruyer passou o comando ao padre Pedro Mola, até a chegada do padre Pedro Romero, enviado pelo provincial Diogo de Boroa. Com Romero, os índios lançaram ao rio 70 canoas com 300 arcabuzeiros, sob o comando de Abiaru. As tropas em terra ficaram sob as ordens do padre Domingos de Torres. Às 2 da tarde da segunda-feira, 11 de março de 1641, a esquadra de canoas paulistas surgiu de uma curva do rio, avançando sobre a base de M'bororé.

Segundo Ruyer, era uma força muito superior à deles, com cerca de 300 portugueses e 600 indígenas. Ainda assim, a flotilha dos missioneiros partiu para enfrentar a dos paulistas, disposta em meia-lua, com uma balsa à frente, munida com um "berço", um pequeno canhão, e uma bandeira com a imagem de são Francisco Xavier. Aos tiros disparados pelo berço, afundaram 3 canoas do inimigo.

Um pelotão de bandeirantes desembarcou. Jerônimo Pedroso de Barros atacou a fortificação de M'bororé pela retaguarda, atirando com arcabuzes. Os paulistas tentaram escalar a estacada que protegia as forças jesuítas na beira do rio, mas foram fustigados por um contingente de índios emboscados. Diante do fracasso da estratégia, os bandeirantes recuaram, sem, no entanto, abandonar o M'bororé. Durante a noite, levantaram uma paliçada para proteção.

Pedroso de Barros enviou mensagem aos padres, declarando que não tinha a intenção de fazer mal a cristãos e vinha apenas para saber de irmãos e parentes aprisionados por eles. Pedia que os padres os ouvissem em confissão, já que estavam na Quaresma. A carta foi rasgada. Em vez de trégua, os padres ordenaram uma ofensiva pelo rio e em terra, cercando a paliçada paulista.

Embora os bandeirantes levantassem a bandeira branca, as tropas lideradas por Domingos de Torres avançaram com a mesma impiedade com a qual os bandeirantes faziam suas vítimas. Atacaram os paulistas entrincheirados com arcabuzes e flechas durante três horas. "Já então lavrava a discórdia entre os inimigos quando no dia seguinte se lhes começou outra guerra mais cruel e eficaz: e foi que havendo-lhes desertado alguns índios tupi, trazendo armas e munições, resolveram os padres mandar os índios a convidar os demais tupis a abandonar o inimigo, o que teve bom efeito", narra o historiador Jaime Cortesão.[25]

O combate seguiu de 11 a 16 de março, quando os bandeirantes bateram em retirada, que, sob pressão do inimigo, se transformou em desordenada fuga. Com a vitória, as forças jesuítas ganharam ânimo. Expulsaram os bandeirantes de duas fortificações: uma no rio Tabate, afluente da margem esquerda do Uruguai, hoje Camandaí; a outra, em Apiterebi, afluente que depois tomou o nome de Pepiri, na atual fronteira com a Argentina.

A derrota na Batalha do M'bororé fechou aos paulistas, ao menos temporariamente, o caminho para as missões – e firmava a posse espanhola na região. Os bandeirantes levariam tempo para reagir a esse golpe, muito por conta de seu enfraquecimento interno. A antiga união dos senhores paulistas, que os levava a organizar as grandes bandeiras, se desmanchava em uma cizânia que minava seu poder econômico e militar. Envolvia as origens portuguesa e espanhola, fonte de partidos opostos dentro da política local, diferenças religiosas e disputas econômicas.

E estourou na forma de uma rixa entre famílias, que ferveu o sangue dos guerreiros em território doméstico e levaria três décadas para se resolver.

A guerra dos Camargo e dos Pires, poderosos proprietários de terra, que disputavam a prevalência na Câmara de São Paulo, criou uma rivalidade que dividiu a vila, atrapalhou as bandeiras e deixou mortos de ambos os lados. De um lado da contenda estavam João Pires, seu genro Francisco Nunes de Siqueira e Pedro Taques, o Velho, apoiados por Fernão Dias Paes Leme – todos de ascendência portuguesa. Do outro, Fernão de Camargo, o Tigre, com seu irmão, José Ortiz de Camargo, próximos da família de Amador Bueno, com quem partilhavam a origem espanhola.

No final de agosto de 1640, o filho de Pedro Taques, Pedro Taques de Almeida, pelo lado dos Pires, e Fernão de Camargo, o Tigre, duelaram no largo da Matriz, hoje praça da Sé, em São Paulo. "Desembainharam ambos as espadas e adagas no largo da matriz da vila de São Paulo e se travou renhido combate, em que tomou parte numeroso concurso de um e outro partido", relata o historiador Pedro Taques de Almeida Paes, descendente de um dos lados contendores, historicamente próximo dos acontecimentos e, como especialista no tema, chamado de "cronista das bandeiras".[26] "A disputa logo se tornou uma batalha campal com agregados e índios de ambos os lados, armados de espadas, lanças e adagas. A luta continuou pelas ruas vizinhas, [...] tendo morrido no conflito muitas pessoas, feridas por escopetas."

Os protagonistas do conflito sobreviveram, mas, um ano mais tarde, Fernão de Camargo apunhalou Pedro Taques pelas costas, enquanto este estava "em conversação com um amigo, na porta travessa da matriz", como registrou seu descendente historiador.[27] Com vinganças de parte a parte, Lourenço Castanho Taques enviou membros da família para a fazenda em Santana de Parnaíba, sob a proteção de seu irmão Guilherme Pompeu de Almeida, enquanto, nas palavras de Taques de Almeida Paes, "se acastelava no Ipiranga como um barão medieval em sua torre albarrã". Do Ipiranga, antiga propriedade de seu pai, Lourenço Castanho Taques manteve o "cerco aos inimigos do partido contrário".

A tensão na vila de São Paulo, em maior ou menor grau, existia na maioria das urbes da colônia. Se no território das missões o conflito era entre 2 lados bem distintos, nas vilas coloniais se tornava difuso. Depois de seis décadas sem fronteiras, com a mesma religião, um passado histórico e uma vida em comum, portugueses, espanhóis e seus descendentes mesclavam-se de tal forma que as dissensões se espalhavam como veneno no sangue.

Entre os portugueses nas províncias de domínio espanhol – pecuaristas e agricultores, além dos comerciantes radicados nas cidades – havia fiéis à Coroa da Espanha. Seu passaporte para permanecer em território colonial espanhol era somente a riqueza. "Praticamente nenhum dos habitantes de Buenos Aires podia reivindicar algum parentesco com famílias nobres do reino de Castela, o que fazia valer a riqueza e os bens materiais que poderiam ser exibidos e que muitas vezes os portugueses poderiam proporcionar", afirma o historiador Rodrigo Ceballos.[28] "Estes homens tinham como expectativa serem incorporados à população local."

Apesar disso, crescia o antilusitanismo na América espanhola. Em 1641, uma cédula real proibiu portugueses de ocupar cargos públicos, fazer negócios e fixar moradia nas vilas coloniais da Espanha. Nesse ano, estimava-se em 500 o número de portugueses somente em Buenos Aires – entre eles, 270 "homens de *mar en fuera*", isto é, marinheiros de passagem, além de 70 chefes de família residentes. O governador Pedro de Roxas y Acevedo, interino no cargo, era genro de um deles, o português Diego da Vega, que comprara sua *vecindad* com alianças políticas e comerciais. Estas lhe garantiam direito a moradia, a propriedades, a fazer negócios e a exercer cargos administrativos.

Pelos termos da lei, intimava-se aos portugueses da costa como "conveniente e necessário [...] ainda que estejam avizinhados, casados ou por casar, e tenham comprado ofícios públicos, que sejam afastados por vinte ou mais léguas por terra adentro".*

Em Buenos Aires, havia certa tolerância, originária dos interesses locais. "O significativo número de lusitanos estantes ou moradores na cidade não se traduzia numa ameaça ao território hispano-americano", afirma o historiador Rodrigo Ceballos.[29] "O rio da Prata ganhou importância devido aos próprios interesses locais em manter alianças comerciais com as costas do Brasil."

* Real cédula de 7 de janeiro de 1641, "Prohibiendo el avecindamiento de portugueses en las colonias de España". In: *Archivo de la Nación Argentina. Reales Cedulas y Provisiones, 1517-1662*. Buenos Aires: Talleres Gráficos de la Penitenciaria Nacional, 1911.

Em 1643, o vice-rei do Peru, Pedro Álvarez de Toledo y Leiva, promoveu novo recenseamento dos portugueses, desta vez com o objetivo de desarmá-los, confiscar seus bens e expulsá-los da América espanhola. Foram apontados em Lima 172 portugueses, cerca de 15% da população local. Deles, 108 eram chefes de família, estabelecidos na cidade. Quase a metade, 45%, tinha se casado com espanholas ou filhas de espanhóis, outros 16% com *criollas* filhas de portugueses, 8% com filhas de matrimônios mistos entre portugueses e espanhóis. Somente 10% eram casados com portuguesas, número só menor que o de casamentos com espanholas de nascimento (2%), índias e negras (3%).

Portugueses como Gil Gonsález de Moura, Pedro Pessoa de Sá e Amador Váez de Alpoin, casados com *criollas*, possuíam propriedades na cidade e no campo, integravam as forças militares que combatiam os índios rebelados e reivindicavam a *vecindad*. Desmontar aquilo não seria fácil: haveria um longo período de atribulações até uma acomodação.

A Coroa portuguesa se via na situação de livrar-se a um só tempo da presença espanhola ainda em seus territórios, bem como dos neerlandeses, que lhes haviam tomado não apenas o Nordeste como toda a indústria do açúcar. E o principal agente para lidar com ambas as situações foi justamente o que parecia o menos provável: Salvador Correia de Sá e Benevides, identificado com o tráfico com Buenos Aires e suas alianças com os castelhanos.

No Rio de Janeiro, sua situação política deteriorava-se. Em 15 de dezembro de 1642, o Conselho Ultramarino recomendou à Coroa estabelecer no Rio um desembargador para devassar suas contas. Ao tomar posse, o novo governador-geral Antônio Telles da Silva, por senso de dever ou ciúme do poder do governador da capitania do Rio, enviou o provedor Domingos Correia, que Correia de Sá removera do cargo de provedor da Fazenda, para vigiar suas ações.

Sem a presença de Correia de Sá, retido em Santos, onde tinha ido negociar a volta dos jesuítas a São Paulo, a investigação foi facilitada.

No seu relatório final, o provedor acusou Correia de Sá de "uso indevido de fundos da Coroa, preenchimento de cargos públicos por seus parentes e amigos, criação não autorizada de impostos e taxas das quais era coletor e administrador, construção de fortificação com material de qualidade inferior, utilizando seus próprios índios escravos e sobrecarregando a Coroa com preços exorbitantes", segundo Charles Boxer.[30] Afirmava também que Correia de Sá estava cheio de dívidas quando assumira o cargo, em 1637, e naquele pouco tempo de governo havia amealhado uma fortuna pessoal de mais de 300 mil cruzados, "que não podiam provir somente de seus ordenados e emolumentos".

O relatório do provedor se somou às acusações da Câmara de São Paulo, segundo as quais Correia de Sá tentava, por meio do retorno dos jesuítas à vila, restabelecer suas conexões com a América espanhola pelo caminho de Assunção. Com isso, em 1643, Correia de Sá passou o governo da capitania no Rio a Luís Barbalho Bezerra, e, aproveitando-se da viagem de escolta a um comboio de açúcar, partiu para defender-se em Lisboa. Em 2 de março de 1644, conforme parecer do Conselho Ultramarino, depois de ouvi-lo, dom João IV ordenou ao desembargador Francisco Pinto da Veiga que viajasse ao Rio para investigar o ex-governador. A seu favor, Correia de Sá alegava ter sido vítima de inveja e calúnia, perpetrada por inimigos como o próprio provedor Domingos Correia, João de Castilho Pinto e o provedor de ausentes, João Fagundes.

Ficou em Lisboa dois anos. Teve que provar ao Conselho Ultramarino seu comprometimento com Portugal, complicado pelas acusações de que, ao passar pela Bahia, em 21 de julho, na escolta do comboio de açúcar, teria se recusado a apoiar o governador-geral Antônio Telles da Silva no plano para tomar Recife aos holandeses. Em Salvador, Telles ordenou que reforçasse a armada de Jerônimo Serrão de Paiva, que partira em 16 navios com os regimentos de André Vidal de Negreiros e Martim Soares Moreno ao Nordeste, onde se juntaria aos rebeldes pernambucanos no cabo de Santo Agostinho.

As forças de Serrão de Paiva e Correia de Sá, combinadas, deveriam então invadir Recife. O plano de Telles da Silva era fazer o comboio de Correia de Sá entrar em Recife, como um cavalo de Troia marítimo. Deveriam aportar como amigos e depois, ali, facilitar a entrada do restante da frota. Correia de Sá, levando a bordo da nau capitânia *São Pantaleão* sua mulher, dona Catalina, e o filho mais velho, Martim Correia de Sá, que seguiam com ele para Portugal, pressentiu que estava sendo enviado para o sacrifício, enquanto "Telles ficava em lugar seguro, na Bahia, para receber os lauréis da esperada tomada de Pernambuco", segundo Charles Boxer.[31]

O momento se criava, com a saída das tropas holandesas de Recife para o interior, onde as chamavam para o combate as forças luso-brasileiras em terra, reforçadas pelo desembarque dos homens de Negreiros. Porém, havia 6 naus holandesas de guarda no porto da cidade, sob o comando de Cornelius Lichthart. Como sinal de que obedecia a Lisboa, e não ao governador, e amparado no parecer de seus oficiais de que uma vitória seria impossível, Correia de Sá abandonou Recife e partiu para Portugal. Quando chegou, Serrão foi surpreendido por não ver mais os reforços – e pelo ataque de Lichthart.

"Depois de uma ação breve, em que sua tripulação deu mostras de inusitada covardia, enquanto ele, pessoalmente, se houve com grande coragem, sua esquadra foi posta ao fundo ou capturada em coisa de minutos", afirma Boxer.[32] Ferido, Serrão foi feito prisioneiro. Sua correspondência confidencial caiu nas mãos do inimigo, comprometendo toda a campanha. "Serrão foi destruído e Salvador acusado de covardia", afirma Sérgio Buarque de Holanda.[33]

Não se sabe exatamente como foi a conversa com dom João IV, mas nela Correia de Sá expôs seu ponto de vista sobre a tomada da Nova Holanda e, dessa forma, não apenas se defendeu, como se transformou no homem forte do rei, que lhe pediu então um projeto para o Novo Mundo. "Supõe-se que alegou ao rei a prioridade do comboio; o certo é que foi logo reabilitado", escreve Holanda. A viagem a Lisboa, onde jogava sua sorte, foi a oportunidade que Correia de Sá esperava, não apenas de salvar sua honra e seu cargo como também de fazer o que mais gostava: transformar as dificuldades em oportunidades.

"Além de militar notável, com qualidades apoiadas em incontestável e provada bravura pessoal, era hábil político", afirma o historiador Vivaldo Coaracy.[34] Mesmo membro da elite, conseguia manter-se em paz até com os inimigos clássicos da emergente aristocracia brasileira. "Conhecedor da força e poder dos jesuítas, soube sempre conservá-los a seu favor, numa troca de apoio recíproco", acrescenta Coaracy. E acabou conquistando também a confiança do rei.

Em 21 de outubro de 1643, Correia de Sá apresentou a dom João IV oficialmente uma proposta para reconquistar o Brasil e restabelecer as bases do antigo império português – segundo passo do governo após a Restauração, de forma a consolidá-la. Era um plano ambicioso, e, com os recursos da época, aparentemente irrealizável. Para Correia de Sá, não bastava retomar o Nordeste dos Países Baixos. Era preciso reatar toda a cadeia da indústria açucareira, o que incluía recuperar Angola, de onde vinha a mão de obra para os engenhos de açúcar, além de estender para o sul e a oeste os limites da colônia, em boa parte já ocupada na prática pela ação dos bandeirantes e dos comerciantes portugueses durante o período da União Ibérica.

Os sonhos de grandeza de Portugal renasciam, não somente por Portugal, mas também pela ambição da aristocracia ascendente no Brasil, protótipo da elite miscigenada que se tornaria hegemônica por gerações. O velho projeto de Martim Afonso de Sousa ressurgia. Tanto quanto recuperar a indústria açucareira, o objetivo de Correia de Sá era o mesmo do primeiro colonizador oficial do Brasil: tomar da Espanha o monopólio do comércio de ouro e prata na América do Sul. Para isso, os mamelucos de São Paulo seriam fundamentais.*

Assim, Correia de Sá convenceu o rei de que as capitanias de baixo, assim como já ocorria com as do Maranhão e Grão-Pará, deveriam ser novamente independentes. Seu principal argumento era o fato de que as capitanias do norte já tinham caído diante dos holandeses, enfraquecidas por sua distância do poder central. "O Brasil era demasiado vasto para ser defendido dos holandeses por um só quartel-general, situado na Bahia", afirma Charles Boxer.[35]

Uma das medidas propostas por Correia de Sá foi a construção pelas capitanias de baixo de uma fortaleza no rio da Prata, do lado oposto a Buenos Aires, como fixação da nova fronteira com a Espanha.

---

* Arquivo Histórico Colonial, documento 245, caixa 1, Rio de Janeiro, 1617-1645.

Uma expedição sairia do Rio de Janeiro por mar, ao mesmo tempo que uma bandeira de São Paulo desceria o rio Paraguai. A tomada do lado esquerdo da foz do Prata permitiria estabelecer ali uma base de partida fluvial para as minas de Potosí.

A guerrilha aos holandeses, já fomentada com ajuda de Correia de Sá, podia ser acelerada. Além da retomada do Nordeste, principal centro de produção de açúcar, Correia de Sá se comprometia pessoalmente a resgatar Angola.* Ao final, Portugal teria controlado novamente toda a cadeia produtiva da indústria de açúcar, além da exploração de ouro e prata pelo sertão. Reabriria o caminho para a prata peruana pela rota São Paulo-Assunção e pelo rio da Prata. Voltaria da dominação espanhola e da invasão neerlandesa não apenas com a antiga colônia restaurada, mas com ainda mais.

O projeto de Correia de Sá foi aprovado pelo conselho de guerra em 24 de outubro de 1643. Com uma exceção: a construção da fortaleza no Prata. Dom João IV e o Conselho Ultramarino julgaram que ainda não estavam preparados para um confronto direto com a Espanha. Havia, também, uma adaptação. O rei tampouco cogitava sacrificar sua relação com os neerlandeses, aliados na Europa no confronto com a Espanha. Por isso, tinha sido obrigado a tolerar as seguidas invasões pelos neerlandeses de seus territórios ultramarinos, não só no Brasil, onde Nassau estendera a colônia à força até o Maranhão, como na África ocidental. Preferia que a reação contra os neerlandeses continuasse uma insurgência dos próprios colonos do Brasil, ainda que a Coroa viesse a apoiá-los secretamente.

Correia de Sá se encarregaria de criar uma guerra brasileira, sem comprometer a aliança de Portugal com os Países Baixos no conflito contra a Espanha na Europa. Assim, quem reunificaria a colônia, tomaria Angola e estenderia seus domínios pelo território da Nova Espanha, recriando, ampliando e fortalecendo o vasto império português, tinha de ser o Brasil.

* * *

---

* Arquivo Histórico Colonial, nº 246, Rio de Janeiro.

O momento para derrubar a Nova Holanda com um levante brasileiro se tornava favorável. Depois da saída de Maurício de Nassau, no início de 1644, os impostos subiam e os empréstimos realizados pela banca em Amsterdã e pela Companhia das Índias Ocidentais começavam a ser cobrados e oneravam os senhores de engenho. O clima ecumênico criado por Nassau deu lugar a rixas religiosas entre católicos nativos e imigrantes protestantes e judeus. Católicos e protestantes reproduziam, no Brasil, as mesmas dissensões da Reforma e da Contrarreforma existentes na Europa.

Em 26 de março de 1644, Correia de Sá foi oficialmente nomeado comandante das "frotas de comércio", comboios protegidos por naves de guerra, para a rota entre Portugal e o Brasil, nos moldes do que a Espanha já fazia, sobretudo com os carregamentos de ouro e prata. Cada comboio cargueiro passou a receber a proteção de 2 naves de guerra da Coroa (a *Capitânia* e a *Almiranta*), cujos custos teriam de ser cobertos pela carga. "Daí todos os navios utilizados no tráfico com o Brasil deveriam ter, no mínimo, duzentas toneladas de deslocamento e dez bocas de fogo", afirma Charles Boxer. Para isso, era preciso equipar novamente a Armada portuguesa, e Correia de Sá recebeu autorização para criar um novo estaleiro no porto do Rio de Janeiro, instalado na atual Ilha do Governador.

Em 8 de junho, Correia de Sá foi nomeado administrador das minas de São Paulo e de São Vicente, cargo que já lhe dava grandes poderes. Em 7 de setembro, foi ainda nomeado governador das capitanias do sul, embora esse título se "limitasse a tempos de guerra".[36] Na sequência, em 14 de dezembro de 1644, tornou-se membro do Conselho Ultramarino.* Com isso, obteve uma licença para se fazer representar por Duarte Correia Vasqueanes no comando da capitania sempre que estivesse ausente. "Vinha, portanto, instalar o sistema que propugnara", afirma Sérgio Buarque de Holanda.[37]

As queixas contra o novo homem forte de dom João IV caíram uma a uma. O rei determinou que se continuasse a "devassa das

---

* Arquivo Histórico Colonial, Livro dos Autos de Posse do Conselho Ultramarino, folha 19.

matérias de Justiça e Fazenda", porém tirando expressamente Correia de Sá como alvo. Como governador das capitanias do sul, ficava a salvo de subordinação ao governador-geral Antônio Telles da Silva. A Coroa mandou ainda confirmar o aforamento perpétuo do trapiche que Correia de Sá havia recebido da Câmara de São Vicente. De homem mais investigado da colônia, ele se transformava em intocável. Seus detratores, incluindo o governador-geral, tiveram de engoli-lo.

Estabelecendo agora suas próprias prioridades, Correia de Sá delegou a terceiros a exploração das minas ao norte de São Paulo. Concentrou seus esforços primeiro na proteção aos navios mercantes portugueses que cruzavam o Atlântico. Voltou a Portugal em 1645 com 22 navios, entre eles 6 galeões construídos no Rio de Janeiro.

Lançou-se também para o interior, onde os espanhóis, por meio da fortificação das missões, tinham criado uma barreira intransponível para a ocupação portuguesa. Com a indefinição de fronteiras que se seguiu à separação de Portugal e Espanha, o Guaíra e o Tape permaneciam uma zona de guerra. Depois da derrota do M'bororé e das dissensões internas em São Paulo, os bandeirantes tinham passado a evitar a região.

Apesar disso, Correia de Sá visava à ocupação progressiva do oeste paulista por meio de povoamentos que fixassem os portugueses no sertão. Queria plantar bases ao norte do Guaíra, do Paraguai até a capitania do Maranhão e Grão-Pará. Em carta ao rei de 21 de outubro de 1643, apontava o caminho da prata, que conhecia pessoalmente, desde sua viagem a Potosí:

> Pergunta-me vossa majestade o modo como se poderá abrir comércio com Buenos Aires; no estado presente o acho dificultoso, pela falta de negros com a perda de Angola, porque esta é a mercadoria que os castelhanos mais necessitam e vinham buscar àquele porto; porém, vencida essa dificuldade, se pode do Rio de Janeiro ou de São Vicente, em navios mercantes que demandam pouca água, embarcar de quinhentos a seiscentos homens [...]. É de muita consideração porque o tempo há de ir facilitando o comércio, e desde logo se pode tirar dele muito proveito em carnes para o sustento dos presídios do Brasil e em courama; e com este porto, se lhe impede Castela o comércio que por ele podem

> ter e a nós fica aberta a estrada até Potosí com facilidade, o que sei por experiência, por haver andado esse caminho e notado tudo que aponto.*

Para chegar a esse resultado, Correia de Sá precisava recuperar as forças paulistas. E, sobretudo, do homem certo.

Em 1647, Raposo Tavares foi chamado a Portugal, onde foi encarregado de uma missão, em grande parte secreta. Consagrado caçador de índios, rico, anistiado e depois condecorado por sua participação na guerra contra os holandeses, foi-lhe encomendada a maior, mais ousada e perigosa expedição de toda a sua vida. Chamada de "Bandeira aos Serranos", e mais tarde pelos historiadores de "Bandeira dos Limites", seu objetivo era explorar o território sul-americano até o Peru, demarcando uma nova fronteira com a Espanha. E, se possível, voltar.

O fato de a Bandeira dos Limites ter sido uma missão oficial é confirmado por algumas evidências. Ao retornar de Portugal, como sinal da oficialidade de sua empreitada, Tavares recebeu autorização para levar da Bahia 7 "peças [de artilharia] médias de campanha", segundo Jaime Cortesão.[38] Essa informação vem da carta de um jesuíta anônimo, que descreve o relato do padre Cristóbal de Arenas, preso por Raposo Tavares no ataque à missão do Itatim, em 2 de novembro de 1648, pelo que ouviu quando estava confinado em uma choça.

"Disseram-lhe que Antônio Raposo Tavares, salteador insigne destas malocas, vinha de Portugal, onde o duque revelado [o duque de Bragança, isto é, o rei dom João IV] lhe havia feito mestre de campo para estas conquistas, em especial abrir o passo para o Peru, com faculdade para levar da Bahia sete peças médias de campanha", escreveu. "E se tratava no Brasil de [primeiro] fazer jornada para o Paraguai, pela fama que havia de ter prata, e diante do padre tremularam a bandeira, aclamando: viva o rei de Portugal, dom João IV."[39]

Apesar do suposto sigilo em torno do objetivo da bandeira, seu propósito parecia bem claro aos jesuítas espanhóis. O relato de Acuña

* Anais da Biblioteca Nacional, vol. 39, Rio de Janeiro, n. 245.

é corroborado por outros documentos, como a carta do padre Bernabe de Bonilla, em que dá conta das "novas [que] trazem os inimigos, muito más, porque dizem que o duque de Bragança [dom João IV] fez Tavares mestre de campo para conquistar estas terras e fazer passo para o Peru – e que vem com muita gente".[40]

Dessa forma, dentro do plano organizado pelo restabelecimento do império português, enquanto Correia de Sá partia para a conquista de Angola, a bandeira de Raposo Tavares buscava expandir sertão adentro os limites territoriais brasileiros – a começar pelas terras reclamadas nos levantamentos feitos por seu pai do rio da Prata até o Paraguai, em nome do conde de Monsanto, para a capitania de São Vicente. Naquela altura na casa dos 60 anos, sofrido com as vicissitudes de toda uma vida em campanhas em precárias condições, o "Velho" poderia ter recusado. Porém, o espírito indômito, a investidura de missão real e muito provavelmente a ideia de completar o trabalho iniciado por seu pai falaram mais alto.

O único a citar a expedição e a colocar expressamente o nome de Tavares em sua correspondência, mesmo depois do silêncio criado em torno da missão do bandeirante, foi o padre Antônio Vieira. Extraída de documentos da biblioteca de Évora, a carta de Vieira, escrita provavelmente em São Luís do Maranhão em 1654, quando ele visitava os aldeamentos jesuítas do Amazonas, foi emendada e copiada, possivelmente muitas vezes. Isso a tornou obscura em algumas passagens e com lacunas em outras, com tentativas de copistas posteriores de remendar as falhas. Seu objetivo é denunciar os crimes cometidos contra as missões, mas, além de registrar a expedição de Tavares, reconhece e até mesmo celebra o feito do "Velho", cujo nome os jesuítas sequer mencionavam em seus documentos, renegado como o próprio demônio.

A carta de Vieira sobreviveu ao tempo talvez apenas pelo amor dos copistas aos originais do padre, escapando assim à norma da Companhia de Jesus de apagar dos registros tudo que se relacionava ao nome de Tavares, como já tinham feito com João Ramalho. Esse documento ficou sendo, assim, a principal e mais confiável prova da empreitada, embora recaiam suspeitas de que ao menos seu começo, de cópia em cópia, tenha sido adulterado. Na carta, o que era uma missão oficial tomou a forma adotada pelos jesuítas de mais uma denúncia da "cobiça" dos portugueses em perseguição aos índios, subtraindo-se a oficialidade e o sentido político e geográfico da missão.

O interesse de Vieira em relatar o feito de Tavares pode se dever à sua influência na realização da expedição. "O projeto de penetração nos Andes foi sugerido ao rei pelo padre Antônio Vieira, então conselheiro de dom João IV e com grande ascendência sobre seu ânimo", afirma Jaime Cortesão.[41] Vieira teria até mesmo proposto a captura de uma vila espanhola nos Andes, para demarcar assim uma nova fronteira, da mesma forma que Correia de Sá quisera levantar um forte português diante de Buenos Aires – ideia que o rei achou prematura.

Com 120 luso-brasileiros e 1.200 índios, o bandeirante partiu em maio de 1648 de Utu-Guaçu. Seus 2 capitães eram o baiano Antônio Pereira de Azevedo, com quem servira na guerra contra os holandeses, e André Fernandes, igualmente sexagenário, herói de guerra e lenda viva do bandeirantismo, que já havia realizado expedições de preagem e garimpo ao Araguaia, onde quase havia perecido. Conhecia a passagem do sistema fluvial do Alto Paraguai para o do Alto Araguaia, de onde podiam seguir para a Amazônia mais profunda.

Eram muito próximos, unidos nos negócios, na vida, na política e na guerra. Em 19 de abril de 1641, Fernandes assinara procuração a Tavares para sucedê-lo na administração da vila de Santana de Parnaíba. Ambos tinham sido grandes doadores na construção do mosteiro de São Bento, na vila de São Paulo. Com igrejas como a do Carmo e de São Bento, fortaleciam beneditinos e franciscanos, dado o antagonismo com os jesuítas. E estavam juntos novamente naquele desafio, coroamento de uma vida de grandes façanhas.

Oficialmente, a bandeira se destinava à busca de metais preciosos – sobretudo a prata. A parte sigilosa, solicitação da corte portuguesa, era mapear o interior do continente, a vasta área ainda desconhecida que, depois da separação das Coroas portuguesa e espanhola, após décadas sem fronteira, permanecia terra virgem. Os bandeirantes deveriam limpar o caminho de índios belicosos e plantar a presença portuguesa, tanto quanto pudessem.

Tavares começou com o que sobrara do Guaíra. Em 8 de setembro, avançou sobre a missão de Nossa Senhora da Fé de Taré, cujos missionários foram obrigados a fugir para o rio Apa, na região da atual Corumbá. Com uma coluna de vanguarda, de apenas 80 homens, Antônio Pereira de Azevedo atacou em 1º de novembro de 1648 a redução de Mboymboy, no Apa, "com muito poucos índios, porque a maior parte, forçada pela fome, se espalhara por campos e montes distantes", segundo Jaime Cortesão.[42] Chegando de surpresa, aprisionou o padre Cristóvão de Arenas, que foi, no entanto, tratado com respeito.

O padre Justo Mancilla, então superior da missão de Caaguaçu, informou ao governo espanhol que a redução de Villa Rica não reunia mais que 600 índios em 4 aldeias para enfrentar a bandeira paulista e que o padre Alonso Arias tinha morrido em combate. Os índios abandonaram as aldeias do sul e do Mato Grosso em direção aos povoados espanhóis mais bem guarnecidos, no Paraguai central, "para alegria dos *encomenderos*", que passaram a aprisioná-los sem resistência. O êxodo indígena deixou abandonadas as missões de Caaguaçu, Itiúra, Ipané e Guarambaré. Tavares e Fernandes vingavam os bandeirantes de sua pior derrota.

Depois dos ataques, partiu de Assunção um exército encarregado de enfrentar os paulistas. Tavares, porém, já estava de retirada rumo ao Itatim, no Mato Grosso. A coluna de Antônio Pereira procurou alcançá-lo, mas foi tragicamente reduzida pelo caminho, na tentativa de atravessar o Pantanal, então na época da cheia. Ali habitavam os ferozes índios paiaguás, que guerreavam a bordo de canoas, e os guaicurus, guerreiros cavaleiros, que aguardavam os bandeirantes em terra.

Para o padre Cristóbal Altamirano, em carta ânua de 1654, "não foi menor a demonstração que o senhor fez de sua justiça aos ímpios maloqueiros de São Paulo".[43] Seu extermínio foi narrado pelo padre Vieira com dramaticidade. "Não faltou o do céu a esta grande impiedade, porque dentro de um mês [após a destruição de Mboymboy], se viram os executores dela castigados com peste, fome e guerra", escreveu. "Ao cabo de um ano [desde a saída de São Paulo] das maiores misérias que jamais se padeceram, se vieram a encontrar com a outra tropa, tão diminuídos que dos portugueses lhes faltava a metade e dos índios as duas partes; e os que restavam pareciam mais desenterrados que vivos."[44]

A coluna principal, que aguardou pela chegada da coluna de Antônio Pereira em uma paliçada sobre um morro onde antes havia a redução de Santa Bárbara, no tempo da seca partiu pela bacia do Paraguai até o Mato Grosso, onde o padre Diego Ferrer, nome castelhano de Diego Ransonnie, francês de Borgonha, levara outros índios do Guaíra. Ali fundara a missão de San Ignacio de Itatine, em 1633, três anos antes de morrer, em 7 de outubro de 1636, aos 36 anos. "Conhecendo os jesuítas espanhóis do Itatim que as vertentes do Amazonas e do Paraguai se aproximavam umas das outras não longe desta missão, a redução de Santa Bárbara [tomada pelos bandeirantes de Tavares] deve ter sido um posto avançado e de reconhecimento para os futuros trabalhos de expansão para o norte, tão acarinhados pela Companhia [de Jesus]", afirma Jaime Cortesão.[45]

Em fins de 1648, segundo a carta de Vieira, porém mais provavelmente em abril de 1649, Raposo Tavares atacou e destruiu pela segunda vez as reduções do Itatim, vistas pelos portugueses como uma forma dos jesuítas castelhanos de "cerrar o passo" dos portugueses para o Peru – um "verdadeiro território-tampão", como definiu Jaime Cortesão.[46] Sucessivamente, caíram as missões jesuítas das serras de Maracaju e Terecañi, Bolaños e Xerez.

A coluna prosseguiu, segundo o padre Vieira, em busca da região dos "serranos" – os índios chiriguanos e chanés, habitantes da região andina do alto rio Grande e do Guapaí, afluente do Madeira, que corria já em sentido da Amazônia peruana, limite do antigo império inca. "Em todo o ano seguinte, que também gastaram em descobrir novos sertões e gentes, se lhes renderam alguns índios, assim serranos como de outras nações, os quais três léguas de suas povoações os receberam com flechas e ciladas que lhes tinham armado, e metendo-se todos pelos bosques os deixaram frustrados de suas esperanças, após das quais havia dois anos que caminhavam com promessa de os acompanharem e seguirem", descreveu Vieira.[47]

Tavares explorou as faldas orientais dos Andes, já às portas de Potosí, e regressou pelo Guapaí até a planície de Santa Cruz de la

Sierra. Dali, os bandeirantes seguiram para o norte, embarcando em jangadas construídas com madeira picada da floresta pelos rios Mamoré e Madeira, "a buscar a costa do Brasil", segundo Vieira. De acordo com ele, os bandeirantes acabaram abandonados pelos índios que serviam de guias, ficando "no meio daquela imensidade de terras, mais cuidados de salvar as próprias poucas vidas que lhes restavam".

Entrar na selva amazônica, quente e úmida, infestada pelo mosquito da malária, era um mergulho fatal. Vieira relata em sua carta que os bandeirantes encontraram um trecho do rio obstruído por juncais, e tiveram de levar as jangadas pela mata, durante três dias, para contornar o obstáculo, "à pura força de braço e ombros, como dos argonautas contam as fábulas". No trajeto amazônico, morreu André Fernandes, junto com toda a sua tropa. Da companhia de Fernandes, somente 2 índios voltariam vivos a São Paulo. Por fim, depois de "onze meses inteiros de navegação", Tavares alcançou o Amazonas e desembocou no Gurupá, grande delta onde se encontra o arquipélago Marajoara.

Em sua carta, Vieira conta que conversou no Pará com remanescentes da expedição. "Perguntando eu a um dos cabos dessa entrada, como se haviam com eles [os índios das aldeias ribeirinhas], me respondeu com grande desenfado e paz de alma: 'a esses dávamos uma carga cerrada, caíam uns, fugiam outros, entrávamos na aldeia, tomávamos aquilo que havíamos mister, metíamo-lo nas canoas e, se algumas das suas eram melhores que as nossas, nós as trocávamos e prosseguíamos a nossa viagem'."

Ao bater às portas da fortaleza de Gurupá, dos mais de 1.100 homens que tinham partido, Raposo Tavares comandava apenas 59 brancos e alguns índios, "coisa que se não tivera tantas testemunhas pareceria indigna de todo crédito", afirmou Vieira.

De Gurupá, Tavares retornou a São Paulo, em 1651. Esquálido, exaurido pelos ataques de malária, havia realizado uma das maiores jornadas humanas de todos os tempos. Em três anos percorrera 3 mil léguas, cerca de 12.500 quilômetros, o equivalente a meia volta ao mundo, por um dos lugares mais inóspitos do planeta. Sem contar a volta de Belém para São Paulo, da qual não ficou registro. "Diz a tradição que Raposo Tavares regressou à vila de São Paulo tão desfigurado que a própria família não o reconheceu", afirma Cortesão.[48]

Deixou documentos de viagem, com a marcação de acidentes geográficos e um descritivo de um imenso território que serviria, um século depois, para demarcar os limites do Brasil a oeste e ao sul do Amazonas com as terras da Espanha. A Câmara de São Paulo informou ao Conselho Ultramarino que da "vila de São Paulo saiu o mestre de campo Antônio Raposo Tavares no descobrimento dos sertões, empenhando-se de tal modo que, vindo a parar em Quito, e daí pelo rio Amazonas, veio sair no Maranhão, em cuja viagem passaram grandes trabalhos e gastaram mais de três anos".

Apesar do feito, o resultado não foi o que o bandeirante imaginava. Dada a natureza secreta da sua empreitada, ela permaneceu em sigilo, sentenciando uma jornada por si mesma quase incrível ao anonimato. "Em torno de Raposo Tavares, criou-se a conspiração do silêncio", afirma a historiadora Anita Novinsky.[49]

O próprio Correia de Sá encarregou-se de manter a jornada de Tavares no esquecimento, por apoiar os jesuítas, ou por falta de interesse circunstancial na divulgação da empreitada que ele mesmo havia encomendado. Mantinha-se acima dos líderes locais, usando sua energia para ampliar o território em todas as frentes, sem, no entanto, lhes dar poder. "Raposo esperava, como era natural, receber alguma recompensa do governo da metrópole por seu extraordinário feito, aliás nunca ultrapassado em toda a história do devassamento do continente americano", escreveu Charles Boxer.[50] "Quando suas pretensões foram submetidas ao Conselho Ultramarino, Salvador [Correia de Sá] foi da opinião que os serviços prestados pelo explorador em outros campos de atividade faziam jus a uma recompensa, não assim os que dissessem respeito a bandeiras do interior, 'porque essas não eram merecedoras de nenhuma prova de reconhecimento'."

A empresa de Tavares só foi mais bem compreendida tempos depois. "Agora levanta-se a tampa de granito de um sepulcro, onde dormia um gigante", afirma Jaime Cortesão.[51] Não teve frutos imediatos, porém incentivou os paulistas a consolidar posições território adentro. E deixava claro a todos no Brasil que, dali em diante, suas maiores riquezas e realizações dependeriam, acima de tudo, da iniciativa própria.

A reconstrução do império

Sem o apoio expresso de Lisboa, que apenas incentivava a sublevação por meio de Correia de Sá, a colônia teve que lutar por todo o reino. O homem que capitalizou a insatisfação geral contra os holandeses foi João Fernandes Vieira, senhor de engenho de Pernambuco, de origem um tanto obscura. Nascido provavelmente na ilha da Madeira, em 1613, mulato, de origem humilde, Vieira migrou para Pernambuco com menos de 10 anos. Trabalhou no comércio de Olinda e lutou no exército de Matias de Albuquerque contra a invasão holandesa de 1630.

Apesar desse histórico, foi diretamente beneficiado pela Nova Holanda. Feitor de engenho de um rico neerlandês, o judeu Jacob Stachouwer, próximo da WIC, tornou-se seu sócio e procurador em 1638. Conheceu Maurício de Nassau pessoalmente, e, pelos relacionamentos, não só se tornou dono de 5 engenhos em Pernambuco como escabino (vereador) em Maurícia por 2 legislaturas seguidas, entre 1641 e 1643. Ao casar-se em 1643 com Maria César, da família de Jerônimo de Albuquerque, colocou um pé na aristocracia.

Com a partida de Nassau, Vieira começou a se opor aos holandeses, alegando razões religiosas, que o colocaram ao lado de frei Manuel Calado, futuro autor de *O valeroso lucideno e triunfo da liberdade na Restauração de Pernambuco* – narrativa da resistência portuguesa, publicada em Lisboa, em 1648, que pregava a luta contra os "hereges". Na prática, estava insatisfeito. A exportação de açúcar branco, que passava das 14 mil caixas em 1641, caiu para menos de 11 mil em 1643. Não passaria de cerca de 8 mil em 1644 e continuaria caindo pelos anos seguintes. Com isso, se tornava impossível pagar as dívidas contraídas junto à WIC. E João Fernandes Vieira "era o segundo maior devedor da WIC, quando assumiu a liderança dos insurretos", afirma o historiador Ronaldo Vainfas.[52]

A rebelião, conforme previra Nassau, cresceu. Em fevereiro de 1644, Antônio Muniz Barreiros, reforçado por tropas do sargento-mor

Antônio Teixeira de Melo, tentou tomar dos holandeses o forte de São Luís, sem sucesso – morreu durante o ataque. Teixeira de Melo mudou o alvo: tomou o forte do Calvário na foz do rio Itapicuru, em 1º de outubro de 1644. Usava a tática da guerrilha, enquanto ganhava homens e armamento, até que atacou novamente São Luís. A vila e a fortaleza foram destruídas. E as tropas restantes da Nova Holanda, sem reforços, retiraram-se para Pernambuco.

A insurgência se espalhava até pelas colônias da África, como São Tomé. Bengo, em Angola, foi saqueada. No Brasil, os senhores de engenho descontentes com os rumos da exploração neerlandesa assinaram o pacto dos defensores da "pátria". Vieira encabeçou a lista. Reuniu tropas, com o apoio de André Vidal de Negreiros. Contavam com Antônio Dias Cardoso, que lutara em 1624, e foi encarregado por Negreiros de correr a capitania da Bahia e de Pernambuco, num percurso de 160 léguas, dizendo-se desertor.

Com esse disfarce, tomou informações sobre os inimigos e arregimentou homens. Com o índio Antônio Filipe Camarão, líder dos guerreiros potiguares, e Henrique Dias, no comando de pretos, crioulos e mulatos, formou-se o "Exército Patriota", considerado tradicionalmente pelo Exército brasileiro como sua origem.

Mais do que servir a Portugal, Vieira tinha na revolta um interesse particular: a oportunidade do calote. Ao proclamar a rebelião luso-brasileira em Pernambuco, em 13 de junho de 1645, dia de Santo Antônio, antes de mais nada decretou nulas as dívidas que os rebeldes tinham com os holandeses. "Houve grande adesão da 'nobreza da terra', entusiasmada com esta proclamação heroica", afirma o historiador Ronaldo Vainfas.[53] João Fernandes Vieira foi aclamado chefe supremo da revolução, governador da guerra da liberdade e da Restauração de Pernambuco e mestre de campo do Exército Patriota. E deflagrou, a partir de maio de 1645, a "Guerra da Liberdade Divina", como a definiu o padre Antônio Vieira, lema adotado pelos rebeldes, que seguiam para as batalhas entoando salve-rainhas.

Iniciada como um levante em Pernambuco, aparentemente independente, aquela guerra evitava o confronto com os Países Baixos na Europa. Para manter a fachada, o governador Antônio Telles da Silva, que fomentava a revolta a partir de Salvador, recebeu a ordem de voltar a Lisboa. Foi preso em São Gião, sob a acusação de colaborar com o movimento pernambucano, num esforço da Coroa portuguesa de mostrar que se opunha à revolta e estava ao lado dos aliados neerlandeses.

Oficialmente, a Coroa mandava os combatentes se retirarem, para ficar clara a desobediência de seus súditos, como revela uma carta de Henrique Dias aos governantes da Nova Holanda. Supostamente enviada sem o consentimento de seus superiores, a missiva na realidade procurava disseminar a ideia de que a revolta se dava contra os interesses portugueses. "Meus senhores holandeses", escreveu o líder dos batalhões de negros, "meu camarada, o [Antônio Filipe] Camarão, não está aqui; mas eu respondo por ambos. Saibam vossas mercês que Pernambuco é pátria dele e minha pátria, e que já não podemos sofrer tanta ausência dela. Aqui haveremos de perder as vidas, ou havemos de deitar a vossas mercês fora dela. E ainda que o governador e sua majestade nos mandem retirar para a Bahia, primeiro que o façamos havemos de responder-lhes, e dar-lhes as razões que temos para não desistir desta guerra".

Enquanto isso, Correia de Sá orquestrava o apoio aos revoltosos. Levou 800 homens de André Vidal Negreiros e Martim Soares Moreno da Bahia para o front de combate, onde os desembarcou em 3 de agosto de 1645. Com eles, e outros cerca de 400 homens, Vieira enfrentou os neerlandeses na Batalha do Monte das Tabocas (atual Vitória de Santo Antão, na Zona da Mata), morro onde encontrou uma posição vantajosa sobre o adversário. Obteve ali a vitória sobre um inimigo em número superior, o que elevou a moral dos revoltosos.

Enquanto a guerra grassava no Nordeste brasileiro, em Lisboa estudavam-se saídas econômicas e diplomáticas para a recuperação de Portugal, com a participação de Antônio Vieira. Por sua capacidade oratória, dom João IV já empregara o padre nas mais variadas situações. Em 1642, diante da necessidade de mais recursos para a guerra com a Espanha, tinha lhe pedido para proferir um sermão sobre o aumento de impostos para apaziguar os ânimos de todas as partes envolvidas – os negociantes, o clero e a população.

Com um de seus sermões, dedicado a Santo Antônio, na igreja das Chagas de Lisboa, Vieira deu um jeito de juntar no mesmo discurso a história do santo e as demandas da Real Fazenda. Primeiro, defendeu o pagamento de impostos. "Que remédio teremos nós para remediar os remédios?", perguntou. "As propriedades do sal, e os remédios com que se hão de conservar as repúblicas." Recomendava, porém, moderação no seu aumento: "Foram ineficazes os tributos por violentos; sejam suaves, e serão efetivos".

No "Sermão de Santa Teresa e do Santíssimo Sacramento", de 1644, alertou o monarca por entender que não adiantava reclamar de seus súditos sem olhar para si, pois aqueles eram apenas reflexo dele mesmo. "Não há duas coisas tão parecidas no mundo como o rei e o reino", disse. "Os reis são os espelhos a que se compõem os vassalos, e tais serão as ações do reino, quais forem as inclinações do rei."

Era consultado pelo rei até em assuntos econômicos e militares. Para Vieira, Portugal devia seguir o exemplo dos Países Baixos. "Os holandeses, cujo governo nesta era os tem feito dignos de imitação, quando se rebelaram contra a Espanha primeiro trataram de se reduzir às suas praças e fortificar-se nelas, e sofrendo por alguns anos a guerra defensiva, vieram a quebrantar as forças de toda a Espanha de maneira que não só podem resistir em campanha a seus exércitos, senão conquistar suas províncias, senhorear seus mares, e aspirar ao domínio do mundo", escreveu, em carta ao secretário de Estado, Pedro da Mota e Silva, em 1644.[54]

Além da estratégia militar, Vieira defendia o modelo econômico holandês de abertura dos portos e religiões, com o objetivo de atrair, sobretudo, o capital dos próprios cristãos-novos portugueses, que tinham buscado refúgio nos Países Baixos. Mais como um estadista que como membro do clero católico, Vieira propôs a fundação de 1 banco e 2 companhias de fomento das colônias, uma para o Estado português da Índia e outra para o Estado do Brasil, semelhantes na operação à WIC e à VOC neerlandesas, conforme descreveu mais tarde ao conde de Ericeira:

> O primeiro negócio que propus a sua majestade pouco depois de sua feliz restituição foi que em Portugal, à imitação de Holanda, se levantassem

> duas companhias mercantis, uma oriental e outra ocidental, para que, sem empenho algum da Real Fazenda, por meio da primeira se conservasse o comércio da Índia e, por meio da segunda, o do Brasil, trazendo ambas em suas armadas defendido dos holandeses o que eles nos tomavam, e bastaria a sustentar a guerra contra Castela. Como nossas companhias ficavam mais perto de uma e outra conquista, seriam menores os seus gastos, maiores os seus lucros: os quais naturalmente chamariam e trariam a Portugal o dinheiro mercantil de todas as nações, e muito particularmente dos portugueses, que em Holanda estavam muito interessados.[55]

Em 1643, consubstanciou suas ideias na "Proposta feita a el-rei dom João IV, em que se lhe apresentava o miserável estado do reino, e a necessidade que tinha de admitir os judeus mercadores que andavam por diversas partes da Europa". Para atrair de volta o capital português que havia migrado para outros países, Vieira propôs isenção de impostos e a distribuição de títulos de nobreza a negociantes ricos que se engajassem em projetos de interesse da Coroa.

Esse era o ponto mais ousado do plano. Portugal abriria seus portos aos países amigos e protegeria da Inquisição os "judeus mercadores", de modo a atrair os que estavam sendo perseguidos, trazendo seus recursos ao país, diante do "miserável estado de reino, após sessenta anos de domínio da Espanha". Para isso, devia ser abolida a distinção entre cristãos-velhos e cristãos-novos. Era uma medida econômica, mas também um golpe fatal na Inquisição, fiel aos Filipes. Para o padre Vieira, os Reis Católicos sempre tinham convivido com os mercadores judeus de alguma forma – e não havia sentido em perdê-los, fortalecendo a Holanda, "com o que nos têm tomado quase toda a Índia, África e o Brasil".

Tendo visto a guerra com seus próprios olhos, Vieira acreditava também que o melhor seria deixar o Nordeste aos holandeses, em vez de manter ali um conflito que Portugal não tinha condições de sustentar, o que lhe valeria para muitos a pecha de traidor. "Melhor é ter menos cidades, e mais obedientes", disse ele no "Sermão de Santa Teresa e do Santíssimo Sacramento", em 1644.

O movimento em favor da nova burguesia capitalista, a grande impulsionadora dos negócios dos Países Baixos, que tinham percebido a força da liberdade, agradou o rei – mas fez Vieira mexer em vários vespeiros. A começar pelos aristocratas portugueses, que viam ameaçados seus privilégios com a volta de uma onda de novos-ricos. Teve contra ele também o Santo Ofício, nada disposto a reformar a Inquisição.

Os dominicanos, que encabeçavam a instituição, opunham-se a qualquer aproximação com os judeus. Até os próprios jesuítas rejeitaram o projeto. Primeiro, por ciúme, já que Vieira assumira a liderança em Portugal numa ligação direta com a Coroa, sem passar por instâncias superiores dentro da própria ordem. Segundo, porque temia-se, com razão, que o furor do Santo Ofício contra as ideias de Vieira se transformasse em retaliação contra toda a Companhia de Jesus. Por fim, eram obedientes ao papado, que não reconhecia a Restauração.

Com isso, em 1644 Vieira recebeu ordem de voltar ao Brasil, como uma pena disciplinar da ordem. Seu banimento, porém, foi obstruído por dom João IV. Para colocar seu plano em ação, e tirá-lo da sujeição à Companhia de Jesus, o rei lançou Vieira no campo diplomático. Em 1646, enviou-o aos Países Baixos e à França, onde o embaixador português em Haia, Francisco de Sousa Coutinho, buscava apoio contra a Espanha e negociava a restituição a Portugal dos territórios ultramarinos, incluindo Angola e o Brasil.

"O fundamento e fim por que sua majestade me mandou a estas duas cortes foi porque não estava satisfeito dos avisos pouco coerentes que lhe faziam os dois embaixadores de França e Holanda, e quis que eu em uma e outra parte me informasse do estado de nossas coisas, com toda certeza, sinceridade e desengano, o que os embaixadores não faziam, querendo com bom zelo antes agradar que entristecer", escreveu Vieira ao conde de Ericeira.[56] "Sua majestade não comunicou seu intento mais que a mim."

Entre as ideias sacramentadas por dom João IV estava a de propor aos Países Baixos a criação de um protetorado no Nordeste, gerido por funcionários dos 2 países. Para isso, os portugueses estavam dispostos a subornar delegados com poder de influir no Conselho dos XIX.

Enquanto investia num acordo diplomático, dom João IV, em paralelo, fomentava a guerrilha contra os neerlandeses no Brasil. A guerra contribuía para miná-los e facilitar o trabalho dos embaixadores. "Vai-lhes morrendo gente, e os ventos cada vez mais contrários, tempestuosos", escreveu Vieira de Haia, na Holanda, em 30 de dezembro de 1647.[57] "Já se persuadem alguns destes fiéis cristãos e seus pregadores que Deus não quer que vão ao Brasil." Vieira, porém, aconselhava o monarca a controlar o espírito bélico. Seria melhor, afirmava na mesma carta, "vencer em seis meses que colocar a perder tudo em um dia".

De Haia, Vieira foi para Paris, na França, onde se hospedou no monastério jesuíta em Saint-Germain. Lá, buscou apoio francês oferecendo em casamento dom Teodósio, filho e virtual herdeiro do trono de dom João IV, com Anne Marie d'Orléans, filha de Filipe I, duque de Orleans, irmão do futuro rei da França, Luís XIV, ainda na minoridade – tinha 13 anos. Chegou a propor a abdicação de dom João IV em favor do filho, nessas condições, com o duque de Orleans no governo de Portugal, até a maioridade de Teodósio. Dom João IV se transferiria para Angra, na ilha Terceira, e ficaria com o domínio dos Açores, além da capitania do Maranhão e Grão-Pará.

De volta à Holanda, Vieira encontrou-se em Amsterdã, Haia, Dordrecht e Roterdã com membros da comunidade judaica portuguesa e cristãos-novos, com o propósito de levá-los de volta a Portugal e, assim, repatriar recursos necessários ao país e à colonização – cogitava recuperar Pernambuco pagando aos holandeses uma vultosa indenização. Para circular nos Países Baixos, teria trocado o hábito jesuíta por um costume vermelho e espada, além de deixar crescer o bigode e os cabelos, escondendo a tonsura. Contava com o apoio de Jerônimo Nunes da Costa, nascido em Florença, no grão-ducado da Toscana, filho do lisboeta Duarte Nunes da Costa, cavaleiro da casa real nomeado em 1641, por seu apoio à Restauração portuguesa, embaixador português em Hamburgo.

Mercador judeu nos Países Baixos, Jerônimo Nunes da Costa negociava madeira, navios, armas e pólvora para Portugal; trazia sal de Setúbal, açúcar e tabaco do Brasil e São Tomé, figos do Algarve. Diamantes, prata, escravos, armas – os negócios lhe traziam uma fortuna famosa na época tanto por seu tamanho como pela generosidade. Sua posição e influência faziam dele com frequência interlocutor entre a Coroa portuguesa e os administradores da república neerlandesa, tanto quanto com a comunidade judaica portuguesa em Amsterdã, onde era conhecido pelo nome de Moisés Curiel.

Como fazia com outros portugueses, Jerônimo chegou a levar Vieira para a sinagoga. Este, porém, começou a intervir, irritando-se com o sermão do rabino, e teria sido delicadamente retirado pelo parceiro. "Um homem eminente como o senhor irá nos persuadir ou ser persuadido; se nos persuadir, será um mau dia para a sinagoga", disse Jerônimo, segundo o historiador britânico Jonathan Irvine Israel. "Pelo bem do rei de Portugal, é melhor a gente evitar a discussão."[58]

A maioria dos ricos negociantes judeus ainda se lembrava bem da expulsão de seus pais pelo rei dom Manuel I, o Venturoso, e, apesar de interessados em novos negócios, receavam a Inquisição portuguesa. A ideia de cooptar o governo neerlandês, também por falta de interesse, não avançou. A ideia de casar o príncipe Teodósio tampouco vingou, e o apoio francês contra a Espanha foi por fim tímido, com o receio da reação espanhola pelo cardeal Giulio Mazzarino, radicado na França com o nome de Jules Mazarin, primeiro-ministro desde 1642, quando sucedeu o cardeal Richelieu.

Recebeu o pleno apoio da rainha regente da França, Ana da Áustria, mãe de Luís XIV, espanhola de Valladolid, onde nasceu com o nome de Ana Maria Maurícia de Habsburgo. Infanta da Espanha e também de Portugal, a regente tinha boas razões para abominar a Restauração. Após negociações entre 17 de outubro e 20 de novembro de 1647, Mazzarino recusou oficialmente a oferta que colocaria dom João IV no exílio. Não lhe interessava o combalido reino português, já sem a maior parte de suas possessões no Novo Mundo.

O projeto de Vieira desmanchou-se de vez com o andamento das negociações da chamada Paz de Vestfália. Com os tratados de Münster e Osnabrück, que encerraram a Guerra dos Trinta Anos em janeiro de 1648, mudou subitamente o mapa das alianças políticas na Europa. Com o reconhecimento pela Espanha da independência dos Países Baixos e da Confederação Suíça, acabaram os conflitos dos quais Portugal pretendia se aproveitar. Base dos tratados diplomáticos contemporâneos, a partir do conceito de que a paz se fundamenta no equilíbrio de poder, Vestfália foi uma notícia ruinosa para dom João IV, que viu seus inimigos de repente unidos.

Em 1648, o saldo era dramático para Portugal. Em denúncia, Vieira estimava que desde 1623 mais de 600 naus portuguesas e espanholas tinham sido capturadas por piratas da WIC. Somente naquele ano, tinham sido 220. O comércio entre a colônia e a metrópole estava comprometido. O açúcar já não saía do Brasil, nem os portos coloniais recebiam armas e produtos manufaturados do reino. Os combates na colônia para a retomada de Pernambuco provocavam a ira dos Países Baixos.

O rei chamou o padre Vieira de volta a Lisboa. A seu pedido, o jesuíta escreveu então o documento "Parecer a favor da entrega de Pernambuco aos holandeses", para acomodar os interesses de Portugal à nova realidade. Rebatizado por dom João IV como "Papel Forte", para ser levado como uma prestação de contas aos conselheiros do reino, o documento reconhecia que o Nordeste não seria recuperado diplomaticamente, nem tampouco Portugal podia fazer frente aos neerlandeses. Por isso, devia renunciar às capitanias açucareiras do Nordeste brasileiro e assim evitar uma nova guerra na Europa, desastrosa para o fortalecimento da dinastia de Bragança diante da Espanha.

"Damos-lhes por vontade o que nos hão de tomar pela força", escreveu.[59] "Mas Pernambuco não é doado, senão vendido pelas conveniências da paz, e não vendido para sempre, para o tornarmos a tomar com a mesma facilidade, quando nos virmos com melhor fortuna."

O Papel Forte expôs as duas vertentes entre as quais dom João IV balançava. Em oposição aos partidários da solução diplomática com os neerlandeses, levantavam-se aqueles que defendiam a solução bélica, e, em panfletos espalhados por Lisboa, chamavam Vieira e os jesuítas de "Judas de Portugal", por estarem "vendidos aos holandeses". Entre os "valentões", como Vieira os rotulava, estavam o secretário da Real Fazenda, Pedro Fernandes Vieira, e o bispo de Elvas, dom Manuel da Cunha, apoiados pelo Santo Ofício, "que rezava, em silêncio, pelo desastre da monarquia brigantina, para cair, outra vez, nos braços de Filipe IV", segundo Ronaldo Vainfas.[60]

O estresse na guerra contra a Espanha chegava ao clímax. Receava-se a invasão maciça do território português, a começar pelo Alentejo. Nessa época, Vieira escreveu seus sermões proféticos, em que as políticas concretas cediam à mais pura fé. Começou a esboçar um livro com suas teorias sobre o Quinto Império, inspirado nas profecias bíblicas, onde buscava apoio para confirmar os sonhos de grandeza portugueses. Baseado nas palavras de Jesus, numa suposta aparição ao rei Afonso Henriques na Batalha de Ourique, história então aceita em Portugal como consubstanciação de um milagre ("quero em ti e na tua geração criar um império para mim", disse-lhe), afirmou que Portugal era o Quinto Império, depois dos assírios, persas, gregos e romanos.

Nessa engenharia político-teológica, o rei escolhido, chamado de "O Encoberto", até então tido como o desaparecido dom Sebastião, ressurgido das brumas de Alcácer-Quibir, era dom João IV. Seria, afinal, a vitória dos cruzados pela mão dos portugueses. "É conclusão certa e de fé que este Quinto Império de que falamos, anunciado e prometido pelos profetas, é o império de Cristo e dos cristãos", declarou Vieira.[61] O Quinto Império seria de ordem temporal e espiritual. Por ele seriam extintas as seitas, se reformariam os cristãos e surgiria a paz do mundo, com a ajuda de um papa santo.

No terreno político, Vieira passou a propugnar que o príncipe herdeiro português, dom Teodósio, casasse com a herdeira do trono espanhol, dona Maria Teresa D'Áustria, filha de Filipe IV, reunificando Portugal e Castela. O "Encoberto" passaria a ser o herdeiro de dom João IV, o príncipe dom Teodósio, nessa época já com 16 anos. E a capital da "nova Espanha" seria Lisboa. Nesse caso, dom João IV abdicaria imediatamente em favor do filho. Num gesto que beirava o desespero, dom João IV enviou Vieira a Roma, em janeiro de 1650, para entrar em contato com o embaixador espanhol no Vaticano.

A proposta de Vieira foi duplamente rejeitada – primeiro pelo embaixador, depois pelo conde-duque de Olivares, governador da Espanha, que sabia das tentativas anteriores de Vieira em cooptar a França e os neerlandeses, e tomou aquela iniciativa como um sinal da fraqueza de Portugal. O embaixador espanhol teria descoberto um plano português de criar uma rebelião de Nápoles contra a Espanha. Notificado, o padre-geral da Companhia de Jesus instou Vieira a sair de Roma às pressas, com sinais de que poderia ser assassinado. "Quando surge uma questão que envolve risco de vida para um ser humano, não precisamos proceder exatamente de acordo com o que está escrito", ponderou Vieira.[62]

Nem tudo, porém, estava perdido. Se a diplomacia do padre falhava, o trabalho de Correia de Sá, pelo outro lado, criaria a reviravolta geopolítica capaz de recolocar Portugal na condição de império ultramarino, além dos melhores sonhos sebastianistas de Portugal.

A colônia luta pelo reino

Enquanto Vieira se empenhava em seus esforços diplomáticos, a guerra de guerrilha fomentada por Correia de Sá teve afinal a vitória que, mesmo não sendo definitiva, mudaria tudo. Em 16 de abril de 1648, aconteceu a primeira Batalha dos Guararapes, travada no morro dos Guararapes, hoje um parque natural na região metropolitana do Recife. Ali, os holandeses sofreram uma dura derrota, que abriu caminho para o ressurgimento do domínio português.

Sob o comando do coronel Sigismund Van Schkoppe, os holandeses planejavam reconquistar o porto de Nazaré, no cabo de Santo Agostinho, por onde se abastecia o Arraial Velho do Bom Jesus, entrada de armas e munições para a resistência luso-brasileira. Precisavam primeiro ocupar o povoado de Muribeca, onde havia grande quantidade de farinha de mandioca para abastecer as tropas. Sabendo do plano de invasão, João Fernandes Vieira, juntamente com Vidal de Negreiros e outros comandantes, armou uma emboscada no caminho.

Sabiam que os holandeses, vindos de Recife, teriam de passar pelo morro dos Guararapes para alcançar Muribeca. Esperaram ali, com 2.200 homens. Eram bem menos que os 4.500 inimigos, mas tinham a seu favor a surpresa, a posição – no alto do morro – e o conhecimento do terreno, uma área acidentada, de mata fechada, que alternava morros com baixadas de mangue. "Nossa infantaria se escondeu nos mangues ao pé do último monte", relatou Diogo Lopes de Santiago, principal cronista do combate.

Professor de português e gramática, convocado como mestre de campo, Santiago deixou um manuscrito incompleto, encontrado na biblioteca municipal do Porto e publicado pela primeira vez em 1871 pela *Revista do Instituto Histórico Geográfico Brasileiro*. Ali temos o retrato da batalha. "Antônio Dias Cardoso ordenou a vinte de seus melhores homens que fossem com quarenta dos índios de Filipe Camarão procurar o inimigo, que marchava do Recife pelo caminho dos Guararapes", afirma.

Na entrada dos montes, o grupo de 60 homens atacou a vanguarda holandesa. Sem dar as costas ao inimigo, recuaram para atraí-lo a um boqueirão, estreita passagem entre os montes e o mangue, a poucos metros de onde a coluna brasileira os espreitava. Os 2 mestres de campo, João Fernandes Vieira e André Vidal de Negreiros, deram ordem de ataque. Avançaram com as espadas, enquanto a artilharia disparava seus mosquetes.

Os holandeses logo se encontraram cercados por Vidal de Negreiros à esquerda, ao pé do morro, e à direita, no mangue, pelos índios de Filipe Camarão. Os homens de João Fernandes Vieira avançaram pelo alto e Henrique Dias à esquerda, com o Terço de Homens Pretos e Mulatos do Exército Patriota – os "Henriques". Esperaram a primeira carga de artilharia dos holandeses. Quando a fuzilaria cessou, deram ordem de fogo, de uma só vez, no inimigo sob cerco. Os holandeses que não tombaram entraram em pânico. "Logo os nossos sacaram as espadas e atacaram com tanto ímpeto e violência que não puderam os lanceiros conter os nossos de infiltrarem-se, matarem e destroçarem por meia hora, até que lhes pusessem em fuga", relata Santiago.

Os holandeses em debandada foram perseguidos. Muitos afogaram-se nos alagadiços. Deixaram para trás seus canhões e armas leves, o que levou os vencedores a um entusiasmo precoce. Na perseguição aos que fugiam, de repente deram com uma segunda coluna holandesa que surgia da retaguarda e, ao mesmo tempo que protegia a fuga dos remanescentes da primeira tropa, os fez recuar. "Como esperado em exércitos como aquele holandês, ter gente de reserva para situações difíceis lhes valeu um contra-ataque fulminante, pegando nossos soldados desorganizados, além de exaustos, que se puseram em fuga monte abaixo", prossegue Santiago.

Os insurgentes então trataram de defender a própria retirada pelo boqueirão. Essa fase, a mais longa da luta, durou cerca de cinco horas. Os holandeses recuperaram 4 das 6 peças da artilharia. "Por fim, o campo ficou nosso e o alto dos montes ao inimigo", disse Santiago.

Ferido no tornozelo, o comandante Van Schkoppe determinou a retirada durante a noite. Deixou 2 canhões apontados para o boqueirão, para disfarçar o movimento. Pela manhã, contaram-se os mortos. Tinha sido um massacre. Os holandeses sofreram 1.200 baixas. Entre os cadáveres, estavam 180 oficiais. Do lado luso-brasileiro, tinham-se perdido 84 combatentes.

Antônio Filipe Camarão, que, assim como André Vidal de Negreiros, por sua distinção na guerra tornara-se um nobre português, com a mercê de "dom", o hábito de cavaleiro da Ordem de Cristo, saiu da batalha gravemente ferido. Não resistiu: morreria no Arraial Novo do Bom Jesus em 24 de agosto. No seu lugar, assumiu o comando das tropas indígenas seu sobrinho, dom Diogo Pinheiro Camarão.

A guerra não estava ganha: o general pudera defender um contingente importante de sua tropa. Porém, os ânimos se levantavam. Em carta a Luís Pereira de Castro, em 2 de julho de 1648, o próprio imperador dom João IV escreveu que, depois de Guararapes, vencer os holandeses já "parecia possível".[63]

Entre janeiro e maio de 1648, quando apenas chegavam as notícias da vitória de Guararapes, Correia de Sá enviou ao governador-geral na Bahia uma embarcação de mantimentos para a campanha no Nordeste. E incumbiu-se pessoalmente dos preparativos da expedição a Angola. Organizou a armada no Rio, com mantimentos e soldados para a guarnição das embarcações. Despachou 3 navios com sal para a ilha de Santana, onde deveriam ser preparadas as carnes para a campanha.*

* Arquivo Histórico Colonial, documento nº 641, caixa nº 2, Rio de Janeiro.

Para financiar a expedição, Correia de Sá lançou sobre o Rio uma contribuição de 80 mil cruzados, o que agravou a crise local. A Ordem de São Bento protestou. Em 9 de maio de 1648, o governador do sul reuniu em sua casa no Rio os capitães de mar e guerra e os pilotos práticos dos galeões e navios da armada. Apelou ao patriotismo e também aos interesses pessoais dos homens de negócios da capitania, aos quais a retomada de Angola interessava tanto.

Com aquela vaquinha, para a qual os "homens bons" foram obrigados a contribuir, Correia de Sá juntou 15 navios, 4 dos quais comprados a suas expensas. A armada tinha 1.400 homens, dos quais 900 pertencentes à tropa de desembarque. Levavam mantimento para seis meses.*

Depois da reunião, Correia de Sá escreveu ao rei um relato de todas as providências. Pediu pólvora, canhões e soldados para as fortalezas do Rio de Janeiro, que com a saída da armada ficariam enfraquecidas e expostas aos holandeses. Não era longínqua a possibilidade de uma invasão neerlandesa do sul. E ele não queria depender do governador Telles. Reconhecia a lealdade do governador-geral à Coroa, mas afirmava que eram ambos "homens, e a cooperação entre amigos é coisa muito diversa da prestada a contragosto".[64]

A armada saiu do Rio no final de maio de 1648, sob o comando de Francisco de Souto-Maior, governador interino do Rio. Escoltou a frota de açúcar que ia para Portugal, pretexto anunciado para sua saída. Chegou em 12 de julho de 1648 a Quicombo, no centro da costa angolana, ao sul da capital, Luanda. Ali os portugueses tinham construído uma fortaleza três anos antes, durante a resistência do governador Francisco de Souto-Maior à ocupação neerlandesa. Correia de Sá reforçou o forte, às margens do rio Quicombo, apesar das dificuldades: pouco depois da chegada, 300 homens, entre eles o almirante Baltazar da Costa de Abreu, morreram numa tempestade que apanhou uma das caravelas ao mar.

Faltava o que Correia de Sá precisava para atacar: criar um fato, de forma a parecer que os neerlandeses é que tinham provocado a

* Arquivo Histórico Colonial, documento nº 642, anexo ao documento nº 640, caixa nº 2, Rio de Janeiro.

invasão. Usou como pretexto as hostilidades contra os portugueses da guarnição de Massangano. Seguiu por mar até Luanda e, em agosto, estacionou a armada diante da capital. Enviou um emissário com a mensagem de que, se os neerlandeses não respeitavam a paz, também ele se julgava no direito de atacar. E exigia sua capitulação.

Os neerlandeses pediram oito dias para tomar uma decisão. Na realidade, ganhavam tempo até o regresso de 300 soldados de infantaria, que se encontravam em uma manobra continente adentro. Ciente disso, Correia de Sá lhes deu três dias. Em 14 de agosto de 1648, desembarcaram em chalupas, a meia légua da cidade, 650 soldados e 250 marinheiros. Nas naus de guerra, Correia de Sá deixou 180 homens em posição de tiro nas enxárcias e amuradas. Queria dar a impressão de que ainda havia grandes tropas embarcadas.

Com o ataque em terra, os neerlandeses abandonaram o fortim de Santo Antônio e refugiaram-se nas fortalezas do morro de São Miguel e de Nossa Senhora da Guia, com os muros ainda sólidos e 1.200 soldados neerlandeses e africanos na defesa. No dia seguinte, 15 de agosto de 1648, Correia de Sá bombardeou os 2 fortes, mas o ataque, diante do inimigo superior em força e solidamente instalado, foi repelido. Na retirada, Correia de Sá contabilizou 163 soldados mortos e 160 feridos – um terço de suas forças estava fora de combate. Ainda assim, estava disposto a continuar atacando.

Para sua surpresa, naquele momento, um emissário neerlandês surgiu com uma proposta de rendição, que incluía a anistia a todos os prisioneiros de guerra. Assim, saíram das 2 fortalezas 1.100 homens, que se entregavam a um oponente com metade desse número. Foram embarcados em 2 naus portuguesas, para desocupar a cidade. Cinco dias após a tomada dos fortes, chegaram a Luanda 250 neerlandeses, acompanhados de 2 mil guerreiros negros, da tribo da rainha Ginga. Apesar de serem também uma força muito superior, ao ver a cidade sob domínio dos portugueses, também se entregaram.

Os guerreiros de Ginga recusaram-se a se submeter e voltaram à tribo com a notícia do que tinha acontecido. Com seu exército reduzido, Correia de Sá alistou franceses, soldados mercenários que integravam a guarnição neerlandesa e permaneceram em Angola.

Organizou uma expedição punitiva, sob comando de Bartolomeu de Vasconcelos. Subjugada, a rainha Ginga viu-se obrigada a pedir a paz.

As forças brasileiras contaram com a sorte. Uma frota com 12 naus de guerra e 6 mil homens, sob o comando do almirante Witte Corneliszoon de With, que já combatera ingleses, espanhóis e até os javaneses, demorou a partir em socorro de Angola, protelada pela burocracia em Haia e depois um inverno europeu rigoroso, com ventos contrários, na virada de 1647 para 1648. Uma epidemia de varíola logo em seguida abateu até mesmo o chefe de Estado da Zelândia, Guilherme II, principal opositor de Portugal nos Países Baixos.

A expedição para recuperar Angola partiu, enfim, em 26 de dezembro, mas foi dispersada no canal da Mancha por tempestades que desbarataram a missão – uma das mais importantes naus de guerra neerlandesa, a *Regenbogen,* afundou na costa de Flandres com homens e provisões "sem deixar vestígio", conforme relatou à corte portuguesa o padre Vieira, em 28 de janeiro de 1649.[65] Quando reuniu suas forças novamente, With seguiu para o Recife, onde as primeiras naus chegaram no final de março e as restantes, apenas em junho. Sem condições de zarpar para Angola, foram recolhidas para reparos no estaleiro da Paraíba. Com isso, a resposta holandesa à retomada angolana se esvaziou.

Depois da queda de Luanda, Correia de Sá prosseguiu. A guarnição de Benguela se rendeu a 2 navios portugueses sem disparar um tiro. A da ilha de São Tomé, com a notícia da rendição da capital, foi abandonada com a artilharia e a munição – quando as caravelas de Correia de Sá se aproximaram, a bandeira portuguesa, erguida pela população local, já tremulava nos quartéis. Os neerlandeses também abandonaram as feitorias de Benguela-Velha, Leango e Pinda. Quase que por milagre, Angola e São Tomé eram portuguesas novamente. Correia de Sá instalava-se no governo de Angola, que exerceria até 1651.

Para o incrível plano se consolidar, faltava reconquistar o Nordeste brasileiro.

* * *

Em 18 de fevereiro de 1649, dez meses depois da primeira Batalha dos Guararapes, 5 mil combatentes, experientes em guerra, partiram de Recife com 200 índios e negros, além de 300 marinheiros, incorporados à infantaria. Carregavam 6 canhões dentro da vistosa coluna, com 12 bandeiras, trombetas, caixas e clarins. Na mão, traziam a lança longa, que tinham se habituado a usar para enfrentar, com as mesmas armas, os terços portugueses. Seu destino eram os mesmos morros de Guararapes, onde tinham sido derrotados da primeira vez. Agora, porém, a coluna era maior, mais bem armada, e em vez de ser surpreendida seria ela a tomar a iniciativa e surpreender.

"No tempo que chegou nosso exército ao primeiro monte já estava o inimigo formado em todos os outros e na baixa (boqueirão) onde havia ocorrido o principal da batalha anterior", relatou o professor convertido em combatente Diogo Lopes de Santiago. O comandante Francisco Barreto de Meneses mandou a coluna fazer alto e consultou seus capitães. André Vidal de Negreiros e Francisco Figueroa recomendaram o combate frontal. João Fernandes Vieira, à frente do grosso da coluna, propôs que contornassem o inimigo, como na primeira batalha. E deviam mudar de posição, pois ali não teriam água. Do outro lado, poderiam deixar os holandeses esperando. Francisco de Meneses concordou. Seguiram para um engenho próximo, onde aguardaram que o inimigo se movimentasse.

No dia seguinte, entre as 13 e as 14 horas, os holandeses alojados nos morros, sob sol inclemente, deixaram sua posição. Entraram em formação na passagem que levava ao Recife. Então, o heterogêneo exército colonial português avançou. Com 800 homens, João Fernandes Vieira entrou pelo boqueirão, onde o inimigo postara 6 esquadrões e 2 canhões. Depois de 25 minutos sob fogo de artilharia, João Fernandes procurou lançar seus homens sobre os neerlandeses infiltrando-os pela área alagada. Sem conseguir avançar, voltou à posição inicial. E fez uma investida direta – a mais arriscada, que expunha o ataque diretamente ao fogo inimigo. A coluna avançou. Lanças se cruzaram e as espadas retiniram no choque. Fernandes Vieira saiu do outro lado, vencedor e dono dos 2 canhões.

Durante o ataque, colunas de infantaria avançaram pelos lados, sob o comando de Henrique Dias, Diogo Camarão, Francisco

Figueroa, André Vidal de Negreiros e Antônio Dias Cardoso, no comando de 550 homens de elite, a chamada Tropa Especial, que desbaratou toda a ala direita dos holandeses. Avançou também a cavalaria, sob o comando de Antônio Silva.

Tomaram o principal monte dos Guararapes, onde estava o acampamento holandês, com suas tendas e os outros 4 canhões. O comandante Van den Brink morreu no combate. "Os luso-brasileiros pressionaram os inimigos até sua desintegração e fuga para o Recife, sendo perseguidos por nossos cavaleiros exaustos", escreveu Santiago. "Muitos fugiram para os matos, outros se entregaram implorando pelas vidas."

A segunda Batalha dos Guararapes destruiu o moral dos holandeses. Tomar Recife era uma questão de tempo.

A vitória decisiva fez com que, afinal, dom João IV criasse coragem para tomar a última medida restante do plano original do padre Vieira, inspirada na história holandesa: a criação da Companhia Geral do Comércio do Brasil, com capital judaico-português, parada há seis meses, devido ao seu repúdio por membros da corte e, sobretudo, da Igreja. Suas bases tinham sido lançadas em 1644, no "Sermão de São Roque", proferido por Vieira na Capela Real. "Em todo o passado, Castela e Portugal juntos não puderam prevalecer, assim no mar, como na terra, contra Holanda; e como poderá agora Portugal só permanecer e conservar-se contra Holanda e contra Castela?", perguntava o padre. "O remédio temido e perigoso de Portugal: as duas companhias mercantis, que tragam seguras contra Holanda as drogas da Índia e do Brasil, para sustentar a guerra interior de Castela."

Era hora de assegurar a colônia. Para isso, dom João IV precisava não só de dinheiro como de uma empresa que pudesse em todos os aspectos se assenhorear dos negócios no Atlântico e proteger as naus portuguesas. Em 6 de fevereiro de 1649, o rei chamou ao paço o bispo inquisidor-geral, dom Francisco de Castro, que protestou ao tomar conhecimento dos termos em que se constituiria a empresa. Dom João IV alegou que a gravidade da situação o exigia. Quatro dias depois, o estatuto da Companhia foi publicado, com um prefácio e 52 artigos.

Empresa privada, de caráter monopolista, primeira sociedade anônima a atuar em Portugal e no Brasil, a Companhia Geral do Comércio do Brasil visava promover os negócios entre metrópole e colônia. Com ela, haveria financiamento para restaurar a produção e o envio do açúcar a Portugal, assim como exportar escravos negros africanos aos engenhos brasileiros. Seu capital social podia ter a participação de qualquer investidor, de qualquer nacionalidade, com uma contribuição mínima de 20 cruzados. Para convencer os cristãos-novos e judeus com quem o padre Vieira flertara nos Países Baixos, a Coroa dava aos investidores a garantia de blindagem contra o confisco pela Inquisição, ainda que fossem condenados por heresia.

Dom João IV não podia interferir nas sentenças do Santo Ofício, mas, como os bens confiscados destinavam-se ao Estado, depois de descontadas as despesas da Inquisição, ele se comprometia a devolvê-los aos seus donos originais. Entre os apoiadores dessa regra estavam dom Duarte Nuno da Costa e seu filho Jerônimo Nunes, que, além de intermediarem o interesse português com a comunidade judaico-portuguesa nos Países Baixos, já tinham ajudado Vieira a comprar uma caravela em segredo – algo que Portugal não podia fazer diretamente, por se tratar de uma questão de tecnologia militar.

Devido à maior mobilidade das naus inglesas e neerlandesas, menores e mais rápidas, as tropas navais espanholas e portuguesas, antes orgulhosas senhoras dos mares, desde a destruição da Grande Armada tinham se acostumado às mais humilhantes derrotas. O apresamento das cargas ibéricas no Atlântico era tão frequente que os senhores de engenho ironizavam, dizendo que eram "lavradores da Holanda".[66]

Correia de Sá já havia observado a dom João IV a inadequação da Marinha naval portuguesa. "Não vemos nenhuma outra nação fazer uso de caravelas, mas, pelo contrário, utilizar navios pequenos, armados de muitos canhões", escreveu ao rei.[67] "É essa a razão pela qual as nações do norte se tornaram senhoras do oceano, ao passo que a Coroa de vossa majestade se acha em tão lamentáveis condições."

O padre Vieira se preocupava com a questão – classificou as naus portuguesas como verdadeiras "escolas de fugir". Com a ajuda de Lopo Ramires, tio de Jerônimo, foi o intermediário para a Coroa portuguesa adquirir pelo menos uma embarcação com o perfil desejado: a fragata *Fortuna*, vendida pelo mercador Jeremias van Collen, de Amsterdã. Copiada em série no estaleiro do Rio de Janeiro, ela permitiria equilibrar a guerra contra os neerlandeses no mar e colaborar com a escolta dos comboios organizada por Correia de Sá.

Dois irmãos de Jerônimo, Manuel e Jorge Nunes da Costa, também compraram secretamente para os portugueses armamento em Hamburgo. "Eles foram extremamente ativos ao buscar embarcações, munição e suporte adicional", afirma o historiador britânico Jonathan Irvine Israel.[68] "Em troca, foram nomeados representantes da Companhia em Hamburgo e Amsterdã."

O monopólio da Companhia abrangia as capitanias de São Vicente, ao sul, até o Rio Grande do Norte. Isso incluía o Nordeste, onde os neerlandeses ainda estavam instalados. O comando da Companhia seria profissionalizado, com um conselho de 9 diretores, eleitos a cada triênio. Esse grupo tinha autonomia para agir fora do alcance dos tribunais regulares de Portugal e da Inquisição.

A Coroa cedeu as instalações para o provimento da sua frota naval, uma antiga propriedade em Lisboa de dom Manuel de Moura Corte Real, segundo marquês de Castelo Rodrigo, que a abandonou ao passar para Castela na Restauração. Era assegurado à Companhia o monopólio do fornecimento à colônia de vinho, cereais, azeite e bacalhau, com preços a serem fixados por ela própria – o chamado "estanco".

Ficava proibida a produção no Brasil de aguardente, vinho e mel, para não concorrer com os produtos portugueses. A Companhia podia ainda cobrar uma taxa sobre produtos exportados do Brasil, como açúcar, tabaco, artigos de couro e de algodão, além do frete nas embarcações de escolta. E ficava no direito de reter o butim de naus apresadas no Atlântico.

Embora fosse uma empresa privada, a Companhia tinha privilégios da Coroa, inclusive o de usar em suas embarcações as armas reais e a esfera armilar, símbolo do império português desde o rei dom Manuel I. Podia ainda recrutar, mesmo à revelia, cidadãos do reino e da colônia, assim como ocorria no serviço militar português. E se isentava de parte dos impostos sobre o vinho servido aos marinheiros – uma prática então reservada às armadas portuguesas.

Como contrapartida pelo direito ao monopólio comercial, a Companhia se obrigava a constituir uma armada anual com 36 naus de guerra, cada uma com no mínimo 20 canhões. As embarcações foram construídas nos estaleiros de todo o império: em Portugal nas cidades de Lisboa, Porto, Pederneira, Aveiro e Alcácer do Sal. E em portos das capitanias da Bahia, Rio de Janeiro, São Vicente e São Paulo e do Grão-Pará e Maranhão. Deviam viajar pelo menos duas vezes por ano ao Brasil, em frotas de 18 naus. A Companhia podia ainda fretar embarcações de outros países, sob uma licença especial. O contrato valeria por 20 anos.

Apesar de toda essa engenharia empresarial, o começo não foi fácil. Embora suas embarcações levassem o estandarte da Imaculada Conceição, padroeira de Portugal, com o lema "*sub tuum praaesidium*" ("sob tua proteção"), era chamada à boca pequena em Lisboa de "companhia dos judeus". Mesmo com todos os privilégios concedidos, obteve 1,2 milhão de cruzados em subscrições – valor considerado insuficiente para suas necessidades. Em 27 de setembro de 1650, dom João IV teve de emitir um alvará cobrando dos investidores as contribuições em atraso.

As críticas choviam. Para alentar o monarca, Vieira proferiu o "Sermão da Sexta-feira da Quaresma", de 1651, com a história do rei hebreu Salomão. Nele, o padre defendeu que um rei não podia amar seus súditos, nem ter amigos, porque amor e amizade pressupõem igualdade. "Nem pode haver majestade com amor, nem amor com majestade", afirmou.

A isenção do fisco e a abertura do capital a estrangeiros e cristãos-novos estimularam a Inquisição portuguesa, com apoio expresso do papa Inocêncio X, a acusar dom João IV de exorbitar seus poderes.

Ainda à espera de ver seu reinado reconhecido pelo papa, o rei português cedeu em parte. Em fevereiro de 1651, estabeleceu em lei que os bens dos presos pela Inquisição, uma vez condenados, podiam ser inventariados para confisco, mas excluía disso dinheiro envolvido na Companhia de Comércio. Dessa forma, por outro lado, forçava os investidores a ficar dentro da empresa.

Em 1652, o monarca reformou a lei, delegando o controle do confisco a pessoas nomeadas pela Coroa, em vez da Real Fazenda. "O Santo Ofício poderia continuar penalizando os hereges judaizantes com o confisco de bens; na prática, porém, os bens continuariam com a família do condenado", observa o historiador Ronaldo Vainfas.[69]

Apesar das dificuldades, o momento se tornou favorável. Em 1651, a Inglaterra apresentou os Navigation Acts (Leis de Navegação), declaração do monopólio nas rotas comerciais na Inglaterra e no mar do Norte. Em 1652, os holandeses tiveram de combater os ingleses como resposta ao ataque de piratas aos seus navios mercantes, sob a alegação de proteger o direito britânico. A disputa naval levou dois anos e terminou com a supremacia inglesa ao norte da Europa, que consolidou o monopólio inglês. Enfraquecidos, os holandeses ficaram ao desamparo no Brasil. Por fim, assinaram sua capitulação em 28 de janeiro de 1654, no Campo do Taborda, no Recife, em frente ao forte das Cinco Pontas.

Com a cidade embelezada por Nassau, caiu toda a Nova Holanda. Em acordo com o mestre de campo Francisco Barreto de Meneses no Recife ocupado, os holandeses receberam três meses para deixar a Nova Holanda com seus pertences. Nos dias seguintes, passaram a ser embarcados para a Europa. Entre eles, os membros da Igreja Reformada Holandesa no Nordeste. João Fernandes Vieira, que estivera à frente de toda a rebelião e das tropas nas duas Batalhas dos Guararapes, recuperou os seus bens e, entre outros cargos, foi nomeado governador e capitão-geral da capitania da Paraíba entre 1655 e 1657. Mais tarde, tornou-se governador e capitão-general de Angola, em 1658, e superintendente das fortificações do Nordeste do Brasil, de 1661 a 1681.

Os colonos reconquistavam a colônia para Portugal e a fé católica. Porém, a soberania portuguesa não tinha ainda sido reconhecida no campo diplomático. Uma das estratégias de dom João IV era aliar-se aos ingleses. Assinou em maio de 1654 o Tratado de Westminster com o líder do Parlamento inglês, Oliver Cromwell, chefe de Estado desde a proclamação da república, após a decapitação do rei Charles, em 30 de janeiro de 1649. Foi o primeiro passo rumo a uma união muito prolífica para Portugal nos séculos seguintes. Permitiria ganhar músculos no confronto tanto com a Espanha quanto com os holandeses.

Com sua influência reduzida no Oriente, Portugal se tornava mais dependente das riquezas do Brasil. E isso fortaleceu a convicção de que precisava proteger a colônia recém-recomposta. A produção de açúcar no Nordeste, associada ao tráfico de escravos angolanos, era então um negócio melhor que as especiarias das Índias Orientais. No *Diálogo das grandezas do Brasil*, obra de autor desconhecido, datada de 1618 e resgatada por Varnhagen em 1874 na biblioteca de Leida, nos Países Baixos, revela-se que os holandeses também faziam as mesmas contas. Em maio de 1654, após a assinatura do tratado de paz com a Inglaterra, que encerrou a primeira guerra anglo-holandesa, a república neerlandesa exigiu a devolução da colônia.

Dois anos depois, em 1656, declarou novamente guerra a Portugal.

A paz feita de guerra

Com a reconquista de Angola e a expulsão dos holandeses, Portugal retomou todo o sistema produtivo da indústria açucareira no Nordeste, que Nassau havia ajudado a recuperar. Em 1630, durante o domínio holandês no Nordeste, havia mais de 300 engenhos no Brasil. Esse número dobrou ao longo do século. Restabeleceu-se no poder local a aristocracia mameluca: o senhor de engenho, português ou filho de portugueses, casado com portuguesa ou mameluca, que explorava o trabalho escravo do índio no ambiente doméstico e do negro no engenho. Trazia azeite e farinha de Portugal para sua mesa, enquanto os escravos comiam pão de farinha de mandioca na senzala – termo originário de *sanzala*, palavra em quimbundo, língua africana do noroeste da África e de Angola, que significa casa, ou habitação.

A recuperação do Nordeste operou uma mudança, tanto na colônia como na metrópole. A expulsão dos holandeses marcou o início da formação da identidade coletiva, necessária à integração colonial. Participaram da campanha não só os aristocratas pernambucanos e os portugueses do governo central, como também os mamelucos paulistas, negros africanos e índios, a fonte heterogênea da sociedade brasileira.

Depois de passar pelo controle da Espanha e dos Países Baixos, tanto quanto de Portugal, os colonos, se oficialmente deviam vassalagem a dom João IV, já não se identificavam plenamente com nenhum poder político externo dominante. Internamente, o Brasil se encontrava em uma cacofonia racial, cultural e social. A colônia que Portugal recuperava depois de concluído o ciclo da União Ibérica e da invasão holandesa tinha muito menos face portuguesa do que de uma precária colagem. Portugueses e espanhóis se encontravam misturados nos antigos territórios, tanto de Portugal quanto da Espanha, os descendentes de europeus ainda usavam o tupi como língua principal e o Brasil estava mais perto de novos rompimentos que de alguma unidade.

O que mantinha unido esse amálgama, não por fidelidade aos colonizadores, era a rica e ascendente elite brasileira, que defendia antes de mais nada seus próprios interesses, identificados desde então como os da colônia, ou melhor: os do Brasil. E os senhores da nova aristocracia brasileira, baseada nas cidades, mas fincada na riqueza rural, sabiam que dali em diante Portugal dependia mais do Brasil que o Brasil de Portugal.

Artífice da retomada da colônia e representante maior dessa elite, Correia de Sá, aclamado como o "Libertador de Angola", permaneceu ainda três anos e meio no governo das colônias africanas. Restabeleceu o controle não somente de Angola como do Congo e de Benguela, com o domínio sobre as tribos africanas revoltadas. Religou as vilas portuguesas no interior às feitorias e povoados da costa, por onde os escravos eram exportados. E decretou a volta do catolicismo como religião absoluta, mesmo nas vilas onde a presença holandesa tinha propagado o protestantismo.

Retornou ao Rio em agosto de 1651 como num triunfo de César. Restituiu o dinheiro requisitado aos cidadãos do Rio de Janeiro para financiar a campanha angolana. Toda a fortuna pessoal que ele mesmo empenhara para armar a invasão de Angola voltou com gordos lucros. Como prêmio, recebeu da Coroa latifúndios com plantações de cana e engenhos no Rio de Janeiro e em Campos dos Goytacazes, para os quais trouxe mão de obra africana. Em 1653, declarava possuir no recôncavo do Rio de Janeiro "cinco plantações de cana-de-açúcar e quarenta fazendas de criação, sem falar na grande propriedade que lhe pertencia na própria cidade do Rio", relata Charles Boxer.[70]

Obteve um decreto real pelo qual um décimo da capacidade de carga dos comboios que saíssem do Rio ficava reservado para o açúcar de seus engenhos – e planejava aumentar sua frota, com grandes e pequenos navios. Pediu ao Conselho Ultramarino a posse de 100 léguas no distrito de Santa Catarina, que lhe foram concedidas mais tarde. Recebeu ainda permissão do rei para reabrir o tráfico com a América espanhola, "com a condição de que os colonos castelhanos efetuassem os seus pagamentos em moedas ou barras de prata, e não em mercadorias", segundo Charles Boxer.[71]

Para isso, sem depender de Buenos Aires, faltava a pacificação de São Paulo, que lhe reabriria os caminhos para o sertão. Mesmo nisso os ventos sopravam a seu favor. Em 1651, Fernão Dias Paes Leme foi eleito juiz ordinário da vila de São Paulo. Como João Pires, seu aliado, ele era a favor do retorno dos jesuítas, parte do esforço de pacificação da vila pretendido por Correia de Sá.

Por um alvará de 3 de outubro de 1643, dom João IV já havia ordenado a restituição aos jesuítas de seu colégio de São Paulo, origem da própria vila. Porém, falharam todas as tentativas práticas de fazer valer sua decisão. Em 1644, o novo vigário da vila, Domingos Gomes Albernaz, tentara recolocar os jesuítas, mas tinha sido expulso, assim como seu superior, o prelado fluminense Antônio de Marins Loureiro. Este, em maio de 1646, excomungara todos os participantes da expulsão dos jesuítas. O único efeito da medida tinha sido o fechamento do Caminho do Mar pela Câmara, com o objetivo de bloquear a comunicação dos padres com Lisboa.

Para Paes Leme, permitir a volta dos padres da Companhia de Jesus não significava concordar com eles, nem proteger seus interesses

– tanto que no ano seguinte o próprio Paes Leme seguiu em bandeira rumo ao Guaíra, de onde voltou com um número recorde de índios prisioneiros. Queria apenas agradar ao rei. "Como vassalos, obedeceriam em tudo ao que o monarca ordenasse", afirma Taunay.[72] As conversas andaram. Em carta endereçada ao rei dom Pedro, em 1681, os oficiais da Câmara de Santana de Parnaíba afirmariam que Paes Leme tomara a iniciativa "porque não chegassem à maior ruína as discórdias e parcialidades que entre aqueles moradores havia".

Em acordo firmado na Câmara entre os partidos dos Pires e dos Camargo, em 12 de março de 1653 os paulistas aceitaram a volta dos jesuítas ao seu colégio, nos termos do acordo de Correia de Sá: comprometiam-se a não açoitar índios foragidos, ao mesmo tempo que ficavam desobrigados de respeitar o breve pontifício de Urbano VIII, que proibia a escravidão dos índios. Segundo a ata da Câmara de Santana de Parnaíba, Paes Leme foi ao Rio de Janeiro ao encontro do ouvidor-geral João Velho de Azevedo, e "chegados ambos, apaziguaram e sossegaram aquelas grandes alterações na restituição dos padres da Companhia de Jesus aos seus colégios de São Paulo e de Santos e na posição do vigário Domingos Gomes Albernaz à sua igreja matriz na dita vila de São Paulo".

Em 12 de maio de 1653, Paes Leme assinou no Rio de Janeiro o tratado de paz. O padre que havia excomungado os paulistas, depois de escorraçado, voltava ao ninho dos leões.

Apesar disso, a vila de São Paulo ainda era um barril de pólvora, dividida entre os partidos dos Pires e dos Camargo. Dizia-se na época que a rixa era tal que os Camargo tomavam o chá com a xícara diretamente sobre a mesa, para não usar aquela peça de louça que lhes lembrava o inimigo. As escaramuças se tornaram comuns. Em 1650, um crime acirrou ainda mais os ânimos. Durante as festas de "entrudo", como se chamava então o Carnaval, Alberto Pires matou sua mulher, Leonor de Camargo Cabral, sobrinha de Fernão Camargo, o Tigre, e o cunhado, Antônio Pedroso de Barros, do clã de Pedro Vaz de Barros – claramente um caso de adultério.

A versão difundida por Inês Monteiro de Alvarenga, mãe de Alberto Pires, conhecida como a "Matrona" dos Pires, mulher de bandeirante, aristocrata inflexível na defesa da família, foi de que a morte de Leonor teria sido acidental, ocorrida numa brincadeira de Carnaval, e Antônio Pedroso teria sido emboscado e morto com tiros de trabuco por seus próprios índios. Os Camargo cercaram a fazenda de Inês, em Juqueri, onde Alberto procurou guarida. A Matrona teria então surgido na porta com um crucifixo de ferro e pedido em favor da vida do filho. Os Camargo somente prenderam Alberto e o enviaram a Salvador, para ser julgado pelo Tribunal da Relação. O prisioneiro foi embarcado em Santos, com escala prevista no porto de Paraty, na capitania do Rio de Janeiro.

A Matrona, porém, apenas ganhara tempo. Reunindo um exército de índios e agregados, partiu a cavalo com destino a Paraty, de modo a interceptar o barco que levava o filho. Pouco antes, durante a cabotagem na Ilha Grande, os Camargo souberam que Inês vinha ao seu encontro. E simplesmente atiraram Alberto Pires ao mar, com uma pedra amarrada ao pescoço.

Com essas vinganças de parte a parte, a guerra prolongava-se, exaurindo ambos os lados. Os Pires se opuseram a que fosse empossado ouvidor de São Paulo o irmão de Fernão de Camargo, José Ortiz de Camargo, por nomeação em 5 de abril de 1652 pelo governador-geral, João Rodrigues de Vasconcelos e Sousa, segundo conde de Castelo Melhor, no cargo desde 1649. O ouvidor-geral da repartição sul, João Velho de Azevedo, seu partidário, mandou colocar abaixo as portas do Paço Municipal e tomou a Câmara, depondo Camargo junto com os demais vereadores.

Diante daquele golpe de Estado municipal praticado pelos Pires, a violência recrudesceu. Os irmãos Camargo, Fernando e Ortiz apelaram ao governador-geral em Salvador, o conde de Castelo Melhor, que recuperava sua influência junto aos paulistas apenas quando isso lhes parecia conveniente: em geral pedir terras, favores ao rei ou moderar conflitos localmente insolúveis. Era o caso. O governador-geral anulou os atos do ouvidor e os Camargo retornaram a São Paulo à frente de um exército.

O padre Simão de Vasconcelos se interpôs entre eles como negociador para evitar uma guerra civil. Com esse auxílio, os adversários chegaram a um acordo, assinado em 9 de fevereiro de 1654, por meio do qual Ortiz tomou posse da ouvidoria, comprometendo-se, no entanto, a respeitar os atos do ouvidor-geral, que o havia derrubado, em favor dos Pires.

Com a saída do governo-geral do conde de Castelo Melhor, a Coroa desautorizou seus atos anteriores, por meio da carta régia assinada em 11 de novembro de 1654. O ouvidor-geral da repartição sul não esperou para destituir formalmente Ortiz e substituí-lo por outro magistrado ligado aos Pires: Miguel de Quevedo de Vasconcellos. A iminência de nova batalha campal em São Paulo levou a outra tentativa de pacificação, promovida pelo novo governador-geral, dom Jerónimo de Ataíde. Sexto conde de Atouguia, combatente da guerra da Restauração portuguesa, tinha sido um dos fidalgos que entregaram a Coroa a dom João IV e recebera como prêmio o lugar de Castelo Melhor.

Dom Jerónimo de Ataíde publicou nova provisão em 24 de novembro de 1655, por meio da qual promoveu uma anistia geral a todos os envolvidos. Para garantir seu cumprimento, enviou cartas pessoais, em especial à matrona dos Pires, "a mais rija parte que houve nos casos que resultaram todos os desacertos e tal contenda". Estabeleceu que, por Constituição, as Câmaras municipais da capitania de São Vicente e São Paulo tivessem sempre um juiz e um vereador de cada uma das famílias, além de um vereador e um procurador do Conselho neutros.

Em 25 de janeiro de 1660, as partes assinaram enfim um acordo de paz: Fernão Dias Paes Leme, pelo lado dos Pires; José Ortiz de Camargo e Henrique da Cunha Gago, pelo dos Camargo. No documento, estava expresso que valia a norma segundo a qual os clãs repartiriam igualmente os cargos na Câmara e o controle da vila. Comprometeram-se "por si, seus parentes amigos e aliados, presentes e ausentes" à paz definitiva. Aceitavam ser "desnaturalizados do reino, tidos e havidos e reconhecidos por rebeldes e inobedientes aos mandados de sua majestade e preceitos de justiça", caso voltassem a se envolver em disputas, motins e mortes. Quem infringisse o acordo pagaria com "as suas pessoas e fazendas para as penas que sua majestade fosse servido nelas executar".[73]

O acordo permitiu a volta às bandeiras. Livre de disputas, em 1661, Fernão Dias se lançou em uma incursão ao sul do Paranapanema, extremo oeste do atual estado de São Paulo, na serra da Apucarana. Os guainás, ou goianás, encontravam-se em guerra. Paes Leme aproveitou-se da sua divisão de forças para submeter 3 de suas tribos, inimigas entre si, "sem estrondo de armas e tirania de mortes", segundo Taunay.[74] Convenceu os índios a segui-lo para São Paulo, onde seriam convertidos ao catolicismo. Voltou em 1665, quatro anos depois de partir, com mais de 4 mil prisioneiros.

Eram tantos que Fernão Dias não conseguiu vendê-los. Instalou os cativos em sua fazenda nas proximidades de Santana de Parnaíba. Dessa forma, passou a ser considerado o homem mais rico da capitania de São Paulo. Cumpriu o que tinha prometido, catequizando os índios – incluindo o maior chefe da região de Apucarana, Tombu, que a princípio se recusou a ser batizado, dizendo não acreditar numa religião em que seu Deus perdoava os infratores. Porém, mais tarde tomou os sacramentos com o nome de Antônio.

Parecia o apogeu na carreira do bandeirante, mas apenas começava uma nova fase do bandeirantismo, na qual a sua teimosia – e seu grande infortúnio – o deixaria ainda mais célebre.

Senhores das minas

Com prestígio na corte, Correia de Sá consolidou seu poder. Mesmo com a morte de dom João IV, em 6 de novembro de 1656, seu prestígio não diminuiu. Em 10 de julho de 1658, foi ratificada pela rainha regente dona Luísa de Gusmão a repartição de toda a colônia novamente em norte e sul. Por carta régia, em 17 de setembro, Correia de Sá foi nomeado outra vez governador e capitão-geral da repartição do sul, além de, também pela segunda vez, "administrador das minas de ouro e prata", com a missão de explorar o garimpo no território colonial que lhe cabia.*

* Resolução Régia sobre a jurisdição de Salvador Correia de Sá e Benevides na capitania do Rio de Janeiro e nas outras do sul, Lisboa, 10 de outubro de 1658, Arquivo Histórico Colonial, documento nº 782, caixa nº 2, Rio de Janeiro; Documento nº 781, 10 set. 1658.

Respondia diretamente à corte em Lisboa, embora Francisco Barreto, nomeado em 1557, permanecesse em Salvador com o título de governador-geral do Estado do Brasil. No Rio, sua família ocupava nesse ano praticamente todos os postos importantes: por provisão assinada em 27 de março, Correia de Sá nomeou governador da cidade do Rio o seu primo, Tomé Correia de Alvarenga; o cunhado, Pero de Sousa Pereira, era provedor da Fazenda; Manuel Correia Vasqueanes o juiz pedâneo (presidente da Câmara); e outro primo, Martim Vasques, sargento-mor.

Como administrador, acumulava problemas. "Havia um atraso de nove meses no pagamento dos soldados, muitos dos quais se viam forçados a ganhar a vida fazendo biscates", narra Charles Boxer.[75] Para quitar a conta, propôs à Câmara do Rio a instituição do primeiro imposto predial, com o qual pretendia pagar os 350 praças da guarnição da vila. Seriam 2 tostões mensais pelos altos e pelos baixos das casas da rua Direita, principal via de comércio; nas outras ruas, meia pataca e um tostão. Estavam isentas as ordens eclesiásticas, as maiores proprietárias de imóveis da vila e da capitania.

Aceitou a contraproposta dos vereadores, de instituir uma contribuição voluntária, além de uma taxação na venda de pipas de aguardente, cuja produção passaria a ser permitida em escala industrial. Nomeou o capitão Francisco Monteiro Mendes, cristão-novo que intermediava seus negócios, para receber e administrar os impostos criados. Porém, teve que voltar atrás. A resolução da Câmara violava os privilégios da Companhia Geral do Comércio do Brasil, que reclamou. Sem querer comprar briga com a Coroa, o governador-geral do sul anulou a medida. Em seu lugar, instituiu um imposto de renda, com um sistema progressivo, por meio do qual cada um pagaria o imposto segundo sua capacidade contributiva – os mais ricos, portanto, pagariam mais.

Faltava estabelecer sua autoridade junto aos belicosos bandeirantes paulistas, que ele já chamara uma vez de "facinorosos". Procurou aliciá-los com a ideia de explorar ouro, como já tinha feito dom Francisco de Sousa, cinco décadas antes. Era a saída para a queda nos preços do açúcar, do qual a colônia não podia depender exclusivamente. Em 1646, em sua primeira gestão como governador-geral da repartição sul, o próprio Correia de Sá já tinha patrocinado a "jornada das minas das esmeraldas da capitania do Espírito Santo", na trilha de Marcos Azeredo Coutinho, pioneiro dos sertões do Espírito Santo, que teria achado esmeraldas na serra do Sabarabuçu.

Entregara o comando da entrada ao filho, João Correia de Sá, que partiu acompanhado dos filhos de Azeredo com 25 canoas, 17 brancos e 150 índios. A expedição encontrara sinais promissores de ouro, conforme amostras acompanhadas de carta em maio de 1648 a dom João IV, assinada por Duarte Correia Vasqueanes, a quem Correia de Sá e Benevides deixara como governador interino durante a campanha de Angola.

Em 1660, Correia de Sá foi visitar as minas em exploração em São Paulo. Apesar de seu poder de dissuasão, não encontrou muita simpatia. Tempos antes, Lourenço Castanho Taques, acompanhado de seu filho, Lourenço Castanho Taques, o Moço, aprisionara índios, entre eles cataguases, segundo os quais o governador, por sua proximidade com os jesuítas, vinha à capitania libertar. Por conta disso, se revoltaram contra seus captores, assassinando 3 portugueses da vila: Francisco Coelho da Cruz, Bartolomeu do Paço e Fernão Bicudo Tavares. Com isso, em novembro de 1660, os paulistas se puseram em pé de guerra contra Correia de Sá, pouco antes de sua chegada. E se recusaram a recebê-lo.

De Santos, onde se instalou, o governador das capitanias do sul enviou à vila de São Paulo um emissário levando esclarecimentos. Só em 3 de março de 1661 os paulistas o autorizaram a subir a serra. Na vila de São Paulo, então com cerca de 3.500 habitantes brancos, Correia de Sá estreitou suas relações com os bandeirantes e preparou-se para visitar os garimpos.

Enquanto fazia as pazes com os paulistas, os problemas no Rio cresciam. Durante a sua ausência, proeminentes fazendeiros, instalados na Câmara do Rio, como Jerônimo Barbalho Bezerra, Diogo Lobo Pereira, Lucas da Silva e Jorge Ferreira de Bulhões, tinham pedido ao governador interino, seu primo Tomé de Correia Alvarenga, a suspensão das taxas sobre a aguardente e a redução da guarnição a 320 homens, para economizar. Alvarenga manteve a sua posição.

O foco inicial da Revolta da Cachaça foi São Gonçalo, propriedade da família Barbalho, uma das mais atingidas pelo novo imposto, crítica da antiga hegemonia dos Sá. Pertencia a Jerônimo Barbalho Bezerra, filho de Luís Barbalho Bezerra, governador-mor da capitania do Rio de Janeiro entre 1643 e 1644, herói da luta contra os holandeses. A "paróquia" (comunidade) de São Gonçalo não apenas se recusou a pagar as novas taxas como Jerônimo Barbalho Bezerra armou os rebeldes e deu a Alvarenga um ultimato. Acuado, o governador interino refugiou-se no convento dos beneditinos, mas foi preso e encarcerado na fortaleza de Santa Cruz. A população saiu às ruas em protesto contra o governo. Casas foram saqueadas, incluindo a de Correia de Sá.

Em 8 de novembro de 1661, uma reunião aberta ao povo no chamado Senado da Câmara reuniu líderes da revolta e os membros da guarnição que, insatisfeita com o salário, em vez de deter os revoltosos saqueadores da vila, também aderiu à rebelião. Na assembleia, proclamou-se a deposição de Correia de Sá do governo-geral do sul, assim como de seu substituto interino e de todos os seus parentes instalados na administração. Em seu lugar, elegeram Agostinho Barbalho, irmão de Jerônimo, que a princípio recusou o cargo. Assim como já fizera Amador Bueno em São Paulo, declarou fidelidade a Correia de Sá – e também teve de fechar-se num mosteiro, o de Santo Antônio, com receio da reação popular.

Finalmente, coagido, Agostinho Barbalho aceitou o cargo – embora tenha mandado o tabelião registrar o seu protesto no documento de posse. Os vereadores aproveitaram o embalo para depor os oficiais da Câmara, pediram ao ouvidor Pedro de Mustre Portugal que libertasse presos e exigiram nova eleição. Atribuíram a convocação do pleito aos juízes Diogo Lobo Pereira e Lucas da Silva, além dos vereadores Fernando Faleiro Homem, Simão Botelho e Clemente Nogueira da Silva.

Em 16 de novembro, a Câmara do Rio enviou um comunicado da deposição de Correia de Sá à Câmara de São Paulo. Contavam com a antipatia dos paulistas pelo governador do sul para receber o seu apoio. Apesar da má vontade com Correia de Sá, os "homens bons" da capitania preferiram manter-se na legalidade. Em 18 de dezembro, a Câmara de São Paulo respondeu que lhe prestava obediência. E se ofereceram para debelar a revolta a seu lado.

No Rio, o preposto de Correia de Sá, Tomé Correia de Alvarenga, foi embarcado para Portugal, junto com a família. Em Lisboa, foi recebido por dona Catarina de Velasco, mulher de Correia de Sá. Na mesma nau, seguiu para a corte um relatório repleto de acusações dos rebeldes contra o governador-geral do sul. Ao mesmo tempo, Agostinho Barbalho enviou uma carta ao governador-geral na Bahia, Francisco Barreto, com explicações sobre o golpe, assinada em 15 de dezembro.

Correia de Sá soube do golpe durante sua visita às minas de Paranaguá. Seguro da lealdade da capitania de São Vicente e São Paulo, tentou primeiro contornar a crise pela diplomacia. Em 1º de janeiro de 1661, publicou um decreto em que perdoava os rebeldes e autorizava Agostinho Barbalho a continuar no governo, porém como seu representante. Revogou as taxas que tinha instituído e prometeu o ressarcimento daqueles que as tinham pago. Antes de voltar ao Rio de Janeiro, procurava acalmar os ânimos e arrefecer a resistência. Os rebeldes, porém, tomando-as por sinal de fraqueza, não aceitaram as condições.

Prepararam a resistência armada. Esta, porém, caiu com a simples chegada de Correia de Sá e tropas de São Paulo, depois de encontrar-se em Angra dos Reis com o filho, João, vindo das Minas, com criados e escravos. Correia de Sá entrou no Rio de Janeiro acompanhado de Manuel Freire de Andrada, general da frota da Companhia Geral de Comércio, e de seu irmão, o almirante Francisco Freire, desembarcados direto na vila. Dirigiu-se primeiro aos quartéis. Depois de assegurar a fidelidade das tropas, ocupou pontos estratégicos da cidade e reuniu os aliados. Imediatamente, nomeou o desembargador Antônio Nabo Pessanha para fazer uma devassa, que apontou Jerônimo Barbalho Bezerra e Jorge Ferreira Bulhões como chefes da revolta.

Convocou a corte marcial, que condenou Jerônimo Barbalho à morte: em 10 de abril de 1661, foi enforcado no largo da Polé. Separada a machadadas do restante do corpo, sua cabeça ficou exposta ao lado da forca. Outros revoltosos foram enviados a presídios em Portugal. Alguns, perdoados, retornaram ao Brasil. Outros não suportaram as condições das medievais prisões portuguesas, como Jorge Ferreira Bulhões, que morreu no cárcere de Limoeiro.

Embora Agostinho Barbalho ainda fosse formalmente o governador, Correia de Sá instituiu um triunvirato, encabeçado por ele mesmo, para governar a partir da presidência da Câmara. Toda aquela manobra, porém, o desgastara. A rainha regente, dona Luísa, achou melhor repatriá-lo a Lisboa, de modo a preservá-lo e diminuir os conflitos. A Coroa tinha essa experiência em outras praças: Manuel Mascarenhas Homem, capitão do Ceilão, foi deposto por militares, em 1652, por acusação de passividade e covardia; dom Diogo Coutinho, governador de Macau, linchado por arrogância, em 1646; Vasco de Mascarenhas, primeiro conde de Óbidos, vice-rei da Índia, também deposto em 1653 em circunstâncias parecidas.

Assim, Correia de Sá foi avisado de que deveria voltar à corte com a chegada de seu substituto, dom Pedro de Mello. Enquanto isso, aproveitou o tempo para realizar um velho projeto: construir no Rio de Janeiro o maior galeão do mundo. O *Padre Eterno*, que deu o nome à Ponta do Galeão, na Ilha do Governador, onde ficava o estaleiro, levou aproximadamente três anos para ser construído. Não há muitas referências sobre ele, exceto que, sob protestos dos que achavam absurdo pagar impostos por projetos como aquele, Correia de Sá importou ferragens e outros equipamentos da Inglaterra e trouxe carpinteiros da Bahia. Entre eles, um grupo que tinha miraculosamente recuperado o *Het Huys Nassauw*, nau de guerra holandesa encalhada em Itaparica, queimada e em destroços.

Em 29 de maio de 1662, chegou afinal dom Pedro de Mello. Correia de Sá partiu para Portugal antes do fim da construção do *Padre Eterno*, com o qual ele pretendia fazer sua entrada na metrópole. Desembarcou em Lisboa no dia 25 de junho de 1663, quando recebeu a notícia de que seu filho mais velho, Martim Correia de Sá, se destacara na Batalha do Ameixial, contra os espanhóis.

Apesar da mudança no comando, a origem da crise persistiu: o conflito entre os interesses dos colonos e da Companhia Geral de Comércio, isto é, entre a elite local e a empresa encarregada de extrair recursos da colônia para a Coroa em Lisboa. Naquele momento em que ainda enfrentava opositores externos, tanto a Espanha quanto os Países Baixos, a Coroa não podia se dar ao luxo de combater uma revolta na colônia. E preferiu ceder. O imposto de renda foi extinto por carta régia. Os privilégios da Companhia Geral do Comércio do Brasil foram reduzidos. A indústria da aguardente foi liberada.

Acabava a hegemonia dos Correia de Sá no Rio, embora o posto de alcaide-mor da vila permanecesse hereditário, fonte permanente de renda para a família. A colônia tomava as rédeas do reino. "A revolta do Rio de Janeiro, entre novembro de 1660 e abril de 1661, foi um acontecimento de grande importância na história do Brasil colonial, embora sua verdadeira significação tenha sido muitas vezes esquecida pelos historiadores modernos", afirma Charles Boxer. O Brasil se descolava de Portugal, justamente no momento em que os portugueses sofriam com a perda do soberano a cujos pés a colônia havia praticamente entregue um império.

CAPÍTULO 5

O Brasil brasileiro

Um rei impotente muda a história

Com a morte de dom João IV, em 6 de novembro de 1656, desapareceu o restaurador da Coroa, querido pelos portugueses, promotor das artes plásticas e da música, compositor, escritor e formador de uma das maiores bibliotecas do mundo. Apesar de seus esforços, dom João IV não viu ser concretizada a paz com a Espanha. Mesmo com as dificuldades em recuperar o antigo reino, Filipe IV persistiu na reivindicação da volta de Portugal ao império, como legítima herança.

A República neerlandesa também reivindicava a parte da colônia que Portugal lhe havia tomado. Seu argumento de defesa não era de direito: continuava sendo a força. Em 1657, a Marinha neerlandesa capturou a frota da prata vinda do Brasil e bloqueou a costa oeste portuguesa. Em 1658 expulsou os portugueses do Ceilão e da Índia. Sob ameaça da Marinha neerlandesa, Portugal teria de ceder.

Era preciso pulso firme para dominar a situação. A Coroa portuguesa pousou sobre a cabeça do filho de dom João IV, Afonso VI, que teve um reinado turbulento. Um embaixador da Inglaterra, *sir* Robert Southwell, o definiu assim: "As virtudes de que era possuidor (se é que posso falar dele num estado decadente) ultrapassavam tanto os limites razoáveis que se tornaram tão desastrosas quanto os seus defeitos".[1]

Não tinha sido preparado para o poder, destinado a seu irmão mais velho, Teodósio de Bragança, jovem brilhante, amante das artes como o pai, que tivera o padre Vieira como um de seus preceptores e incentivadores, mas morreu em 1653 de tuberculose, aos 19 anos.

Afonso VI tinha saúde frágil, complicada por uma doença de infância, descrita na medicina da época como "febre maligna", possivelmente meningite, que o deixou semiparalisado do lado direito, impotente e inseguro. Quando dom João IV morreu, Afonso tinha apenas 13 anos. Conforme testamento deixado pelo rei, sua mãe, dona Luísa Francisca de Gusmão e Sandoval, assumiu a regência.

Durante o governo de dona Luísa, os portugueses conquistaram importantes vitórias sobre a Espanha, em especial na Batalha das Linhas de Elvas, em 1659, quando o general espanhol Luis de Haro y Guzmán foi surpreendido, mesmo lutando com um exército maior. "Essa vitória permitiu a Portugal tomar fôlego, achando-se os dois lados demasiado exaustos", relata Charles Boxer.[2] Dona Luísa tratou de fortalecer a aliança com a Inglaterra. Casou a filha Catarina de Bragança, irmã de Afonso VI, com o rei inglês Charles II. Para isso, no acordo assinado em 18 de agosto de 1661, deu como dote da noiva, que sequer falava inglês, 1 milhão de libras esterlinas, mais a posse de Tânger e Bombaim.

Dona Luísa renegociou e fortaleceu o Tratado de Westminster, e o apoio inglês foi decisivo para pressionar os neerlandeses a um acordo. A aliança com os ingleses perdurou pelos séculos seguintes e colaborou para Portugal assegurar seu reconhecimento como nação europeia independente. "A presença de navios ingleses durante três verões sucessivos, entre 1661 e 1663, evitou que a Espanha invadisse Portugal por mar", afirma Charles Boxer.[3]

Em 6 de agosto de 1661, foi assinada a Paz de Haia, que selou a posse portuguesa do Nordeste brasileiro. Pelos termos, Portugal teria de entregar à República neerlandesa como compensação 63 toneladas de ouro. O resgate foi parcelado ao longo de quarenta anos, sob ameaça de invasão, tanto de Portugal quanto do Brasil, em caso de rompimento. Os portugueses ainda cederam o Ceilão e as ilhas Molucas, e concederam aos neerlandeses privilégios sobre o comércio açucareiro. A monarquia portuguesa agradeceu formalmente a Jerônimo Nunes da Costa pela sua intermediação no acordo. Como reconhecimento, o mercador-diplomata judeu passou a receber uma pensão anual do governo português no valor de 700 cruzados.

"Foi um dos mais importantes tratados tanto para os neerlandeses quanto os portugueses no século, pelo acordo que colocou fim a mais de sessenta anos de amargo conflito colonial e enquadrou as relações pacíficas que prevaleceriam entrando pelo século seguinte", afirma o historiador Jonathan Israel.[4] Apesar disso, nenhum dos lados ficou plenamente satisfeito. Os portugueses achavam aquela indenização pesada. Os neerlandeses reclamavam dos atrasos no pagamento.

Em 22 de junho de 1662, por ordem régia em nome da defesa de Portugal contra a Espanha, e de poupar a mãe de maiores esforços, Afonso VI removeu-a da regência. Ela tolhia suas amizades com arruaceiros de Lisboa, em especial um conhecido baderneiro chamado Antônio Conti, que dona Luísa pretendeu desterrar para o Brasil. No seu lugar, o futuro rei colocou Luís de Vasconcelos e Sousa, terceiro conde de Castelo Melhor, filho de João Rodrigues de Vasconcelos e Sousa, ex-governador-geral do Brasil. Com o título de escrivão da puridade, cargo de maior confiança do rei, encarregado de toda a administração, Castelo Melhor assumiu funções equivalentes às de um primeiro-ministro.

Em sua correspondência com a filha Catarina, rainha da Inglaterra, dona Luísa, que colocara o conde como aio do jovem monarca, afirma ter visto ali uma conspiração, com a participação do conde de Atouguia e de Sebastião César de Meneses, para derrubá-la. Dona Luísa permaneceu no paço até março de 1663, quando, por influência do conde, foi internada no convento dos agostinhos descalços, o "convento do Grilo". Morreu em 27 de novembro do ano seguinte, no convento do vale de Xabregas.

Anteriormente exilado na França, onde permaneceu dois anos por suspeitas de participação na adolescência do assassinato de dom Luís de Portugal, conde de Vimioso, o conde de Castelo Melhor chegou ao poder primeiro por bravura, depois por esperteza. Como soldado, combateu os espanhóis no Minho, onde foi gravemente ferido, e em 1659 se tornou reposteiro-mor e depois camareiro do paço, um dos postos mais elevados da corte portuguesa, por sua convivência com a família real. Depois, veio a esperteza. Ao influenciar o rei para o afastamento da mãe, tornou-se o homem mais poderoso do reino.

Com ele, dom Afonso enfrentou o período mais agudo do confronto com a Espanha, que definiria a Restauração. Com a morte de Filipe IV da Espanha, João de Áustria, filho bastardo do rei de Castela, invadiu o Alentejo, tomou Évora e chegou quase às portas de Lisboa. No entanto, desde que terminara a guerra com a França, celebrizada como a Guerra dos Trinta Anos, em 1659, a Espanha estava enfraquecida. E Portugal tinha já um exército bastante organizado e preparado.

O conde de Castelo Melhor tratou de repelir a invasão. Colocou como comandante em chefe das Forças Armadas o conde de Vila Flor, Sancho Manuel, com a ajuda do conde Frederico Armando de Schomberg, celebrado estrategista alemão, mercenário contratado pelo conde de Soure, e do general Antônio Luís de Meneses, terceiro conde de Cantanhede, que depois receberia o título de marquês de Marialva.

Conseguiram uma série de triunfos: reconquistaram Évora, tomaram Assumar, Ouguela, Veiros, Monforte, Crato e Borba. Em 1663, portugueses e espanhóis se enfrentaram novamente em Figueira de Castelo Rodrigo. A campanha culminou com a Batalha de Montes Claros, vencida por dom Luís de Meneses e Schomberg, que selou o destino da guerra.

Depois de Montes Claros, houve apenas escaramuças esporádicas – os espanhóis, exauridos por tantas guerras, afinal aceitaram a paz. O conde de Castelo Melhor via-se agora em vantagem. Exigiu da Espanha o reconhecimento não apenas da independência de Portugal como de seus territórios ultramarinos e da Galícia, a norte do território português. Talvez tivesse conseguido, não fosse outra conspiração, dessa vez contra ele.

Enquanto se desenrolavam as batalhas contra a Espanha, um motim crescia em Lisboa. Criticavam-se a decadência de Portugal nas Índias Orientais, a cessão de domínios importantes para a Inglaterra, assim como a tomada pelos neerlandeses do Ceilão, de Cranganor, de Negapatão, de Cochim, de Coulão e de Cananor. Um grupo de nobres, entre os quais o próprio Antônio Luís de Meneses, o conde de Vila Flor e o conde de Sarzedas, derrubou o conde de Castelo Melhor, intitulando-se como o "partido francês", contra o "partido inglês" de Castelo Melhor.

Em 27 de outubro de 1667, a Câmara de Lisboa convocou as chamadas Cortes para tirá-lo do poder à revelia do próprio rei. Castelo Melhor refugiou-se num mosteiro em Torres Vedras e depois pediu asilo sucessivamente aos reinos de Saboia, da França e da Inglaterra. A rainha Maria Francisca, casada com Afonso VI, deixou o paço logo depois, em 21 de novembro. Internou-se no convento da Esperança com sua comitiva, o que deixou o rei ainda mais exposto a um escândalo que circulava muito além da corte. A história matrimonial de Afonso VI era repleta de frustrações. Suspeito de manter relações homossexuais com Antônio Conti, já tinham falhado no passado 3 tentativas de casamento, intermediadas por Francisco Manuel de Melo e Torres, marquês de Sande.

Por fim, o marquês tinha conseguido, em Paris, no dia 24 de fevereiro de 1666, um contrato matrimonial com Maria Francisca, bisneta de Henrique IV da França, com a bênção do rei Luís XIV. O casamento, que daria aos herdeiros de Portugal o sangue da casa real francesa, foi celebrado por procuração em La Rochelle, em 27 de junho. No dia 2 de agosto, Maria Francisca chegou a Lisboa já como rainha. Desde então, passou a queixar-se do desempenho real na cama. Sem filhos, portanto incapaz de produzir um sucessor, a rainha afirmou que o matrimônio sexualmente sequer se consumara. A seu confessor, o jesuíta Francisco de Vila, declarou que o rei era inábil e impotente e, por fim, recolheu-se ao convento.

No dia seguinte à sua internação, a rainha pediu a anulação do casamento no Cabildo de Lisboa. Deixou ao rei uma carta. "Apartei-me da companhia de sua majestade, que Deus guarde, por não haver tido efeito o matrimônio em que nos concertamos", afirmou.

Sem Castelo Melhor, e sob pressão, Afonso VI abdicou do trono em 22 de novembro de 1667. Dizendo atender a exigências do "Senado lisboeta", seu irmão Pedro assumiu a regência, com o título de curador e governador do reino, e assinando documentos como "infante". Entre 9 de janeiro e 23 de fevereiro de 1668, 55 pessoas foram chamadas ao paço, perante o arcebispo de Lisboa, Rodrigo da Cunha, para depor em audiência pública sobre a incapacidade sexual do monarca no processo de divórcio. Entre elas, encontravam-se 14 mulheres que teriam passado pela cama do rei. Nenhuma testemunhou a seu favor.

O processo foi julgado por 3 autoridades eclesiásticas e um júri com 4 desembargadores e 4 cônegos. Mesmo antes de sair o resultado, já havia na corte quem sugerisse ao infante dom Pedro que se casasse com a rainha, para assegurar a linhagem de dom João IV. Num país já traumatizado pela crise sucessória que o jogara nas mãos da Espanha, era uma situação grave.

A anulação foi concedida pelo papa, em Roma. E a sentença chegou a Lisboa em 27 de março de 1668 – por ato sancionado pelas Cortes de Lisboa em 1669, Afonso VI foi banido e enviado a um exílio forçado na ilha Terceira dos Açores. A partir das Cortes, dom Pedro passou a assinar os documentos como "príncipe". Mudou todos os membros da alta administração do reino, entre eles o de vedor da Fazenda, onde assentou o general Antônio Luís de Meneses, marquês de Marialva.

Em 1668, dom Pedro assinou o tratado de paz com a Espanha. Pelo acordo, a Espanha reconheceu a independência de Portugal, devolveu prisioneiros de guerra e suas antigas possessões ultramarinas, com a exceção de Ceuta. Dali, por todo o resto do século, dom Pedro seria para todos os efeitos o monarca de Portugal. Faltou, porém, um detalhe no acordo: definir onde ficavam a América portuguesa e a espanhola. Isto é, quase cem anos depois da União Ibérica, ainda não se sabia até onde ia o Brasil.

A colônia intrusa

Em 1678, dom Pedro II decidiu tomar os passos que seu pai, o falecido dom João IV, hesitara dar no plano proposto por Salvador Correia de Sá e Benevides para recuperar seu poder no Novo Mundo. "Duas foram as diretrizes principais da política americana de dom Pedro II: levar as fronteiras do Brasil à margem setentrional do rio da Prata e envidar todos os esforços em favor da descoberta de metais nobres e pedras preciosas", afirma Taunay.[5]

Ordenou afinal fundar a colônia na margem esquerda da foz do Prata, do lado oposto a Buenos Aires. Três anos antes, em 1675, em atenção aos planos do regente, o papa Inocêncio II já preparara o terreno, com a criação de um bispado para uma colônia no Prata, vinculada à capitania do Rio de Janeiro. Com ela, dom Pedro pretendia marcar claramente até onde iam suas terras do Novo Mundo, segundo a interpretação portuguesa da última versão do Tratado de Tordesilhas.

No final de 1678, a Coroa portuguesa enviou uma bandeira capitaneada pelo tenente-general Jorge Soares de Macedo, de Santa Catarina até o Prata, em busca de "minas de prata que houver neste sertão até Buenos Aires". No mesmo ano, ordenou ao governador do Rio de Janeiro, dom Manuel Lobo, empossado por carta de 12 de novembro de 1678, que fundasse um bastião "na ilha de São Gabriel ou na paragem que tivesse mais propósito", para sinalizar a presença portuguesa.

Dom Manuel subiu a serra do Mar até a vila de São Paulo, onde levou a carta do monarca aos paulistas, escrita por dom Pedro de próprio punho, para que o ajudassem. Estava endereçada a Fernão Paes de Barros, capitão-mor da capitania de São Vicente e São Paulo, cargo já ocupado pelo pai, e a Fernão Dias Paes Leme, veterano das bandeiras e homem mais rico da colônia, então com 60 anos.

Filho do antigo capitão-mor de São Vicente e São Paulo, Pedro Vaz de Barros, a cuja herança juntara ainda mais riqueza, Fernão Paes de Barros já tinha sido o mais generoso contribuinte da Coroa, quando doara sozinho mais de meio milhão dos 7 milhões solicitados pela Coroa à colônia para pagar o dote de casamento de dona Catarina, irmã de dom Pedro, e o resgate pela paz com os Países Baixos. Como boas-vindas, Fernão Paes de Barros hospedou dom Manuel Lobo e lhe deu 100 mil réis em dinheiro e 3 cavalos.

Na falta de provisão para aquela campanha, ofereceu 40 arrobas de prata das baixelas de sua copa, para que fossem fundidas ou empenhadas, de modo a financiar o projeto real.* De Salvador, na Bahia, vieram canhões para a futura fortaleza. E a expedição partiu de São Paulo em 1679.

Dom Manuel Lobo escolheu o lugar, na ilha de São Gabriel do Rio da Prata, e ali construíram a fortaleza e a nova colônia, batizada de Nova Colônia do Sacramento. Sob sua autoridade, organizou-se

* Livro de vereança de São Paulo, 1679.

uma grande expedição para explorar ouro e prata na costa até o Prata. Para isso, o administrador geral das minas, o espanhol dom Rodrigo de Castel-Blanco, aportuguesado como Castelo Branco, foi enviado de Salvador a São Paulo com 60 soldados. Castelo Branco convocou o mestre de campo e governador de Santos, Jorge Soares de Macedo, responsável pelo garimpo das minas de Paranaguá e do sertão de Sabarabuçu, e armaram uma bandeira, que tinha como capitão-mor Braz Rodrigues de Arzam.

Com 200 índios mateiros, partiram de Santos em março de 1679, a bordo de 7 sumacas com armas e mantimentos. A expedição, no entanto, foi um desastre. Uma sumaca foi perdida com todos os seus ocupantes em meio a tempestades na costa de Santa Catarina. Jorge Soares retornou à ilha de Santa Catarina a pé. Ali, por ordem de Manuel Lobo, levantou uma fortaleza com estacas de madeira, antes de seguir para Sacramento.

Novas tempestades jogaram a embarcação na costa, pela altura do cabo de Santa Maria, no Rio Grande do Sul. Jorge Soares escapou da morte com outros 24 náufragos, entre eles o capitão-mor Braz Rodrigues de Arzam, que chegaram à terra firme nadando ou agarrados nos destroços. Seguiram viagem por terra, mas foram aprisionados no caminho por índios enviados pelos jesuítas da missão de Yapeju.

A construção de Sacramento já tinha disparado o alarme entre os colonos espanhóis. Com receio de que a fortaleza trouxesse de novo a ameaça dos bandeirantes, os jesuítas procuravam ocupar militarmente toda a região Sul. Bloquearam a navegação do rio Paraná, para cortar por esse caminho qualquer comunicação e suprimento a dom Manuel Lobo.* Conduziram Jorge Soares e seus homens e os conduziram como prisioneiros à missão de Yapeju, no rio Uruguai, a 20 léguas de Buenos Aires.

De lá, Jorge Soares foi enviado com o que restou de sua companhia a Buenos Aires, onde o grupo foi mantido sob a vigilância de sentinelas no cárcere da fortaleza. A capital da província se movimentava

* JARQUE, Francisco. Insignes Missioneros de la Compañia de Jesus en la Província del Paraguai. Livro 3º, cap. 10. Pamplona: Juan Micòn, 1687

para enfrentar os portugueses do outro lado do rio. Dom José de Garro, cavaleiro da Ordem de Santiago, governador e capitão-geral da província de Buenos Aires, já pedira reforços a dom João Dias Andino, governador da província de Tucumán; a dom Filipe Rege Corbalan, governador da província do Paraguai; e ao tenente-general Martín de Garayar, governador de Córdoba.

O alerta foi subindo pela América espanhola até chegar ao vice-rei do Peru, o arcebispo de Lima, dom Melchior de Linhan. Dom José de Garro escreveu também ao superior de todas as missões jesuítas, Christovam Altamirano, que colocou seus exércitos à disposição, a começar por Yapeju: 3.300 índios prontos para o combate, organizados em companhias de 100 homens como as antigas centúrias romanas, com 2 mil cavalos, 500 mulas de carga e 200 bois de carreta para transportar a artilharia.

Dom José então enviou ao governador dom Manuel Lobo um ultimato para sair do território espanhol. Ofereceu-lhe transporte para voltar ao Rio de Janeiro e a promessa de libertar os prisioneiros que já estavam em seu poder. Dom Manuel, porém, não manifestou qualquer intenção de abandonar sua posição. O governador de Buenos Aires mandou ao ataque seu exército, sob o comando do mestre de campo dom Antonio de Vera Mujica.

Em 6 de agosto de 1680, surgiu na margem esquerda do Prata uma coluna de 3 mil índios, divididos em 3 batalhões, comandados por mestres de campo indígenas. Na retaguarda, seguiam soldados mercenários espanhóis vindos de Córdoba. Em Buenos Aires, restaram ainda 2 mil combatentes para proteger a cidade em caso de necessidade. À frente do exército, Mujica trazia uma manada de 4 mil cavalos em pelo, sem cavaleiros, que serviriam de proteção contra o primeiro fogo de artilharia na aproximação da fortaleza de Sacramento.

Colocados à frente dos soldados espanhóis, os comandantes índios se queixaram de servir de escudo vivo, assim como os cavalos. Argumentavam ainda que, assustados pelos disparos de canhão, os cavalos podiam simplesmente dar meia-volta e passar por cima deles. Com isso, Mujica desistiu dos cavalos e marchou para Sacramento durante a noite.

Chegaram à ilha de São Gabriel de madrugada. Com tiros de canhão, derrubaram um baluarte com sua sentinela e abriram uma brecha na fortaleza. Os índios invadiram Sacramento, onde começou o combate corpo a corpo. Dom Manuel Lobo, que estava dormindo, pulou da cama e saiu para a luta, mesmo adoentado. O combate durou cerca de três horas. Ao final, Sacramento foi tomada. Prisioneiro, dom Manuel Lobo foi encarcerado em Buenos Aires.

Os colonos espanhóis tinham reagido como fariam diante dos ataques bandeirantes, mas o tempo mostrou terem exorbitado em uma questão ainda não resolvida pelas cortes de ambos os países. Naquele mesmo ano de 1680, o próprio dom José escreveu ao rei espanhol que "esta cidade [de Buenos Aires] se compõe na maior parte de portugueses, seus filhos e descendentes". Receava ao final do conflito não somente ver Sacramento recuperada pelos portugueses, como tomada toda a província que capitaneava.

Nas cortes de Lisboa e da Espanha, o ataque a Sacramento foi malvisto de ambos os lados. "Profundamente irritado, o príncipe regente de Portugal, dom Pedro II, preparou a guerra", afirma Miguel Paranhos de Rio-Branco, historiador e diplomata brasileiro.[6] "Em Madri, onde a notícia originara bastante surpresa, a Corte ficou imediatamente apreensiva, temendo as consequências de tal ato de hostilidade; e, do duque de Giovenazzo, que Carlos II despachara para dar as mais plenas satisfações ao regente, este não exigiu nada menos que a reconstrução da fortaleza e o reconhecimento como português de todo o território em que estava edificada."

Um trato provisional foi assinado em Lisboa, em 7 de maio de 1681. Charles II desautorizou o ato do governador de Buenos Aires, que foi destituído. Nova Colônia do Sacramento foi restituída a Portugal. Junto com o documento, um mapa reconhecia como legítima a posse por Portugal das terras do Prata até a barra da lagoa dos Patos. Ao receber Sacramento de volta, dom Pedro deu posse, em 1682, a um novo governador da capitania do Rio de Janeiro, Duarte Teixeira de Chaves, para substituir dom Manuel Lobo.

O ex-governador passou maus bocados nas masmorras de Buenos Aires, de onde, enfermo, escreveu ao rei uma carta de 3 janeiro de 1683, levada por outro dos prisioneiros de Sacramento, dom Francisco Naper de Alencastro. Na missiva, dom Manuel Lobo relata que outros prisioneiros tinham sido transferidos para Córdoba, a 130 léguas, e desestimulava o rei a insistir na colônia. Dizia que os jesuítas castelhanos só tinham em comum com os de Portugal a "roupeta". Segundo ele, os prisioneiros de Sacramento tinham sido executados friamente, sob a incitação dos religiosos, que "davam ordens aos índios de que não deixassem vivos os portugueses, dizendo em altas vozes '*ayaca caraíba*', que em língua dos índios quer dizer 'matai os brancos'".

Por fim, dom Manuel Lobo afirmou que o tratamento a ele dispensado na prisão "bem revela o ódio que este biscainho tem à nação portuguesa". Referia-se ao governador José de Garro, basco de origem, da cidade de Mondragón, vizinha de Biscaia. Diz na carta que as condições do cárcere eram também uma sentença de morte, reveladoras do desejo do governo de Buenos Aires de que se "exterminassem os poucos que escapamos [...]".* De fato, dom Manuel Lobo morreu quatro dias após ter redigido a carta.

Pelo acordo com a Espanha, os prisioneiros restantes foram libertados. Jorge Soares de Macedo viajou para Lima, onde pegou carona em um galeão espanhol, com destino a Portugal. A ideia de manter Sacramento como ponta de lança para uma nova fase de desenvolvimento, que, assim como a busca de ouro no sertão de Minas Gerais, abriria as portas para o comércio com a América espanhola, continuou a ser polêmica.

Dom Pedro, porém, não mudou de ideia. Sacramento completava a primeira grande etapa da Restauração da colônia segundo os velhos sonhos portugueses. Ao voltar como país independente da Espanha, Portugal não somente recuperava o Norte e o Nordeste como consolidava a colônia até o Prata. O príncipe regente podia contar que a colônia, tal como concebida desde o infante dom Henrique, agora era definitivamente toda ela portuguesa.

Ou quase toda.

* Carta de dom Manuel Lobo, Anais da Biblioteca Nacional, vol. 39. 1917.

Portugal negro

Até o final dos anos 1600, Portugal não havia dominado completamente a colônia, ocupada em parte por uma pequena monarquia que desafiava o império. Não pertencia a holandeses, franceses ou mesmo espanhóis. Era um domínio de tribos africanas, com uma área de influência que ia do sertão de Alagoas a Pernambuco, tão grande em tamanho quanto Portugal, que tem 92 mil quilômetros quadrados. E inspirava a sublevação em todo o restante do território colonial.

Desde que os primeiros negros foram trazidos da África, surgiram aldeamentos no sertão nordestino formados por foragidos. Enquanto os índios se abrigavam nas missões, ao sul, os negros buscavam refúgio nas montanhas. Não existia oposição à sua escravização nem pelos jesuítas, com exceção do padre Antônio Vieira. "Sabeis, pois, todos os que são chamados escravos, que não é escravo tudo o que sois", afirmou, em 1633.[7]

Para os negros de engenho, o único caminho para a liberdade era fugir. Nas montanhas, de difícil acesso, agrupavam-se em mocambos (palhoça, no sentido original), aldeias menores de clãs familiares. Os agrupamentos cresceram, formando os quilombos, em quimbundo, ou ochilombos, em umbundo – duas das principais línguas bantu, tribos que habitavam a África ocidental. Originalmente, quilombo significava pouso, lugar de descanso, ou acampamento. No Brasil, adquiriu sentido de cidade, povoação ou nação.

Os quilombos se multiplicaram e aumentaram de tamanho a partir de 1630, quando muitos negros aproveitaram a guerra com os holandeses para escapar. Assim nasceu Angola Janga ("Minha Pequena Angola"), na serra da Barriga, atual estado de Alagoas, mais conhecida como Quilombo dos Palmares, por conta das palmeiras típicas da região.

Em sua gestão, Maurício de Nassau queria destruí-los, de acordo com Gaspar Barléu, porque para lá "se dirigia um aluvião de salteadores e escravos fugidos, ligados numa sociedade de latrocínios e rapinas, os quais eram dali mandados às Alagoas para infestarem as lavouras".[8] Com a guerra, porém, jamais pôde juntar forças para essa empreitada.

Nos Palmares Pequenos, aldeias espalhadas pelas matas às margens do rio Gungouí, afluente do Paraíba, havia cerca de 6 mil quilombolas, segundo Barléu, "vivendo em choças numerosas, mas de construção ligeira, feitas de ramos de capim". Nos Palmares Grandes, na serra, a 30 léguas de Santo Amaro, viviam outros 5 mil negros, em casas construídas na orla da mata, por onde se embrenhavam em caso de fuga.

Ao longo do século, Palmares se tornou o maior quilombo do Brasil, a ponto de virar um Estado paralelo à colônia. Seu maior mocambo, o Macaco, sede política quilombola, chegou a ter 6 mil habitantes, mesmo número que o Rio de Janeiro na época, incluindo índios e escravos africanos – mais que São Luís do Maranhão, que tinha 3 mil, e pouco menos que o Recife no auge do domínio holandês, com 10 mil. Depois de Nassau, os holandeses enviaram expedições à serra da Barriga para recapturar os escravos. Fracassaram sucessivas vezes. Em 1644, sofreram sua maior derrota.

Ao final da Nova Holanda, em 1654, Palmares contava entre 23 e 30 mil pessoas, aproximadamente 13% da população da colônia na época. Após a retomada de Pernambuco, em 1654, os portugueses organizaram duas dezenas de expedições militares para desbaratá-lo. Palmares não só resistiu como tornou-se praticamente um país independente dentro da colônia, que desafiava o poder português, comerciava livremente com povoações vizinhas e se tornava um símbolo de resistência para os escravos nos engenhos, que podiam alimentar esperanças de um dia fugir, por saber que tinham para onde ir.

Entre 1661 e 1664, o governador pernambucano Francisco de Brito Freire procurou entrar em acordo com os quilombolas. Sua proposta era alforriar os habitantes de Palmares, como o capitão negro Henrique Dias fazia para alistar homens em sua tropa durante a guerra contra a Holanda. Porém, sua tentativa esbarrou na resistência dos próprios senhores de engenho da capitania. E o Estado Negro continuou a prosperar.

No quilombo, os refugiados cultivavam a lavoura, caçavam e recolhiam frutos silvestres. Vestiam-se com roupas feitas de fibra das cascas das árvores. Produziam manteiga de coco, óleo da noz dc palma, milho, mandioca, legumes, feijão e cana. Seus utensílios vinham também das palmeiras: confeccionavam esteiras, vassouras, chapéus, cestos e leques de palha. Retomavam a estrutura social e política à qual estavam acostumados na África. A divisão em mocambos, cada um com seu governo e leis, espelhava a multiplicidade de tribos coexistentes na África. Embora associado à liberdade, no quilombo havia reis e, portanto, súditos. Além de escravos que, se tentassem fugir, recebiam sentença de morte.

A escravidão nos quilombos podia ser temporária e era mais parecida com a vassalagem da Idade Média que com a escravatura à moda portuguesa, na qual o escravo deixava de ser dono de si mesmo em todos os sentidos e seu proprietário podia castigá-lo até a morte, se quisesse, sem interferência da justiça. Davam a liberdade aos escravos foragidos por conta própria, que chegavam aos quilombos com grande risco. Tomavam como escravos os negros capturados nos ataques às fazendas de portugueses e holandeses, em especial aqueles que se recusavam a acompanhá-los.

Palmares ganhou novo impulso com a chegada de uma leva de refugiados no final dos anos 1660, entre os quais se encontrava a princesa Aqualtune, filha do rei do Congo. Império africano fundado pelo rei Ntinu Wene no século XIII. Ia do Atlântico até ao rio Cuango, a leste; o rio Ogoué, ao norte; e o rio Kwanza, ao sul. Seu líder (soba, ou manicongo) governava na capital M'Banza Kongo (Cidade do Congo), depois rebatizada como São Salvador do Congo pelos portugueses, durante a conversão do rei ao catolicismo.

Em 1665, à frente de 10 mil guerreiros congoleses, Aqualtune enfrentou a tribo rival dos jagas, na Batalha de Mbwila. Derrotada e capturada, foi vendida aos portugueses, levada a São Paulo de Luanda e de lá deportada em navio negreiro para Recife. Grávida para valer mais, foi arrematada pelo engenho de Porto Calvo, no sul de Pernambuco, onde recebeu sobrenome português – passou a chamar-se Aqualtune Ezgondidu Mahamud da Silva Santos. Lá, tomou conhecimento entre os escravos da existência já quase lendária de Palmares, terra prometida nos montes além do horizonte.

Nos últimos meses de gravidez, Aqualtune organizou uma fuga para Palmares. Lá, liderou o mocambo com o seu nome. Seus filhos, Zumba ("senhor") e Gana ("grande"), tornaram-se chefes dos mais importantes mocambos do quilombo. Aqualtune deu à luz ainda Sabina, mãe de Zumbi, que seria o maior líder da comunidade.

Com a ajuda política da mãe, Zumba foi o primeiro a propor a criação de um Estado Negro, defensor dos diferentes mocambos, que, embora cada qual com seu chefe, uniriam forças contra o inimigo em comum quando necessário, sob um só comando. Por essa estrutura federativa de tribos, o quilombo foi chamado pelos historiadores de "República dos Palmares". Em 1670, o filho de Aqualtune tomou o título de Ganazumba (grande lorde, em quimbundo).

Ganga Zumba, seu nome aportuguesado, presidia o Conselho de Chefes dos outros 9 clãs, muitos deles seus parentes, como seu irmão Andalaquituche e, mais tarde, seu sobrinho Zumbi. Líder do maior mocambo, aglomerado de 1.500 malocas em 2 grandes avenidas, que contava 8 mil habitantes, morava com suas 3 esposas no palácio do Macaco, referência ao animal morto ali, onde se distribuíam sua família, nobres da corte, ministros, guardas e súditos.

Sob seu comando, Palmares atingiu o apogeu, dominando a vasta região do norte do rio São Francisco ao cabo de Santo Agostinho. Os quilombolas cercaram os mocambos com paliçadas de madeira, diante dos ataques dos portugueses. Em 1675, tropas portuguesas do sargento-mor Manuel Lopes ocuparam um mocambo com mais de mil palhoças por cinco meses. Aos 20 anos, Zumbi comandou sua retomada. Manuel Lopes foi obrigado a recuar para o Recife. Com isso, o sobrinho de Ganga Zumba ganhou prestígio e logo entraria em disputa com o tio.

Nascido livre um ano depois da expulsão dos holandeses de Pernambuco, em 1655, na serra da Barriga, Zumbi (ou Zambi) cresceu na mata, entre antigos escravos e crianças livres como ele. Capturado aos 6 anos, em 1655, foi educado por um missionário português, Antônio Melo, em Porto Calvo, que o batizou como Francisco, lhe ensinou português e latim e o fazia trabalhar nas missas como coroinha.

Fugiu aos 15 anos para Palmares, que contava então com mais de 50 mil habitantes, onde adotou o nome de Zumbi, referência aos mortos, que simbolizavam sua missão guerreira. Casou-se com Dandara e passou a liderar seu próprio mocambo.

Em 1677, o capitão Fernão Carrilho, que destruíra 2 quilombos em Sergipe, obrigou os habitantes do mocambo de Aqualtune a fugir para o de Subupira. A aldeia de Aqualtune foi queimada. Em uma guerra de emboscadas, os quilombolas fizeram os portugueses recuar, mas, com reforços de 180 combatentes, índios e portugueses, Carrilho avançou sobre o mocambo de Amaro, com mais de mil casas. Sem conseguir tomá-lo, saiu com 47 prisioneiros, entre eles 2 filhos de Ganga Zumba: Zambi e Acaiene.

Outro filho de Ganga Zumba, Toculo, morreu no combate. O próprio Ganga Zumba saiu ferido. A partir daquele ataque, ficou claro para Ganga Zumba que não poderia combater Portugal para sempre. Estava aberto o caminho para negociar um acordo de paz. Para o governador Pedro de Almeida, guerrear com aqueles rebeldes era um trabalho de Sísifo. Cada vez que um mocambo caía, era retomado e reconstruído. Eles matavam os quilombolas, mas outros se juntavam a eles, atraídos pela lenda de Palmares.

Seria mais simples legalizar o quilombo e incorporar seus mocambos como vilas da colônia. Os mocambos já vendiam seus produtos artesanais e alimentos para os povoados coloniais vizinhos. Em 1678, Almeida propôs a paz a Ganga Zumba. Pelos termos, ele deixaria a serra da Barriga para se instalar no vale do Cucaú. Ganga Zumba aceitou o acordo, num armistício sacramentado em Recife, onde ele entrou com uma comitiva de chefe de Estado. Porém, apoiado por grande parte de Palmares, Zumbi, então com 23 anos, resolveu opor-se. Não aceitava que os quilombolas fossem livres enquanto houvesse negros escravos entre os portugueses. Acreditava que incorporando-se à colônia eles perderiam sua autonomia e também sua cultura.

Conforme o acordo celebrado com Pedro Almeida, Ganga Zumba mudou-se para o Cucaú, nas margens do rio Formoso, com seu irmão, Ganga Zona. No Cucaú, região sem a defesa natural que a serra da Barriga proporcionava, os ex-quilombolas podiam manter o comércio com o restante da colônia. Um seguidor de Zumbi, porém, teria envenenado Ganga Zumba. Os quilombolas que não foram degolados pelos seguidores de Zumbi foram vendidos como escravos aos engenhos portugueses.

Com a morte de Ganga Zumba, Zumbi assumiu a liderança da República dos Palmares. Mudou-se para o mocambo do Macaco. Para os escravos nos engenhos de Pernambuco, seu nome de assombração inspirava respeito, esperança e devoção. Ganhou, no entanto, muitos inimigos – inclusive em Lisboa, onde o padre Manuel Fernandes, confessor de dom Pedro II, passou a defender a ideia de que, ao romper o acordo de Ganga Zumba, os quilombolas deviam ser levados em grilhões.

O já octogenário padre Antônio Vieira foi consultado por meio do secretário do rei, Roque Monteiro Paim. Rejeitou a ideia da criação de "missões negras". Depois de estar tão perto do poder – e compenetrado da importância da escravidão negra para a indústria do açúcar, agora central no projeto do império português –, Vieira pensava diferente dos seus jovens anos de pregador da libertação. Manifestou-se a favor de medidas duras contra os quilombolas.

"Ainda que cessassem dos assaltos que fazem aos povoados portugueses, nunca hão de deixar de admitir aos de sua nação que para eles fugirem", respondeu Vieira.[9] "Sendo rebelados e cativos, estão e perseveram em pecado contínuo e atual, de que não podem ser absoltos, nem receber a graça de Deus, nem se restituírem ao serviço e obediência de seus senhores, o que de nenhum modo hão de fazer."

"Vieira só faltou repetir a célebre frase do senador Catão, na Roma Antiga: *Delenda est Carthago*, Cartago deve ser destruída", afirma o historiador Ronaldo Vainfas.[10] "Sua mensagem era: *delenda* Palmares." Em carta a Vieira, de 6 de fevereiro de 1692, dom Pedro II concordava com o parecer e informava que abandonava então qualquer possibilidade de acordo.

O governador da vez na capitania de Pernambuco, João da Cunha de Souto Maior, apelou então aos bandeirantes paulistas. Convocou Domingos Jorge Velho, que entre 1671 e 1674 explorou o sertão nordestino, caçando índios. Plantou um arraial no Sobrado, onde possuía uma fazenda de gado, no sertão mais extremo da capitania de Pernambuco, que alcançava a Bahia, ao sul. Era o início da criação extensiva de gado, que até 1700 faria do couro, assim como do fumo, um grande produto de exportação, próximo do açúcar em importância.

Em 3 de março de 1687, Jorge Velho assinou o contrato com o governador para destruir Palmares. Buscou homens e recursos na vila de São Paulo. "Por maiores que fossem, no decurso de quarenta anos, os esforços de várias tropas opostas à ferocidade dos bárbaros, nunca se conseguiu efeito algum até mandar o governo-geral vir os paulistas, gente acostumada a penetrar sertões e tolerar as fomes, sedes e inclemências dos climas e dos tempos", justificou o arcebispo da Bahia, primaz do Brasil e governador-geral interino, dom Frei Manuel da Ressurreição.[11]

O acordo só foi levado a cabo em 1693, já na gestão do governador Caetano de Melo e Castro, quando enfim os bandeirantes marcharam para o combate. Segundo o arcebispo, bastaram o "valor e fama" de Jorge Velho para "os bárbaros perderem a insolência e tomar a guerra outro semblante". Em janeiro de 1694, a coluna de Jorge Velho subiu a serra da Barriga com mais de 8 mil homens, acompanhada de canhões.

Os paulistas reforçavam-se com as tropas do governo, capitaneadas por Bernardo Vieira de Melo, que, pelo sucesso na campanha, se tornaria em 1695 governador do Rio Grande do Norte. Concentraram-se na serra do Macaco, defendida por 3 linhas de paliçada, protegidas por duas centenas de combatentes. Durante 22 dias, Jorge Velho cercou o quilombo. Em 6 de fevereiro de 1694, os bandeirantes afinal penetraram nas barreiras e tomaram a capital de Palmares.

Apunhalado em combate, Zumbi conseguiu escapar. Refugiou-se em outro lugar, provavelmente a serra Dois Irmãos. Porém, foi traído por Antônio Soares, que apontou seu esconderijo. Morreu lutando, ao lado de 20 guerreiros, em 20 de novembro de 1695. Os milicianos cortaram sua cabeça, que foi salgada e levada ao governador Melo de Castro.

Como era costume entre os portugueses para dar exemplo, a cabeça de Zumbi foi empalada no pátio do Carmo, em Recife. Naquele caso, a fantasmagórica exibição tinha um sentido adicional: provar que ele podia morrer. "Determinei que pusessem sua cabeça em um poste no lugar mais público desta praça, para satisfazer os ofendidos e justamente queixosos e atemorizar os negros que supersticiosamente julgavam Zumbi um imortal, para que entendessem que esta empresa acabava de todo com os Palmares", escreveu o governador a dom Pedro em 14 de março de 1696.

Apesar disso, mesmo destruída, Palmares tornou-se um símbolo de resistência, dístico de grupos guerrilheiros que passaram a atacar engenhos de surpresa para saqueá-los e libertar escravos. Ainda haveria incursões militares contra redutos na serra da Barriga registrados até 1716, razão para suspeitar que, apesar dos esforços em contrário do império português, Zumbi ainda vivia.

Caçadores de pedras

Quando surgiu a necessidade de criar aldeamentos de apoio às grandes bandeiras, que implicavam plantar lavouras pelo caminho para dar suporte à coluna expedicionária, os bandeirantes já estavam povoando os sertões. Suas fazendas começaram a se estabelecer cada vez mais longe da vila de São Paulo. Em 1654, no caminho sul do Peabiru, o capitão do mato Baltasar Fernandes, irmão de André Fernandes, fundou Sorocaba, ao lado de seu filho, Manuel Fernandes de Abreu, o Caiacanga – em tupi, "cabeça de bugio", uma espécie de macaco de grande porte.

Filho do bandeirante com o mesmo nome, Pedro Vaz de Barros, conhecido como Pedro Vaz Guaçu ("grande", em tupi), abriu sua fazenda entre Parnaíba e Sorocaba, no vale do rio Tietê, onde cultivou vinhas e trigais. A fazenda, com 1.200 escravos índios e negros, se tornou povoação, no início sob jurisdição da vila de Santana de Parnaíba, com a fundação em 1657 da igreja de São Roque, santo de devoção do fazendeiro, de quem a vila tomou o nome. O irmão de Pedro Vaz, Fernão Paes de Barros, também fundou outra fazenda, entre São Roque e São Paulo, embrião da cidade de Cotia.

Os paulistas ocupavam o interior agora em busca de metais preciosos. Diferentemente das bandeiras de preagem de escravos, que voltavam ao ponto de partida, a mineração exigia a permanência no local. O garimpo demandava um longo período em cada região. Para explorá-lo, os bandeirantes passaram a fundar vilas como base de apoio para a atividade mineradora.

Vários bandeirantes partiram de São Paulo e Parnaíba em busca de ouro nos rios goianos e mineiros. Procuravam o ouro aluvial, depurando a areia dos rios. Trocavam o mosquetão pelo almocafre, a lança pela bateia. Aos homens fixados na terra para explorá-la, chamavam de caipiras – em tupi, "cortador de mato". Mais tarde, com a conotação de matuto, o termo passou a designar todos os nascidos no interior de São Paulo.

As primeiras grandes expedições mineradoras partiram nos anos 1660. O maior expedicionário dessa fase foi Fernão Dias Paes Leme. Sua biografia e fortuna já faziam dele "chefe de ilustre família, senhor de vastos latifúndios e milhares de escravos, aldeias de índios que administrava, e grossos cabedais, além de corpo de armas numeroso", segundo o historiador Diogo de Vasconcelos.

Já lhe era o bastante. Em 21 de setembro de 1664, porém, Fernão Dias recebeu uma carta, na qual o regente dom Pedro de Bragança lhe pedia pessoalmente para "ajudar" Agostinho Barbalho Bezerra, governador do Rio de Janeiro entre 1660 e 1661, na busca por ouro na serra do Sabarabuçu – a lendária "Serra Resplandecente". Não recebeu o pedido de boa vontade. Resistiu anos para iniciar a empresa que, já no fim da vida, o consagraria como maior expoente do bandeirantismo, ao lado de Raposo Tavares.

Dada a sua demora, em 1671, aos 63 anos, Fernão Dias recebeu praticamente uma intimação para buscar esmeraldas no Sabarabuçu, vinda de dom Afonso Furtado de Castro do Rio de Mendonça, governador-geral que assumiu em 8 de maio daquele ano. Em 30 de outubro de 1672, lhe foi outorgada a carta-patente para chefiar uma grande bandeira, com o título honorífico de "governador das esmeraldas e da conquista dos índios mapaxós", pelo qual o rei procurava estimulá-lo a voltar a campo.

Dessa vez, não tinha como recusar. Convocado pela Câmara em 8 de agosto de 1672 para dar satisfações, ou ser retirado da letargia, declarou aos oficiais que partiria para Sabarabuçu em março do ano seguinte.

Com sua vasta experiência, Fernão Dias utilizou verdadeira engenharia militar para deslocar um contingente tão grande de homens. Em 1673, um terço do capitão Matias Cardoso de Almeida partiu na vanguarda, com a missão de abrir caminho, expulsando os índios mapaxós, e plantando lavouras no trajeto para alimentar a bandeira em sua futura passagem.

A segunda coluna de vanguarda, chefiada por Bartolomeu da Cunha Gago, partiu no início de 1674. Tinha a função de colher o alimento das plantações e armazená-lo ao longo do caminho por onde seguiria a coluna principal. Assim surgiu uma série de arraiais que se tornariam as primeiras cidades mineiras.

Fernão Dias partiu, ele mesmo, em 21 de julho de 1674, de acordo com carta datada no dia anterior a Bernardo Vieira Ravasco, irmão do padre Antônio Vieira, desde 1649 secretário de Estado e Guerra do Brasil, segundo cargo mais importante da colônia, logo abaixo do governador-geral. Estava acompanhado de "quarenta homens brancos e quatro tropas [...] de gente escoteira com pólvora e chumbo". As "quatro tropas" somavam mais de 600 índios, sobretudo guaianases e tapamunhos, como os mamelucos chamavam em tupi os negros escravos, da fazenda de Fernão Dias em Santana de Parnaíba.

Entre os brancos, ou mamelucos, havia muitos familiares de Fernão Dias, todos bandeirantes experientes: seus filhos Garcia Rodrigues Paes e o mameluco José Dias Paes, que teve com a índia Marta, filha de um inimigo, o cacique Neenguiru, morto no enfrentamento com sua bandeira de 1644; seus genros Manuel da Borba Gato, casado em 1670 com sua filha Maria Leite; e Francisco Paes de Oliveira Horta, casado com Mariana Paes Leme.

Em 1674, o príncipe regente dom Pedro enviou Lourenço Castanho Taques com poderes de governador ao sertão dos índios cataguases, que teve de combater para ocupar a área onde encontrariam as primeiras minas de ouro do bandeirantismo – início da corrida que levaria milhares de outros aventureiros à região, chamadas de Minas dos Cataguases, depois Minas Gerais. Como voltou a São Paulo antes de Fernão Dias, Lourenço Castanho teria sido o primeiro a "dar o conhecimento" das minas de Cataguases, de acordo com Pedro Taques.[12] Recebeu o direito de explorá-las, com a nomeação de governador das minas do Caeté. Porém, morreu três anos depois, em 1677, aos 67 anos – foi sepultado no jazigo do Carmo de São Paulo com seu pai, Pedro.

Faltavam ainda as pedras verdes. Entre 1674 e 1681, Fernão Dias e seus homens percorreram o rio das Velhas, de sua nascente, no sertão de Sabarabuçu, até Serro Frio, ao norte. Cruzou o rio Verde e o rio Grande, onde se firmou em Ibituruna, considerada a primeira cidade mineira, por volta de outubro de 1674. Lá esperou o final da estação de chuvas. Em março de 1675 penetrou na serra da Borda e no rio Paraopeba (ou piraipeba, "rio de peixe chato"), onde ocupou o arraial de Santana dos Montes. Seguiu para o vale do rio das Velhas, terras habitadas pelos índios goiás, oriundos da Amazônia. Aparentados dos guaianás de Fernão Dias, aceitaram a presença da bandeira e ali ele decidiu instalar um arraial, o Sumidouro, nas proximidades da serra do Sabarabuçu.

Do Sumidouro, Fernão Dias orientou entradas pelo sertão do Sabarabuçu. Mandava índios à vila de São Paulo com pedidos de ajuda à sua mulher, Maria Garcia Rodrigues, administradora dos negócios da família durante sua ausência, como costume entre os bandeirantes. Enviou Borba Gato para o Uaimi-i, que seria Guaxim, ou Guaicuí, origem da cidade mineira de Sabará, e esquadrinhou toda a bacia do rio Jequitinhonha.

O rei, diretamente, o pressionava. Em 4 de dezembro de 1677, dom Pedro lhe enviou uma carta que, lida por bom entendedor, apesar de entremeada de gentilezas, dizia que, diante da falta de resultados, enviaria um interventor. "Porque fio do vosso zelo, que ora novamente continues esse serviço com assistência do administrador geral [das Minas] dom Rodrigo de Castelo Branco e do tesoureiro geral Jorge Soares de Macedo, a quem ordeno que, desvanecido o negócio a que os mando das minas de prata e ouro de Paranaguá, passem a

Sabarabuçu por última diligência das minas dessa repartição, em que há tanto tempo se continua sem efeito", escreveu o rei.

Fernão Dias contabilizava deserções dia a dia. Frustrado com o resultado do garimpo, Matias Cardoso de Almeida voltou para casa com seus homens. Até mesmo 2 capelães abandonaram Sumidouro. Em documento de 20 de dezembro de 1681 dirigido a dom Pedro, os oficiais da Câmara de Santana de Parnaíba afirmaram que Fernão Dias ficara estacionado no Sumidouro "por falta de mineiros". No documento, salienta-se seu esforço, "em tempo que seus anos pediam a continuação do sossego que lograva em sua pátria, e não a resolução de descortinar a terrível aspereza daqueles desertos, atropelando as dificuldades em que visivelmente arriscava seu crédito e a mesma vida".

Fernão Dias correu risco não apenas nas expedições como também por força de uma conspiração. Uma índia teria ouvido planos de assassiná-lo. Investigou os sediciosos, que desejavam voltar a São Paulo, receosos de morrer ali de fome, febre ou pela mão dos índios. Identificou como líder da sedição seu filho mameluco, José Dias Paes, a quem entregara o comando do arraial do Sumidouro. Sentenciou-o à morte por enforcamento. Receosos de sua fúria, outros garimpeiros abandonaram o arraial, desaparecendo no sertão.

Ele, que resistira tanto a começar, agora não queria voltar de mãos abanando. Afinal, em 1681, com uma centena de homens, empreendeu pessoalmente a grande expedição em busca da lagoa Vapabuçu, do pioneiro Marcos de Azeredo, na lendária serra da Esmeralda. Mandou "fabricar outra feitoria em Tucambira [ou Itacambira, "pedra pontuda"], deixando Sumidouro a cargo de Borba Gato", de acordo com o documento da Câmara de Santana de Parnaíba, de 1681.

Além dos vales dos rios Itamarandiba ("rio de cascalho") e Araçuaí ("rio grande do oriente"), nas nascentes do rio Pardo, ficava a terra dos índios mapaxós. Ali, Paes Leme fez alguns prisioneiros que lhe serviram como guias até Vapabuçu, hoje Sete Lagoas, região pantanosa onde encontrou, de fato, as já lendárias pedras verdes. Em 27 de março de 1681, Fernão Dias escreveu ao rei uma carta relatando o feito: "Deixo abertas cavas de esmeraldas no mesmo morro donde as levou Marcos de Azeredo, já defunto, coisa que há de estimar-se em Portugal".

No caminho da volta, sedimentou o arraial de Itacambira, futura base para explorar melhor a "região das esmeraldas". Na volta, em Guaicuí, porém, Fernão Dias e seus homens sentiram os sintomas das "carneiradas", nome que desde a África os portugueses davam à malária, doença que matara na região o próprio Azeredo. Sucumbiu ao lado de boa parte de seus homens, antes de alcançar Sumidouro, aos 73 anos.

Não chegou a saber que suas pedras verdes eram turmalinas, minerais semipreciosos, típicos da serra do Espinhaço, cheia de pedras coloridas. Nem viu o que aconteceu a seguir. Os sobreviventes começaram a transportar seu corpo para Sumidouro, de onde seguiria a São Paulo – uma operação repleta de outros incidentes. "Ainda depois de morto o perseguiram as calamidades ordinárias do sertão", afirmam os registros da Câmara de Santana de Parnaíba, "porque o seu cadáver e as amostras das esmeraldas padeceram naufrágio no rio que chamam das Velhas, em que se perderam as armas e tudo quanto trazia de seu uso, e se afogou a gente, porque os índios nadadores se ocuparam em salvar as próprias vidas".

De acordo com o documento, as pedras, assim como o cadáver de Fernão Dias, foram perdidas no naufrágio e recuperadas somente dias depois, ao chegar seu filho Garcia Rodrigues Paes. No retorno a Sumidouro, Garcia Rodrigues deparou-se com a chegada da bandeira de dom Rodrigo de Castelo Branco, que vinha intervir no Sabarabuçu, conforme mandara o rei, à frente de 240 homens. Como segundo em comando, Castelo Branco tinha o capitão-mor Matias Cardoso de Almeida – o mesmo que abandonara Fernão Dias no Sumidouro.

Com a chegada do governador das minas, Garcia Rodrigues Paes cedeu-lhe as terras do arraial de São Pedro de Paraopeba, em ato lavrado em 26 de junho de 1681. E entregou-lhe as pedras encontradas no Vapobuçu, num saco lacrado, pesando 128 oitavas.

Deixado pelo sogro no comando do Sabarabuçu, Borba Gato recebeu muito mal a chegada de dom Rodrigo. Fazia sete anos que se encontrava nos sertões, longe de sua casa em São Paulo, da mulher e das 3 filhas. Tanto quanto Fernão Dias quando estava vivo, não gostou que alguém viesse tomar de repente o direito dos que já estavam havia tanto tempo explorando aquelas terras com grandes expensas e pesados esforços e riscos. Muito menos um castelhano – dom Rodrigo era natural de Ciudad Rodrigo, na Espanha. O tempo de subserviência aos espanhóis já tinha acabado.

Acampado a uma légua e meia de Sumidouro, Borba Gato voltou para encontrar parentes e amigos, que vinham com o administrador, assim que recebeu a notícia de sua chegada. Defendeu perante dom Rodrigo seu direito à exploração das minas naquelas terras e o entendimento de que caberiam ao administrador as minas que ele próprio encontrasse. Reforçou sua posição lembrando o teor da carta de dom Pedro a Fernão Dias, segundo a qual seu sogro e por conseguinte ele, como seu sucessor, permaneciam investidos do direito sobre o Sabarabuçu. Para completar, acrescentou ser ilegítima sua posse do Paraopeba, conferida pelo cunhado.

Com a experiência de quem tinha visitado as minas de prata em Lipes, na Bolívia, e Cusco, no Peru, nomeado fidalgo da casa real por seus serviços já prestados na mineração, dom Rodrigo andava ele mesmo frustrado com suas explorações. A análise do minério que tinha encontrado na sua missão anterior, em Paranaguá, onde havia décadas se procuravam metais preciosos, revelara que não se tratava de prata. Movera mundos e fundos para extrair algo de outras minas mais ao sul, em Butiatuva, Itaimbé, Nossa Senhora da Conceição da Cachoeira e outras abertas pelos paulistas – e nada. Voltara a Santos em maio de 1680, depois de queimar os recursos da Coroa, sem resultado.

Preferiu manter sua posição. Confiante na sua proximidade com o príncipe regente, deixou-se ficar em São Pedro do Paraopeba, de onde esperava submeter o bandeirante, assumindo na prática o lugar de Fernão Dias. Em 10 de julho de 1682, dom Rodrigo enviou uma carta à Câmara de São Paulo, na qual explicava sua demora em seguir para as minas de esmeraldas, e enviava com o emissário, o soldado Francisco João Cunha, as pedras que Garcia Rodrigues Paes lhe confiara. No mesmo dia, padre João Leite da Silva, irmão de Fernão Dias, protestou diante dos membros da Câmara. Afirmou que dom Rodrigo procurava se apoderar das minas de Sabarabuçu e devia ser impedido de explorá-las até julgamento do direito por parte de dom Pedro.

A Câmara proibiu a exploração das minas até segunda ordem, sob pena de confisco e morte. Avisado, dom Rodrigo respondeu com ironia: lamentou que o "governador das esmeraldas" tivesse morrido no sertão sem sequer a extrema-unção, tendo parentes sacerdotes na vila de São Paulo. Homem do sertão, espartano e implacável, Borba Gato não tolerou o acinte nem o comportamento do fidalgo castelhano, que se mantinha gloriosamente instalado com seus homens no arraial, segundo se dizia, refestelado em banquetes regados a vinho e servindo-se das índias, enquanto mandava missivas ao rei fingindo grandes preparativos de viagem.

Ao contrário do que dom Rodrigo fazia parecer, Borba Gato afirmava que sua bandeira ainda estava em plena ação, amparada na lei e no parecer do governador-mor da capitania de São Vicente e São Paulo. Negou-se a dar ao novo administrador das minas munições e pólvora e escreveu ao rei que, além de necessárias para a defesa da região contra os tapajós, elas pertenciam à bandeira, mantida com recursos da família Paes Leme, e não do Estado português.

Para dom Rodrigo e seus homens, a recusa foi considerada insubordinação. Dom Rodrigo convocou Borba Gato para um encontro em local neutro, sem armas, acompanhados somente de 2 pajens. Nesse encontro, no cimo do morro que passou a ser conhecido como o "Alto do Fidalgo", pelo que se sabe a conversa transcorreu com civilidade até certo ponto. Ao final, Borba Gato exigiu que dom Rodrigo abandonasse a região do rio das Velhas. O administrador das minas do príncipe regente se enfureceu e o ameaçou.

Existem suposições diferentes do que aconteceu a seguir, testemunhado apenas pelos acompanhantes de seus protagonistas e o próprio Borba Gato. A mais comum é que o bandeirante simplesmente silenciou a contenda derrubando o administrador com uma dupla descarga de trabuco. Outra versão, menos provável, disseminada em documentos da Câmara de São Paulo para dar ao assassinato de dom Rodrigo uma aparência mais acidental, é que ele teria sido empurrado e desastradamente morreu ao cair numa grota.

O certo é que Borba Gato era o responsável pelo assassinato do administrador das minas. Os arraiais do Sumidouro e do Paraopeba se entrincheiraram para o combate. Com a morte de dom Rodrigo, Matias Cardoso de Almeida, sem imaginar qual seria a reação dos paulistas, achou melhor voltar a Salvador com seus homens pelo sertão, o que não fez também sem perigos – no trajeto, de cerca de 100 léguas, enfrentaria várias vezes índios que lhe obstruíam a passagem.

O caso de Borba Gato foi tratado com leniência na vila de São Paulo, onde a família de Fernão Dias detinha grande poder. Seu crime foi denunciado ao rei formalmente pela Câmara de São Paulo em 2 de novembro de 1682, com a versão de que dom Rodrigo morrera acidentalmente e atribuindo o empurrão fatídico aos assistentes do bandeirante. Em 25 de novembro, o governador-mor do Rio e Minas informou dom Pedro da morte do administrador como sendo resultado de uma suposta emboscada na estrada do Sumidouro.

Borba Gato manteve-se nos sertões. Viveu por quase duas décadas sem retornar à vila de São Paulo. Uma versão sobre esse obscuro período de sua vida é que ele teria se abrigado entre índios no sertão do rio Piracicaba (ou Piracicava, "montanha em que o peixe para"), hoje município de Ipatinga. Existem indícios de que participou, em 1693, da bandeira aos Campos Gerais dos Cataguás, do padre João de Faria Fialho, vigário de Taubaté, nascido na ilha de São Sebastião, hoje Ilhabela, que desejava encontrar ouro para supostamente financiar a paróquia de Nossa Senhora do Bom Nascido Sucesso de Pindamonhangaba.

No final, Garcia Rodrigues Paes foi quem levou as supostas esmeraldas a dom Pedro, em Lisboa. Em 2 de dezembro de 1683, recebeu do príncipe regente patente própria de "administrador das minas de esmeraldas", registrada em 20 de janeiro de 1686 na Câmara de São Paulo. Sua expedição durou quatro anos, mas ele não voltou a encontrar o local das minas, nem esmeraldas.

Apesar disso, os caminhos de Minas estavam abertos aos aventureiros. Nascido em Taubaté, povoamento que crescera como caminho para as Minas serra acima, Antônio Rodrigues de Arzão começou a vida como cabo nas bandeiras de preagem de índios. Partiu para o sertão do rio Itaverava com 50 homens, entre eles Carlos Pedroso da Silveira, antigo ouvidor e capitão-mor das vilas de Taubaté, Pindamonhangaba e Guaratinguetá. Nos sertões do rio da Casca, ou Caeté ("mato bravo"), a 5 léguas do rio Doce, descobriu pepitas de ouro em meio ao cascalho, segundo contaria, enquanto lavava pratos no rio.

Enfiou aquele cascalho no alforje, sem acreditar que seria ouro. Ao contrário de Fernão Dias, que acreditava ter encontrado esmeraldas, mas eram falsas, Arzão encontrara ouro verdadeiro acreditando ser falso. Voltou para casa e morreu logo depois, em 1696, mas deixou seus registros de viagem a seu concunhado, Bartolomeu Bueno de Siqueira.

Em meados de 1694, seguindo as indicações de Arzão, Bartolomeu Bueno de Siqueira, com Pedroso da Silveira, achou ouro em Itaverava. Levaram amostras ao governador Antônio Paes de Sande em 1695, confirmando-se que se tratava de ouro de verdade. Daquela forma, realizava-se o que muitos já tinham tentado em dois séculos de colonização, sem sucesso, muitas vezes à custa da própria vida. Começava uma verdadeira corrida do ouro que inauguraria no Brasil literalmente um novo século.

O acordo final

Isolada do restante da colônia, a vila de São Luís, sede da capitania do Maranhão e Grão-Pará, perdeu espaço com o crescimento de Belém, que se transformou num ativo polo comercial, e foi adotada a partir de 1673 como residência pelos governadores. A Companhia Geral de Comércio do Maranhão, criada em 1682 pela Coroa portuguesa para fomentar o comércio da região, na prática um monopólio passado para a iniciativa privada que funcionava mal, tornou-se alvo de acusações de roubo e criação de privilégios comerciais.

Segundo apuraram os colonos, o governador Francisco de Sá e Meneses aproveitava-se do poder para favorecer seus próprios negócios: reservava as poucas embarcações de transporte aportadas em São Luís para suas cargas, usava escravos e tropas do Estado para trabalhar em suas fazendas e guardava nos armazéns do palácio tanto as cargas de cravo produzido em suas propriedades quanto as do administrador da

Companhia em São Luís, Pascoal Pereira Jansen. Enfim, havia uma sociedade espúria entre o interesse público e privado para beneficiar os detentores do poder.

Os senhores de engenho maranhenses se viam prejudicados também pelos jesuítas. Com parcos recursos para comprar escravos negros, dependiam da mão de obra indígena, que os padres da Companhia de Jesus protegiam. A passagem do padre Antônio Vieira por São Luís, onde fizera duros sermões contra a escravização dos índios e organizara as missões, já causara antes um levante contra a ordem, em 1661. Naquela ocasião, os jesuítas tinham sido expulsos da vila – entre eles, o próprio Vieira.

Com a bênção do frade carmelita Ignácio da Fonseca e Silva, vigário provincial de Nossa Senhora do Carmo, assim como dos franciscanos e do próprio bispo, dom Gregório dos Anjos, na noite de 24 de fevereiro de 1684 um grupo de senhores de engenho e negociantes da vila de São Luís levou adiante um golpe que visava derrubar a um só tempo a Companhia, o governador e os jesuítas. Em meio às festas de Nosso Senhor dos Passos, 60 homens avançaram, tendo à frente os irmãos Manuel e Tomás Beckman, cristãos-novos vindos de Lisboa para fugir da perseguição na Europa – por ironia, com o estímulo da campanha de Antônio Vieira para atrair capital judeu à colônia.

Invadiram os armazéns da Companhia e prenderam seu responsável, Pascoal Jansen. Pela manhã, tomaram a sede do Corpo da Guarda, que tinha somente 1 oficial e 5 soldados. Aprisionaram o capitão-mor do Maranhão, Baltasar Fernandes, substituto do governador-geral, que se encontrava em casa. Por fim, com sua coluna engrossada nas ruas pelo povo, os rebeldes derrubaram o portão do colégio dos jesuítas, invadiram as celas e deram aos padres voz de prisão.

Os 27 jesuítas do colégio e das missões próximas foram deportados em 2 barcos, pelos quais tiveram de pagar o frete. Seu principal, o padre João Felipe Bettendorff, nascido em Luxemburgo, escapou da expulsão graças a Manuel Beckman, que o abrigou em sua casa. Devia-lhe um favor. Em 1670, durante o governo de Antônio de Albuquerque Coelho de Carvalho, fora acusado com seu irmão e o cunhado, José de Cáceres, e o alferes Jorge de Barros, de assassinar Manoel Correia, empregado do engenho de Vera Cruz e filho do ex-sargento-mor de São Luís, Agostinho Correia.

Os Beckman ficaram dois meses na prisão de Gurupá. Barros foi enforcado e esquartejado. O feitor do engenho de Vera Cruz foi degredado para Angola por não dar seu testemunho aos juízes. Consultados os jesuítas no processo, os Beckman foram defendidos por Bettendorff, alegando que para incriminar um homem não bastava "uma camisa manchada de sangue" – e as manchas da camisa de Manuel podiam ser dos escravos de sua fazenda. Os Beckman foram libertados em 1672.

No primeiro dia do levante, 25 de fevereiro, os rebeldes criaram uma junta de governo, instalada no paço da Câmara Municipal, com 6 representates; além dos irmãos Manuel e Tomás, incluíam-se o escrivão da vedoria, Jorge Sampaio de Carvalho, o vigário provincial de Nossa Senhora do Carmo, frei Ignácio, e Francisco Dias Deiró, como "representante do povo". A sessão, finalizada com um te-déum, deu início ao novo governo. Seguiram emissários a Belém do Pará, para dar aquelas notícias e obter apoio para a deposição do governador-geral. Enquanto isso, Tomás Beckman viajava a Portugal, para informar o Conselho Ultramarino e convencer a Coroa de seus bons propósitos.

Em Belém, o governador Sá de Meneses recebeu os emissários rebeldes. Aceitou o fim da Companhia do Comércio e prometeu anistiar os envolvidos, mas não aceitou a deposição do capitão local. Os rebeldes voltaram a São Luís da mesma forma que tinham ido. Em Portugal, a recepção foi ainda pior. Tomás Beckman era bem conhecido na corte por suas prisões anteriores e pelas cartas em que denunciava a dom Pedro II as condições precárias das fortalezas do Norte, reclamava das perseguições da Inquisição portuguesa e das devassas em sua família. Para completar, a Câmara já o tinha advertido e processado por desacato pela publicação de folhetins e sátiras sobre os governantes. Nem chegou a ser recebido pelas autoridades.

Colocado a ferros, foi devolvido ao Brasil para ser julgado com os outros amotinados. Chegou dez meses depois da partida, em 15 de maio de 1685, a bordo de um patacho, não sem tentar escapar no meio do caminho, durante uma escala em Cabo Verde – a pretexto de ir à missa, escondeu-se sem sucesso nos armários onde os padres guardavam seus paramentos. Logo em seguida, chegou uma força-tarefa para restabelecer a ordem na capitania e um novo governador, Gomes Freire de Andrade, que levava um juiz desembargador, Manuel Vaz Nunes, para julgar a revolta. As tropas vindas da metrópole desembarcaram em São Luís em 15 de maio de 1685 e retomaram a cidade sem resistência.

Naqueles dois meses desde a partida de Tomás Beckman, o movimento rebelde já havia arrefecido. Uma epidemia de varíola vinha sendo interpretada como um castigo divino pela expulsão dos padres das missões. Principal líder da revolta, Manuel Beckman foi enforcado em 2 de novembro de 1685, na praia do Armazém, ao lado de Jorge de Sampaio de Carvalho. Outros cabeças do movimento receberam como pena a prisão perpétua. Tomás Beckman foi remetido preso para Lisboa e depois degredado em Angola. Mais tarde, a pena foi comutada para Pernambuco. Os frades que participaram da revolta receberam penas como prisão domiciliar, expulsão e, a maioria, uma multa.

Com os bens de Manuel Beckman confiscados, sua família ficou na miséria. As versões correntes daquele tempo indicam que, elegantemente, Gomes Freire teria arrematado os bens de Beckman, levados a leilão conforme a lei, e os restituído à viúva e suas filhas. Apesar da punição aos seus líderes, a Revolta de Beckman, ou Bequimão, no vernáculo do povo maranhense, ao final teve sucesso. Os abusos do monopólio foram demonstrados e a Companhia foi fechada. Os sócios rejeitaram a prestação de contas de Pascoal Jansen. O chefe da Companhia em São Luís teve seus bens confiscados e foi preso a Lisboa.

Morto, Manuel Beckman triunfou. Gomes Freire Andrade fez seu governo em São Luís. Foi o último – no século seguinte, os governadores-gerais não morariam lá e a capital do estado do Grão-Pará e Maranhão seria oficialmente transferida para Belém.

A amizade com dom João IV representou a glória e também a queda para o padre Antônio Vieira. Em Lisboa, seus muitos inimigos conspiraram contra ele, insatisfeitos tanto com o insucesso de suas embaixadas nos Países Baixos quanto com o sucesso da Companhia Geral de Comércio. Seu prestígio junto a dom João IV o manteve a salvo de ataques até novembro de 1651, quando dom Teodósio, herdeiro do trono, de quem Vieira se tornou preceptor, partiu sem autorização nem conhecimento do pai para o Alentejo, onde queria presenciar o esforço de guerra.

Dom João IV atribuiu a Vieira a inspiração para uma iniciativa tão arriscada. Vieira mostrava-se ainda mais devotado ao jovem que havia educado, referindo-se a ele como "meu príncipe e senhor de minha alma" em sua correspondência de Roma, em 23 de maio de 1650. O padre o insuflava a cumprir grandes desígnios. "Não vos aconselho temeridades, mas tenha Portugal e o mundo o conceito de que vossa alteza antes despreza os perigos que os reconhece."[13]

Com isso, dom João IV decidiu afastá-lo da corte, como há muito queriam os jesuítas. Em novembro de 1652, a Companhia de Jesus o enviou de volta ao Brasil, numa espécie de exílio branco, na capitania do Maranhão e Grão-Pará. O lugar onde Vieira deveria ter sido desterrado e esquecido se tornou, porém, um novo e amplo campo de trabalho para o velho agitador. Desde a expedição de Pedro Teixeira pelo Amazonas acima, com a descoberta de um sem-número de aldeias indígenas, o rio se tornara uma verdadeira avenida para os caçadores de escravos.

Vieira escapou de um naufrágio, em 1654, quando voltava a Portugal para buscar apoio, oculto em um navio cargueiro da Companhia de Comércio, carregado de açúcar e tabaco. Perto das ilhas do Corvo e das Flores, a oeste dos Açores, a caravela naufragou durante uma tempestade. A embarcação permaneceu adernada por cerca de quinze minutos. "O navio virado no meio do mar, e nós fora dele, pegados ao costado, chamando a gritos pela misericórdia de Deus e de sua mãe", relatou ele, no "Sermão de Santa Teresa", proferido dias depois. Quando os mastros se partiram, o peso da carga fez a nave voltar à posição normal. Estavam a salvo, porém à deriva.

Foram resgatados por um corsário neerlandês, que recolheu os náufragos a bordo, pilhou a carga e terminou de afundar a nau portuguesa. Deixou Vieira e outros 10 portugueses com a roupa do corpo na ilha da Graciosa, a noroeste dos Açores. Mais tarde, Vieira procurou Jerônimo Nunes da Costa, seu colaborador nos Países Baixos, para resgatar em Amsterdã os papéis e livros que lhe tinham sido tomados pelos piratas – 26 sermões e muitas das cartas que compõem sua obra religiosa, filosófica e literária.

Encontrou dom João IV em Salvaterra, já acometido das dores provocadas pela gota e a insuficiência renal que tiraria sua vida. Estavam reconciliados. Antes de voltar a São Luís, intimou o rei a livrar-se dos bucaneiros que dominavam a colônia brasileira, no célebre "Sermão do bom ladrão", proferido durante a Quaresma na igreja da Misericórdia de Lisboa, em abril de 1655. Usando a imagem de Jesus, o rei exemplar, que morreu entre 2 ladrões, exortava o monarca a não ser arrastado pela corrupção. "O que vemos praticar em todos os reinos do mundo é tanto pelo contrário, que em vez de os reis levarem consigo os ladrões ao Paraíso, os ladrões são os que levam consigo os reis ao Inferno", afirmou.

Conseguiu assim do rei o aval de que necessitava para as missões na Amazônia – uma nova provisão régia sobre o estatuto dos índios ("de justiça melhor acaudelados como é vosso desejo e conveniente", sentenciou o rei). E mais, a nomeação como governador-geral de André Vidal de Negreiros, então capitão-mor do Maranhão, herói da guerra contra os holandeses, que tinha ouvidos mais abertos aos apelos de Vieira.

Vieira passou então a organizar as missões. Entre 1658 e 1660, já em Belém e depois São Luís, escreveu o "Regulamento das aldeias", mais conhecido como "Visita de Vieira", por meio do qual estabeleceu as diretrizes das missões religiosas na Amazônia, que, com poucas mudanças, vigoraram por mais de um século. Pacificou os nheengaíbas, tribos guerreiras do Marajó. Foi um período difícil e perigoso, que ele definiu, no entanto, como o mais feliz de sua vida.

Essa fase, porém, terminou abruptamente. Com aquele esforço, tinha criado novos inimigos entre os senhores de engenho maranhenses. Com a morte de dom João IV, e a saída de Negreiros, promovido a governador de Pernambuco, Vieira perdeu apoio. Em 1661, os colonos resolveram devolver aquele presente de grego a Portugal. Expulsaram Vieira e os demais jesuítas na nau *Sacramento* – um "barco sardinheiro de Setúval" que, segundo ele, não era digno de "um negro de el-rey, ou um animal destes matos".[14] Chegou a Portugal descalço, doente e em farrapos.

Quando dona Luísa de Gusmão foi afastada da regência para a entronização de dom Afonso VI, em junho de 1662, Vieira ficou exposto às retaliações da Inquisição, que ele tanto combatera. Foi desterrado no Porto, em 1662, e em fevereiro de 1663 enviado a Coimbra, onde os inquisidores instauraram contra ele novo processo, em 1º de outubro de 1665. "Nem para viver me deixaram liberdade", escreveu ele a dom Rodrigo de Meneses, regedor de justiça do novo rei, dom Pedro II, queixando-se da "tão estreita prisão" em Coimbra, onde já tinha estado "três vezes morto".[15]

Acusavam-no pela defesa dos cristãos-novos, suas relações com judeus e calvinistas e suas interpretações das Sagradas Escrituras, assim como suas previsões, especialmente a "História do futuro", começada em segredo na prisão, onde também redigia sua defesa, já sob os efeitos da "doença de peito" – cuspia sangue, o que o levava a acreditar ter sido apanhado pela epidemia de tuberculose que assolava a cidade. "Apresso o livro quanto posso, por final, que escarrando vermelho [...] o encubro, só porque os médicos não me tirem a pena da mão", escreveu ao marquês de Gouveia, em 23 de fevereiro de 1665.[16]

Em 23 de dezembro de 1667, o tribunal do Santo Ofício sentenciou Vieira a ser "privado para sempre de voz ativa e passiva e do poder de pregar".[17] "Os homens escreveram a sentença, o Céu a ditou e eu a aceitei com a paciência e conformidade que se deve às suas ordens", escreveu Vieira em 3 de janeiro de 1668 a dom Nuno Álvares Pereira de Melo, duque de Cadaval, também desterrado durante o período de dom Afonso IV.

A mudança na Coroa, porém, o beneficiou, como apoiador de dom Pedro no início dos anos 1660, e a assunção para o lugar de Castelo Melhor de seu amigo, o conde de Cadaval, cujo título tinha sido concedido pelo próprio dom João IV. Enviado ao noviciado da ordem em Lisboa, em 30 de junho de 1668 recebeu o perdão das penas e foi liberado, embora ainda estivesse proibido de falar sobre certos temas, como os cristãos-novos, a Inquisição, além do Quinto Império e suas profecias. Em agosto de 1669, seus superiores decidiram enviá-lo a Roma, onde residiu por seis anos, com a missão de defender a canonização dos "Quarenta Mártires", 39 jesuítas e um grumete, assassinados pelo pirata francês Jacques Sória, em 1570, junto com o virtual governador-geral do Brasil, dom Luís de Vasconcelos, que viajava para substituir Mem de Sá.

Caiu nas graças do papa Clemente X, romano de nascimento, homem de letras, costumes espartanos, conhecido por ser incorruptível, e que por isso arrostava pesados inimigos. Em suas cartas, arriscando-se contra a sentença do Santo Ofício, Vieira atacou a Inquisição em Portugal e os abusos do poder jesuíta na metrópole e suas colônias. Defendeu os judeus em 1671, quando estes foram novamente expulsos do país, com o príncipe regente dom Pedro, que apoiava o Santo Ofício, e requisitava a volta de Vieira a Portugal.

Em Roma, Vieira sustentou suas ideias e sua biografia: "Eu sou aquele que tantas vezes arrisquei a vida pela sua Coroa, indo a Holanda, Inglaterra, França, Itália, sem mais interesse que o do zelo; e aquele que por respeito e serviço de sua alteza foi desterrado e afrontado, por haver dado os meios com que se restaurou o Brasil e Angola, e com que o reino teve forças e cabedal para se defender", escreveu a dom Rodrigo de Meneses.[18]

Em 1672, com um sermão em louvor à ex-rainha Cristina, da Suécia, que abdicara para se converter ao catolicismo, tornou-se seu amigo e protegido. Em suas cartas, porém, continuava mais preocupado com Portugal, que, mesmo vitorioso na guerra com a Espanha, estava ainda longe do progresso que ele esperava, menor em importância que reinos como o da França e da Inglaterra. Em 1674, sob a influência de Vieira, Clemente X requisitou para exame os documentos dos inquisidores portugueses, em especial os processos contra os cristãos-novos. Com a recusa da entrega dos papéis, suspendeu em 1675, por meio de um breve pontifício, a Inquisição portuguesa. Os réus condenados pelo Santo Ofício português podiam entrar com apelação às suas penas em Roma.

Chamado pelo papa de "amado filho", em 17 de abril de 1675, Vieira foi indultado pelo pontífice, que o colocou a salvo das sanções da Companhia de Jesus. "Pelo teor das presentes, plenariamente vos eximimos, e totalmente vos isentamos, constituindo-vos e declarando--vos isento por toda a vossa vida de qualquer jurisdição, poder, e autoridade do venerável irmão Pedro, arcebispo inquisidor-geral, e dos mais filhos inquisidores [...]", sentenciou o papa.[19]

Com a morte de Clemente X, em 1676, mais uma vez Vieira perdeu um protetor. Aproveitou o tempo para editar os *Sermões*, cujo primeiro volume foi publicado em 1679, para organizar suas cartas, a "História do futuro" e o *Clavis prophetarum*. Jamais concluiu a obra, considerada por ele a sua mais importante. Em 1678, escreveu o "Memorial do príncipe regente dom Pedro II". Dois anos depois, com 72 anos, Vieira voltou ao Conselho de Estado. Usou novamente seu posto privilegiado para atacar o Santo Ofício – no Conselho Real, proferiu uma de suas frases mais célebres: "Enquanto os inquisidores vivem da fé, os padres morrem pela fé".

Obstinado, obteve do rei em 1681 nova proibição do cativeiro de índios no Maranhão, além da criação da Junta das Missões, que colocava o controle de toda a população indígena na capitania sob o controle jesuíta. Fez aprovar pelo Conselho a criação da Companhia Geral do Comércio do Maranhão, que monopolizou o comércio na capitania, dos escravos negros aos tecidos, do vinho ao cacau. Apesar disso, entrava na fase do desencanto, especialmente pela volta da Inquisição em Portugal, com a revogação do breve de Clemente X pelo seu sucessor, Inocêncio XI.

Com o moral e a saúde abalados, retornou à Bahia de sua infância, no início de 1681. Sua partida de Portugal, "um tão amado reino, posto que para mim tão ingrato",[20] foi motivo de celebração pelos portugueses. Na Universidade de Coimbra, queimaram um boneco de Vieira, em trajes jesuítas, num "auto de fé", bradando contra ele a acusação de ser "vendido" aos judeus, ou mesmo de ser judeu, e celebrando a volta da Inquisição.

Chegou a ser proibido novamente pelos jesuítas de falar, após se opor à nova legislação dos índios. Apelou ao geral, em Roma, que comutou a pena, em 17 de dezembro de 1687. Em 1688, foi nomeado visitador da Companhia de Jesus no Brasil, cargo que ocupou apenas honorificamente até 1691, já octogenário, doente, enfraquecido pelas sangrias, acometido pela erisipela nas pernas, que lhe dava "inflamação, febre ardentíssima, delírios".[21]

Surdo e praticamente cego, já não conseguia escrever com o próprio punho – ditava os textos ao seu secretário, o padre José Soares. Em sua última carta, endereçada a Sebastião de Matos e Sousa a 10 de julho de 1697, ainda era Vieira, o político: "Das coisas públicas não digo a vossa mercê mais que ser o Brasil hoje um retrato e espelho de Portugal [...] de cá escrevem-se mentiras e de lá respondem com lisonjas, e neste voluntário engano está fundada toda a nossa conservação".

Morreu na Bahia oito dias depois, em 18 de julho, com 89 anos. O pregador que com palavras moveu reis e o mundo em defesa do humanismo e da liberdade perdia afinal a voz.

Em 1673, uma conspiração para devolver dom Afonso VI ao trono de Portugal foi debelada em Lisboa e seus líderes foram enforcados no Rossio. Prisioneiro na ilha Terceira dos Açores, o rei deposto por impotência sexual foi transferido em 14 de setembro de 1674 para o palácio real de Sintra, onde viveu mais nove anos, confinado num quarto, do qual podia sair somente para rezar na capela. Morreu na manhã de 12 de setembro de 1683, num ataque apoplético.

Em *Causas de morte dos reis portugueses* (1974) o historiador Montalvão Machado aventa a hipótese de que Afonso VI tenha morrido por tuberculose pulmonar, como seu irmão, Teodósio de Bragança. Na época, porém, os sintomas alimentaram suspeitas de envenenamento. O príncipe dom Pedro, que já governava, trocou de título, assumindo como imperador Pedro II. Casado em 2 de abril de 1668 com a cunhada, Maria Francisca, ao termo do processo de anulação de seu primeiro casamento ficou com tudo que pertencia ao irmão: a mulher e o trono.

Dom Pedro II teve com Maria Francisca somente uma filha: Isabel Luísa, princesa da Beira, que o pai tentaria casar com objetivos políticos, sem sucesso – o que lhe valeria o epíteto de "Sempre Noiva". Em 11 de agosto de 1687, casou-se de novo, com Maria Sofia, condessa palatina de Neuburgo, com quem teve 8 filhos: João de Bragança, "príncipe do Brasil", que morreu com apenas duas semanas de vida, em 1688; João, que com a morte do pai assumiria o trono como João V de Portugal em 1706, reinaria até 1750 e deixaria 6 filhos. Para completar, Pedro II teve ainda 3 filhos fora do casamento, que legitimou: os infantes José Carlos, futuro arcebispo de Braga, com Francisca Clara da Silva; Miguel de Bragança, duque de Lafões, de uma amante francesa, Anne Marie Armande Pastré de Verger; e Luísa de Bragança, de Maria da Cruz Mascarenhas, faxineira do paço.

Portugal, afinal, não ficaria mais sem herdeiros.

Em 1650, depois de escrever o "Silex del divino Amor", uma metodologia de oração, o padre Montoya, grande defensor dos índios das missões, viu sua saúde piorar até falecer em 11 de abril de 1652. Segundo lendas, seus restos mortais foram recolhidos por missionários e índios guaranis e enterrados em território da província argentina das Missões, a cuja defesa dedicara sua vida. Informações mais recentes e fidedignas, porém, atestam que Montoya foi enterrado na igreja de São Pedro de Lima, onde morreu, e onde está a universidade jesuíta que em homenagem adotou seu nome.

No final, as missões jesuítas, que originalmente tinham sido criadas para desenraizar os índios de sua cultura, foram um último reduto para a sua preservação. De acordo com o economista Roberto Simonsen, teriam sido 300 mil os índios levados como escravos para São Paulo e vendidos na Bahia e em Pernambuco, no total. Do lado português, as baixas teriam sido de cerca de 4 mil mortos pelos tapuias somente na rota entre São Paulo e Cuiabá, de acordo com a estimativa de Francisco Rodrigues do Prado, membro da Comissão de Limites da América Hispânica, em 1839. A maior parte deles era também de índios ou mamelucos, já que os portugueses eram minoria dentro das bandeiras.

Apesar do avanço da colonização ibérica, as guerras territoriais do Brasil – contra os holandeses e, sobretudo, os indígenas do Nordeste, do Tape e do Guaíra – provocaram um grande despovoamento do continente. Estimada em 5 milhões antes da chegada dos portugueses, a população indígena, ainda a maior parte, já havia diminuído a cerca de 4 milhões ao final dos anos 1500, quando, pela estimativa do padre José de Anchieta, a população europeizada da colônia – portugueses e seus mestiços – não passava de 200 mil habitantes. "No segundo século, de 1600 a 1700, prossegue a diminuição da população, provocada pelas epidemias e pelo desgaste no trabalho escravo, bem como o extermínio na guerra, reduzindo-se a população indígena de 4 para 2 milhões", estimou Darcy Ribeiro.[22]

Por volta de 1700, os europeus eram cerca de 150 mil pessoas, já havia 150 mil escravos e 200 mil índios integrados. Com os 2 milhões indígenas, no total, havia no Brasil então cerca de 2,5 milhões de pessoas, a metade da população de duzentos anos antes, na chegada dos primeiros portugueses, quando o território era habitado somente por indígenas. "A população original do Brasil foi drasticamente reduzida por um genocídio de projeções espantosas", afirma Ribeiro. "A ele se seguiu um etnocídio igualmente dizimador, que atuou através da desmoralização pela catequese; da pressão dos fazendeiros que iam se apropriando de suas terras; do fracasso de suas próprias tentativas de encontrar um lugar e um papel no mundo dos 'brancos'."

Para encerrar as disputas pela divisa entre Portugal e Espanha no Novo Mundo, os reis João V, de Portugal, e Fernando VI, da Espanha, assinaram, em 13 de janeiro de 1750, o Tratado de Madri, que suprimiu todos os acordos anteriores entre os países desde Tordesilhas. Redigido por Alexandre de Gusmão, secretário do Conselho Ultramarino entre 1730 e 1750, eliminou as antigas linhas imaginárias. No seu lugar, estabeleceu objetivamente acidentes geográficos, muitos dos quais descritos na expedição exploratória de Raposo Tavares, o português que as desbravara: o chamado "Mapa das Cortes".

Assegurava à Espanha o direito perpétuo às ilhas Filipinas e "adjacentes" (as Marianas e as Molucas, na Ásia), objeto do tratado revisional de Tordesilhas, último válido antes da União Ibérica. E, pelo *uti possidetis* – princípio do direito romano segundo o qual quem possui de fato também possui de direito –, reconhecia a posse pelos portugueses da Amazônia, do Mato Grosso e de toda a região do Guaíra, na margem oriental do rio Uruguai, a oeste e sudoeste de São Paulo, até o Tape – o que incluía os atuais estados do Paraná, Santa Catarina e Rio Grande do Sul.

Os bandeirantes haviam vencido. "Sairão os missionários com todos os móveis e efeitos levando consigo os índios para os aldear em outras terras de Espanha", determinava o documento; "e os referidos índios poderão levar também todos os seus bens móveis e semoventes, e as armas, pólvoras e munições, que tiverem em cuja forma se entregarão as povoações à Coroa de Portugal com todas as suas casas, igrejas e edifícios, e a propriedade e posse do terreno". Em compensação, ao sul Portugal entregava à Espanha a colônia do Sacramento, "sem tirar dela mais que a artilharia, armas, pólvora e munições, e embarcações do serviço da mesma praça". Seus habitantes, incluindo os índios, podiam escolher de que lado ficar; a propriedade privada seria respeitada, e aqueles que saíam tinham o direito de vender seus bens.

O comércio e o contrabando entre ambas as nações ficavam proibidos, assim como a transgressão da fronteira, sob pena de prisão. "Nenhuma pessoa poderá passar do território de uma nação para o da outra por terra, nem por água, nem navegar em todo ou parte dos rios, que não forem privativos da sua nação, ou comuns, com pretexto, nem motivo algum, sem tirar primeiro licença do governador, ou superior do terreno, aonde há de ir [...]." Estava proibida ainda a construção de fortificações na fronteira de parte a parte. E castigar súditos da outra nação, "salvo em caso de indispensável necessidade".

O Mapa das Cortes possuía graves imprecisões. Os espanhóis, porém, não tinham qualquer registro cartográfico que pudesse servir de contestação ao trabalho de Raposo Tavares. "Deste modo [o tratado] beneficiou Portugal, em detrimento dos direitos espanhóis", observa o geógrafo Jones Muradás.[23] Com a negociação, o território brasileiro ganhou cerca de 5 milhões de quilômetros quadrados, dos 8,5 milhões que formaram seu mapa definitivo.

Embora possa parecer à primeira vista que a Espanha tenha cedido um imenso território, resolvia-se o grande embaraço entre os 2 países, provocado desde a União Ibérica. Definiam-se em favor da Espanha cidades de forte presença portuguesa como Buenos Aires, Assunção e Lima, que continuava a ser a capital da região mais próspera do Novo Mundo.

Os heróis da luta contra os holandeses receberam os mesmos galardões, mas tiveram destino bastante diverso. O mestre de campo em Guararapes, André Vidal de Negreiros, que foi governador-geral do Grão-Pará e Maranhão, e depois de Pernambuco, morreu rico e respeitado no Engenho Novo, vila de Goiana, em Pernambuco, em 1680, com 74 anos. Nomeado mestre de campo em 1656, Antônio Dias Cardoso assumiu em 1657 o governo da capitania da Paraíba, três anos antes de morrer.

Ferido 24 vezes em batalha, incluindo a que o deixou maneta, o líder negro Henrique Dias viajou em março de 1656 a Lisboa para sua recompensa. Recebeu de dom João IV a comenda dos Moinhos de Soure, dos cavaleiros da Ordem de Cristo, livre desde a morte do índio Antônio Filipe Camarão, que a ganhara em 1641. Porém, não recebeu cargos, terras ou dinheiro. Morreu na miséria, oito anos após a segunda Batalha dos Guararapes, entre 7 e 8 de junho de 1662, em Recife. Foi enterrado no convento de Santo Antônio, às custas do governo. Pela Lei nº 12.701, de 6 de agosto de 2012, foi inscrito no *Livro dos Heróis da Pátria*, o "Livro de Aço", no Panteão da Pátria e da Liberdade Tancredo Neves, na Praça dos Três Poderes, em Brasília, ao lado de Camarão.

Depois de repatriado a Portugal, com sua destituição do governo-geral das capitanias do sul, Salvador Correia de Sá e Benevides jamais retornou ao Brasil. Retomou sua cadeira no Conselho Ultramarino, onde ficou até 3 de dezembro de 1680. Enquanto isso, no Rio, corriam sátiras a seu respeito. Uma delas, no castelhano original, dizia de sua índole: "*Más pesam barras que culpas*" ("Mais pesam barras [de ouro] que culpas").

Seu filho mais velho, Martim Correia de Sá, tornou-se favorito do conde de Castelo Melhor, que o nomeou visconde de Asseca, como recompensa pelos serviços prestados por seu pai a Portugal. Depois que o conde de Castelo Melhor caiu, em 1663, e Afonso VI foi deposto, Pedro II não somente isolou o irmão como afastou aqueles com quem ele costumava se aconselhar. E determinou que Correia de Sá fosse preso na Torre de Belém, junto com outros 8 fidalgos acusados de "desejarem por todos os meios reconduzir o rei [dom Afonso] ao governo", de acordo com Charles Boxer.[24] E foi condenado ao degredo na África por dez anos.

Mais tarde, após enviar o irmão para o exílio na ilha Terceira, dom Pedro II voltou atrás e restituiu Correia de Sá ao seu posto no Conselho Ultramarino. Como conselheiro ele morreu, em 1º de janeiro de 1688, em Lisboa, e foi sepultado no convento das carmelitas descalças de Nossa Senhora dos Remédios, na rua das Janelas Verdes, hoje York House. Uma placa no átrio da igreja do antigo convento, de 8 de dezembro de 1961, evoca sua memória. O grande promotor da expansão bandeirante ao sertão e da retomada do Nordeste brasileiro aos neerlandeses, que entregaria ao final uma colônia a Portugal muito maior que a anterior à União Ibérica, é menos lembrado na história do Brasil, ou mesmo de Portugal, que na de Angola. Sua efígie chegou a ser impressa em uma série de notas de 20, 50, 100 e 500 angolares – moeda nacional angolana entre setembro de 1926 e dezembro de 1958.

Mais que o grande articulador da criação geopolítica do Brasil, Correia de Sá modelou a aristocracia brasileira, calejada pelas mudanças da dominação externa e que aprendeu, no século XVII, a conviver com esses poderes e servir-se deles, mais do que obedecer. Ainda em 1627, frei Vicente do Salvador, maior cronista brasileiro do século, já definia o perfil dessa elite, que dominava as câmaras das vilas, passava por cima das leis régias quando da sua conveniência e demonstrava uma ambição devastadora.

"Por mais arraigados que na terra estejam e mais ricos que sejam, tudo pretendem levar a Portugal e, se as fazendas e bens que possuem souberam falar, também lhe houveram de ensinar a dizer como aos papagaios, aos quais a primeira coisa que ensinam é: 'papagaio real, pera Portugal', porque tudo querem para lá", afirmava o frade historiador.

"Uns e outros usam da terra, não como senhores, mas como usufrutuários, só para a desfrutarem e a deixarem destruída."[25]

O corpo de Fernão Dias Paes Leme, resgatado no rio por seu filho, foi sepultado na capela principal do mosteiro de São Bento e seus restos hoje repousam na cripta da igreja.

Varrido da história pelos jesuítas e pela Coroa, de onde seria resgatado apenas recentemente, Raposo Tavares foi enterrado em local desconhecido. Morreu em sua fazenda de Quitaúna, em 1658. "É lícito supor que para seu falecimento tenham concorrido as moléstias e fadigas da sua última e dilatada aventura", escreveu Jaime Cortesão.[26]

Sem voltar a Portugal, como Correia de Sá, nem um enterro de luxo, como Fernão Dias, ele foi também o precursor e símbolo de outra fatia da elite brasileira, originária da leva de portugueses de origem rústica, mais próxima do mameluco André Fernandes, que morreu a seu lado na selva, sem deixar vestígios. Uma elite que fez sua riqueza no Brasil e no Brasil se tornou uma casta de ferozes empreendedores, acostumados a vencer a qualquer preço – ou morrer.

"Os senhores rurais, 'cariátides' do império e da república, vão se tornar cada vez mais poderosos e festejados", afirmou o embaixador e historiador Vianna Moog, em 1923. "Nem por isso suplantarão por inteiro a imagem idealizada do conquistador bandeirante. O ideal de conquista e riqueza rápida, com ser subterrâneo e invisível, não estará menos presente na vida nacional."[27]

No século XVI, o português separava as raças somente entre "brancos" e "negros". Usava-se "negro", inclusive nas cartas dos jesuítas, não somente para os pretos africanos como para os mouros e os índios. No século XVII, o brasileiro se distinguia por uma multiplicidade de matizes raciais: os cabras (índios com negros), pardos ou morenos (com as cores do mouro), mamelucos (índios e brancos), caboclos (índios catequizados), carijós (nome das tribos tupis do sul e das aves trigadas de preto e branco, usadas como indicação dos mestiços) e curibocas (mestiços de pele acobreada e cabelo liso).

A diversidade étnica não imunizou o luso-brasileiro da discriminação racial. O termo espanhol *criollo* passou a ser usado não da forma que os espanhóis nominavam seus descendentes nascidos na América, seu uso original, mas no sentido de "raça inferior", emprestado do rancor e ao sentimento de superioridade em relação aos velhos rivais castelhanos e depois aos negros – chamados de "crioulos", pejorativamente.

Ser branco, numa terra onde não havia nobres, já que os poucos voltavam a Lisboa, tornou-se uma forma de nobiliarquia racial. Ao branco, por sua suposta ascendência europeia pura, passou-se a dar preferência, enquanto se perpetuava a condição de escravidão do negro e de servilismo do mestiço. Para a elite brasileira, seria a cor, mais que a origem social, a marca diferenciadora da nata detentora do poder, do dinheiro e de privilégios.

A grande massa mestiça permaneceu supostamente nascida para o trabalho servil – preconceito que sobreviveu à própria libertação dos escravos no século XIX e atravessou a metamorfose da sociedade escravista rural para o capitalismo agrário e industrial da era contemporânea.

A distinção pela cor, assim como a ferocidade, a ambição e a capacidade de sobrevivência da elite brasileira a fizeram resistir não somente aos dominadores externos, como também através do tempo e das transformações sociais. Assim, mesmo na era democrática, a elite segregou a população mais pobre e manteve sob controle a máquina patrimonialista, em que o serviço público se presta à manutenção de seus interesses privados.

"Patrimonial e não feudal o mundo português, cujos ecos soam no mundo brasileiro atual", segundo Raymundo Faoro. "As relações entre o homem e o poder são de outra feição, bem como de outra índole a natureza da ordem econômica, ainda hoje persistente, obstinadamente persistente." Pelas castas, essa elite, segundo Faoro, nem mesmo é questionada. "O soberano e o súdito não se sentem vinculados à noção de relações contratuais, que ditam limites ao príncipe e, no outro lado, asseguram o direito de resistência, se ultrapassadas as fronteiras de comando", afirma.

* * *

Em 22 de março de 1681, São Paulo se tornou sede de governo da capitania de São Vicente, por decreto do conde de Monsanto. Manteve sua relativa independência, baseada no espírito bandeirante, que daria aos paulistas ainda mais força econômica quando a indústria do açúcar começou a declinar, depois do fim da escravidão – a falência de todo o sistema produtivo antecedente ao capitalismo, que deixou uma população negra empobrecida e uma aristocracia falida nos antigos grandes centros econômicos coloniais.

Em 1691, o governador do Rio de Janeiro, Luís César de Meneses, observava em carta a dom Pedro II que "os moradores de São Paulo não guardavam mais ordens que aquelas convenientes aos seus interesses". Relata Taunay a rebeldia dos paulistas, que produziram verdadeiro levante contra as ordens régias entre 1690 e 1694, quando a Coroa fomentou a produção de moeda sem lastro. E o episódio quase anedótico da conversa entre Pedro II e seu secretário de Estado, Mendo de Foyos Pereira.

Quando o rei lhe perguntou quais eram as vilas ao sul do Brasil, Foyos recitou uma lista. Pedro II estranhou que não tivesse mencionado nenhuma da capitania de São Paulo. O ministro explicou: "Porque aquelas vilas não pertencem a vossa majestade, que, sendo em todas mais do Brasil obedecido, nesta é desprezado". Servindo aos governos, estes acabavam por servi-los, conforme os paulistas consignaram orgulhosamente no seu brasão, criado em 1917 pelo poeta Guilherme de Almeida e pelo historiador e desenhista José Wasth Rodrigues: "*Non ducor, duco*" ("Governo, não sou governado").

Adaptáveis, vorazes e resistentes, os senhores paulistas conseguiram transformar São Paulo no principal polo econômico do Brasil. Quatro séculos depois de seu surgimento, os primeiros escravocratas do Novo Mundo também foram os primeiros a se afastar do escravagismo e se tornariam economicamente hegemônicos a partir de uma economia agrícola e depois industrializada, baseada no trabalho imigrante, assalariado e livre, que tornou a antiga vila a maior e mais rica metrópole da América Latina.

Com 600 habitantes conforme registro da Câmara em 1637, e cerca de 3 mil colonos brancos em 1660, pela estimativa de Salvador Correia de

Sá, São Paulo entrou no século XXI com uma população de 12 milhões de habitantes, segundo o Instituto Brasileiro de Geografia e Estatística (IBGE). No fechamento deste livro, era a sétima cidade mais populosa do mundo, depois de Xangai, Lagos, Karachi, Istambul, Mumbai e Moscou.

A Grande São Paulo, que considera toda a região metropolitana – inclui, entre outras, as cidades vizinhas de Guarulhos, Osasco, São Bernardo do Campo, São Caetano do Sul, Santo André e Diadema, a maioria delas originada de missões jesuítas e fazendas de engenho –, se aproximou no início do século XXI dos 20 milhões de habitantes, com a maior densidade populacional do Brasil. A renda bruta da capital paulista tornou-se maior que a de qualquer estado brasileiro – exceto o estado do Rio de Janeiro e o próprio estado de São Paulo.

Com 108 mil habitantes em todo o município, a maior parte deles dentro do condomínio de luxo de Alphaville, cuja entrada se dava pelo município vizinho de Barueri, Santana de Parnaíba chegou ao século XXI quase do mesmo tamanho que em seus tempos de glória. Cidadezinha com 209 casas dos séculos XVII e XVIII tombadas pelo Patrimônio Histórico, atravessada em 30 minutos de caminhada, repousava ao lado de uma pequena usina hidrelétrica, a Edgard de Sousa, construída no lugar da antiga cachoeira do Inferno. As turbinas agitando a água do Tietê, poluída por São Paulo, levantavam mau cheiro e cobriam o leito do rio com a espuma do resíduo industrial.

Parada no tempo, à margem de qualquer desenvolvimento, exceto como vítima da periferia pobre e violenta do condomínio de Alphaville, a cidade fundada por Susana Dias ostenta no brasão sua divisa, criada pelo historiador Afonso Taunay: "*Patriam feci magnam*", ou "Aqui a pátria se fez grande".

Não sabem disso as famílias que vão lá almoçar no domingo nos bares e restaurantes coloniais da praça central, passear nas ruas tranquilas onde se encontra o esquecido museu local, a Casa do Anhanguera, ou assistem à procissão sobre o tapete de serragem colorida com 850 metros no dia de Corpus Christi.

Mas é verdade.

Referências bibliográficas

Introdução

1. PRADO JR., Caio. *História Econômica do Brasil.* São Paulo: Brasiliense, 1962.
2. ROJAS, Alonso de. "Descubrimiento del Rio de las Amazonas y sus dilatadas Províncias", 1639
3. RIBEIRO, Darcy. *O Povo Brasileiro.* São Paulo: Companhia das Letras, 1995.
4. SCHWARTZ, Stuart. "Luso-Spanish Relations in Hapsburg Brazil, 1580-1640". *The Americas,* Vol. 25, n.1, jul. 1968. pp. 33-48.
5. "Carta a El-rei do Outeiro do Barriga", 15 de julho de 1694. In: RIBEIRO, Darcy. *Op. cit.*
6. Em *Mensagem,* de 1934. (PESSOA, Fernando. *Mensagem.* Porto Alegre: L&PM, 2006.)
7. VIEIRA, Antonio. *Os Sermões.* Sermão XIV do Rosário, 1633.
8. "Carta do padre Antônio Vieira ao padre provincial do Brasil sobre a bandeira de Raposo Tavares", 1654, publicada em "Cartas do padre Antônio Vieira", coordenação de João Lúcio de Azevedo, Coimbra, 1926, n. LXVI. In: CORTESÃO, Jaime. *Raposo Tavares e a Formação Territorial do Brasil.* Rio de Janeiro: Ministério da Educação e Cultura, Serviço de Documentação, 1958.
9. VIEIRA, Antonio. Ao mesmo Ministro. *Cartas do Padre Vieira.* Tomo 1, Carta III.
10. TAUNAY, Afonso de Escragnolle. *História das bandeiras paulistas.* São Paulo: Melhoramentos, 1953.
11. MONTEIRO, John Manuel. *Negros da Terra*: Índios e Bandeirantes nas Origens de São Paulo. São Paulo: Companhia das Letras, 1994.
12. MEDINA, José Toribio. *Historia del Tribunal del Santo Oficio de la Inquisición en México.* Santiago: Imprenta Elzeviriana, 1905.
13. "Monarchia Indiana", cap. XXIV, Livro V, Sevilla, 1615.
14. MEDINA, José Toribio. *Op. cit.*

Capítulo 1

1. TAUNAY, Afonso de Escragnolle. *História das bandeiras paulistas*. São Paulo: Melhoramentos, 1953
2. RODRIGUES, Manuel Rivero. "Uma Monarquia de casas reales y cortes virtuales". In: "La Monarquia de Felipe III", Vol. IV, Fundación Mapfre, Instituto de Cultura, Madri, 2008.
3. SCHWARTZ, Stuart. *Op. cit.*
4. SIMONSEN, Roberto. *História Econômica do Brasil*: 1500-1820. 4 ed. Brasília: Senado Federal, Secretaria Especial de Editoração e Publicação, 2005.
5. FAORO, Raymundo. *Os Donos do Poder*. São Paulo: Globo, 1958.
6. BRUNKE, José de la Puente. La Mirada Portuguesa al Perú de los siglos XVI y XVII. *Descrição geral do Reino do Peru, em particular de Lima*. Universidade de Lisboa. Lisboa, 2013. pp 68-98.
7. CEBALLOS, Rodrigo. Os notáveis do Porto: redes de poder luso-espanholas na Buenos Aires do século XVII. In: SIMPÓSIO NACIONAL DE HISTÓRIA, 23., 2005, Londrina. Anais do XXIII Simpósio Nacional de História – História: guerra e paz. Londrina: ANPUH, 2005. CD-ROM.
8. SCHWARTZ, Stuart. *Op. cit.*
9. QUIRINO, Tarcízio do Rego. *Habitantes do Brasil no fim do Século XVI*. Recife: Imprensa Universitária, 1966.
10. SCHWARTZ, Stuart. *Op. cit.*
11. "A reintegração de São Paulo no império português colonial e o episódio de Amador Bueno", in: Congresso do Mundo Português, IX, pt 1. Lisboa: Comissão Executiva dos Centenários, 1940. pp. 267-88.
12. BRAUDEL, Fernand. "Os portugueses e a América Espanhola: 1580-1640". In: *Civilização material, economia e capitalismo, séculos XV-XVIII*. Lisboa: Teorema, 1992.
13. SIMONSEN, Roberto. *História Econômica do Brasil*: 1500-1820. 4 ed. Brasília: Senado Federal, Secretaria Especial de Editoração e Publicação, 2005.
14. LEME, Pedro Taques de Almeida Paes. "História da Capitania de São Vicente". Arquivo do Instituto Histórico e Geográfico Brasileiro, 1777.
15. TAUNAY, Afonso de Escragnolle. *Op. cit.*
16. TAUNAY, Afonso de Escragnolle. *Op. cit.*
17. TAUNAY, Afonso de Escragnolle. *História das bandeiras paulistas*. São Paulo: Melhoramentos, 1953?.
18. GARCIA, Rodolfo. Ensaio sobre a História Política e Administrativa do Brasil (1500-1810). Rio de Janeiro: José Olympio, 1956.
19. PREZIA, Benedito A. A Câmara da Vila de São Paulo como Manifestação da Sociedade Civil nos Séculos XVI e XVII. *Histórica — Revista Eletrônica do Arquivo Público do Estado de São Paulo*. n. 29. 2008. Disponível em < http://www.historica.arquivoestado.sp.gov.br/materias/anteriores/edicao29/materia01/texto01.pdf>.
20. "Informação dos primeiros aldeamentos", 1585.
21. SOUZA, Gabriel Soares de. *Tratado Descritivo do Brasil*, 1587.
22. VARNHAGEN, Francisco Adolfo. *História Geral do Brasil*. 1857
23. RIBEIRO, Darcy. *Op. cit.*
24. TAUNAY, Afonso de Escragnolle. *História das bandeiras paulistas*. São Paulo: Melhoramentos, 1953?.
25. In: "Descrição Geral do Reino do Peru, em Particular de Lima", obra atribuída a Pedro de Leon Portocarrero. Op. cit.
26. BERLINK, Eudoro Lincoln. *Fatores adversos na formação brasileira*. São Paulo: S/N, 1948.

Capítulo 2

1. HOLANDA, Sérgio Buarque de. *Monções e capítulos de expansão paulista*. São Paulo: Companhia das Letras, 2014.
2. HELMER, Marie. "Comércio e Contrabando entre a Bahia e Potosi no Século XVI". *Revista de História*. v. 7, n. 15. 1953. pp. 195-216.
3. In: "Descrição Geral do Reino do Peru, em Particular de Lima", obra atribuída a Pedro de Leon Portocarrero. *Op. cit.*
4. TAUNAY, Afonso de Escragnolle. *História das bandeiras paulistas*. São Paulo: Melhoramentos, 1953?.
5. RIBEIRO, Darcy. *O Povo Brasileiro*. São Paulo: Companhia das Letras, 1995.
6. CORTESÃO, Jaime. *Op. cit.*
7. CORTESÃO, Jaime. *Raposo Tavares e a Formação Territorial do Brasil.* Rio de Janeiro: Ministério da Educação e Cultura, Serviço de Documentação, 1958.
8. SAINT-HILAIRE, Auguste. "Viagem à Província de São Paulo", 1822.
9. RUIZ DE MONTOYA, Antonio. "Conquista espiritual hecha por los religiosos de la Compañia de Iesus en las Prouincias del Paraguay, Parana, Uruguay, y Tape", 1639.
10. BARLÉU, Gaspar. *História dos Feitos Recentemente Praticados Durante Oito Anos no Brasil e noutras partes sob o governo do Ilustríssimo João Maurício, Conde de Nassau*. Amsterdã, publicada originalmente em 1647.
11. e confrontos entre negros e indígenas". *Afro-Ásia*, 29/30 (2003), 13-40. Disponível em: < https://portalseer.ufba.br/index.php/afroasia/article/view/21053/13650>.
12. RIBEIRO, Darcy. *Op. cit.*
13. TAUNAY, Afonso de Escragnolle. *História das bandeiras paulistas*. São Paulo: Melhoramentos, 1953?.
14. PORCHAT, Edith. *Informações Históricas Sobre São Paulo no Primeiro Século de Sua Fundação*. São Paulo: Iluminuras: 1956.
15. SOUSA, Gabriel Soares de. "Capítulos de Gabriel Soares de Souza Contra os Padres da Companhia de Jesus que Residem no Brasil".
16. SOUSA, Gabriel Soares de. "Tratado Descritivo do Brasil em 1587".
17. SALVADOR, Vicente do. "História do Brasil", 1627.
18. ESPOSITO, Fernanda. Santos, heróis ou demônios: sobre as relações entre índios, jesuítas e colonizadores na América Meridional (São Paulo e Paraguai/Rio da Prata, séculos XVI-XVII). Tese de doutorado. São Paulo, Universidade de São Paulo, 2012.
19. TAUNAY, Afonso de Escragnolle. *Op. cit.*
20. SALVADOR, Vicente do. *Op. cit.*
21. MALHEIRO, Agostinho Marques Perdigão. *A escravidão no Brasil*: ensaio histórico--jurídico-social. Rio de Janeiro: Typographia Nacional, 1866-1867.
22. SALVADOR, Vicente do. *Op. cit.*
23. SALVADOR, Vicente do. *Op. cit.*
24. BOXER, Charles R. *Salvador de Sá and the Struggle for Brazil and Angola (1602-1686)*. Londres: The Athlone Press, 1952.
25. TAUNAY, Afonso de Escragnolle. *Op. cit.*
26. GUZMÁN, Ruy Díaz. "La Argentina Manuscrita, Historia argentina del descubrimiento, población y conquista del Río de la Plata", 1612.
27. MÉRIDA, José Luis Mora. *Historia Social del Paraguay (1600-1650)*. Sevilha: Escuela de Estudios Hispano-Americanos de Sevilla, 1973.
28. TAUNAY, Afonso de Escragnolle. *Op. cit.*
29. TAUNAY, Afonso de Escragnolle. *Op. cit.*

30. CEBALLOS, Rodrigo. Os notáveis do Porto: redes de poder luso-espanholas na Buenos Aires do século XVII. In: SIMPÓSIO NACIONAL DE HISTÓRIA, 23., 2005, Londrina. Anais do XXIII Simpósio Nacional de História – História: guerra e paz. Londrina: ANPUH, 2005. CD-ROM.
31. BRUNKE, José de La Puente. *Op. cit.*
32. CARDIM, Pedro. El Estatuto de Portugal em la monarquia española en el tiempo de Olivares. *Pedralbes*, 28. 2008. pp. 521-52. Disponível em: <https://dialnet.unirioja.es/descarga/articulo/5746230.pdf>.
33. FIGUEIRÔA-REGO, João de. Notas de errância e diáspora. A presença de cristãos-novos portugueses no Peru: inquisição e tabaco (séculos XVI-XVII). In: BRANCO, Isabel Araújo Branco. GARCÍA, Margarita Eva Rodriguez (eds.). *Descrição Geral do Peru em particular de Lima*. Lisboa: CHAM FCSH/UNL,UAç, 2013. pp. 33-53.
34. RUIZ RIVERA, Julián Bautista. "Portugueses negreros em Cartagena, 1580-1640". In: Los portugueses y la trata negrera en Cartagena de Indias. *Temas Americanistas*, n. 15, pp. 8-18, 2002.
35. ORTIZ, Antonio Domínguez. *Los Judios Conversos em España y América*. Madri: Istmo, 1971.
36. MOLINA, Raul. Las Primeras navegaciones del Rio de La Plata, después de la fundación de Juan de Garay (1580-1602). Historia, ano 10, n. 40 (1965). pp. 24-34.
37. HELMER, Marie. *Op. cit.*
38. In: "Descrição Geral do Reino do Peru, em Particular de Lima", obra atribuída a Pedro de Leon Portocarrero. *Op. cit.*
39. HELMER, Marie. Comércio e Contrabando entre a Bahia e Potosi no Século XVI. *Revista de História*. v. 7, n. 15. 1953. pp. 195-216.
40. CEBALLOS, Rodrigo. Trilhas Lusitanas pelo Rio da Prata: redes mercantis e tramas sociais na Buenos Aires colonial (Século XVII). *Revista Maracanan*. Rio de Janeiro, n.15, p. 226-39, jul/dez 2016. Disponível em: < http://www.e-publicacoes.uerj.br/index.php/maracanan/article/view/24700/17833>.
41. SCHWARTZ, Stuart. *Op. cit.*
42. SAGUIER, Eduardo R. The Social Impact of a middleman minority in a divided host society: the case of the Portuguese in early XVII century in Buenos Aires. *The Hispanic American Historical Review*, vol. 65, n. 3 (Aug., 1985), pp. 467-91. Disponível em: <http://www.jstor.org/stable/2514832>.
43. CEBALLOS, Rodrigo. Os notáveis do Porto: redes de poder luso-espanholas na Buenos Aires do século XVII. In: SIMPÓSIO NACIONAL DE HISTÓRIA, 23., 2005, Londrina. Anais do XXIII Simpósio Nacional de História – História: guerra e paz. Londrina: ANPUH, 2005. CD-ROM.
44. CEBALLOS, Rodrigo. Os notáveis do Porto: redes de poder luso-espanholas na Buenos Aires do século XVII. In: SIMPÓSIO NACIONAL DE HISTÓRIA, 23., 2005, Londrina. Anais do XXIII Simpósio Nacional de História – História: guerra e paz. Londrina: ANPUH, 2005. CD-ROM.
45. GUILLAUMIN, Martha Delfin. *Autos de fe contra judíos portugueses en Perú y em la Nueva España*. Siglo XVII, 2011. Disponível em: < https://www.ciberjob.org/etnohistoria/judios.htm>.
46. DEDIEU, Jean-Pierre. *L'administration de la foi. L'Inquisition de Tolède (XVIe–XVIIIe siècles)*. Madrid: Casa de Velazquez, 1989.
47. Brasiliense, 1988.
48. ROWLAND, Robert. Cristãos novos, marranos e judeus no espelho da Inquisição. *Topoi*, v. 11, n. 20, jan.-jun. 2010. pp. 172-88.

49. COSTA, Letícia Detoni Santos da. *O que as palavras soam: vivências religiosas nas Capitanias de Pernambuco, Itamaracá e Paraíba em fins do século XVI.* Dissertação de mestrado. Recife, Universidade Federal de Pernambuco, 2007.
50. PIMENTEL, Helen Ulhôa. Sob a lente do Santo ofício: um visitador na berlinda. *Texto de História*, v. 14, n. 1/2, 2006.
51. BRUNKE, José de La Puente. *Op. cit.*
52. DELGADO, Paulino Castañeda; APARICIO, Pilar Hernández. *La Inquisición de Lima: 1570-1635.* Madri: Deimos, 1989.
53. ROWLAND, Robert. *Op. cit.*
54. "Anales de la Inquisición de Lima", 1863.
55. ROWLAND, Robert. *Op. cit.*
56. MEDINA ZAVALA, José Toribio. *Historia del Tribunal de la Inquisición de Lima (1569-1820).* Santiago: Fondo Histórico y Bibliográfico J. T. Medina, 1956.
57. PALMA, Ricardo. "Tradições Peruanas", 1872.
58. MEDINA ZAVALA, José Toribio. *Op. cit.*
59. TAUNAY, Afonso de Escragnolle. *Op. cit.*
60. AGUILAR, Jurandir Coronado. *Conquista espiritual: a história da evangelização na Província Guaíra na obra de Antônio Ruiz de Montoya S. I. (1585-1652).* Roma: Pontificia Università Gregoriana, 2002.
61. RUIZ DE MONTOYA, Antonio. *Op. cit.*
62. RUIZ DE MONTOYA, Antonio. *Op. cit.*
63. RIBEIRO, Darcy. *Op. cit.*
64. SOUSA, Neimar Machado de; FERREIRA JUNIOR, Amarilio; BRAND, Antonio Jacó. Soldados da fé: missão e escola entre os índios Itatim. *Série-Estudos.* Periódico do Programa de Pós-Graduação em Educação da UCDB. Campo Grande, 2010.
65. RUIZ DE MONTOYA, Antonio. *Op. cit.*
66. RIBEIRO, Darcy. *Op. cit.*
67. TAUNAY, Afonso de Escragnolle. *História das bandeiras paulistas.* São Paulo: Melhoramentos, 1953?.
68. RUIZ DE MONTOYA, Antonio. *Op. cit.*
69. CORTESÃO, Jaime. *Raposo Tavares e a Formação Territorial do Brasil.* Rio de Janeiro: Ministério da Educação e Cultura, Serviço de Documentação, 1958.
70. TAUNAY, Afonso de Escragnolle. *História das bandeiras paulistas.* São Paulo: Melhoramentos, 1953?.
71. TAUNAY, Afonso de Escragnolle. *Op. cit.*
72. MÉRIDA, José Luis Mora. *Historia Social del Paraguay (1600-1650).* Sevilha: Escuela de Estudios Hispano-Americanos de Sevilla, 1973.
73. "Relación de los agravios que hicieron algunos vecinos y moradores de San Pablo, saqueando las Reducciones cerca de Guayra y la villa rica de la Compañia de Jesús, con grandíssimo menosprecio del Santo Evangelio", jun. 1629.
74. TAUNAY, Afonso de Escragnolle. *Op. cit.*
75. TAUNAY, Afonso de Escragnolle. *Op. cit.*
76. RUIZ DE MONTOYA, Antonio; CATALDI, José. "Insígnes Misioneros de la Compañia de Jesús em la província del Paraguay", 1687
77. _______. Op. cit.
78. "Cópia da carta escrita pelo padre Antônio Ruiz ao governador paraguaio Dom Luís de Céspedes Xeria, em que dá conta dos estragos causados pela bandeira de Antônio Raposo Tavares", Encarnación, 15 de abril de 1629.
79. _______. Op. cit.
80. _______. Op. cit.

81. ______. Op. cit.
82. ______. Op. cit.
83. TAUNAY, Afonso de Escragnolle. *Op. cit.*
84. ______. Op. cit.
85. TORRES, Diogo de. “Carta Ânua”. Córdoba, 12 nov. 1628.
86. ______. Op. cit.
87. RUIZ DE MONTOYA, Antonio. *Op. cit.*
88. RUIZ DE MONTOYA, Antonio. *Op. cit.*
89. BOXER, Charles R. *Op. cit.*
90. BOXER, Charles R. *Op. cit.*
91. BOXER, Charles R. *Op. cit.*
92. BOXER, Charles R. *Op. cit.*
93. BOXER, Charles R. *Op. cit.*
94. BOXER, Charles R. *Op. cit.*
95. BOXER, Charles R. *Op. cit.*
96. HELMER, Marie. “Comércio e Contrabando entre a Bahia e Potosi no Século XVI”. *Revista de História*. v. 7, n. 15. 1953. pp. 195-216.
97. BISCAY, Acarete du. *An account of a voyage up the River de la Plata and thence over land to Peru*. Londres: Dolphin, 1698.
98. CEBALLOS, Rodrigo. *Op. cit.*
99. TAUNAY, Afonso de Escragnolle. *Op. cit.*
100. TAUNAY, Afonso de Escragnolle. *Op. cit.*
101. LOZANO, Pedro. *Historia de la Conquista del Paraguay, Río de la Plata y Tucumán*. Buenos Aires: Imprenta Popular, 1873.
102. RUIZ DE MONTOYA, Antonio. *Op. cit.*
103. TAUNAY, Afonso de Escragnolle. *Op. cit.*
104. TAUNAY, Afonso de Escragnolle. *Op. cit.*
105. HOLANDA, Sérgio Buarque de. *Monções e capítulos de expansão paulista*. São Paulo: Companhia das Letras, 2014.
106. TAUNAY, Afonso de Escragnolle. *Op. cit.*
107. TAUNAY, Afonso de Escragnolle. *Op. cit.*
108. PREZIA, Benedito A. A Câmara da Vila de São Paulo como Manifestação da Sociedade Civil nos Séculos XVI e XVII. *Histórica — Revista Eletrônica do Arquivo Público do Estado de São Paulo*. n. 29. 2008. Disponível em < http://www.historica.arquivoestado.sp.gov.br/materias/anteriores/edicao29/materia01/texto01.pdf>.
109. Atas da Câmara de São Paulo, vol. IV. In: CORTESÃO, Jaime. *Raposo Tavares e a Formação Territorial do Brasil*. Rio de Janeiro: Ministério da Educação e Cultura, Serviço de Documentação, 1958.
110. CORTESÃO, Jaime. *Raposo Tavares e a Formação Territorial do Brasil*. Rio de Janeiro: Ministério da Educação e Cultura, Serviço de Documentação, 1958.
111. CORTESÃO, Jaime. *Op. cit.*
112. RUIZ DE MONTOYA, Antonio. *Op. cit.*
113. RUIZ DE MONTOYA, Antonio. *Op. cit.*
114. BOXER, Charles R. *Op. cit.*
115. RUIZ DE MONTOYA, Antonio. *Op. cit.*
116. TAUNAY, Afonso de Escragnolle. *Op. cit.*
117. RAMOS, Fábio Pestana; MORAIS, Marcus Vinícius de. *Eles formaram o Brasil*. São Paulo: Contexto, 2011.
118. TAUNAY, Afonso de Escragnolle. *Op. cit.*
119. CORTESÃO, Jaime. *Op. cit.*

120. RUIZ DE MONTOYA, Antonio. "Conquista espiritual hecha por los religiosos de la Compañia de Iesus en las Prouincias del Paraguay, Parana, Uruguay, y Tape", 1639.
121. NOVINSKY, Anita W. A Conspiração do Silêncio, Uma história desconhecida sobre os bandeirantes judeus no Brasil. -Disponível em: <http://www.congresojudio.org.ar/uploads/coloquio/139/coloquio_version_descarga.pdf>
122. TRUJILLO, Francisco Vásquez. "Carta de Francisco Vaz Trujillo a Sua Majestade", 1632. *Anais do Museu Paulista*. São Paulo: Imprensa Oficial do estado, 1949, vol. XIII, pp. 310-4.
123. HOOMAERT, Eduardo; PREZIA, Benedito. *Brasil indígena: 500 anos de resistência*. São Paulo: FTD, 2000.
124. HOLANDA, Sérgio Buarque de. *Op. cit.*
125. "Carta de retratação pelo padre Franscisco Dias Taño da desistência, imposta por ameaças, de publicar os breves de proteção aos índios contra os moradores de São Paulo".
126. "Relação dos tumultos com eu o povo do Rio de Janeiro se opôs à publicação dos breves pontifícios sobre a questão dos índios", 6 jan. 1640.
127. MENDES, Simão. Carta de 15 de junho de 1640. In: BOXER, Charles R. *Op. cit.*
128. SOUSA, Neimar Machado de; FERREIRA JUNIOR, Amarilio; BRAND, Antonio Jacó. *Op. cit.*
129. BOXER, Charles R. *Op. cit.*
130. "Carta de retratação pelo padre Francisco Díaz Taño da desistência, imposta por ameaças, de publicar os breves de proteção aos índios contra os moradores de São Paulo". In: CORTESÃO, Jaime. *Op. cit.*
131. "Relação dos tumultos com que o povo do Rio de Janeiro se opôs à publicação dos breves pontifícios sobre a questão dos índios". In: CORTESÃO, Jaime. *Op. cit.*

Capítulo 3

1. SCHWARTZ, Stuart. Op. cit.
2. BARLÉU, Gaspar. *Op. cit.*
3. MINTZ, Sidney Wilfred. *Dulzura y Poder. El lugar del azúcar em la história moderna*. Madri: Siglo XXI Editores, 1996.
4. "Fontes para a História do Brasil Holandês: a Economia Açucareira", 1981
5. SALVADOR, Vicente do. "História do Brasil", 1627.
6. BARLÉU, Gaspar. *Op. cit.*
7. SOUZA, Gabriel Soares de. *Tratado Descritivo do Brasil*, 1587.
8. GUIMARÃES, Janaina. A Capitania de Pernambuco, a União das coroas ibéricas e as possibilidades de negócios para os cristãos-novos entre 1580 e 1620. *Revista Tempo de Conquista*. RTC12. 2012. Disponível em: < http://revistatempodeconquista.com.br/RTC-12.php>.
9. GUIMARÃES, Janaina. *Op. cit.*
10. História Geral do Brasil.
11. KENNETH, Andrews. *Elizabethan Privateering, English Privateering during the Spanish War 1585-1603*. Cambridge: Cambridge University Press, 1959.
12. História Geral do Brasil.
13. HERIARTE, Maurício de. Descrição do Estado do Maranhão, Pará, Corupá e rio das Amazonas [1662-1667]. In: Varnhagen, Francisco Adolfo de. História geral do Brasil. São Paulo: Melhoramentos. v.3, p.170-190. 1975.
14. ROJAS, Alonso de. *Op. cit.*

15. NETSCHER, Pieter Marinus. "Les Hollandais au Brésil, notice historique sur les Pays--Bas et le Brésil au XVIIe siècle", 1853
16. BARLÉU, Gaspar. *Op. cit.*
17. SIMONSEN, Roberto. *História Econômica do Brasil*: 1500-1820. 4 ed. Brasília: Senado Federal, Secretaria Especial de Editoração e Publicação, 2005.
18. BOXER, Charles R. *Salvador de Sá and the Struggle for Brazil and Angola (1602-1686)*. Londres: The Athlone Press, 1952.
19. SCHWARTZ, Stuart. Op. cit.
20. VIEIRA, Antonio. Carta Ânua da Província do Brasil, 1624-25.
21. SALVADOR, Vicente do. "História do Brasil", 1627.
22. SALVADOR, Vicente do. *Op. cit.*
23. SALVADOR, Vicente do. "História do Brasil", 1627.
24. SALVADOR, Vicente do. *Op. cit.*
25. SALVADOR, Vicente do. *Op. cit.*
26. SCHWARTZ, Stuart. *Op. cit.*
27. BARLÉU, Gaspar. *Op. cit.*
28. VIEIRA, Antônio. "Sermão da Quinta Dominga da Quaresma", 1654.
29. BARLÉU, Gaspar. *Op. cit.*
30. LONCHAY, Henry; CUVILIER, Joseph. *Correspondance de la cour de espagne sur les Affaires du Pays-Bas au XVIII siècle*. Brussels, 1923, *apud* SCHWARTZ, Stuart. "Spanish Relations in Hapsburg Brazil, 1580-1640". *The Americas*, Vol. 25, n.1, jul. 1968. pp. 33-48.
31. BARLÉU, Gaspar. *Op. cit.*
32. BARLÉU, Gaspar. *Op. cit.*
33. Carta de Maurício de Nassau à Companhia das Índias. In: BARLÉU, Gaspar. *Op. cit.*
34. NASSAU, Maurício de. Fortificações. *Breve Discurso*, 14 jan. 1638.
35. BARLÉU, Gaspar. *Op. cit.*
36. BARLÉU, Gaspar. *Op. cit.*
37. VAINFAS, Ronaldo. *Antônio Vieira*. São Paulo: Companhia das Letras, 2011.
38. MELLO, Evaldo Cabral de. *Nassau*. São Paulo: Companhia das Letras, 2006.
39. BARLÉU, Gaspar. *Op. cit.*
40. BARLÉU, Gaspar. *Op. cit.*
41. BARLÉU, Gaspar. *Op. cit.*
42. BARLÉU, Gaspar. *Op. cit.*
43. BARLÉU, Gaspar. *Op. cit.*
44. BARLÉU, Gaspar. *Op. cit.*
45. BARLÉU, Gaspar. *Op. cit.*
46. BARLÉU, Gaspar. *Op. cit.*
47. BARLÉU, Gaspar. *Op. cit.*
48. BARLÉU, Gaspar. *Op. cit.*
49. BARLÉU, Gaspar. *Op. cit.*
50. BARLÉU, Gaspar. *Op. cit.*
51. BARLÉU, Gaspar. *Op. cit.*
52. CORTESÃO, Jaime. *Raposo Tavares e a Formação Territorial do Brasil*. Rio de Janeiro: Ministério da Educação e Cultura, Serviço de Documentação, 1958.
53. BARLÉU, Gaspar. *Op. cit.*
54. BARLÉU, Gaspar. *Op. cit.*
55. BARLÉU, Gaspar. *Op. cit.*
56. BARLÉU, Gaspar. *Op. cit.*
57. BARLÉU, Gaspar. *Op. cit.*

58. CORTESÃO, Jaime. *Raposo Tavares e a Formação Territorial do Brasil.* Rio de Janeiro: Ministério da Educação e Cultura, Serviço de Documentação, 1958.
59. BARLÉU, Gaspar. *Op. cit.*
60. VAINFAS, Ronaldo. *Antônio Vieira.* São Paulo: Companhia das Letras, 2011.
61. História Geral do Brasil.
62. CORTESÃO, Jaime. *Op. cit.*
63. BARLÉU, Gaspar. *Op. cit.*
64. VIEIRA, Antonio. "Sermão Pelo Bom Sucesso pelas Armas de Portugal contra as de Holanda", 1640.
65. ROJAS, Alonso de. *Op. cit.*
66. CARVAJAL, Gaspar de; ROJAS, Alonso de; ACUÑA, Cristóbal de. *Descobrimentos do Rio das Amazonas.* São Paulo: Companhia Editora Nacional, 1941.
67. ESPADA, Márcos Jimenez de la. Viaje del Capitán Pedro Texeira Aguas arriba del Rio de Las Amazonas (1638-1639). Madri: Imprenta de Fortanet, 1889.
68. HERIARTE, Maurício de. Descrição do Estado do Maranhão, Pará, Corupá e rio das Amazonas [1662-1667]. In: Varnhagen, Francisco Adolfo de. História geral do Brasil. São Paulo: Melhoramentos. v.3, p.170-190. 1975.
69. ACUÑA, Cristóbal. Novo descobrimento do grande rio do Amazonas. In: CARVAJAL, Gaspar de; ROJAS, Alonso de; ACUÑA, Cristóbal de. *Descobrimentos do Rio das Amazonas.* São Paulo: Companhia Editora Nacional, 1941.
70. ACUÑA, Cristóbal. *Op. cit.*
71. STUDART, Guilherme. Relação de Jacome Raimundo Noronha sobre as cousas pertencentes à conservação do Maranhão. In: STUDART, Guilherme. Documentos para a História do Brasil e especialmente a do Ceará. Fortaleza: Minerva, 1921.
72. CARDIM, Pedro. *Op. cit.*
73. TEXEIRA, Pedro. "Relazion del general Pedro Tejeira de el rio de las Amazonas para el Sr Presidente". In: Jaime Cortezão". O significado da expedição de Pedro Texeira à luz de novos documentos. Anais do IV congresso de História Nacional, Rio. IHGB 1950, 3:173-204; [1639]
74. ACUÑA, Cristóbal. *Op. cit.*
75. ACUÑA, Cristóbal. *Op. cit.*
76. ESPADA, Márcos Jimenez de la. Viaje del Capitán Pedro Texeira Aguas arriba del Rio de Las Amazonas (1638-1639). Madri: Imprenta de Fortanet, 1889.
77. HERIARTE, Maurício de. *Op. cit.*
78. "Consulta de el Consejo de Indias acerca de la entrada que hijo el Capitan Pedro Tejeira por el rio de Amazonas, al Peru", carta de 28 jan. 1640. *Arquivos da Biblioteca da Ajuda,* Livro 51-IX-28, fols. 25 a 26.
79. FERNANDES, Maria Luiza; GOMES FILHO, Gregório. A Expedição de Pedro Teixeira e a "descoberta" do Rio Branco. *Revista Territórios e Fronteiras.* Cuiabá, vol. 7, n.1, abr. 2014.
80. ESPADA, Márcos Jimenez de la. *Op. cit.*
81. HERIARTE, Maurício de. *Op. cit.*
82. "Consulta de el Consejo de Indias acerca de la entrada que hijo el Capitan Pedro Tejeira por el rio de Amazonas, al Peru", carta de 28 jan. 1640. *Arquivos da Biblioteca da Ajuda,* Livro 51-IX-28, fols. 25 a 26.
83. GUZMÁN, Dom Martin de Saavedra y. Descobrimentos do Rio das Amazonas. São Paulo: Companhia Editora Nacional, 1941.
84. ACUÑA, Cristóbal. *Op. cit.*

Capítulo 4

1. SCHWARTZ, Stuart. Op. cit.
2. VIEIRA, Antônio. História do Futuro, 1664.
3. BOXER, Charles R. *Salvador de Sá and the Struggle for Brazil and Angola (1602-1686)*. Londres: The Athlone Press, 1952.
4. TAUNAY, Afonso de Escragnolle. *História das bandeiras paulistas*. São Paulo: Melhoramentos, 1953?.
5. TAUNAY, Afonso de Escragnolle. *História das bandeiras paulistas*. São Paulo: Melhoramentos, 1953?.
6. TAUNAY, Afonso de Escragnolle. *História das bandeiras paulistas*. São Paulo: Melhoramentos, 1953.
7. BOXER, Charles R. *Op. cit.*
8. AZEVEDO, João Lúcio de. História de Antônio Vieira. São Paulo: Alameda, 2008.
9. VIEIRA, Antonio. "Sermão da Primeira Sexta-Feira de Quaresma", 1651.
10. CASTRO, Damiaõ Antonio de Lemos Faria e. *História Geral de Portugal e suas Conquistas, oferecida à Rainha Nossa Senhora Maria I*. Lisboa: Typografia Rollandiana, 1786.
11. BRANCO, Mário Fernandes Correia; OLIVEIRA, Hélvia Cruz de; ALBUQUERQUE, Henrique Rodrigues de. Jesuítas e Agentes da Diplomacia Brigantina: Antônio Vieira & Francisco Vilhena. XXVII Simpósio Nacional de História. Natal, RN. jul. 2013.
12. BOXER, Charles R. Manifest oft reden van den oorlogh. In: BOXER, Charles R. *Op. cit.*
13. BARLÉU, Gaspar. *Op. cit.*
14. BARLÉU, Gaspar. *Op. cit.*
15. BARLÉU, Gaspar. *Op. cit.*
16. HERIARTE, Maurício de. Descrição do Estado do Maranhão, Pará, Corupá e rio das Amazonas [1662-1667]. In: Varnhagen, Francisco Adolfo de. História geral do Brasil. São Paulo: Melhoramentos. v.3, p.170-190. 1975.
17. MARQUES, Cezar Augusto. *Dicionário Histórico-Geográfico da Província do Maranhão*.
18. Maranhão: Typ. Do Frias, 1870.
19. VAINFAS, Ronaldo. Guerra Declarada e Paz Fingida na Restauração Portuguesa. *Tempo*, n. 27. 2009.
20. BARLÉU, Gaspar. *Op. cit.*
21. *Resposta aos holandeses*. Manuscritos da Biblioteca Nacional de Lisboa, Códice 1551, fls. 59-63. Reproduzido nos Anais do Museu Paulista, São Paulo.
22. MELLO, Evaldo Cabral de. *Nassau*. São Paulo: Companhia das Letras, 2006.
23. BARLÉU, Gaspar. *Op. cit.*
24. KERN, Antônio Alvarez. *Missões: uma utopia política*. Porto Alegre: Mercado Aberto, 1982.
25. "Relação da derrota sofrida pelos bandeirantes em M'boboré". In: CORTESÃO, Jaime. *Op. cit.*
26. CORTESÃO, Jaime. *Op. cit.*
27. LEME, Pedro Taques de Almeida Paes. Nobiliarquia Paulistana — Genealogia das Principais Famílias de São Paulo, 1742. Publicada em 1863.
28. LEME, Pedro Taques de Almeida Paes. *Op. cit.*
29. CEBALLOS, Rodrigo. *Op. cit.*
30. CEBALLOS, Rodrigo. Trilhas Lusitanas pelo Rio da Prata: redes mercantis e tramas sociais na Buenos Aires colonial (Século XVII). Revista Maracanan, Rio de Janeiro, n.15, p. 226-39, jul/dez 2016. Disponível em: < http://www.e-publicacoes.uerj.br/index.php/maracanan/article/view/24700/17833>.
31. BOXER, Charles R. *Op. cit.*

32. BOXER, Charles R. *Op. cit.*
33. BOXER, Charles R. *Op. cit.*
34. HOLANDA, Sérgio Buarque de. *História Geral da Civilização Brasileira.* São Paulo: Difusão Europeia do Livro, 1960.
35. COARACY, Vivaldo. O Rio de Janeiro no século XVII. Documenta História, 2009.
36. BOXER, Charles R. *Op. cit.*
37. BOXER, Charles R. *Op. cit.*
38. HOLANDA, Sérgio Buarque de. *História Geral da Civilização Brasileira.* São Paulo: Difusão Europeia do Livro, 1960.
39. CORTESÃO, Jaime. *Raposo Tavares e a Formação Territorial do Brasil.* Rio de Janeiro: Ministério da Educação e Cultura, Serviço de Documentação, 1958.
40. CORTESÃO, Jaime. Jesuítas e Bandeirantes no Itatim 1596-1760. In: CORTESÃO, Jaime. *Manuscritos da Coleção de Angelis.* Vol. II. Rio de Janeiro: Biblioteca Nacional, 1952.
41. CORTESÃO, Jaime. *Raposo Tavares e a Formação Territorial do Brasil.* Rio de Janeiro: Ministério da Educação e Cultura, Serviço de Documentação, 1958.
42. CORTESÃO, Jaime. *Raposo Tavares e a Formação Territorial do Brasil.* Rio de Janeiro: Ministério da Educação e Cultura, Serviço de Documentação, 1958.
43. CORTESÃO, Jaime. *Op. cit.*
44. CORTESÃO, Jaime. *Op. cit.*
45. VIEIRA, Antônio. *Cartas.* In: CORTESÃO, Jaime. *Op. cit.*
46. CORTESÃO, Jaime. Raposo Tavares e a Formação Territorial do Brasil. Rio de Janeiro: Ministério da Educação e Cultura, Serviço de Documentação, 1958.
47. CORTESÃO, Jaime. Raposo Tavares e a Formação Territorial do Brasil. Rio de Janeiro: Ministério da Educação e Cultura, Serviço de Documentação, 1958.
48. VIEIRA, Antonio. *Op. cit.*
49. CORTESÃO, Jaime. Raposo Tavares e a Formação Territorial do Brasil. Rio de Janeiro: Ministério da Educação e Cultura, Serviço de Documentação, 1958.
50. NOVINSKY, Anita W. *Op.cit.*
51. BOXER, Charles R. *Op. cit.*
52. CORTESÃO, Jaime. Raposo Tavares e a Formação Territorial do Brasil. Rio de Janeiro: Ministério da Educação e Cultura, Serviço de Documentação, 1958.
53. VAINFAS, Ronaldo. Guerra Declarada e Paz Fingida na Restauração Portuguesa. *Tempo*, n. 27. 2009.
54. VAINFAS, Ronaldo. Guerra Declarada e Paz Fingida na Restauração Portuguesa. *Tempo*, n. 27. 2009.
55. VIEIRA, Antonio. Ao secretário de Estado. *Cartas de Vieira.* Volume II, Carta I, de 1644.
56. VIEIRA, Antonio. *Cartas de Vieira.* Carta CXVIII, Vol. II, de 1688.
57. VIEIRA, Antonio. *Cartas de Vieira.* Carta CXVIII, Vol. II, de 1688.
58. VIEIRA, Antonio. Ao mesmo Ministro. *Cartas do Padre Vieira.* Tomo 1, Carta III.
59. ISRAEL, Jonathan Irvine. The diplomatic Career of Jeronimo Nunes da Costa: an Episode in Dutch-Portuguese Relations of the Seventeenth Century. *BMGN*, 98 (1983) afl. 2.
60. VIEIRA, Antonio. "Papel que fez o padre Antônio Vieira em favor da entrega de Pernambuco aos Holandeses", 1648.
61. VAINFAS, Ronaldo. *Antônio Vieira.* São Paulo: Companhia das Letras, 2011.
62. VIEIRA, Antônio. História do Futuro, 1664
63. CLÓVIS, Bulcão. *Padre Antônio Vieira: um esboço biográfico.* Rio de Janeiro: José Olympio, 2008.
64. BRASÃO, Eduardo. *A restauração: relações diplomáticas de Portugal de 1650 a 1668.* Lisboa: Livraria Bertrand, 1938.
65. BOXER, Charles R. *Op. cit.*

66. VIEIRA, Antonio. *Cartas de Vieira.* Tomo 1, 113-82. In: BOXER, Charles R. *Op. cit.*
67. HOLANDA, Sérgio Buarque de. *História Geral da Civilização Brasileira.* São Paulo: Difusão Europeia do Livro, 1960.
68. Arquivo Histórico Colonial de Lisboa, "consultas do Conselho da Fazenda", cód. 45, fol. 171, V. In: BOXER, Charles R. *Op. cit.*
69. ISRAEL, Jonathan Irvine. *Op. cit.*
70. VAINFAS, Ronaldo. *Antônio Vieira.* São Paulo: Companhia das Letras, 2011.
71. BOXER, Charles R. *Op. cit.*
72. BOXER, Charles R. *Op. cit.*
73. TAUNAY, Afonso de Escragnolle. *Op. cit.*
74. TAUNAY, Afonso de Escragnolle. *Op. cit.*
75. TAUNAY, Afonso de Escragnolle. História das bandeiras paulistas. São Paulo: Melhoramentos, 1953.
76. BOXER, Charles R. *Op. cit.*

Capítulo 5

1. BOXER, Charles R. *Op. cit.*
2. BOXER, Charles R. *Op. cit.*
3. BOXER, Charles R. *Op. cit.*
4. ISRAEL, Jonathan Irvine. *Op. cit.*
5. TAUNAY, Afonso de Escragnolle. *Op. cit.*
6. RIO-BRANCO, Miguel Paranho. MARIZ, Vasco. Alexandre de Gusmão e o Tratado de 1750/A tormentosa nomeação do jovem Rio branco para o Itamaraty. Brasília: FUNAG, 2010.
7. VIEIRA, Antonio. "Sermão XXVII com o Santíssimo Sacramento Exposto", 1633.
8. BARLÉU, Gaspar. *Op. cit.*
9. VIEIRA, Antonio. "Carta de Antônio Vieira a Certo Fidalgo", 2 de julho de 1691.
10. VAINFAS, Ronaldo. *Antônio Vieira.* São Paulo: Companhia das Letras, 2011.
11. TAUNAY, Afonso de Escragnolle. *Op. cit.*
12. LEME, Pedro Taques de Almeida Paes. Nobiliarquia Paulistana — Genealogia das Principais Famílias de São Paulo, 1742. Publicada em 1863.
13. VIEIRA, Antonio. *Cartas de Vieira.* Carta V, Roma, 23 mai. 1650.
14. VIEIRA, Antonio. "Petição que fez o Padre Antônio Vieira aos Governador Dom Pedro de Mello". *Cartas de Vieira.* Vol. III, Carta IV.
15. VIEIRA, Antonio. *Cartas de Vieira.* Tomo II, carta III, a Dom Rodrigo de Meneses, 24 dez. 1665.
16. VIEIRA, Antonio. "Para o Marquês de Gouveia". *Cartas de Vieira.* Vol. III, carta XVI.
17. Sentença que no tribunal do Santo Ofício de Coimbra se leu ao Padre Antônio Vieira em 23 de dezembro de 1667, in "Obras Inéditas do Padre Antônio Vieira", Senado Federal, 1998
18. VIEIRA, Antonio. *Cartas de Vieira.* Vol. II, carta LIX.
19. Papa Clemente X, Breve Dilecte Fili, ou de Isenção das Inquisições de Portugal e mais Reinos, que Alcançou em Roma a seu Favor o Padre Antônio Vieira, in "Obras Inéditas do Padre Antônio Vieira, Senado Federal, 1998.
20. VIEIRA, Antonio. *Cartas de Vieira.* Vol. II, carta LXXXI, ao Duque de Cadaval, Baía, 23 mai. 1682.
21. VIEIRA, Antonio. *Cartas de Vieira.* Vol. III, Carta LXX.
22. RIBEIRO, Darcy. *Op. cit.*

23. MURADÁS, Jones. A Geopolítica e a Formação Territorial do Sul do Brasil. Tese de doutorado. Porto Alegre, Universidade Federal do Rio Grande do Sul, 2008.
24. BOXER, Charles R. *Op. cit.*
25. SALVADOR, Vicente do. "História do Brasil", 1627.
26. CORTESÃO, Jaime. Raposo Tavares e a Formação Territorial do Brasil. Rio de Janeiro: Ministério da Educação e Cultura, Serviço de Documentação, 1958.
27. MOOG, Vianna. *Bandeirantes e pioneiros*. Rio de Janeiro: José Olympio, 2011.

Este livro foi composto em Adobe Garamond Pro e Bliss Pro e impresso pela RR Donnelley para a Editora Planeta do Brasil em agosto de 2018.